梅江年鉴

MEIJIANG YEARBOOK

2023

(总第21卷)

梅江年鉴编纂委员会 编

方志出版社
Publishing House of Local Records

图书在版编目（CIP）数据

梅江年鉴. 2023 / 梅江年鉴编纂委员会编. —北京: 方志出版社, 2023.11

ISBN 978-7-5144-5893-0

Ⅰ. ①梅… Ⅱ. ①梅… Ⅲ. ①梅州—2023—年鉴 Ⅳ. ①Z526.54

中国国家版本馆CIP数据核字(2023)第217573号

责任编辑：王娜
责任校对：张玉霞
责任印制：梅中英
出 版 者：方志出版社
地　　址：北京市朝阳区潘家园东里 9 号（国家方志馆4层）
邮　　编：100021
网　　址：http://www.zgfzcb.cn
发　　行：方志出版社图书营销中心（010-67110500）
印　　刷：梅州宝树彩印有限公司
开　　本：889毫米×1194毫米　1/16
印　　张：20
字　　数：588千字
版　　次：2023年11月第1版
印　　次：2023年11月第1次印刷
定　　价：200.00 元

梅江年鉴编纂委员会

顾　问：陈金銮

主　任：钟秀堂

副主任：张峥奇　林　松

委　员：杨滨峰　徐伟权　钟文思　吴　震
　　　　徐友德　梁　波　周煊戈　邓慧东
　　　　梁　旅　危永新　林人为　邓伟民
　　　　古继旋　魏洪涛　叶志明　余裕辉

梅江年鉴编辑部

主　　编：张峥奇

常务副主编：余裕辉

副 主 编：李继贤

特约总纂：周文炫

编　　务：刘任潮　周华襄　曾君玲　余　怡
　　　　　黎美玲　林雅荣　古佳琳　廖　宇

编 辑 说 明

一、《梅江年鉴》是由中共梅州市梅江区委、梅州市梅江区人民政府主办，梅江年鉴编纂委员会编纂的年度资料性文献。《梅江年鉴（2023）》（以下简称本年鉴）为总第21卷。本年鉴以马克思列宁主义、毛泽东思想、邓小平理论、“三个代表”重要思想、科学发展观、习近平新时代中国特色社会主义思想为指导，坚持辩证唯物主义和历史唯物主义的立场、观点和方法，全面、系统、翔实地记述2022年1月1日至12月30日期间（除特载时间延至2023年2月）广东省梅州市梅江区政治、经济、社会发展等方面的情况，图文结合，以文为主，为读者了解和研究梅江提供基本资料。

二、本年鉴主体内容采用分类编辑法，分为类目、分目、条目三个层次，其中“目”是本年鉴主要载体，条目用黑体字加“【 】”表示。有些条目内容较多，设有子目，标题用楷体字表示。

三、本年鉴主体内容设卷首图照彩页、特载、专文、大事记、梅江概貌、中国共产党梅州市梅江区委员会、梅州市梅江区人民代表大会、梅州市梅江区人民政府、中国人民政治协商会议梅州市梅江区委员会、中国共产党梅州市梅江区纪律检查委员会·梅州市梅江区监察委员会、民主党派、群众团体、法治、军事、经济管理、农业、工业、商贸服务、金融服务、城乡建设·生态环境、交通、教育·文旅体育、医疗卫生、社会生活、镇·街道、附录、索引等。

四、本年鉴数字用法、标点符号用法分别采用国家标准《出版物上数字用法》（GB/T15835—2011）、《标点符号用法》（GB/T 15834—2011），计量单位采用国家技术监督局1993年12月发布的《量和单位》系列国家标准，相关数据来自《梅江区统计年鉴（2022）》。正文首次出现的相关名词、缩略语均用楷体字随文括注。

五、本年鉴特设彩图专辑，直观反映2022年梅江区学习贯彻党的二十大精神、实体经济、民生福祉和梅江八景等情况。

梅 江 数 字

（2022年）

- 区域面积 570.64平方千米
- 年末户籍人口 36.14万人
- 年末常住人口 43.78万人
- 地区生产总值 287.73亿元
- 第一产业增加值 9.37亿元
- 第二产业增加值 123.58亿元
- 第三产业增加值 154.79亿元
- 人均地区生产总值 6.57万元
- 农业总产值 14.24亿元
- 工业总产值 294.42亿元
- 规模以上工业总产值 279.68亿元
- 一般公共预算收入 5.93亿元
- 社会消费品零售总额 146.47亿元
- 全体常住居民人均可支配收入 4.14万元
- 城镇常住居民人均可支配收入 4.26万元
- 农村常住居民人均可支配收入 2.52万元

梅 江 名 片

（2022年）

■全国名特优新农产品——梅江区清凉山茶（臻龙顶）

■全国名特优新农产品——梅江区清凉山茶（醉美小密）

■全国名特优新农产品——梅江区清凉山茶（梓树凹）

■全国名特优新农产品——梅江白宫芋头（板盖坑）

■全国先进基层群众自治组织——梅江区江南街道中心坝社区

■全国茶香旅游精品线路——“诗画西阳美丽茶乡行”乡村旅游线路

■广东省文化和旅游特色村——梅江区西阳镇笙竹村

■广东省民主法治示范村（社区）——梅江区三角镇坜明村

■广东省民主法治示范村（社区）——梅江区西阳镇北联村

■梅江区西阳镇“桃源笙竹”“大美明山”特色民宿群成功打造中国美丽休闲乡村

■至年底，梅江区有全国老中医专家学术经验继承工作指导老师4人，省级名中医2人

■至年底，梅江区有各级文物保护单位40处。其中，国家级1处，省级12处，市级20处，县级7处。有一般不可移动文物85处

2022年10月30日，梅州市梅江区传达贯彻党的二十大精神大会召开

（区委办 供图）

2022年12月16日，梅江区三角镇墟镇社区党员群众收看中国共产党第二十次全国代表大会开幕大会

（三角镇墟镇居委 供图）

2022年11月14日，梅州市学习贯彻中共二十大精神百姓宣讲活动在梅江区西阳镇北联村“榕树下·渡口边”红色讲堂举办 （《梅州日报》张莹娜 摄）

2022年7月15日，梅江区举办“喜迎二十大·红色梅江我来讲”革命故事演讲比赛 （团区委 供图）

2022年6月1日，梅江区召开促进实体经济高质量发展工作推进会

（区委办 供图）

广东梅州经济开发区提质增效，园区基础设施日臻完善。图为产业承载能力不断增强的广东梅州经济开发区

（《梅州日报》钟小丰 摄）

2022年9月，广东盈华电子科技有限公司年产4万吨高端铜箔项目一期投产，车间配置先进生产及检测自动化设备　（广东盈华电子科技有限公司 供图）

2022年10月，梅江区水产产业园海吉新城商贸物流园冷链项目投入使用　（《梅州日报》吴腾江 摄）

梅江区开展人居环境整治和客家民居外立面改造提升工作，图为改造后的长沙墟镇碧道
（长沙镇 供图）

梅江区推动城乡区域协调发展，西阳镇笙竹村环境日趋优美，成为市民游客乡村游的“网红点”
（《梅州日报》林 翔 摄）

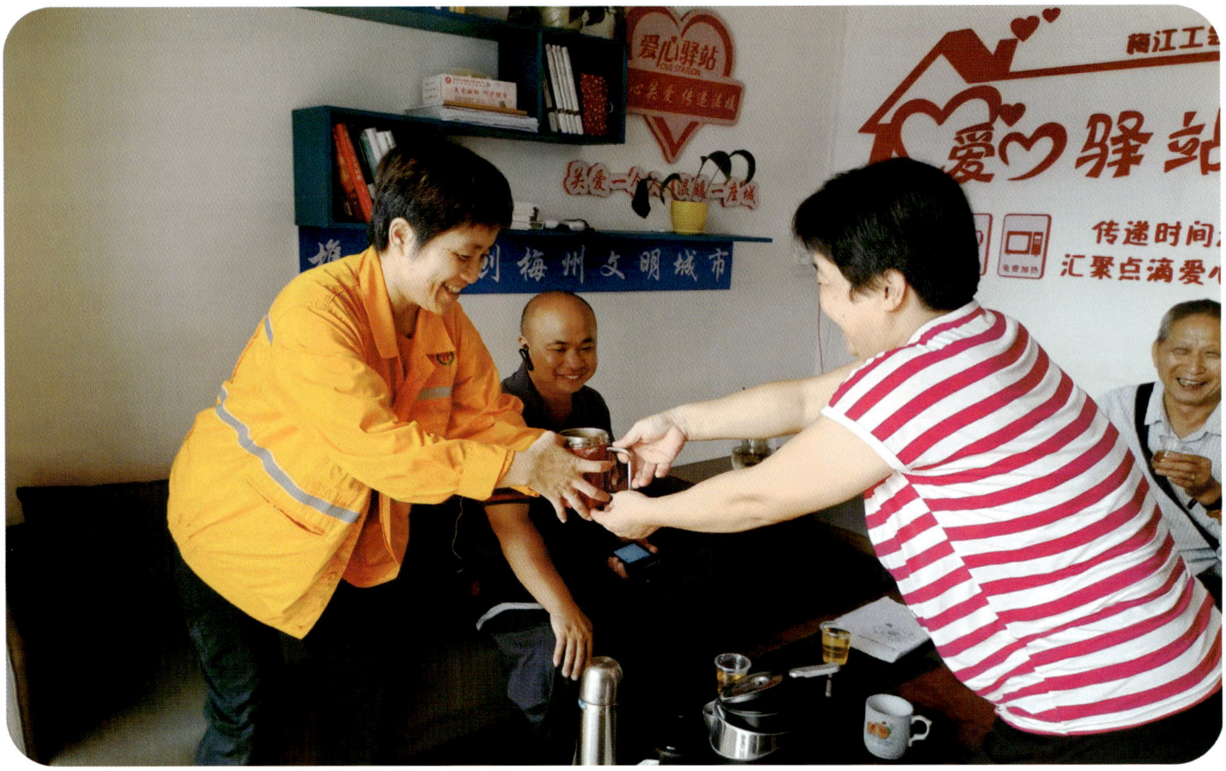

梅江区推进户外劳动者爱心驿站建设，传递城市温度，图为2022年8月11日位于梅兴路的梅江工会爱心驿站管理员为环卫工人递上茶水　　　　　　　　　　　（《梅州日报》王丽莉　摄）

梅江区开展农贸市场升级改造后的瓜园蔬菜批发市场整洁有序

（市场物业有限公司　供图）

2022年，梅江区组织开展“梅江八景”评选活动，全面展示梅江城乡形象，经过广泛征集、初步评选、专家评审和网络投票等环节，评选出“梅江八景”，涵盖生态、人文、旅游等方面最具代表性的景区（景点）。

迎客天下——客天下景区

（区文广旅体局 供图）

客天下景区位于梅江区三角镇东升村，占地面积2000公顷，是梅江区唯一的国家AAAA级旅游景区、省级旅游度假区，曾获中国旅游行业的“奥斯卡”——“中游国旅产业杰出贡献奖（飞马奖）”。

黄遵宪故居和纪念馆位于梅江区金山街道攀桂坊片区，由黄遵宪书斋人境庐和故居荣禄第、民居恩元第组成，主要展示黄遵宪的生平事迹与丰富藏书，是全国重点文物保护单位。

结庐人境——黄遵宪故居和纪念馆

（丘 春 摄）

林风眠故居和纪念馆位于梅江区西阳镇阁公岭村，林风眠故居敦裕居为广东省文物保护单位，林风眠纪念馆是全国唯一一座全方位展示林风眠生平、艺术成就与贡献的专题纪念馆。

风眠故里——林风眠故居和纪念馆　　（王宝生 摄）

骑楼凌风——凌风东西路及梅州学宫、八角亭　　（区文广旅体局 供图）

凌风东西路、梅州学宫、八角亭位于梅江区嘉应古城，其中凌风东西路骑楼式传统商业街建筑群，全长1005米，为中西混合式骑楼式建筑，保存有众多中西混合客家民居，始建于民国21年（1932），是广东省历史文化街区、梅州市文物保护单位。

泮坑风景区位于梅江区三角镇泮坑村，景区内有明湖（泮坑水库）、客家文化长廊、登高路、始建于明代的三山公王庙、“岭南第一才子”宋湘所书的摩崖石刻“灵镇山河”等风景名胜和“枫”情万种的红枫、森林钢琴、枫林瀑布、水中汀步、环湖跑道等景观，素有“梅南胜境”的美誉。

泮坑枫情——泮坑风景区

（陈凯锋 摄）

千佛塔景区位于梅江区金山街道龙丰村，包括千佛塔寺、大东岩寺、油岩寺、普同塔院等景点。千佛塔寺内有千佛铁塔，于南汉大宝八年（965）铸造，1991年经省主管部门批准新建石塔保护，成为塔中塔，是广东省文物保护单位。

铁塔梵音——千佛塔景区

（吴腾江 摄）

清凉山主峰黄沙嶂位于梅江区西阳镇秀竹村，海拔780米，坐落在梅江盆地边缘，东有明山嶂，南有九龙嶂，东北有阴那山，东南有铜鼓嶂，群峰环绕、层峦叠翠、满目葱郁，山顶高观音寺香火旺盛，声名在外。

高观揽胜——清凉山主峰黄沙嶂　　（区文广旅体局 供图）

梅水夜韵——梅江桥和一江两岸夜景　　（袁群华 摄）

梅江桥为中心的一江两岸夜景，涵盖梅江桥、东山大桥、人行浮桥、秀兰大桥以及两岸的梅江公园等景点，长堤满布园林式建筑、传统风格长廊、带状公园、文化广场，璀璨的灯火与江水交相辉映，五光十色，流光溢彩，组成一道亮丽的风景线。

目　　录

中国共产党梅州市梅江区委员会

梅州市梅江区人民代表大会

梅州市梅江区人民政府

中国人民政治协商会议
梅州市梅江区委员会

中国共产党梅州市梅江区纪律检查委员会·梅州市梅江区监察委员会

民主党派

群众团体

经 济 管 理

农　业

工　业

商 贸 服 务

金 融 服 务

医 疗 卫 生

社 会 生 活

镇·街道

附　录

特 载

在区委九届四次全会第一次全体会议上的报告（节选）

（2023年1月19日）

中共梅州市委常委、副市长，梅江区委书记 陈金銮

一、2022年工作回顾

2022年是党和国家历史上极为重要的一年，也是我区经济社会发展形势复杂、挑战严峻、攻坚克难的一年。一年来，我们紧密团结在以习近平同志为核心的党中央周围，在省委、省政府和市委、市政府的坚强领导下，坚决落实“疫情要防住、经济要稳住、发展要安全”重要要求，聚精会神迎接和学习宣传贯彻党的二十大，统筹疫情防控和经济社会发展，统筹发展和安全，坚定不移走高质量发展之路，办好八件要事带动整体工作实现新提升，全区经济社会发展和党的建设取得新成效。

（一）突出政治引领，“两个维护”更加坚决。坚持以习近平新时代中国特色社会主义思想为指导，纵深推进全面从严治党，不折不扣落实省委“两个维护”（坚决维护习近平总书记党中央的核心、全党的核心地位，坚决维护党中央权威和集中统一领导）十项制度机制和政治要件闭环落实机制，忠诚拥护“两个确立”（确立习近平同志党中央的核心、全党的核心地位，确立习近平新时代中国特色社会主义思想的指导地位）、做到“两个维护”。坚持落实第一议题制度，深入学习贯彻习近平总书记系列重要讲话、重要指示批示精神，更加坚定自觉以党的创新理论指引梅江各项工作。把学习宣传贯彻党的二十大精神作为首要政治任务，在全面学习、全面把握、全面落实上下功夫，推动党的二十大精神在梅江落地生根、结出丰硕成果。深入推进基层党建三年行动计划，完善“大工委、大党委”和基层党组织“平急转换”机制。开展“扛责任转作风抓落实”专题组织生活会，焕发梅江党员干部干事创业精气神。严格落实中央八项规定及其实施细则精神，坚持不敢腐、不能腐、不想腐一体推进，全年立案81件，党纪政务处分58人。

（二）突出科学精准，疫情防控平稳转段。集中资源力量，果断快速精准处置突发疫情。“新十条”（一是科学精准划分风险区域。二是进一步优化核酸检测。三是优化调整隔离方式。四是落实高风险区“快封快解”。五是保障群众基本购药需求。六是加快推进老年人新冠病毒疫苗接种。七是加强重点人群健康情况摸底及分类管理。八是保障社会正常运转和基本医疗服务。九是强化涉疫安全保障。十是进一步优化学校疫情防控工作）优化措施出台后，因时因势调整优化防控举措，出台《梅江区新冠肺炎医疗救治保障工作方案》，全力做好医疗救治、药品供应、疫苗接种、重点人群防护等工作，最大程度保护人民生命安全和身体健康，最大

限度减少疫情对经济社会发展的影响。

（三）突出全面主动，争当融湾振兴先锋。深刻认识《支持梅州对接融入粤港澳大湾区加快振兴发展总体方案》（以下简称《梅州方案》）的来之不易，充分把握其中富含的“真金白银”，满怀感恩之心、奋进之志，第一时间组织广泛学、深入学，力促学深学透政策要点，推动全域全面“融湾”。从长远出发、对标先进，主动参与《梅州方案》及省若干措施、市实施方案等相关内容制定，谋划一批大项目、系列好政策，体现更多梅江元素，为未来发展赢得先机、争得主动。

（四）突出实体为本，经济发展稳中提质。坚持稳字当头、稳中求进，狠抓发展第一要务，把资源要素优先用在“打粮食”项目上，以“发展思维”“产出思维”推动产业优化提升。制定出台细化措施 96 条，确保国家和省、市稳经济一揽子政策及接续措施落实落细落到位。预计 2022 年地区生产总值实现正增长。新签招商引资项目 30 个，计划投资额 105 亿元。41 项重点建设项目超额完成年度投资任务，预计项目投资比增 67.8%。盈华、联进项目一期投产，博敏、科捷等 13 个总投资 165 亿元的“打粮食”项目加快建设，积极对接独立储能、杰斯科等总投资 58 亿元的新产业项目，预计工业投资比上年增长 164.9%。深化梅州经开区提质增效三年行动，标准厂房、废水处理设施提标改造等项目加快实施，盘活处置低效闲置土地 9.8 公顷，获评首批国家级清洁生产审核创新试点、省级加工贸易产业转移园。

（五）突出宜居宜业，城乡建设打开新局。完成老旧小区改造提升 33 个、惠及居民 2501 户，畅通市政道路、背街小巷 35 条，升级改造农贸市场 12 个，群众生活更便利更舒心。深化城乡人居环境整治，农房风貌提升改造 816 户，50 千米村内道路实现硬底化，建设美丽公路 10.5 千米。坚决扛牢粮食安全政治责任，完成年度粮食生产和撂荒地复耕复种任务。全面落实三级书记抓乡村振兴责任，抓党建促乡村振兴工作在市级评议考核中获评“好”的等次。用好驻镇帮镇扶村机制，加强防返贫动态监测和跟踪帮扶，脱贫户家庭人均可支配收入比上年增长 3.5%，所有行政村集体经济实现 10 万元以上。抓好产业振兴这个关键，推进 5 条乡村振兴示范带、3 个产业社区建设，新增粤港澳大湾区“菜篮子”基地 7 个，客家预制菜产业园入库省级现代农业产业园。

（六）突出改革创新，发展活力持续释放。纵深推进“放管服”（指简政放权、放管结合、优化服务的简称）改革、“数字政府”（指在现代计算机、网络通信等技术支撑下，政府机构日常办公、信息收集与发布、公共管理等事务在数字化、网络化的环境下进行的国家行政管理形式）改革建设，政务服务“网上办、马上办、就近办、一次办”等指标走在全市前列，营商环境不断优化。深化“暖企”行动，用好政银企沟通座谈机制，为 12 家重点企业解决融资难问题。建立“专精特新”（专业化、精细化、特色化、新颖化）企业培育库，健全完善新增入库企业奖补等机制，省级“专精特新”中小企业从 2 家增至 11 家。积极申报高端印制电路板产业集群数字化转型培育试点，博敏、龙宇入选中国综合 PCB 百强榜，新增省级企业技术中心 1 个、省博士工作站 2 个、数字化转型企业 16 家。专利授权数量居全市第一。

（七）突出幸福提升，民生福祉持续增进。全面落实减负稳岗扩就业政策，深入实施“粤菜师傅”“广东技工”“南粤家政”三项工程，实现城镇新增就业 2304 人。全面落实“双减”（减轻义务教育阶段学生作业负担和校外培训负担）政策，完成会文学校扩建工程，新增学位 1440 个。医改工作考核排名全市第一，区疾控中心、市第二中医医院康复中心大楼等 6 个项目加快推进。健全完善城镇职工和城乡居民养老、医疗等保险制度，城乡低保和特困人员供养标准保持全市领先。镇（街）社会工作服务站点实现全覆盖。深入打好蓝天、碧水、净土保卫战，巩固拓展第二轮中央生态环保督察问题整改成果，推进山水林田湖草沙一体化保护和修复工程，城区空气质量优良率99.2%。抗战时期华南教育历史梅州展陈馆建成开放，新增省级文物保护单位2个、非遗代表性项目2个、文化和旅游特色村1个。

（八）突出底线思维，社会大局和谐稳定。落实总体国家安全观，有效防范化解政治、意识形态、经济等十大风险隐患，圆满完成“喜迎二十大 忠诚保平安”五大专项行动。深入推进市域社会治理现代化试点工作，江南街道中心坝社区获评全国先进基层群众性自治组织，西郊街道获评省信访工作示范街道。积极创建全国双拥模范城，建成10个全国示范型退役军人服务站。加强基层应急体系和能力建设，压实安全生产责任制，安全生产、森林防火、消防安全、食品药品安全、特种设备安全和道路交通安全形势持续稳定，全年未发生重特大事故。

一年来，区委坚持总揽全局、协调各方。支持人大、政协依法依章程履行职责，加强法治政府建设，保证司法机关依法独立公正行使职权。支持各民主党派工商联、无党派人士参政议政，加强民族、宗教、港澳台侨等工作，构建大统战工作格局。充分发挥工青妇等群团组织联系群众、服务群众的作用。机构编制、老干、文联、残联、史志、档案、保密等工作得到新提升。

奋斗令人难忘、成绩来之不易。所有成绩的取得，是习近平新时代中国特色社会主义思想指引的结果，是省委、省政府和市委、市政府正确领导的结果，是全区人民同心同德、攻坚克难的结果。在此，我代表区委，向全区广大党员干部，向所有关心支持梅江发展的参与者、拼搏者、推动者，表示衷心感谢！

二、形势与任务

党的二十大报告指出，高质量发展是全面建设社会主义现代化国家的首要任务，强调这是中国式现代化的本质要求。中央经济工作会议强调，必须坚持发展是党执政兴国的第一要务，坚持稳中求进工作总基调，着力推动高质量发展，为全面建设社会主义现代化国家开好局起好步。

黄坤明书记到广东工作以来，全面贯彻习近平总书记、党中央决策部署，无论是重要会议场合，还是重要调研活动，都强调要牢记习近平总书记的殷殷嘱托，在高质量发展上走在前列做出示范。一再强调，贯彻新发展理念、推动高质量发展是广东的根本出路，也是广东实现现代化建设的唯一出路。一再要求，要坚持把高质量发展作为广东现代化建设的首要任务和总抓手；要坚持实体经济为本，制造业当家；要坚持“一把手”工程，大力抓好招商引资；要实施“百县千镇万村高质量发展工程”，促进城乡区域协调发展；要突出绿美广东引领，高水平谋划推进生态文明建设。这些要求，释放了狠抓发展、狠抓经济的强烈信号，体现了省委服务全局的政治站位、推动高质量发展的坚定信心、“经济大省勇挑大梁”的政治担当。

特别是1月3日召开的省委经济工作会议，强调要拿出走在前列的精气神，强化当好示范的历史主动，探索新路径，激发新动能，实现新突破，勃发新气象，在高质量发展中闯出一条新路来。要以稳定的预期提振信心，稳定政策支持，稳定社会大局，稳步提升质量效益，为经济发展注入更多确定性。要锚定高质量发展首要任务，紧紧抓住产业项目、工业投资和产业平台，推动实施“大产业”“大平台”“大项目”“大企业”“大环境”五大提升行动，奋发有为做好全年经济工作。

去年12月，省委黄坤明书记来梅州调研指导，其间来到梅江区实地考察西阳直坑村乡村振兴及人居环境整治情况，沿周溪河察看流域综合治理情况等，对梅州、梅江工作给予充分肯定、悉心指导，强调要紧扣高质量发展谋划推进现代化建设，在抢抓机遇中进一步增动能、激活力、补短板，坚定信心、奋起直追、迎头赶上，加快实现全面振兴发展。这对我们既是极大的鼓励和鞭策，也是殷切的期望和嘱托，让我们备受鼓舞、倍增信心。

市委八届六次全会立足梅州现代化建设长远目标，锚定高质量发展首要任务，强调要全面落实《梅州方案》，重点做到“六个注重”（注重长远安排与现实考量相统一、注重自力更生与借助外力相统一、注重扬长优势与补齐短板相统一、注重整体谋划和重点突破相统一、注重传承接续与改革创新相统一、注重党建工作与群众工作相统一）、抓好十项工作，努力把梅州建设成为赣闽粤原中央苏区对接融入粤港澳大湾区振兴发展先行区，赣闽粤原中央苏区对接融入粤港澳大湾区的门户城市和粤北地区区域性中心城市。梅江作为中心城区，聚集最优质的公共服务和社会资源，是我市深度“融湾”的重要战略支点。我们要准确把握先行区建设的重大意义和路径要求，增强首位意识、争先意识，争当梅州全面融入粤港澳大湾区的积极响应者、有力参与者、坚决执行者，切实推动梅江高质量发展。

机遇已在手，关键在落实。我们要用好总书记教给我们的世界观和方法论，坚持实事求是、尊重规律、系统观念、底线思维，项目化、清单化、责任化落实《梅州方案》，切实把政策优势变为发展胜势，把美好蓝图变为美好现实。重点坚持“六大导向”（目标导向、责任导向、强基导向、群众导向、实干导向、结果导向）：

一要坚持目标导向。长远目标看，到2035年，我们要与全国同步基本实现社会主义现代化，必须解放思想、守正创新，大力发展以先进制造业为主体的实体经济，产业兴区、富民强区，推动共同富裕取得实质性进展。短期目标看，到2025年，我们要实现经济实力明显提升，居民人均可支配收入增速高于全国平均水平目标，必须坚持“造血”和“输血”并举，把握政策“窗口期”，向先进对标，把目标分解到年度，把每年年度工作要点落实落细落到位，每年都要有一批标志性成果，积小胜为大胜，让融湾振兴可见可知可感。

二要坚持责任导向。融湾发展事关全局、影响未来，谁都不是局外人。领导干部要带好头，以“为官一任、造福一方”的强烈责任感，把心思凝聚到干事业上，把精力集中到促发展上，把本领体现到解难题上，高标准高质量完成肩负的使命任务。每位同志都要坚决扛起自己的职责，以奋发有为的精神状态谋发展抓发展。同时要努力营造“人人都是营商环境、人人都为发展尽力”的浓厚氛围，凝聚起梅江融湾振兴发展强大合力。

三要坚持强基导向。我们要把握好“木桶原理”，着力补短板、锻长板，让短板变长，长板更长。要正视差距、下足功夫，努力补齐实体经济、发展平台、改革开放、民生事业等方面短板。要立足现有基础和比较优势，推动县域经济、乡村振兴、社会治理、基层党建等工作走在全市前列。

四要坚持群众导向。只有百姓获益、群众拥护，参与先行区建设才有持久动力。我们要走好新时代党的群众路线，始终把百姓记在心上，促进城乡区域协调发展，在就业、教育、医疗、社保等民生领域不断取得新突破，让人民群众共享改革发展成果。要坚持一切为了人民、一切依靠人民，做到与群众思想同心、目标同向、事业同创，凝聚推动高质量发展的蓬勃之力。

五要坚持实干导向。优势不等于胜势，优势也不会自动转化为胜势。我们要牢记“空谈误国、实干兴邦”，发扬好老一辈革命家实干苦干的工作作风，自觉对标先行区建设要求，以大视野、高定位、实举措、真行动，先人一步、快人一拍、技高一筹，力争一批重大政策、重大事项、重大项目、重大平台落地，吸引广大企业和企业家来梅江投资兴业，共享政策红利。

六要坚持结果导向。我们要用结果说话、用业绩论英雄，以目标倒逼责任，以监督倒逼态度，以实绩倒逼进度，形成少说多干的良好风气，确保各项工作出真绩见实效。要坚持一张蓝图绘到底，一锤接着一锤敲，一茬接着一茬干，在赣闽粤原中央苏区对接融入粤港澳大湾区振兴发展先行区建设中走在全市前列。

坚持“六大导向”，既是认识深化，也是实践要求。我们必须牢牢扛起参与先行区建设的政治责任，把握重大历史机遇，用好用足用活政策，挖掘潜能、激发动能、创新赋能，以高质量发展的步步推进，赢得梅江现代化建设的节节胜利。

三、2023 年工作部署

今年工作的总体要求：以习近平新时代中国特色社会主义思想为指导，全面贯彻落实党的二十大精神和中央经济工作会议部署，按照扎实推进中国式现代化，坚持稳中求进工作总基调，完整、准确、全面贯彻新发展理念，构建新发展格局，着力推动高质量发展的要求，认真落实省委、市委工作部署，坚定不移狠抓发展第一要务，全面激发内生动力，力促经济实现质的有效提升和量的合理增长，保持社会大局稳定，在赣闽粤原中央苏区对接融入粤港澳大湾区振兴发展先行区建设中走在全市前列，加快打造高质量发展示范区，为梅江全面建设社会主义现代化开好局起好步。

今年全区的发展目标：地区生产总值增长 5.5%，一般公共预算收入增长 5%，全体居民人均可支配收入增速与经济增速基本同步。这些指标经区委常委会研究，认为符合中央和省委经济工作会议、市委八届六次全会精神，符合梅江实际，有利于引导预期。我们要鼓足干劲、确保完成，力争完成得更好。重点抓好十项工作。

（一）全面参与先行区建设。大湾区是高质量发展的重要动力源。我们要举全区之力落实好《梅州方案》，全面参与先行区建设，为经济社会发展注入强大动力。**一要政策落地。**锚定《梅州方案》和省若干措施、市实施方案，梳理最迫切、最需要、最有利的事项项目，制定出台区级实施方案，逐条对上号、逐一具体化，形成“任务书”“路线图”，确保各项政策措施专人跟、快落地、见实效。**二要项目先行。**谋划更多现代化基础设施项目和产业项目，争取列入今年国家和省、市重大项目“盘子”。坚持把招商引资作为“一把手”工程，把力量和资源最大限度统起来，探索“以投代引”资本招商模式，以商引商、以链引商、以城引商，全力办好招商引资推介活动，力争引进一批好项目大项目。**三要建好平台。**持续深化梅州经开区提质增效扩容，全力争取纳入承接产业有序转移省重点平台，积极创建国家级经济技术开发区。加快一、二、三产业融合发展先导区建设，扩展产业发展空间。发展高端制造业、高技术产业和“总部经济”“楼宇经济”“数字经济”，全力参与中心城区南部产业新城建设，打造广东省城产融合发展示范区。发展会展经济，谋划建设粤闽赣会展中心。

（二）大力发展实体经济。实体经济是经济发展根基。我们要以实体经济为本，坚持制造业当家，做大总量、做强主体、做优环境，提升产业竞争力和影响力。**一要抓产业。**加快印制电路板、烟草、电力等传统支柱产业转型升级，壮大新一代电子信息、生物医药等新兴产业集群，推动制造业高端化、智能化、绿色化发展。推动产业数字化与数字产业化协同发展，培育数字经济增长极。**二要育企业。**坚持“两个毫不动摇”（毫不动摇巩固和发展公有制经济，毫不动摇鼓励、支持、引导非公有制经济发展），大力发展民营经济，实施“个转企、小升规、规改股、股上市”市场主体培育计划，培育更多“专精特新”企业，鼓励博敏、志浩、盈华、嘉应制药等骨干企业发展壮大，支持 115 科技、飞翔云等企业在资本市场上市。**三要优环境。**加快建设以 5G、工业互联网、物联网等为代表的新型基础设施，持续推动交通、水利等传统基础设施升级，逐步构建现代化基础设施体系。构建亲清新型政商关系，持续优化营商环境，维护企业和企业家合法权益。深化“暖企”行动，借力省工信厅“大手拉小手”系列对接活动，用好“一起益企”、政银企对接、并联审批工作专班等机制，为企业排忧解难。

（三）全力推进城乡协调发展。城乡区域协调发展是现代化建设的必然要求。我们要实施区域协调发展战略、新型城镇化战略、乡村振兴战略，全面落实“百县千镇万村高质量发展工程”。**一要着力提升“城”的首位度。**聚焦县域经济提质，依托梅州经开区巩固拓展电子信息产业优势，依托中心城区南部产业新城建设打造现代服务业集聚地，依托城区商圈举办更多促消费活动，依托江北老城打造“老字号一条街”“非遗一条街”，积极发展“数字经济”“楼宇经济”“夜间经济”，优化城区产业结构、业态结构、动力结构。深入实施城市更新行动，加大力度开展城区临时建筑专项整治，加快补齐基础设施短板，强化公共服务功能，提升城市精细化和智慧化管理水平，以高品质的生产生活空间集聚生产要素和人气。**二要着力提升“镇”的辨识度。**强化镇街连城带村的节点功能，优化生产、生活空间布局，充分挖掘地域特色，因地制宜培育经济效益高、就业容量大的主导产业，错位打造县域经济的“支点”。加大公共基础设施投入，继续实施美丽圩镇攻坚行动，改善生产生活条件，提升社会服务功能、公共秩序管理水平。**三要着力提升“村”的和美度。**守牢粮食安全和不发生规模性返贫两条底线。大力推动农业工业化，建好管好4个省级现代农业产业园，加快客家预制菜产业园建设，打响梅江特色“粤字号”农业品牌。支持阁公岭、笙竹和扎上等建设乡村产业社区，探索以文化产业赋能乡村振兴，让更多适合乡村发展的产业落户乡村，拓宽农民增收致富渠道。坚持用美学思维建设和美乡村，深化农村人居环境整治提升，强化农房管控和风貌提升，加强和完善乡村治理，打造一批乡村振兴示范点，加快乡村振兴示范带建设，努力让农民就地过上现代文明生活。

（四）强化科教人才支撑。教育科技人才是现代化建设的基础性、战略性支撑。我们要更加注重夯实教育科技人才基础，打造教育强区、科技强区、人才强区，不断塑造发展新动能新优势。**一要坚持教育优先发展。**办好实验幼儿园分园，完成金山小学迁建，加快推进嘉应学院附属学校、东升学校等建设。深入实施集团化办学，积极创建义务教育优质均衡区，办好人民满意的教育。**二要坚持科技驱动发展。**支持更多科技型中小企业成长为高新技术企业。鼓励重点企业与国内外高校、科研机构开展产学研合作，创建国家级研发创新平台。加大知识产权保护利用力度，加快推动梅州知识产权协同运营中心落户，促进创新成果知识产权化。**三要坚持人才引领发展。**落实“人才振兴16条”，实施“青梅”“鸿雁”“宗匠”“金谷”“桂竹”等五大计划，培育引进一批专业技术人才、高技能人才、创新创业人才和创新科研团队。建立产业专业人才库和专家库，完善科技人才激励机制，推行柔性引才，做好生活服务保障，以更大力度打造聚才“洼地”、用才“高地”、留才“福地”。

（五）全面深化改革开放。改革开放永远在路上。我们要坚持解放思想，用好改革开放关键一招，为融湾发展添活力、增动力。**一方面，要全力深改革。**主动衔接大湾区规则机制，借鉴粤港澳大湾区和自贸试验区制度创新成果，持续深化“放管服”改革，推动政务服务“一网通办”（指打通不同部门的信息系统，群众只要操作一个办事系统，就能办成不同领域的事项，解决办不完的手续、盖不完的章、跑不完的路这些“关键小事”），探索“极简审批”改革，推动营商环境走在全市前列。加快共青团基层组织、国防动员机制、集体林地“三权分置”等改革，做好新型农村集体经济专项改革、农村集体经营性建设用地入市、农村产权流转交易市场规范化建设、土地综合整治等试点工作，更好推动乡村振兴。**另一方面，要全面扩开放。**强化“一企一策”帮扶，支持志浩、线艺等重点外贸企业增资扩产，培育壮大一批加工贸易企业，稳定重点产品进出口。利用好侨乡资源，发挥好侨乡优势，高水平办好客商大会梅江分会场活动，吸引更多乡贤、侨胞投资兴业。加强与“一带一路”（丝绸之路经济带和21世纪海上丝绸之路）沿线国家和地区经贸文化交流合作，巩固拓展东南亚、欧美日韩市场，加快培育跨境电商等新业态新模式。

（六）不断厚植生态优势。绿水青山就是金山银山，保护环境就是保护生产力。我们要深入实施绿美梅江生态建设，以此为引领，协同推进降碳、减污、扩绿、增长，在高质量发展中实现高水平保护。**一要高效能推进生态治理。**深入打好污染防治攻坚战，深化工业污染防治，抓好中小河流治理，扩大生活垃圾分类实效，积极创建“无废城市”（是以创新、协调、绿色、开放、共享的新发展理念为引领，通过推动形成绿色发展方式和生活方式，持续推进固体废物源头减量和资源化利用，最大限度减少填埋量，将固体废物环境影响降至最低的城市发展模式，也是一种先进的城市管理理念），让梅江天更蓝、山更绿、水更清。巩固拓展中央生态环境保护督察反馈问题整改成果，完善环保设施建设管护机制。**二要高水平推进绿化提升。**认真落实省、市深入推进绿美广东生态建设的工作部署，高标准开展绿美梅江生态建设“八大工程”（即绿美森林提质工程、绿美城乡建设工程、绿美保护地提升工程、绿美资源管护工程、绿美经济增量工程、绿美生态增益工程、绿美文化发掘工程、绿美成果共享工程），大力推进森林抚育、林分改造和林相改善及森林有害生物防治，加快国家储备林建设。扎实推进山水林田湖草沙一体化保护和修复工程，加强自然保护地体系建设，加大生物多样性保护力度。**三要高标准推进“双碳”（碳达峰、碳中和）工作。**加快转变资源利用方式，严格实行能源和水资源消耗、建设用地等总量和强度“双控”（指能耗总量和强度），探索开展碳排放权交易、林业碳汇试点。推进产业生态化和生态产业化，大力发展绿色建材、新能源等绿色低碳产业，重点发展竹木、南药等林下经济，切实将生态优势转变为经济优势。推行绿色低碳生活方式，让简约适度、绿色低碳成为新时尚。

（七）着力打造文化名城。文化是城市的灵魂，是城市发展生生不息的力量源泉。我们要坚定文化自信自强，用心用情保护利用好历史文化资源，深入挖掘丰富内涵和时代价值，焕发国家历史文化名城新活力。**一要以文铸魂。**积极创建全国文明城市，建好用好新时代文明实践中心（所、站），大力弘扬社会主义核心价值观。深入实施“三好一正”（讲述梅州好故事、传播梅州好声音、树立梅州好形象、传递梅州正能量）工程，加强爱国主义、集体主义、社会主义教育。弘扬中华传统美德，加强家庭家教家风建设，让良好的道德品质转化为群众的情感认同和行为习惯。**二要以文塑城。**推动客家文化（梅州）生态保护区建设，实施非遗传承人培养工程和文艺“双精”（文艺精英人才、文艺精品创作）工程，做好客家古民居和围龙屋保护利用，以“5街20巷”（5街：中山油罗街、凌风路、仲元路、泰康路、金利来大街；20巷：树湖坪、李屋巷、吴屋巷、陈屋巷、陈家祠巷、洪屋巷、林屋巷、戴屋巷、罗屋巷、南门短巷、黎屋巷、考院前、民主路、凌西后巷、西箭角巷、珠条街、和平路、石牌巷、梁屋巷、水巷）提升改造推动“一城两坊”（指嘉应古城，攀桂坊、望杏坊）传承保护开发。加强南粤古驿道等红色资源保护开发，用好熊锐生平事迹展陈馆、朱云卿事迹陈列室等，讲好红色故事、弘扬苏区精神。**三要以文兴业。**以创建国家全域旅游示范区为抓手，活化红色、绿色、古色等资源，推动南粤古驿道梅江古道（西阳片区）沿线产业发展，打造笙竹民宿集群、“梅江百里徒步”品牌路线，促进农文旅深度融合。实施梅江区足球发展十年规划，助推全国足球发展重点城市建设。举办特色体育赛事活动，因地制宜发展户外运动，建设户外装备产业园。

（八）持续增进民生福祉。人们对美好生活的向往就是我们的奋斗目标。我们要坚持以人民为中心的发展思想，突出均衡性和可及性，加快补齐民生短板，让共同富裕的目标可感知、可获得。**一要落实就业优先政策。**深入实施提升就业服务质量工程，完善高校毕业生、农民工、退役军人等重点群体就业支持体系，帮扶残疾人、零就业家庭成员等困难人员就业，全年新增城镇就业2000人。**二要推进“健康梅江”建设。**抓好新形势下疫情防控工作，按照新冠病毒感染“乙类乙管”总体方案和“第十版”要求，围绕“保健康、防重症”目标，做好药品和医疗物资保障，增强医疗救治能力。加快推进区人民医院设立、区妇幼保健院搬迁等工作，支持市第二中医医院建设高水平中医医院和特色中医医院，加强应急能力建设，健全公共卫生体系。**三要提升社会保障水平。**提高城乡居民最低生活保障人员、特困人员、孤儿、残疾人等保障水平，健全农村留守儿童和妇女、老年人关爱服务体系。完善城镇职工和城乡居民养老、医疗等保险制度，稳步提高社会保险待遇水平。落实生育支持政策，积极应对人口老龄化。

（九）打造良法善治梅江。安全是必须牢牢守住的底线。我们要坚定不移贯彻总体国家安全观，高水平建设平安梅江法治梅江，以新安全格局保障新发展格局。**一要抓平安建设。**统筹发展与安全，有效防范化解十大风险隐患，严厉打击各类违法犯罪，常态化开展扫黑除恶斗争。严格落实安全生产责任制，持续抓好“三防”、消防、食品药品、森林防火等重点领域安全工作，全面提高防灾减灾救灾能力。**二要抓社会治理。**持续推进市域社会治理现代化，坚持和发展新时代“枫桥经验”，做好信访维稳和矛盾纠纷排查化解工作，实现镇（街道）综治中心规范化建设全覆盖，构建“综治中心+全科网格+粤平安云平台”工作体系，建成人人有责、人人尽责、人人享有的社会治理共同体。**三要抓法治建设。**贯彻“一规划两纲要”〔指《法治梅江建设规划（2021—2025年）》《梅江区法治政府建设实施纲要》《梅江区法治社会建设实施纲要（2021—2025年）》〕，深化“三级同创”，进一步完善依法治区工作体制和制度保障，统筹推进公正司法、严格执法、全民守法各项工作，开展“八五”普法，提高全面依法治区工作水平。

（十）坚定不移全面从严治党。办好梅江的事情，关键在党、关键在人。我们要全面贯彻新时代党的建设总要求，发扬彻底的自我革命精神，一刻不停推进全面从严治党，努力把全区各级党组织锻造得更加坚强有力。**一要坚定不移加强党的政治建设。**坚持以党的政治建设为引领，严格落实省委“两个维护”十项制度机制，忠诚拥护“两个确立”、坚决做到“两个维护”。全面贯彻民主集中制，严格执行重大事项请示报告制度，严明党的政治纪律和政治规矩，持续优化政治生态。牢记“国之大者”，把对党忠诚体现在推动改革发展稳定的实效上、体现在党员干部日常的言行中。**二要持之以恒强化理论武装。**坚持用习近平新时代中国特色社会主义思想凝心铸魂，持续推动学习宣传贯彻党的二十大精神走深走实，引导广大党员干部真学真懂真信真用，做党的创新理论的坚定信仰者和忠实践行者。常态化长效化开展党史学习教育，让初心薪火相传，把使命永担在肩。全面落实党委（党组）意识形态工作责任制，健全敏感信息闭环反馈机制，把牢舆论阵地的领导权、管理权、话语权。**三要持续夯实基层战斗堡垒。**树立大抓基层鲜明导向，严密上下贯通、执行有力的组织体系，深入实施新一轮基层党建三年行动计划，持续整顿软弱涣散村（社区）党组织，深化模范机关创建工作，开展“聚焦发展活力两新”行动，深入实施南粤党员先锋工程，优化“双报到、双服务”

（单位党组织到所在地基层党组织报到，党员到居住地社区报到，服务社区建设、服务居民群众）“平急转换”等机制。大力创建抓党建促乡村振兴示范县、示范镇、示范村，以党建引领基层治理效能提升。**四要坚持不懈锻造干部队伍。**坚持新时代好干部标准，重德行、重公认、重基层，着重从先行区建设、实体经济、乡村振兴等重大任务及破题攻坚行动一线锤炼检验、识别评价、选拔使用干部，真正使选出来的干部让组织放心、群众满意、干部服气。强化干部教育管理，加强思想淬炼、政治历练、实践锻炼、专业训练，不断提高各级干部的综合素质和能力。健全干部担当作为激励和保护机制，落实推进领导干部能上能下规定，坚持“三个区分开来”（要把因缺乏经验、先行先试出现的失误与明知故犯而违纪违法的行为区分开来，把国家尚无明确规定的探索性试验与国家明令禁止后有法不依的行为区分开来，把为加快发展的无意过失与谋取私利故意违纪违法的行为区分开来），激励党员干部更加奋发有为地开新局、立新功、谱新篇。**五要驰而不息正风肃纪反腐。**锲而不舍落实中央八项规定及其实施细则精神，坚决防止“四风”（形式主义、官僚主义、享乐主义、奢靡之风）问题反弹回潮，重点纠治形式主义、官僚主义，紧盯工作中层层加码、麻痹松懈、任性用权、不担当不作为等问题。坚持严的基调不动摇，坚决惩治政治问题和经济问题交织的腐败，深化整顿国企、金融、政法、交通、土地、工程建设、公共资源交易等权力集中、资金密集、资源富集领域的腐败，加强新时代廉洁文化建设，一体推进不敢腐、不能腐、不想腐，持续营造风清气正的政治生态。切实加强作风建设，深化全区党员干部“扛责任转作风抓落实”，迎难而上，奋发有为投身梅江现代化建设。

2023 年 1 月 19 日，中国共产党梅州市梅江区第九届委员会第四次全体会议在区委、区政府礼堂召开

（区委办　供图）

政府工作报告（节选）

——在梅州市梅江区第九届人民代表大会第三次会议上

（2023 年 2 月 16 日）

梅州市梅江区人民政府区长　钟秀堂

一、2022 年工作回顾

2022 年，是党和国家历史上具有里程碑意义的一年，也是梅江发展史上极不平凡的一年。一年来，我们坚持以习近平新时代中国特色社会主义思想为指导，以迎接党的二十大、学习宣传贯彻党的二十大精神为主线，全面落实“疫情要防住、经济要稳住、发展要安全”重要要求，在省委省政府、市委市政府和区委的正确领导下，团结带领全区上下干成了一件件大事要事、攻克了一个个难关险关，在特殊的年份扛起特别的责任，为梅江现代化建设书写了浓墨重彩的一笔。

最激励人心的是，党的二十大胜利召开，擘画了以中国式现代化全面推进中华民族伟大复兴的宏伟蓝图。我们迎盛会、学精神、抓落实，更加增强了紧跟总书记、建功新时代、奋进新征程的斗志豪情！**最振奋人心的是**，梅州对接融入粤港澳大湾区加快振兴发展总体方案获批实施，梅江在革命老区转移支付安排、中央预算内投资、对口帮扶和对口支援等方面迎来多重政策叠加的利好。我们满怀感恩之心、奋进之志，主动谋划一批大项目、系列好政策，努力把政策的“含金量”转化为发展的高质量！**最鼓舞人心的是**，面对多重超预期因素冲击，我们坚持科学统筹、精准应对，以最大努力、最小成本将疫情影响降至最低，以高频调度、高效服务全力推动经济企稳向好，以底线思维、极限思维打好防范化解风险挑战主动仗，稳住了经济社会发展大局！**最温暖人心的是**，我们致力创造高品质生活，就业、教育、医疗、文化、生态等各项事业全面进步，重点民生实事全面完成，脱贫攻坚成果持续巩固拓展，平安法治建设迈向更高水平，支撑起了老百姓“稳稳的幸福”！

过去一年，我们主要做了以下工作：

（一）聚力应变克难，经济运行稳中提质。面对多重困难叠加、多种风险交织、多条战线作战的严峻形势，加力落实国家和省、市稳经济一揽子政策，在全市率先出台 96 条细化援企稳岗措施，加强监测调度，推动全区经济运行在二季度后止降企稳，逐月回升向好。全区地区生产总值 287.73 亿元，比增 0.2%；全体居民人均可支配收入 41414 元，比增 4.8%。紧抓项目扩投资，超额完成 23 个省、市重点项目的年度投资任务，项目投资比增 67.8%。坚持“政策+活动”刺激当期消费，把促消费政策精细落到群众需求上，组织开展汽车和家电以旧换新、“网上年货节”等活动，社会消费品零售总额比增 5.6%，增速稳居全市第一。“一企一策”稳外贸，协助线艺、博敏等企业申报专项资金补助，组织企业参加广交会、进博会等展会抢订单、拓市场，实际利用外资比增 628.7%。全力以赴保主体，新增减税降费及退税缓税缓费超 24 亿元，社保降费和缓缴政策惠及 5200 家企业、4.5 万名职工。积极搭建政银企沟通对接桥梁，提升金融服务实体经济质效，存贷比提高到87.3%。

（二）聚力夯实根基，产业发展量质齐升。坚持实体经济为本、制造业当家，盈华、联进项目一期投产、二期落地，鼎泰、科捷等13个总投资165亿元的“打粮食”项目加快建设，工业投资比增164.9%。坚定不移支持本土企业发展壮大，全年增资扩产14.96亿元，20家企业完成技改、12家企业小升规，省级专精特新中小企业由2家增至11家，博敏、龙宇入选中国综合PCB百强榜。聘请招商投资顾问推进“以商引商”，新签项目30个，计划投资超百亿元。深入开展广东梅州经济开发区提质增效三年行动，盘活低效闲置土地471亩，投入5.55亿元完善园区设施，获评首批国家级清洁生产审核创新试点、省级加工贸易产业转移园。省级现代农业产业园建设稳步推进，水产产业园动工建设，客家预制菜产业园成功入库。省级示范家庭农场增至17家、粤港澳大湾区“菜篮子”生产基地增至9家，“梅江白宫芋头”入选全国“名特优新”农产品目录。飞翔云数码港、客天下创业岛等创新创业平台建成开放。农文旅深度融合，笙竹村获评“广东省文化和旅游特色村”，熊锐故居等历史建筑完成保护修缮。

（三）聚力协同共进，城乡区域协调发展。科学划定“三区三线”（“三区”指城镇空间、农业空间、生态空间三种类型的国土空间；“三线”指城镇开发边界、永久基本农田、生态保护红线三条控制线），促进国土空间集约高效利用。城市更新步伐加快，33个老旧小区改造提升，12个农贸市场升级改造，畅通39条市政道路、背街小巷，罗乐大桥至S333连接线建成通车。城市管理更加精细，全力创建全国文明城市，开展新一轮“两美”（美丽梅州、美好家园）行动，完成408条道路、153个小区缆线整治，新增纳入物业管理小区150个，成功创建11个“绿色社区”，所有街道基本建成生活垃圾分类示范片区。新增5G基站465个。乡村振兴战略深入实施，发展基础更加坚实。坚守耕地红线，全面完成撂荒地复耕复种、粮食生产任务。深化驻镇帮镇扶村，加强防返贫动态监测和跟踪帮扶，脱贫户家庭人均可支配收入比增3.5%。所有圩镇达到宜居圩镇标准，西阳圩镇达到示范圩镇标准。“三清三拆三整治”（三清：清理村巷道及生产工具、建筑材料乱堆乱放，清理房前屋后和村巷道杂草杂物、积存垃圾，清理沟渠池塘溪河淤泥、漂浮物和障碍物；三拆：拆除危、旧、弃房情况，拆除乱搭乱建违章建筑，拆除非法违规商业广告、招牌；三整治：整治垃圾，整治污水，整治畜禽污染）持续开展，村内道路干路全面实现硬底化，建成X950美丽公路，816户农房风貌提升改造。5条乡村振兴示范带和3个产业社区加快建设，农村集体产权制度改革任务基本完成，全部行政村集体收入突破10万元。

（四）聚力科学精准，疫情防控有力有效。全面贯彻“三个坚定不移”（坚定不移坚持人民至上、生命至上，坚定不移落实“外防输入、内防反弹”总策略，坚定不移贯彻“动态清零”总方针），因时因势优化防控措施，选派1294名医务人员驰援市内兄弟县区和广州、深圳、惠州等地，为全省、全市抗疫大局作出梅江贡献，有效守护了人民群众安全健康、维护了社会大局和谐稳定。

（五）聚力绿色发展，生态优势巩固提升。深入打好污染防治攻坚战，城区空气质量优良率达99.2%，地表水国省考断面和饮用水水源地水质达标率、优良率均保持100%，受污染耕地安全利用类、严格管控类任务100%完成。第二轮中央生态环保督察问题整改达到序时进度，严厉打击生态环境违法行为，全区重点污染源污染物排放达标率100%。有序推进山水林田湖草一体化保护和系统治理，金山生态修复、城区水生态修复等项目扎实推进。严格落实林长制，完成86.67公顷高质量水源林、108.8千米生物防火林带建设，挂牌保护540株古树名木。深入推进河（湖）长制，在全市率先完成小水电站清理退出任务，

2个水站获评农村供水“粤美水站（厂）”，完成21个自然村农村生活污水处理设施建设。

（六）聚力改革创新，发展活力持续释放。深化“放管服”改革，持续优化营商环境，全区1590项政务服务事项全部进驻“1+7”（1个区级大厅，税务服务、人社服务、户政服务、退役军人服务、婚姻登记服务、梅州经开区服务和司法服务7个政务服务分厅）大厅，行政审批事项100%实现网上受理、网上办结，新设立企业费用“四免”（营业执照免费邮寄、工商登记材料免费复印、免费刻印章、免费营业执照作废公告），新增市场主体7543户。深化“数字政府”改革建设，“粤智助”“粤省事”等“粤系列”平台推广使用率全市第一。国企改革、园区体制机制改革纵深推进。企业创新主体作用有效发挥，新培育认定高新技术企业9家、科技型中小企业54家、数字化转型企业16家，新增省级工程中心3个、省博士工作站2个、省级企业技术中心1个。梅州市知识产权协同运营中心成功落户，专利授权数量居全市第一。全力推动市“1+*N*”（“1”，《关于加快新时代人才振兴发展的实施意见》，是梅州当前和今后一段时间人才工作的纲领性、指导性文件，明确了总体要求、目标任务和重点措施；“*N*”，主要包括“青梅计划”“鸿雁计划”“宗匠计划”“金谷计划”“桂竹计划”等5个人才发展计划，是涵盖实体经济、乡村振兴、教育、卫生、文艺、体育等领域，贯彻落实的配套子政策）人才政策落地见效，为高校毕业生来梅求职创业提供短期免费住宿，建立急需紧缺人才编制“周转”池，做活人才“引育留用”文章。

（七）聚力社会事业，民生福祉日益增进。坚持把八成以上财力用于民生，省、市、区十件民生实事全面完成，高质量办好区十件“微民生”实事。超额完成城镇新增就业以及就业困难人员、失业人员再就业年度任务，“粤菜师傅”“广东技工”“南粤家政”三项工程培训3147人次，江南鸿都社区获评“国家级充分就业社区”。深入实施学前教育“5080”（指的是公办幼儿园和普惠性民办幼儿园在园幼儿数占比达80%以上，其中公办幼儿园在园幼儿数占比达50%以上）工程，新增公办幼儿园学位450个，普惠性幼儿园覆盖率达92.6%。促进义务教育优质均衡发展，会文学校扩建新增学位1440个，全区校内课后服务覆盖4万多名学生。乡村学校少年宫实现全覆盖。全面完成被征地农民养老保险金发放。建立健全门诊共济保障机制，将普通门诊纳入职工医保范围。全区一级、二级医疗机构基本医疗服务价格分别下降16.2%和8.2%，500个基层病种实现“同病同分同价”。14周岁以下女生免费接种HPV疫苗任务完成率158%。城乡低保、特困人员供养、残疾人“两项补贴”、孤儿养育标准保持全市领先，基本医疗保险覆盖率100%。镇（街道）社会工作服务站点实现全覆盖。

（八）聚力守住底线，社会大局安全稳定。认真落实国务院安委会“十五条”和省“65条”“市79条”硬措施，打好城镇燃气安全、自建房安全专项整治攻坚战，全面完成安全生产专项整治三年行动，全年未发生重特大事故。科学防御近20年最强“龙舟水”，森林防灭火、食品药品监管等工作常抓常严。开展夏季治安打击整治“百日行动”和“梅安2022”专项行动，严厉打击电信网络诈骗、毒品等违法犯罪行为，常态化推进扫黑除恶斗争，人民群众有更多的安全感。开展问题楼盘、涉众金融、劳资纠纷等领域风险隐患排查，积极调处化解信访积案和矛盾纠纷，圆满完成党的二十大等重大活动、重要节点安保维稳任务，平安梅江建设走向更高水平。中心坝社区获评全国先进基层群众自治性组织。“八五”普法走深走实，新增2个省级“民主法治示范村”。获评广东省实施妇女儿童规划工作示范县。国防动员、拥军优属、社会救助、养老服务、民族宗教、外事侨务、打私打假、工青妇、残联、工商联、港澳台、统计、档案、方志、关心下一代等工作取得新成效。

（九）聚力自身建设，深化全面从严治党。深入学习贯彻党的二十大精神，持续巩固拓展党史学习教育成果，忠诚拥护“两个确立”、坚决做到“两个维护”，坚定不移把党的领导贯穿政府工作各领域全过程。深入推进法治政府建设，严格执行重大行政决策程序，行政执法“三项制度”（行政执法公示制度、全过程记录制度、重大执法决定法制审核制度）有效落实。主动接受区人大及其常委会的法律监督、工作监督和区政协的民主监督，办理人大代表建议27件、政协提案41件，自觉接受社会和舆论监督，审计监督、统计监督不断加强。严格落实中央八项规定及其实施细则精神，坚决“扛责任转作风抓落实”，完善工作全链条闭环管理机制。严控“三公”（公务出国、公务用车、公务接待）经费，压减非急需非刚性支出。严格落实党风廉政建设责任制，加强对“一把手”和领导班子监督，强化公共资金、公共资产监管和公共资源交易管理，扎实开展民生领域问题专项整治，政府系统党风廉政建设和反腐败工作持续加强。

各位代表！过去一年，我们遇到的困难挑战前所未有、斗争艰苦卓绝。越过激流险滩，我们更加深刻地感受到，梅江发展道路上取得的每一点成绩、每一项进步、每一份收获都浸透着汗水、凝聚着心血，都是拼出来、干出来、奋斗出来的！这些成绩的取得，根本在于习近平总书记掌舵领航，在于以习近平同志为核心的党中央坚强领导，是习近平新时代中国特色社会主义思想科学指引的结果，是省委省政府、市委市政府和区委科学决策的结果，是区人大、区政协监督支持的结果，是全区广大干部群众团结奋斗的结果。在此，我代表区人民政府，向有大爱、有情怀、有力量的梅江人民，向讲大局、讲奉献、讲担当的人大代表、政协委员、离退休老同志、民主党派、工商联、人民团体、无党派人士，向坚守一线、冲锋前线的广大基层干部，向白衣擐甲、逆行战“疫”的医务人员，向召之能战、战之必胜的驻梅部队、武警官兵、政法干警、消防救援队伍和民兵预备役人员，向所有为梅江发展倾情、倾智、倾力的港澳台同胞、海外侨胞和社会各界朋友，表示衷心的感谢！致以崇高的敬意！

各位代表！思危方能居安，知忧方能克难。在肯定成绩的同时，我们也清醒认识到，梅江面临的发展任务仍然艰巨繁重，问题和挑战不容忽视：**一是**产业质量效益偏低，传统产业转型升级步伐不快，新兴产业发展壮大尚需时日，产业层次低、链条短，企业龙头少、规模小，与高质量发展要求存在“落差”。**二是**民生领域还有短板，城乡基础设施欠账较大，优质教育、医疗、养老等公共服务供给不足，居民增收渠道不宽，与满足人民群众对美好生活的向往存在“温差”。**三是**营商环境有待改善，政策执行和工作落实“中梗阻”“推拖绕”等问题尚未根除，服务效能还需加力提升，与深圳、广州等先进地区存在“时差”。**四是**部分干部担当精神不够，实干劲头不足，斗争本领不强，法治思维、专业素养、干事激情需进一步提升，与新时代好干部标准存在“级差”，等等。对此，我们将坚持问题导向，拿出硬招实招，全力加以解决。

二、2023年工作安排

2023年，是全面贯彻落实党的二十大精神的开局之年，也是实施“十四五”规划的关键一年，做好今年工作意义重大、责任重大。

今年政府工作的总体思路是：坚持以习近平新时代中国特色社会主义思想为指导，全面贯彻落实党的二十大精神，深入贯彻习近平总书记对广东系列重要讲话和重要指示精神，按照省委省政府、市委市政府工作部署和区委工作要求，积极探索中国式现代化的梅江路径，坚持稳字当头、稳中求进，完整、准确、全面贯彻新发展理念，服务和融入新发展格局，着力推动高质量发展，更好统筹疫情防控和经济社会发展，更好统筹发展和安全，坚定不移狠抓发展第一要务，全面激发内生动力，力促经济实现质的有效提升和量的合理增长，保持社会大局稳定，在赣闽粤原中央苏区对接融入粤港澳大湾区振兴发展先行区建设中走在全市前列，加快打造高质量发展示范区，为梅江全面建设社会主义现代化开好局起好步。

全区经济社会发展的主要预期目标是：地区生产总值力争增长 6%；固定资产投资增长 9%，社会消费品零售总额增长 8%，进出口总额增长 6%；规上工业增加值增长 8.5%；地方一般公共预算收入增长 5%；全体居民人均可支配收入增速与经济增速基本同步。

今年，我们将重点抓好以下九方面工作：

（一）坚持用足用好用活政策，全面融湾振兴发展

主动对接争取政策落地。结合《支持梅州对接融入粤港澳大湾区加快振兴发展总体方案》（下称《梅州方案》）和省配套政策、市落实方案，制定区实施方案，细化工作部署。加密“跑省进京”对接频次，借力增城区对口帮扶、省直单位对口支援，争取更多政策、平台、项目落地实施。明确年度工作要点，建立“月协调、季通报、半年推进、年终总结”工作机制，清单化管理、节点化推进、项目化落实。

主动融入湾区产业体系。围绕打造与湾区联动产业链，着力引进建设一批重大战略性产业项目，推动新一代电子信息、互联网等产业集群发展。宣传推介《梅州方案》相关优惠政策，积极承接湾区产业转移，吸引湾区企业在梅江设立区域总部或与梅江企业组建新公司，推动形成与湾区梯度转移、分工合理、优势互补的产业协作体系。联动发展生产性服务业，培育服务型制造示范企业。加快打造以城区综合物流园为核心的冷链物流仓储“1+N”体系，推动广东供销（梅江）产业园等项目落地。

主动扩宽产业发展空间。深化广东梅州经济开发区提质增效扩容，推动南北两个片区协同开发，高水平建设融湾合作发展平台。持续推进经开区低效闲置用地盘活利用，完成废水处理设施提标改造、智慧园区信息平台等项目建设，建好用好政府标准厂房，申报国家级经济开发区。全力打造城产融合发展示范区，动工建设梅江区一、二、三产业融合发展先导区，谋划建设城北新兴产业园，优化产业功能布局，让有限的空间发挥最大价值。

主动优化基础设施布局。进一步巩固优势、补齐短板、紧追前沿，推进现代基础设施体系建设。强化区域互联互通，提升梅州火车站综合交通枢纽功能，服务保障瑞梅铁路、武平至梅州高铁等融湾出省出海大通道建设，谋划实施梅县石扇至梅江群益公路、X018 改线工程等交通基础设施项目，打通更多的对外连通要道和内部互通环线。实施嘉应新区（郑屋脚至莆田段）堤防应急抢险工程、农村供水“三同五化”（同标准、同质量、同服务和规模化发展、标准化建设、一体化管理、专业化运作、智慧化服务）改造提升工程等水利基础设施项目，全面完成小型病险水库除险加固。推进新能源开发利用，推动国能独立储能等项目落地。加快 5G 基站、新能源汽车充电桩等新型信息基础设施建设。

（二）坚持存量增量流量齐抓，做大做强县域经济

坚持制造业当家筑牢根基。实施主导产业培育提升和产值倍增计划，推动产业基础再造、集群发展，新增上规企业 13 家以上。坚持以先进制造业挺起产业“脊梁”，加快推动计划总投资 37.2 亿元的盈华、鸿宇等项目投产达效，服务保障计划总投资 58.5 亿元的博敏、鼎泰、科捷等项目加快建设，确保计划总投资 22.34 亿元的泓亚、纳翕燚等项目如期开工，推动 7 个以上超亿元、2 个以上超 10 亿元的工业项目落地。优化升级烟草、电力等传统支柱产业，争取广东中烟支持提高梅州烟厂高端产品比重，抓实梅江 110 千伏东城输变电等电力项目建设。持续推动新一代电子信息强链补链延链，推进 17 家以上工业企业技改升级，聚焦产业链上下游细分领域招商引资，围绕电子材料、新型电子元器件等“供需端”

两侧延长产业链条，减少同质化竞争，形成优势互补、全链条联动发展的格局。

全力招引服务“打粮食”项目。坚持把招商引资作为“一把手”工程，瞄准大湾区、京津冀、长三角、厦漳泉等重点招商区域，聚焦新一代电子信息、数字经济、预制菜、生物医药等领域招大引强促优，用大项目释放“榕树效应”。用好招商优惠政策，发挥招商投资顾问的专业优势、信息渠道、人脉资源，派出驻外招商队“点对点”上门招商、节会招商、乡情招商、以商引商、产业链招商，引进一批链主企业、核心配套企业和专精特新企业，完成新签项目计划总投资额118亿元以上。最大限度用好政策和资源，统筹安排用地、用林、用能、排污总量等要素支撑，为企业落户、项目落地提供全流程服务，确保更多优质企业引得进、能落地、发展好。

加快培育数字经济增长极。结合城产融合发展示范区开发建设，盘活江南新城、芹洋半岛闲置楼宇资源打造“立起来的开发区”，大力培育数字经济增长极，城产融合拥抱“数字湾区”。出台加快互联网产业发展若干扶持措施，支持115科技、飞翔云等企业登陆资本市场，扶持正方网络、佳都智慧绿洲等企业发展壮大，鼓励蜂派出行、帮啦跑腿等企业探索新业态模式改革，引进培育一批数字创意、电子商务等增值应用和衍生服务企业，让数字经济形成星火燎原之势。积极申报高端印制电路板数字化转型试点，推动9家以上规上工业企业数字化转型，引导更多中小企业“上云用云”。

抓文旅商贸促进消费增长。推动文旅产业快速复苏，加大新“梅江八景”（林风眠故居和纪念馆，清凉山主峰黄沙嶂，黄遵宪故居和纪念馆，梅江桥和一江两岸夜景，泮坑风景区，凌风东西路及梅州学宫、八角亭，千佛塔景区，客天下景区）宣传推广力度，推出重走苏区红军路、华南教育历史研学行、客家文化体验游、生态乡村之旅等精品旅游路线，举办“金山圩日”“车尾厢集市”等特色活动，支持客天下申报省级夜间文化和旅游消费集聚区、国家级旅游度假区。推进文化产业赋能乡村振兴，打造西阳艺术村落，积极创建一批全国乡村旅游重点镇（村），争创国家全域旅游示范区。以笙竹民宿群为中心，谋划实施国际户外运动公共服务设施项目，规划建设户外装备产业园，推动南粤古驿道梅江古道沿线产业发展，促进体育消费。落实国家和省、市促消费政策，引导商家开展促销活动，推出更多定制化消费产品，扩大汽车、家电、零售、餐饮等消费。支持企业拓展研发设计、文化创意等业态，大力发展金融和现代物流等生产性服务业，推动康养、母婴、家政等产业发展。

（三）坚持创新创业创造并举，加速新旧动能转化

打造高能级创新平台。推动广东省科学院梅州产业技术研究院与辖区企业设立或共建协同创新平台，支持企业联合中山大学、暨南大学等高校共建产业技术创新联盟，用好嘉应学院创新资源建设省级重点科研平台和中心。整合集聚科创优势资源，支持世界客属青年创新创业中心、梅州互联网创新中心、客天下创业岛等平台发展，创建一批省级以上创新创业孵化平台。引导企业建设省级以上重点实验室、工程研究中心，支持企业技术中心、制造业创新中心等平台建设，完善科技成果转移转化服务机制，开展知识产权保护专项执法工作。

培育高成长创新企业。落实创新普惠政策，促进创新链、产业链、资金链、政策链有效融合。引导金融机构将更多信贷资金投向科技型企业，组织企业申报省科技“大专项+任务清单”项目、市应用型科技专项资金，激发企业主体创新活力。坚持“育苗造林”，新培育认定科技型中小企业45家以上、高新技术企业6家以上，推动创新标杆企业实现新突破。实施大中型企业研发机构覆盖计划，推动重点产业关键共性技术突破。

引进高水平创新人才。深化人才发展体制机制改革，用

好市“1+*N*”人才政策集聚人才，建立多层次的引才机制和保长远的留才机制，以“人才洼地”成就“创新高地”。围绕实体经济和重点产业发展，实施“引智强企”工程，靶向引进一批急需紧缺人才和创新创业团队。鼓励人才来梅江开展技术合作、技术入股，投资兴办企业或从事其他专业服务，把智力转化为资本。立足山区实际，充分挖掘“候鸟”人才资源，建立柔性引才机制，与湾区共享高端人才。畅通人才服务“绿色通道”，推进省级人力资源服务产业园、人才培训孵化集聚基地和人才公寓建设，“一站式”解决人才住房、社保、子女教育等后顾之忧。

（四）坚持效率效能效益导向，持续深化改革开放

全面优化营商环境。坚定不移把优化营商环境作为“一号改革工程”，加快衔接湾区规则、对接湾区机制，打造懂企业、懂市场的政府。对标深圳、广州营商环境改革 5.0 举措，结合实际出台全面优化营商环境实施方案，“用户思维”优化政务服务，全面推行告知承诺制、政务服务“一网通办”，进一步放宽市场准入、深化商事制度改革、促进公平竞争、完善市场退出机制，提升综合监管执法效能，加快要素市场化配置改革进程。牢固树立“人人都是环境、事事服务营商”的意识，实施“免费梅江”系列行动，深化暖企、稳商服务，用好“马上办”、政银企对接、“一起益企”等工作机制，办好省工信厅“大手拉小手”等活动。坚持把作风建设作为优化营商环境的关键一环，分行业领域开展专项攻坚行动，坚决整治“庸懒散慢”“吃拿卡要”“微笑不服务”等行为，拆除各种“弹簧门”“玻璃门”“旋转门”。面向社会公开选聘营商环境监督员，为营商环境“挑刺”“献策”。

深化重点领域改革。聚焦重点、攻克难点、打通堵点，以钉钉子精神抓好改革举措落实。深化简政放权，推进下放镇街职权动态调整和后续管理职权下放。进一步理顺优化园区管理、公共卫生、应急管理等领域机构设置和职能配置，合理撤并“小、散、弱”事业单位。持续推进数字政府改革建设，做好首席数据官试点工作，建设“数说梅江”数据看板。深化投融资体制改革，鼓励社会资本参与基础设施、社会事业等领域建设。深化财税金融改革，稳定财政收入。坚持“两个毫不动摇”，强化国企资本运作能力，促进民营经济发展壮大。推进农村改革发展，巩固提升农村集体产权制度改革成果，深化集体林权制度改革，建立撂荒复耕生产长效机制和乡村建设管护机制，落实新型农村集体经济专项改革任务，探索农村集体经营性建设用地入市、农村产权流转交易市场规范化建设等工作。

扩大对外开放水平。主动出山融湾入海，深化与粤港澳大湾区中心城市的合作，密切与厦漳泉、汕潮揭等沿海城市的互动，注重与赣南、闽西等周边地区的交流，谋划建设粤闽赣会展中心，争取粤贸全国等活动在梅江设分会场。做好新时代“侨”的文章，深化与共建“一带一路”国家和地区的经贸文化交流合作，办好第六届世界客商大会梅江区系列活动，吸引更多乡贤、侨胞回梅江投资兴业。引导企业用好区域全面经济伙伴关系协定（RCEP）优惠政策，稳定重点企业、重点产品进出口。“一企一策”支持线艺、志浩等重点外贸企业发展，培育一批加工贸易企业，发展跨境电商等新业态新模式。

（五）坚持价值颜值增值统一，推动城乡融合发展

着力提升中心城区的首位度。坚持以城促产、以产兴城，统筹抓好传统产业改造和新兴产业培育，优化中心城区产业结构、业态结构、动力结构，改善企业经营环境和百姓创业就业环境，促进人流、物流、资金流和信息流聚集，强化辐射带动效应。用好用足相关政策和资金推进基础设施建设，利用后发优势补齐规划设计、建设运维等方面短板，推进市政管网、防洪排涝、通信网络等设施升级，改造 17 条市政道路，下大力气解决行车难、停车难等“城市病”。突出精致

建设与精细管理，深入实施“两美”行动，打造30个绿美小公园，提升改造43个老旧小区，继续推进无物业管理住宅小区清零行动，全域开展铁皮瓦、广告店招、缆线等专项整治行动，纵深推进环境卫生城乡一体化和市场化改革，巩固生活垃圾分类示范成效，提升中心城区功能品质。

强化乡镇联城带村节点功能。落实“百县千镇万村高质量发展工程”，发挥区域“城乡要素兼备、工农同步发展”的优势，打造一批名镇名品、经济强镇，推动构建产城互动、镇村联动、错位发展、城乡协调的新格局。以打好美丽圩镇建设攻坚行动为先导，提升人居环境、基础设施和公共服务水平，增强要素集聚能力、人口承载能力，把乡镇打造成为乡村治理中心、农村服务中心、乡村经济中心。深化拓展驻镇帮镇扶村工作，深入开展“千企帮千镇、万企兴万村”行动，鼓励引导城市人才、工商资本下乡，促进农民就近就地就业。稳步推进省农业社会化服务创新试点，实施供销社联农扩面工程。“一镇一业、一村一品”推动强镇兴村富民，支持西阳镇建设国家级农业产业强镇，加快建设阁公岭、笙竹等乡村产业社区，促进特色优势产业跨区域合作，统筹镇村连片建设乡村振兴示范带。

大力建设宜居宜业和美乡村。严格落实耕地保护和粮食安全党政同责，做好土壤普查、农业种质资源普查工作，巩固撂荒地复耕复种攻坚成果，改造提升农村灌区和高标准农田，保障农产品安全有效供给。落实巩固拓展脱贫攻坚成果同乡村振兴有效衔接政策，强化防止返贫动态监测。推行农业工业化，开展农产品加工业提升行动，发展壮大客家预制菜、茶叶等产业，强化省级现代农业产业园和农民专业合作社、家庭农场等新型农业经营主体的联农带农作用，把农产品增值收益留在农村、留给农民。深入实施“互联网+”农产品出村进城工程，发展电商直采、定制生产等订单农业。新认定“三品一标”（无公害产品、绿色食品、有机农产品和农产品地理标志）农产品4个，新建省级“菜篮子”基地5个，建设农产品质量安全检测中心，新增大湾区“菜篮子”生产基地2个。统筹抓好农村饮水安全、厕所革命、危桥改造、“四好农村路”提档升级等工作，完成1000户存量农房微改造和新建农房风貌管控。完善乡村治理体系，深化农村精神文明建设。

（六）坚持生产生活生态融合，筑牢生态保护屏障

落实污染防治之责。持续深入打好蓝天、碧水、净土保卫战，建立健全生态环境分区管控体系。加强大气面源精细化管理，深化城市扬尘管控，建设经开区重点企业废气排放在线监管平台。深化河（湖）长制，完成农村生活污水治理设施建设和入河排污口整治年度任务，强化饮用水水源地保护和监管，确保地表水国省考断面和饮用水水源地水质达标率、优良率持续保持100%。加快推进土壤污染状况详查，加强建设用地和农用地土壤污染风险管控，完成“无废城市”试点建设任务。加快中央生态环境保护督察反馈问题整改，统筹山水林田湖草一体化保护和修复。

彰显绿色梅江之美。巩固国家森林城市创建成果，实施绿美梅江生态建设“八大工程”，进一步扩大绿量、提高绿质、增强绿效，构建“林和城相依、林和人相融”的城乡高品质绿美生态环境。推深做实林长制，高质量做好森林督察违法图斑查处整改工作，新建生物防火林带110千米，完成林分林相改造400公顷以上。健全完善自然保护地体系建设，保护生物多样性。建设一批绿美村庄、绿美庭院、绿美小区，建成绿美碧道100千米、绿美乡村公路45千米、绿美古驿道60千米，打造推窗见绿、出门见景的美丽家园。创新线上线下“认种、认养、认捐”模式，引导全民义务植树，营造全社会爱绿、植绿、护绿的氛围。

探索低碳发展之路。有序推进碳达峰碳中和，推动能耗“双控”向碳排放“双控”转变，拓展生态产品资源化价值

化，打造全国“绿水青山就是金山银山”实践创新基地。大力推行绿色制造，推动新能源在工业等领域应用。加快发展屋顶分布式光伏，推进源网荷储一体化等项目建设，实现多能互补高效利用。大力推广新能源车，适度超前布局充换电站等基础设施。推行绿色低碳生活方式，让简约适度、绿色低碳成为新时尚。树牢战略思维，推动全区碳汇资源统筹储备，积极探索碳汇经济之路。

（七）坚持初心人心民心同向，共建共享品质生活

多措并举稳就业。落细落实就业优先政策，服务高校毕业生、农民工、退役军人等稳定就业，城镇登记失业率控制在 3%以内。抓好失业人员动态监测和救助帮扶工作，促进城镇失业人员再就业。扎实推进“粤菜师傅”“广东技工”“南粤家政”三项工程，建设客都美食街区、梅江区公共实训基地。推进技工教育和职业教育融合发展，促进技能人才高质量充分就业。严厉打击欠薪违法行为，创建“无拖欠农民工工资城市”。

健全体系强保障。持续深化社保领域改革，提高社保覆盖面。落实企业职工养老保险基金全国统筹政策，推进失业保险省级统筹。深入落实城乡居民基本医保制度，推动全员参保、应保尽保。全面落实低保、特困人员供养、临时救助等保障政策，健全分层分类的梯度救助体系和救助标准动态调整机制，兜牢基本民生底线。协同发展养老事业和养老产业，健全社区养老服务体系，建设综合养老服务中心。落实“三孩”生育政策及配套支持措施，减轻生育、养育、教育负担。深化“向阳树”、舒心驿站等品牌效应，保障妇女儿童合法权益。完善社会救助和社会福利体系，大力发展公益慈善事业，加强对残疾人、孤困儿童、农村留守儿童关爱救助服务。

扩大供给优服务。办好实验幼儿园分园，完成金山小学迁建工程，启用区中小学生综合实践活动教育基地，加快嘉应学院附属学校、梅州中学振兴工程等项目建设，促进基础教育优质均衡，为每个孩子提供适合的教育。坚持校外规范治理和校内减负提质协同发力，推动“双减”整体增效。深化职业教育产教融合、校企合作，办好开放教育、特殊教育和全民终身教育。做好新阶段疫情防控工作，加强重大疫情防控救治体系和应急能力建设。加快区疾控中心大楼、区妇幼保健院搬迁等项目建设，强化乡镇卫生院、社区卫生服务中心和村卫生站功能，促进医疗机构提质扩容和均衡布局。持续开展爱国卫生运动，确保长沙镇、西阳镇通过国家卫生镇复审。实施全民健身计划，增加公共体育设施，申办南粤古驿道定向大赛，举办更多徒步、越野等特色体育赛事。抓好群众足球、校园足球、青训等工作，助力全国足球发展重点城市建设。

繁荣文化聚合力。践行社会主义核心价值观，深入开展新时代文明实践活动，建好用好新时代文明实践中心（所、站），选树先进典型、推动志愿服务，全力创建全国文明城市。有序推进客家文化（梅州）生态保护区建设，持续推进“一城两坊”传承保护开发利用，打造江北老城“非遗一条街”“老字号一条街”，整体提升嘉应古城“5 街 20 巷”，办好“2023 东亚文化之都 · 中国梅州活动年”梅江系列活动，焕发国家历史文化名城新活力。保护好利用好红色资源，提质一批红色文化展陈馆、推出一批红色文化活动、创作一批红色文艺作品，大力传承弘扬伟大建党精神、苏区精神。完善公共文化服务体系，深入实施文化惠民工程，丰富群众精神文化生活。

用心用情办实事。根据省、市十件民生实事安排，结合梅江实际，我们拟定了 2023 年区十件民生实事候选项目，今年继续实行人大代表票决制，请大家审议。同时，我们将继续实施十件“微民生”实事，让改革发展成果更多更公平惠及全体人民。

（八）坚持安全安定安宁共护，提高社会治理水平

有效防范化解重大风险。落实总体国家安全观，坚决维护国家政权安全、制度安全、

意识形态安全。加强对金融机构、上市公司的风险监测，抓好非法集资风险排查整治。稳妥有序化解存量债务，增强财政可持续能力。坚持“房住不炒”，支持刚性和改善性住房需求，做好保交楼、保民生、保稳定工作，推动房地产业向新发展模式平稳过渡。做好电力保供工作。严防新技术新应用带来的风险，维护网络安全、信息安全、数据安全等非传统安全。

持续抓好安全生产工作。严格落实安全生产责任制，抓好道路交通、自建房、建筑工地、危化品、消防、城镇燃气、特种设备等重点领域、重点行业安全监管，强化高层建筑、工业园区等隐患排查整治。强化食品药品安全监管，守护“舌尖上的安全”。扎实推进地质灾害隐患点工程治理、避险搬迁等工作，深入排查整治农村削坡建房。完善全区“一盘棋”应急响应和重大突发事件“四个一”（一个指挥、一个统筹、一个协调、一个保障）应急处置等机制，加强风险监测预警、应急救援、全灾种保障等能力建设，提高基层应急管理水平，做好“三防”（防风、防旱、防汛）、森林防灭火等工作。

深入推进平安法治建设。加强社会治安综合治理，完善立体化信息化社会治安防控体系，推进扫黑除恶常态化，依法严惩群众反映强烈的各类违法犯罪活动，扎实做好禁毒工作。持续推进市域社会治理现代化，坚持和发展新时代“枫桥经验”，做好信访维稳和矛盾纠纷排查化解工作，构建“综治中心+全科网格+粤平安云平台”工作体系，积极探索基层社会治理新路径。贯彻“一规划两纲要”，深入推进“八五”普法，统筹推进公正司法、严格执法、全民守法。深化国防动员体制改革，做好国防教育、兵役征集、民兵整组、人民防空、退役军人事务等工作。支持工会、共青团、妇联、残联等群团组织更好发挥桥梁纽带作用，做好外侨、民族、宗教、统计、档案、地方志等工作。

（九）坚持从严从实从紧管理，强化政府自身建设

锤炼高位谋事的政治品格。坚持不懈用习近平新时代中国特色社会主义思想凝心铸魂，全面学习、全面把握、全面落实党的二十大精神，把忠诚拥护“两个确立”、坚决做到“两个维护”体现在推动梅江高质量发展的全过程、各领域。始终心怀“国之大者”，把国家所需、梅江所能、群众所盼紧密结合起来，在现代化建设大局中贡献梅江力量。

树牢依法办事的法治理念。深入践行习近平法治思想，把法治思维和法治方式贯穿到政府工作全过程，严格规范行政决策程序，确保政府权力始终在法治的轨道上运行。依法接受区人大及其常委会法律监督、工作监督，自觉接受区政协民主监督，办好意见提案。强化审计、统计监督，抓实审计整改。深化政务公开，建设诚信政府，让权力在阳光下运行。

弘扬担当作为的为政新风。坚决“扛责任转作风抓落实”，完善工作闭环推进机制，压紧压实责任链条，每件事都定目标、定责任、定时限，形成人人尽责、人人出力的抓落实工作格局。引导干部破除思维定式、工作惯性、路径依赖，在追赶发展最前沿、项目建设主战场、急难险重紧要处施展本领、提升能力。坚持完善落实正向激励和容错纠错机制，让广大干部消除顾虑轻装上阵。

坚守干净干事的清廉底线。坚持全面从严治党，强化自我革命，深入推进党风廉政建设和反腐败斗争。锲而不舍落实中央八项规定及其实施细则精神，持续深化纠治“四风”，重点纠治形式主义、官僚主义，坚决破除特权思想和特权行为。从严整治权力集中、资金密集、资源富集领域的腐败问题，坚决惩治民生领域及群众身边的“微腐败”。坚持政府过“紧日子”，让人民群众过“好日子”。

链 接

2022 年梅江区十件民生实事

一、提供优质基础教育，努力让学生“上好学”。增加学位供给。完成会文学校建设工程，新增学位 1440 个，推进公办优质中小学学位建设。加强师资培训。开展骨干教师、校（园）长示范免费培训 353 人，开展辖区内教师免费轮训约 4350 人，组织教师免费培训约 3850 人。加强课后服务。实现义务教育学校课后服务全覆盖、有需求的学生全覆盖，服务时间 100%达到“5+2”（指学校每周 5 天都要开展课后服务，每天至少开展 2 小时，结束时间要与当地正常下班时间相衔接，对家长接孩子还有困难的学生，应提供延时托管服务）。筑牢校园安全。扎实开展校园护园行动，巩固提升中小学幼儿园“4 个 100%”安全防范建设。（主管部门：区教育局、市公安局梅江分局）

二、提高困难群众生活救助水平，增强服务可及性。提高补助标准。城乡低保对象最低生活保障人均补差水平分别从每月 632 元和 395 元提高到 653 元和 400 元。特困人员基本生活标准不低于当地最低生活保障标准的 1.6 倍。集中供养孤儿从每人每月 1883 元提高到 1949 元，分散供养孤儿、事实无人抚养儿童从每人每月 1227 元提高到 1313 元。困难残疾人生活补贴、重度残疾人护理补贴标准，分别从每人每月 181 元和 243 元提高到 188 元和 252 元。扩大救助范围。对经审核符合条件的最低生活保障边缘家庭和支出型困难家庭，纳入社会救助范围。实施“双百工程”全覆盖。实现全区镇（街道）社会工作服务站（点）100%覆盖、困难群众和特殊群体社会工作服务 100%覆盖，直聘社工深入村居，提供政策落实、物资救助等专业服务。提供法律援助服务。开展法律援助申请“市域通办”，提供便捷高效的法律援助服务，全年为困难群众办理法律援助事项总数不少于 600 件。提升残疾人就业服务和帮扶能力。全年完成残疾人评残 30 人，农村实用技术培训 20 人。（主管部门：区民政局、区司法局、区残联）

三、深入实施“粤菜师傅”“广东技工”“南粤家政”三项工程，实现更加充分更高质量就业。深入实施“三项工程”技能培训。开展“粤菜师傅”培训 100 人次；推动“技工教育”高质量发展，全面推行技工终身职业技能培训，完成各类职业技能提升培训 500 人次以上；开展“南粤家政”职业技能培训 510 人次以上。提升就业服务和帮扶能力。全年完成城镇新增就业 2300 人以上，促进城镇失业人员再就业 1200 人以上，帮扶就业困难人员就业 130 人以上。（主管部门：区人力资源和社会保障局）

四、强化疾病预防和就医保障，提升卫生健康水平。开展 HPV 疫苗免费接种。为全区 1770 多名新进入初中一年级、14 周岁以下未接种过 HPV 疫苗的女生免费接种，有效预防宫颈癌。落实门诊医保共济。开展普通门诊医保统筹。覆盖职工医保全体参保人员，将部分治疗周期长、对健康损害大、费用负担重的疾病门诊费用纳入共济保障，扩大个人账户资金使用范围，提高参保人员门诊待遇。充实农村卫生人才。2022 年拟招录定向培养本科、专科医学生各 8 名，补助在校期间的学费、住宿费和生活费。（主管部门：区卫生健康局、区医保局）

五、改善农村人居环境，建设美丽宜居乡村。攻坚村内道路建设。继续推进农村公路建设向全域自然村、田间地头延伸；建设 11 段村道公路安全生命防护工程，2022 年完成 14.4 千米公路安全生命防护工程，基本实现全区自然村内道路硬化全覆盖。整治农村削坡建房风险。开展全区农村削坡建房地质灾害隐患排查整治90户。建设美丽墟镇。计划建设2个宜居墟镇，2个示范墟镇。（主管部门：区交通运输局、区住房和城乡建设局、区农业农村局）

六、加强生态文明建设，守住绿水青山。推进万里碧道建设。加快推进治水治河，补齐水安全、水环境短板，抓好河流保护和生态修复，2022年建成6.5千米碧道。开展高质量水源林建设。推动宜林荒山造林和重点水源区域的疏残林、灾损林分、低效林分改造，2022年建设高质量水源林87公顷。矿山石场治理复绿。完成矿山石场治理复绿1公顷以上，推动矿山生态环境改善，切实增强人民群众对美好生态的获得感、幸福感和安全感。（主管部门：区水务局、区农业农村局、市自然资源局梅江分局）

七、加强历史文化保护传承，丰富群众文化体育生活。传承优秀文化。完成1个文物保护单位的修缮和抢修项目。鼓励新建或完善1个非国有博物馆和类博物馆。新建1个非遗场馆。开展5场非遗展示展演活动。用好红色资源。活化利用1处革命遗址。推动文化惠民。举办10场送戏下乡文化惠民活动和10个外来务工人员子女公益培训班。（主管部门：区文化广电旅游体育局）

八、加强食品和自然灾害风险监控，保障群众生产生活安全。强化食品安全监管。全区完成不少于1800批次食品抽检任务，达到每年每千人5批次。全区23家农贸市场开展以蔬菜类、水产品类和肉类为主的食用农产品快速检测，全年完成不少于63万批次食用农产品快检任务，不合格食品处置率100%。开展自然灾害综合风险普查。调查全区主要自然灾害的致灾因子信息，重点调查8万栋房屋建筑、1000千米公路道路、140座桥梁、35宗水库、29个水电站、6座堤围等承灾体，掌握自然灾害重点隐患情况。推动小型病险水库除险加固。对4宗小型病险水库进行除险加固，恢复蓄水量20万立方米、灌溉面积100公顷、保护人口3000人。（主管部门：区市场监管局、区应急管理局、区水务局）

九、着力改善居住条件，提升城市安居保障水平。大力推进城镇老旧小区改造。开工改造城镇老旧小区40个以上，重点改造城镇老旧小区配套基础设施、公共服务设施、建筑公共部位等。全面开展城镇燃气安全排查整治。对全区燃气相关企业、燃气基础设施、燃气安全运行情况等进行全面摸底排查，台账建档率100%，并制定整治方案。（主管部门：区住房和城乡建设局）

十、大力建设“数字政府”，提供高效便捷政务服务。拓宽跨省通办业务范围。实现群众就医、户籍业务等100项高频事项“跨省通办、省内通办”。加强服务设施建设。做好梅江区112台“粤智助”政府服务一体机部署工作，覆盖镇（街道）、东升园区管委会政务服务大厅，全区行政村（社区）党群服务中心，实现群众办事不出村（社区）。（主管部门：区政务服务数据管理局、市公安局梅江分局）

链 接

2022 年梅江区十件“微民生”实事

一、关爱弱势群体，开展 0 到 6 岁残疾儿童抢救性康复工作，实施困难重度残疾人居家无障碍改造。

二、购买自然灾害公众责任保险和政策性农村住房保险，分别惠及全区人口 33 万人、农户 3.88 万户。

三、提升改造泮坑公园、东山游船码头、西阳镇笙竹村、西阳镇桃坪村、三角镇泮坑旅游风景区、亲水公园等一批公厕。

四、实施金苑、西区等 4 个垃圾中转站环境污染治理，解决臭气污染问题。

五、完成客天下 40 米路、碧桂路、省道 333 线客天下路口至龙坑加油站路段等 5 条道路的照明光源更换工作。

六、完成三角镇墟镇老墟及上坪村七队自来水升级改造、白宫自来水改造工程（二期）。

七、提升改造西阳镇桃坪村玉竹溜—桃坪（油坪—赤树坪）道路以及城北镇 Y120 岭上石场至玉西 Y130 接口公路。

八、建设放心农产品直供配送梅江区子平台，保障农产品有效供给。

九、制定《梅州市梅江区急需紧缺人才专项事业编制保障管理办法（试行）》，建立区直急需紧缺人才用编周转池，为文化教育、医疗卫生、科研等重点领域引进人才提供编制保障。

十、开展梅江区儿童青少年近视及常见病监测工作，选择 10 所学校，每所幼儿园抽取至少 80 名学生，每所小学抽取至少 480 名学生，每所初中、高中、职业高中和大学各抽取至少 240 名学生开展监测。

说明：2022 年梅江区十件民生实事、十件“微民生”实事于 3 月 9 日梅江区第九届人民代表大会第二次会议通过实施。

专 文

“以商引商”为高质量发展注入新动能

招商引资是撬动经济高质量发展的关键。今年以来，梅江区认真贯彻落实市委、市政府工作部署，牢固树立“发展思维”“产出思维”，找准产业定位开展招商引资，创新招商模式，拓宽招商引资渠道，全面提升招商引资工作成效。

找准发展方向积蓄澎湃动能

如何做好招商引资？找准方向是关键。结合实际，梅江区制定了《梅江区招商引资工作实施方案（2022—2025年）》，围绕电子信息、数字经济、总部经济等6个重点领域，分别建立产业招商小组。全面梳理辖区可利用资源，掌握用地、用能等要素情况，策划包装一批对外招商项目，建好招商项目库，完善靶向招商企业名录。

为有效推动招商引资出实效，市委常委、副市长，区委书记陈金銮，区长钟秀堂等区主要领导多次率队外出北京、深圳等地招商引资。今年以来对接中国大唐集团、浙江汉和能源等134家企业，以及全国工商联新能源商会、广东省青年企业家联合会等10家商（协）会，洽谈项目23个。引导企业把握中央和省支持老区苏区振兴发展、支持梅州建设粤闽赣苏区对接融入粤港澳大湾区振兴发展先行区等政策机遇，来梅投资兴业。

“瞄准定位，精准对接，强化服务，扩大宣传，全区齐心协力有力提升了招商引资工作成效。”梅江区招商和企业服务中心副主任何宇介绍道，今年以来，梅江区完成新签合同项目12个，计划总投资81.6亿元，均已取得用地或厂房。其中，科捷、鸿泰、鸿宇等10个计划总投资70.6亿元的项目已动工建设。此外，还有23个项目在谈，计划总投资168.26亿元。梅江区正以蓬勃的态势，向经济社会高质量发展迈进。

强化以商引商拓宽招商渠道

走进广东尧圣太阳能科技有限公司，只见各条生产线正加足马力，全力生产。“目前公司年产能800兆瓦产值达16亿元。”广东尧圣太阳能科技有限公司董事郭汉林介绍道。广东尧圣太阳能科技有限公司创建于2009年，总投资13.6亿元，一直以来专注于太阳能光伏光热全系列产品的研发、生产、销售和服务，是全省、全市太阳能龙头企业之一。今年上半年，广东尧圣太阳能科技有限公司利用自身的平台和资源，引进合作企业广东杰斯科光伏科技有限公司进驻梅州经济开发区，进一步优化合作，共赢发展。

“我们有生产优势，杰斯科有销售优势，引进杰斯科后，可以实现资源共享，生产互补。”郭汉林表示，广东尧圣太阳能科技有限公司与广东杰斯科光伏科技有限公司合作，预计可实现年创收共3亿元至5亿元，年税收1000多万元。

“进驻梅江区后，不仅加强了与尧圣的合作，租金压力也减小了不少，优良的营商环境、政务服务助推企业更好地落地、发展。”广东杰斯科光伏科技有限公司总经理林建华说。

广东尧圣太阳能科技有限

公司引进广东杰斯科光伏科技有限公司实现合作共赢，是梅江区大力推进“以商引商”的成果之一。今年以来，梅江区强化以商引商、全产业链招商，聘请了 13 家电子信息行业龙头骨干企业担任梅江区政府招商引资顾问单位，为梅江区招商引资牵线搭桥，把企业家的“朋友圈”变为招商资源，进一步拓宽招商引资渠道，致力于形成“落户一企，带来一批”的“葡萄串”效应。“接下来，我们将持续加大以商引商力度，继续开展第二批招商顾问遴选，举办以商引商专场招商推介会等招商活动，探索园区招商、网上招商等新模式，不断扩大招商范围。”何宇说。

（撰文：王丽莉，摘自《梅州日报》2022 年 8 月 26 日第 139 期）

砥砺筑梦十年路　初心如磐笃前行

——全区地区生产总值成功跨越百亿级台阶

展开十年波澜壮阔、气势恢宏的梅江画卷，每个节点都让人印象深刻。全区地区生产总值成功跨越百亿级台阶、增长近 3.1 倍，达到 112.5 亿元；常住居民收入稳定增长，人均可支配收入年均增速 8.5%；有效投资持续扩大，固定资产投资年均增长 20.2%；美丽乡村建设加快步伐，建成“五小园”257 个，国道、省道、梅江河水系沿线“三线”乡村风貌明显提升……一个产业兴旺、宜居宜业、善治共享的中心城区正加速崛起。

十载砥砺前行，十载春华秋实。梅江区委、区政府始终高举习近平新时代中国特色社会主义思想伟大旗帜，带领全区人民风雨同行、踔厉奋发，推进高质量发展，努力实现经济发展稳中提质，乡村振兴稳步推进，城乡面貌日新月异，民生福祉显著改善，为加快打造高质量发展示范区奠定了坚实基础。

聚焦“实”字谋发展　夯实经济基本盘

实体经济是经济社会发展的基石，梅江区牢牢扭住产业项目这个“牛鼻子”，提质升级传统产业，培育壮大新兴产业，大力推进广东梅州经济开发区提质增效，不断积蓄发展新动能，为加快打造高质量发展示范区提供有力支撑。如今的梅江，产业串珠成链、百花齐放，综合竞争力不断攀升。

走进广东梅州经济开发区，塔吊林立的工地，拔地而起的厂房，忙碌有序的建设现场，如火如荼的项目建设场景随处可见……

2021 年 9 月 28 日，总投资 28 亿元，预计实现年产值 40 亿元的广东盈华电子科技有限公司高端电子铜箔一期项目正式动工建设，该项目仅仅用了一年时间，便顺利实现投产。盈华科技总经办主任魏福盈表示，项目建设迅速推进的背后，离不开梅江区委、区政府的大力支持，每当项目建设遇到难题，工作人员就会第一时间将具体情况反馈，并快速协调解决，政府的高效服务，坚定了我们在梅江壮大发展的决心与信心。

今年 8 月 10 日，梅江区以举行 2022 年第三季度重点项目集中动工活动为契机，进一步吹响项目建设“冲锋号”，按下经济发展“快进键”。据了解，此次集中动工的三个项目，从摘地到落地建设，仅仅花了 20 天的时间，跑出了重点项目落地建设的“梅江速度”。

“项目是经济发展的重要载体，特别是大项目、好项目、高新技术项目，不仅影响着经济总量，更关系着产业格局。”经开区主要负责人表示。接下来，我们将把主动靠前服务、及时跟进服务、精准精细服务贯穿到项目建设全过程，持续深化项目从策划、立项、审批、施工到投产的全过程跟踪服务，以‘全周期、全方位’服务模式推动一批重大重点项目早日落地动工、投用投产。

十年砥砺奋进，梅江经济发展万象更新，高质量发展之路越走越宽广。过去十年，梅江区累计实施重点项目128个，涵盖一批投资规模大、带动能力强的产业项目，产业集群进一步壮大。目前，该区共有39个总投资340亿元、年度投资计划43.18亿元的重点项目，其中产业项目及产业配套基础设施项目等“打粮食”项目达15个、项目数占比38.46%。下半年，预计33个、计划总投资114亿元的重点建设前期预备项目实现动工。以项目为龙头，梅江经济发展正焕发蓬勃生机。

村美民富产业兴　乡村振兴入画来

夏秋之交，梅江大地一派生机勃勃、绿意盎然的景象，行走在广袤的农村大地上，宽阔平坦的乡村公路、绿意盎然的村头公园、干净整洁的农家院落，将乡村诗画之美诠释得淋漓尽致。

沿着樱花大道走到城北镇扎上村，一片片果林、一片片花海散布在村里各个角落，美丽的景色吸引了不少市民带着家人一起来到这里游玩，感受美好的乡土气息。城北镇素有“花海城北”美誉，该镇以沿线乡村的花卉瓜果产业为媒，全力发展农旅融合的“美丽经济”，逐步实现“四季有花、田里有瓜、树上有果、全年无闲”的农业发展目标，带动周边2000多名村民实现家门口就业，走出了一条特色农业与休闲旅游融合发展的新路子。

“农业农村工作,说一千、道一万,增加农民收入是关键。”走进梅江区茶叶产业园，规模化发展路子已初具雏形。据介绍，该产业园把茶叶产业发展作为带动茶农脱贫致富的重要抓手，积极鼓励、扶持和引导园区附近有劳动能力的贫困户参与到茶叶产业发展中，园区从事茶叶产业人数达5000多人,有1000多户茶农直接从事茶叶种植，140多家茶企、合作社、家庭农场从事茶叶种植、加工、流通和茶叶研发，园区茶农增收1万元，人均收入达18600元以上，比园区外农户同比增长15%以上，引领农民通过种茶走上了“致富路”。截至目前，茶园总面积达2.5万亩，茶叶产量近达4000吨，总产值可达10亿元。

为加快农民增收步伐，梅江区以现代农业产业园建设为引领，培育了茶叶、蔬菜、丝苗米、水产等4个省级现代农业产业园和47个省级以上特色农产品品牌，“一村一品、一镇一业、一县多园”持续发展,打造了西阳镇塘青村金柚、城北镇群益村枇杷等一批特色专业村项目，联结带动农户超3000户，带动农民人均增收1200元，有力促进农业增效、农民增收、农村繁荣。今年上半年，该区农林牧渔业产值近6亿元，农村居民人均可支配收入稳步增长。一幅“产业兴旺、生态宜居、乡风文明、治理有效、生活富裕”的乡村振兴新画卷正在徐徐展开。

下好城市“建管棋”　答好服务“民生卷”

漫步在梅江市区，高楼大厦拔地而起，纵横路网日渐完善，街巷风姿绰约，公园生机盎然，河畔跑道如在画中……今日的梅江日新月异、绚丽多姿、春潮涌动，一个个壮美画卷随处可见，一幕幕城市美景映入眼帘。

作为促进城市更新的重要引擎，老旧小区改造是推动城市更新的系统工程，位于江南街道梅南社区的梅南大院小区便是该区老旧小区改造工程中众多小区的一个缩影。该小区建成于20世纪70年代，长期存在路面破损、污水堵塞、飞线凌乱等问题,通过修整道路、搭建屋顶、更换排水系统、补充公共休闲娱乐设施……这个有50多年历史的老旧小区焕然一新，群众的“愿望”也在老旧小区改造项目推进过程中一件一件变为了“现实”。

十年来，该区城市建设的脚步忙碌而踏实，“一城两坊”传承保护开发利用工作加快推进，修缮保护林风眠故居、李国豪故居等一批名人故（旧）居；围绕“微改造、精提升”，因地制宜推进小公园、小停车场、小菜园、小果园、小花园“五小园”建设，让城市“四季有花，全年有景”；紧盯城市基础设施建设短板，加快老旧小区改造，在城市管理和公共服务的科学化、精细化、智能化上下功夫，不断提升城市治理水平，让人民群众在城市生活得更方便、更舒心。

城市更新，一头见证着城市发展，一头系着百姓民生。今年9月，会文学校小学部如期建成投入使用，迎来了首批学生。一所所公立和民办学校的建成和投入使用就像一面镜子，映射着这些细微的变化。

十年来，梅江区用于教育的投入累计有65亿元，有效推动了学位的增加。在教育学位扩容、公平发展的同时，积极探索“强校+弱校”“集团化办学”等学校管理方式，充分发挥优质学校的辐射、带动作用，扩大优质教育资源规模，推进优质教育资源共享，整体提高了学区内学校的办学水平。

为推进民生事业，梅江区聚焦医疗、教育、就业、城市更新、基层治理等民生领域，坚持把财政支出的七成投入民生，逐步建立起全覆盖、多层次、可持续的社会保障体系，居民人均可支配收入年均增长7.0%；教卫文体等事业健康协调发展，新（改、扩）建各类学校24所，新增学位1.5多万个；完成37条市政道路建设，道路互联互通、互促互补取得重大进展，通行效率不断提高，真正让发展成果更多更公平惠及全区人民。

悠悠万事，民生为大。梅江区紧紧抓住人民最关心最直接最现实的利益问题，在攻坚城市“脏乱差”中提升面貌形象，在化解群众“急难愁盼”中增进民生福祉，在破题治理“堵梗塞”中优化体制机制，让幸福在群众的“家门口”得到升级。

踔厉奋发启新程 实干担当向未来

奋斗成就发展，历程蕴含艰辛。非凡十年，成绩来之不易；展望未来，梅江信心百倍。

今年是党的二十大召开之年，梅江区将全面贯彻新时代党的建设总要求，把党的领导落实到改革发展的各个环节和关键领域，在“防疫情、促发展、保安全、优生态”上勇挑重担，在追赶发展中迅速提升实力，在协调发展中补齐短板，全力提升中心城区首位度，奋力打造高质量发展示范区。

在推动实现高质量发展路上，梅江区将充分发挥工业在经济发展中的“压舱石”作用，聚焦产业主攻方向，做大做强电子信息、绿色食品等重点产业，大力发展现代商贸、电子商务、金融服务、总部经济等业态，打造创新引领、协同发展的产业体系，彰显优势、协调联动的城乡区域发展体系，全面提升中心城区首位度。同时，以创新驱动作为优先战略，引导资本、技术等创新要素向企业聚集，推动产业创新和结构转型升级，持续优化营商环境，为高质量发展不断提供支撑。

城乡互促，共富共美，是高质量发展的必然要求。梅江区将乡村振兴与城乡统筹相结合，聚焦深化城乡融合、建管并重、提质扩容，强化教育、医疗、文化、体育等公共服务供给，驰而不息地推进美丽建设，不断完善城市功能、提升城市品质、优化城市形象，同时积极引导和支持土地、人才、资金、技术等各类发展要素向农业农村流动，推进互联网、金融等产业在梅江创新、集聚、规范发展，做大做强县域发展，推动城镇乡村“硬件”与“软件”双提升，“美丽”和“发展”齐步走。

时光总是向前，奋斗永不停歇，奋力开创梅江高质量发展新篇章，关键在落实，关键在实干。梅江区将以一往无前的奋斗姿态、风雨无阻的精神状态，勇于担当、抢抓机遇、干在实处、攻坚克难，努力在新时代新征程上，写下浓墨重彩的梅江篇章，开创梅江人民更加美好的未来！

（撰文：梅江区委办新闻股，摘自《梅州日报》2022年10月12日第5版）

党建引领聚合力 铺就乡村振兴路

干净整洁的通村小路、一望无际的玉米地、淳朴厚重的文明乡风……梅江区一个个充满活力的宜居乡村正在不断“生长”。近年来，梅江区把抓党建促乡村振兴作为一项系统工程来抓，通过党建引领、组织带动、党员带头、群众参与，织密筑牢乡村组织体系，加快发展乡村富民产业，稳妥推进乡村整体建设，不断提升乡村治理效能，努力实现“农业强、农民富、乡村美”的乡村振兴目标。

焕新村容村貌塑造乡村之“形”

行走在长沙镇大密村长约1.2公里休闲碧道上，可见不少村民或在树荫下闲坐，或在运动。在碧道建成之前，这里存在乱搭乱建、杂草丛生、占地种养、河堤损毁等乱象。为改善人居环境，该村对道路沿线进行清理清障，道路硬化、安装护栏、路灯等改造，昔日杂草丛生、蚊虫滋生的河堤，成为了村民散步休闲、乘凉小憩的好去处。“我如今每天都会来这溜达溜达，心情很是舒畅。”提及大密村的环境变化，在这里土生土长的范运章脸上满是笑意。

大密碧道的建成，离不开党建的引领护航。大密村坚持“党员先行，责任在肩”，充分发挥党总支部战斗堡垒作用和党员先锋模范作用，组建党员先锋队，通过入户走访、带头清拆清障、捐赠石凳石桌等方式，激发村民主人翁意识，带动村民积极投入到美丽宜居乡村建设、人居环境整治工作中，营造乡村文明和谐的良好氛围，创造干净、整洁、优美的生活环境。“作为党员先锋队的一员，我们就要勇于担当，作好表率，用实际行动带领群众做好事。”大密村党员先锋队队员钟星章说。

当前，梅江区积极打造“党委主责、支部担当、党员示范”乡村振兴模式，以“支部吹哨、党员报到、群众参与”的一线工作机制，推进农村“厕所革命”、生活污水和垃圾治理，开展“三清三拆三整治”，打造特色乡村风貌和美丽乡村示范带，着力构建党建引领乡村振兴、乡村治理新格局、绘就美丽乡村新图景，不断增强群众的获得感、幸福感、安全感。

发展特色产业充盈乡村之“实”

沿着蜿蜒崎岖的山路，记者来到城北镇上村村汀洞坑长坑里，昔日的撂荒地一改荒芜景象，焕发出喜人新颜，一排排玉米在重新开垦的土地上“安家”。

“上村村以往因为水利设施失修、缺少耕种用水，导致村里的土地撂荒情况严重。”据上村村党总支书记古海赋介绍，去年底，驻镇帮镇扶村工作队与村“两委”干部对村内一条长700多米、年久失修水圳进行改造。改造完成后，解决周边3个村民小组、200多户村民的种地灌溉需求。同时，该村还充分发挥城北镇驻镇帮镇扶村工作队的优势，通过“村干部及党员示范带头种植，引导村民参与”的产业发展模式，指导农户科学种植，帮助农户订单式销售，如今村里大部分撂荒地变成了高标准农田，种上了航空水稻、红宝石水果玉米、红薯等作物，走出一条特色农产品种植、采摘、销售的产业发展道路。越来越多的村民享受特色产业发展带来的红利。2021年，该村村集体经济较去年增长了13万元。

上村村的发展是梅江区抓好党建促进产业兴旺的一个缩影。近年来，梅江区不断强化“党建+”的凝聚力和号召力，坚持党建赋能、产业富民，集中力量发展高标准农田，推动水稻、特色果蔬产业规模化、规范化种植，打造特色品牌，增强村集体经济“造血”功能，增加村民和村集体收入。

（撰文：张莹娜，摘自《梅州日报》2022年10月14日第146期）

梅江区全力编密织牢基本民生保障网

——民生举措有力度 幸福生活有温度

“老年之家的娱乐活动很丰富，小区居委会帮我们安排好活动，基础设施也很完善，大家都很满意。”在梅江区三角镇墟镇社区星光老年之家，书法绘画用品、电视、沙发、血压测量仪、老年人保健知识书籍等一应俱全，社区居民李老伯对此竖起大拇指。

民政工作关系民生、连着民心，是社会建设的兜底性、基础性工作。

把让老百姓过上好日子作为工作的出发点和落脚点，梅江区民政部门近年来聚焦脱贫攻坚、聚焦特殊群体、聚焦群众关切，在基本民生保障、基层社会治理、基本社会服务等方面持续用心用情用力，有温度、有厚度的“民生答卷”背后，是一项项日常而又细微的服务、一次次解难题而又增实效的改革。

社工服务站（点）100%覆盖

上午9时，梅江区西阳镇社会工作服务站副站长杨少青换上蓝色马甲，拿着笔记本向双黄村走去。

“阿青，你来啦，快坐下喝茶，吃点柚子！”村内一群老人围坐着，村民罗利霞见是社工到来，马上露出热情的笑容。

“最近天气渐渐变冷了，大家生活上有没有什么困难？”杨少青说完，老人们便你一言我一语地与她聊起来。这是杨少青日常工作的一个缩影，她认为社工这个角色贴近于村干部，要做好这份工作，首先要和群众成为朋友，常常入户走访，才能发现每个人不同的需求，更准确地把相关福利政策和群众的需求进行对接，切切实实帮助他们解决问题。

2021年10月，“双百”社工入驻西阳镇，办公地点设在双黄村一所废旧学校改造而成的居家养老服务中心。“一开始连路都不认识，只能靠双脚走。”杨少青指着办公室里挂着的一张手绘地图告诉笔者，“一边走，一边记，一边画，尽快熟悉村子，加深对村情民意的了解，帮助我们更好地开展工作。”

帮助残疾人申请重病个保、引导自闭症女孩融入社会……在为当地村民纾困解难的过程中，社工在村民口中从“穿蓝马甲的”变成了“阿青”等一个个具体的名字。笔者在双黄村走访时，村民纷纷表示，如今遇到棘手的难题或想了解一些新出的政策，都会到社工站去，社工们都会想办法帮大家解决。

“社工平时对村里的老人、孩子、残疾人、困难群众都很关心，不仅帮大家解决生活上的困难，还会组织大家开展一些文化活动，丰富精神生活，他们来了之后给村里增添了许多欢乐。”罗利霞说。

围绕社会关注和群众关切，梅江区近年来进一步充实基层社会工作服务力量，进一步整合镇（街道）场所资源，推进社会工作服务点建设，实现镇（街道）社会工作服务站（点）100%覆盖、困难群众和特殊群体社会工作服务100%覆盖，打通为民服务“最后一米”。

随着高标准推进落实“双百工程”民生工作，梅江区“双百”社工们扎根基层，以解决问题为导向，精准对接民政服务对象，协助落实国家政策，带动志愿服务，进一步提高基层民政工作服务水平，成为老百姓的贴心人。

梅江区民政局相关负责人

介绍，该区还立足社区实际和居民需求，依托“双百”社工站、社区社会组织等开发一批灵活多样、便民利民、居民认同度高的志愿服务项目，打造特色志愿品牌，为社区居民提供“菜单式”志愿服务。

与此同时，该区推进实施“培育发展社区社会组织专项行动”，持续开展“邻里守望”关爱行动，推动建立社区社会组织孵化培育体系；稳妥有序做好学科类培训机构登记管理，持续开展行业协会商会乱收费整治；推动社会组织内部治理建设，做好社会组织等级评估和信用评价，建立完善社会组织风险防控排查体系。

养老服务体系进一步完善

走进位于梅江区三角镇龙东社区的星光老年之家，按摩休息室、阅览室、棋牌室、亲子活动室一应俱全，老人们或下象棋，或闲聊家常，或阅读、唱歌，活动十分丰富。

“每天上午送孙子上学后就来这里，先按摩，再和邻居们打牌，一点不会觉得无聊。”社区居民谢阿姨说。

星光老年之家位于客天下碧桂园小区内，今年6月起投入使用，面积约140平方米。“地方虽然不大，但功能完善，为老年人提供了一个休闲交友的好去处，丰富了老年人的精神文化生活。”龙东社区党支部副书记侯坤平介绍，客天下碧桂园小区地处旅游景区周边，环境优美，因此在该小区疗养居住的老年人数量较多。

“接下来，社区还计划打造长者饭堂并进行相应的适老化设施建设，持续提升老年人的幸福指数。”侯坤平说，社区将以老年人的需求为导向，积极统筹利用好社会资源、志愿服务力量，依托星光老年之家，为老年群体提供更加多元、更加丰富的养老服务、生活服务。

“社区的星光老年之家投入使用后，老人们闲来无事都会出来坐坐聊聊，互相之间认识接触的机会多了，邻里间的关系也更和谐，推动了文明社区建设。”三角镇墟镇社区党总支书记丘丽娜介绍，目前该社区正在打造智慧平台，通过“5G+数字社区”平台结合线下的服务场地，为周边小区的老人提供娱乐、医护及生活互助等各种便捷服务，提升老人的幸福感。

“梅江区正积极打造区级居家养老服务中心，目前即将完工，未来还会推动各镇（街道）建设镇级居家养老服务中心，带动周边村（社区）居家养老服务站发挥养老服务功能。”梅江区民政局福利养老和社会工作服务股负责人杨菱说。

在工作人员带领下，笔者又来到梅州市福利院食堂，只见食堂员工正忙着准备午餐。据了解，食堂引进了“互联网+明厨亮灶”平台，每天要为173位老人以及其他服务对象准备一日三餐。

“明厨亮灶方便我们日常管理，随时可以查看，然后纳入互联网，民政局也随时能够看到厨房里面的情况。”梅州市福利院院长饶勇介绍，市福利院与梅州市第二中医医院合作，积极探索“医养结合”的新型养老模式，按照“就近就便、互利互惠”的原则，共同为老人提供医疗护理、康复治疗、心理健康治疗、紧急救治等六方面服务项目和中医特色医养服务。

为了让老年人实现老有所养、老有所依、老有所乐、老有所安，梅江区以不断扩大覆盖城乡、惠及全民、均衡合理、优质高效的养老服务供给为切入点，加快推进以居家为基础、社区为依托、机构为补充、医养相结合的养老服务体系，不断提升全区养老服务质量和水平。

梅江区民政局副局长杨锋表示，近年来，梅江区积极构建政府主导、社区参与的多层次、多类型养老服务体系，为老年人提供周到、便捷、高效、体贴的专业化服务。下一步，梅江区在养老工作方面将着重打造医养结合模式，联合卫健部门将基层卫生院打造成“医养结合”的养老机构。

残疾人康复救助和服务持续开展

“大家一起看看，这个球是什么颜色的？”在梅江区残疾人综合服务中心智力障碍儿童康复训练部的集体课室，数名儿童在老师的指导下，辨认红、黄、蓝三种颜色。教师通过反复提问、展示、讲解，调动幼儿多种感官参与，让孩子们逐渐接受并掌握课程内容。

“对待这些孩子需要保持耐心。”特教教师李立春告诉笔者，她一般会运用“小步子”的教学方法，将教学内容的难点分成若干个教学程序进行操作，坚持从少到多、从易到难，帮助孩子掌握基本的知识。

“我们这里接收的儿童年龄段为6周岁以下，分为智力障碍和脑瘫两种类型，每个孩子进来之前，都会通过一对一的评估，并根据评估结果，制定具体的教学或治疗计划，有针对性地帮助孩子恢复健康。”梅江区残疾人综合服务中心相关负责人介绍，这里作为残障儿童的定点康复机构，承担着全区智力障碍儿童的康复训练任务。

目前，服务中心内部设有集体课室、个别训练室、区角游戏室、语言训练室、认知训练室、感觉统合训练室、音乐治疗室、教师办公室、儿童卧室、户外康复训练场等。

“0到6岁是介入疗效最佳的一个阶段，也被称为抢救性康复时期，对残疾儿童将来能否重新融入社会起到非常关键的作用。”上述负责人介绍，许多儿童经过比较全面、系统的康复训练，生活自理、语言、认知和交往能力等方面有明显提高改善，为将来过上相对正常的生活打下基础。

近年来，梅江区持续开展残疾人康复救助和服务，认真开展残疾儿童的康复训练救助工作和精准康复服务，印发《梅州市梅江区残疾儿童康复救助实施办法》，将0到6岁残疾儿童康复救助资金纳入政府预算，达到保障基本、突出重点、应救尽救。

数据显示，2021年，梅江区84名0到6岁儿童获康复补助，为427人提供康复服务，169人次获得辅助器具适配服务，为20人提供居家康复服务，为白内障患者提供免费手术200例，康复服务率达90%，进一步为残疾人兜牢民生保障。

与此同时，该区实施残疾人精准康复服务行动，为有基本康复需求的残疾人提供康复服务、发放辅助器具，有力保障残疾人享受安全、有效的康复服务。在今年的“全国助残日”，梅江区延续往年的惯例，接连开展送辅具下乡、无障碍改造等助残活动。

坚持以人民为中心的发展思想，梅江区近年来持续健全完善社会救助体系，时刻把困难群众的衣食冷暖放在心间。在兜牢民生保障底线方面，通过健全区、镇（街道）、村（社区）三级救助保障工作体系，落实困难群众基本生活保障工作联席会议制度，强化入户核查和定期探访，实现困难群众精准、高效救助。

在此基础上，该区通过积极争取上级支持，整合辖区现有资源，设立区级临时救助站；健全临时救助和社会福利制度，做好无劳力低收入家庭兜底保障和疫情防控期间困难群众救助帮扶，确保困难群众“应保尽保”“应救尽救”；依法对辖区内农村留守困境儿童、流浪乞讨等生活无着未成年人实行救助保护，承担临时监护责任，补齐救助短板。

■链接

探索新路径 弘扬新风尚

婚姻登记、殡葬服务等基本社会服务关系千家万户，梅江区民政部门紧盯人民群众关心关切，深入拓展服务内容，稳步提高服务质量，推动基本社会服务普惠化、均等化、精准化。

在梅江区民政局婚姻登记处现场，因疫情防控需要，新人进入办事大厅必须出示预约凭证、健康码和测量体温。为了增加仪式感，有的女生身着白裙，戴上了精致的白色头纱，手握花束，男生则穿上干净整洁的衬衫。领证后，一对对新人纷纷拿着结婚证合影留念。婚姻登记处工作人员还向新人们发放婚事新办简办的倡议书，邀请新人们在倡导墙上写下对婚姻的美好憧憬和郑重承诺，引导新人自觉遵守文明婚俗，弘扬“重登记、强责任、崇节俭”的婚俗新风，办文明喜事，做文明新人，共同营造文明和谐的社会风气。

提倡移风易俗、摈除陈规陋习，是推进精神文明建设的重要内容。为此，梅江区民政部门持续抓好社会事务管理，提升公共服务水平，以推进移风易俗为抓手，推进规范婚姻登记、惠民绿色殡葬、安全文明祭扫、制定村规民约等工作，积极倡导婚事新办、丧事简办的文明新风，营造和谐文明的社会氛围。

据介绍，在殡葬改革和管理工作方面，梅江区已启动总投资 8300 万元的市殡仪馆首期扩建工程，并同步推进总投资 1.9 亿元的二期扩建工程前期立项等工作。同时，根据省、市殡葬事业发展“十四五”规划要求，重点推进项目总投资约 1400 万元，目前已取得 90 亩建设用地指标的西阳镇、村公益性生态公墓建设，其余镇（街道）争取完成公益性骨灰存放设施建设选址。

“梅江区将持续推进移风易俗，完善现代殡仪与客家丧葬传统礼俗相结合的‘一站式’殡葬上门治丧服务试点工作，探索具有梅江特色、可复制推广的乡村振兴与生态文明殡葬礼俗改革新路径。”梅江区民政局相关负责人说。

（撰文：何燕妮，摘自《南方日报》2022 年 10 月 26 日）

大 事 记

1月

1 日，市委常委、副市长，区委书记陈金銮率队到三角镇、金山街道和西郊街道，检查节日期间疫情防控、安全生产、物资供应和消防安全工作。

4 日，区委副书记、区长钟秀堂到城北镇调研撂荒耕地复耕复种工作。

5 日，市委常委、副市长，区委书记陈金銮到区人大常委会和区政协调研，强调要以新担当新作为奋力开创人大、政协工作新局面。

6 日，梅江区召开推动制造业高质量发展大会，进一步凝聚共识、提振信心，以新发展理念引领制造业高质量发展，为梅江打造高质量发展示范区提供有力支撑。

同日，中国领导科学研究会、新华网联合公布 2021 年度“中国基层领导力典型案例”，梅江区“党建引领社区治理能力现代化新探索”被评为 20 个优秀案例之一。

9 日，梅江区新冠肺炎防控领导小组（指挥部）召开会议，传达学习贯彻习近平总书记关于疫情防控的重要指示精神和省市会议精神，研究部署下一阶段的疫情防控工作。

10 日，广东省文化和旅游厅公布第三批广东省文化和旅游特色村名单，梅江区西阳镇笙竹村入选第三批广东省文化和旅游特色村。

14 日，区委副书记、区长钟秀堂率队到西郊街道检查新冠病毒核酸筛查实操应急演练工作开展情况。

15 日，梅江区组织收看全省、全市新冠肺炎疫情防控工作电视电话会后，区委副书记、区长钟秀堂主持召开疫情防控部署会，深入学习贯彻习近平总书记关于疫情防控工作的重要指示精神，分析研判当前疫情形势，对下一步疫情防控工作进行再部署、再巩固。

16 日，“梅江智邻”小程序发布仪式暨“南粤家政”基层服务示范站揭牌仪式在梅江区三角镇墟镇社区党群服务中心举行。区领导张峥奇、梁飞参加仪式。

17 日，梅江区组织收看收听全国安全生产电视电话会议、全省安全生产和消防工作暨第一季度防范重特大生产安全事故电视电话会议后，区委副书记、区长钟秀堂主持召开安全生产工作部署会，贯彻落实全国、全省会议精神，加强岁末年初安全生产工作进行再动员再部署。

同日，梅江区召开新冠病毒全员核酸检测工作领导小组会议，深入学习贯彻习近平总书记关于疫情防控工作的重要讲话和重要指示精神，贯彻落实省、市会议精神，对梅江区当前疫情防控和处置工作进行再安排、再部署。区委副书记、区长钟秀堂出席会议并讲话。

18 日，中国共产党梅州市梅江区第九届委员会第二次全体会议在区委、区政府礼堂召开。区委常委会主持会议。市委常委、副市长，区委书记陈金銮代表区委常委会作报告，区委副书记、区长钟秀堂就经济工作作专题讲话。区委常委会就 2021 年传达学习贯彻落实习近平总书记重要讲话和重要指示批示精神和抓党建工作向全会作专题报告。会议研究确定梅江区推荐广东省出席中共二十大代表候选人推荐人选，并审议通过《中国共产党梅州市梅江区第九届委员会第二次全体会议决议》。

21 日，区委召开议军会议，深入学习贯彻习近平强军思想，传达学习上级有关精神，部署下一阶段工作。市委常委、副市长，区委书记陈金銮主持会议并讲话。

24日，区委副书记、区长钟秀堂主持召开梅江区疫苗接种工作会，通报全区疫苗接种进展情况，分析研判当前工作形势，对下一步工作提出要求。

27日，区委副书记、区长钟秀堂主持召开全区安全生产和消防工作暨第一季度防范较大及以上生产安全事故会议，传达学习《广东省安全生产委员会办公室 广东省应急管理厅关于深刻吸取大连“12·31”火灾事故教训启动全省“一盘棋”应急响应的通知》，听取近期安全生产形势情况和春运工作情况汇报，研究部署下一步工作。

28日，梅江区人武部党委全体（扩大）会议暨党管武装工作述职会议召开，总结2021年工作，部署2022年工作任务。市委常委、副市长，区委书记陈金銮出席会议并讲话。

29日，梅江区召开党史学习教育总结会议。市委常委、副市长，区委书记陈金銮出席会议并讲话。市委党史学习教育第一巡回指导组组长徐吨到会指导，区委副书记、区长钟秀堂主持会议。

同日，市委常委、副市长，区委书记陈金銮，区委副书记、区长钟秀堂率队开展节前安全生产、市容市貌和市场保供检查工作。

30日，区委领导班子召开党史学习教育专题民主生活会。市委常委、副市长，区委书记陈金銮主持会议。梅州市委党史学习教育巡回指导组第一组组长徐吨及指导组成员到会指导。

2月

1日，梅江区召开疫情防控工作会议，听取有关工作情况汇报，分析研判疫情防控形势，对下一步疫情防控工作进行安排部署。区委副书记、区长钟秀堂主持会议并讲话。

6日，市委常委、副市长，区委书记陈金銮主持召开全区新冠肺炎防控领导小组（指挥部）会议，传达省、市疫情防控工作会议精神，分析研判全区疫情防控形势，对当前疫情防控工作进行再安排、再部署。

8日，市委常委、副市长，区委书记陈金銮，区委副书记、区长钟秀堂率队到科捷、盈华、线艺、鼎泰、龙宇、志浩等企业走访慰问，实地察看了解企业生产经营、市场销售、产品研发、安全生产和疫情防控等情况，协调解决存在困难和问题。

9日，市委常委、副市长，区委书记陈金銮，区委副书记、区长钟秀堂率队走访调研阿里云创新中心、广东飞翔云计算有限公司、梅州市电商网红孵化基地等企业。

11日，梅江区召开重点项目工作推进会议。市委常委、副市长，区委书记陈金銮出席会议并讲话。区委副书记、区长钟秀堂主持会议。

15日，梅江区召开东升湾项目规划方案汇报会，听取东升湾项目设计改造提升规划汇报，部署下一阶段工作。区委副书记、区长钟秀堂主持会议。

17日，市委常委、副市长，区委书记陈金銮率队到城北镇调研乡村振兴工作，实地查看产业项目发展情况，详细了解乡村发展规划、基础设施建设、人居环境整治、村集体经济以及产业发展项目规模、效益及带动群众增收等有关情况，对下一步发展提出建议和要求。

18日，中国共产党梅州市梅江区第九届纪律检查委员会第二次全体会议召开。

同日，梅江区召开招商引资工作专题研究会，听取2021年招商引资工作情况，分析存在问题和困难，研究部署下一步工作。市委常委、副市长，区委书记陈金銮主持会议并讲话。

20日，清远市连山壮族瑶族自治县委书记许崇砚率考察团一行到梅江区考察。

22日，梅江区召开打击治理电信网络新型违法犯罪工作现场会，深入分析2021年度全区打击治理电信网络新型违法犯罪整体形势，研究部署下一步工作。区委副书记、区长钟秀堂出席会议并讲话。中国人民银行梅州市中心支行副行长江锋参加会议。

同日，华建集团党委书记、董事长李爱东率考察团一行到梅江考察，副书记、区委副书记、区长钟秀堂会见考察团一行，双方就谋划合作事宜进行座谈交流。

23 日，梅江区举办“梅江讲坛•古城千载留雅韵 两坊人文续新篇”宣讲报告会，邀请梅州文化旅游特色区管委会副主任谢小康作题为《古城千载留雅韵 两坊人文续新篇》的宣讲报告。市委常委、副市长，区委书记陈金銮，区委副书记、区长钟秀堂，区人大常委会主任曾小喜，区政协主席赖经烈等参加报告会。报告会由区委常委、宣传部部长姚文顺主持。

28 日，市委副书记、市长王晖到梅江区调研实体经济、招商引资、乡村振兴工作。

3 月

2 日，梅江区委召开人才工作会议。会议传达学习贯彻中央、省委、市委人才工作会议精神，分析人才工作面临的形势任务，部署当前和今后一段时期的人才发展工作。市委常委、副市长，区委书记陈金銮出席会议并讲话。区委副书记、区长钟秀堂主持会议。

5 日，市委常委、副市长，梅江区委书记陈金銮，区委副书记、区长钟秀堂率队到肇庆市高要区、高新技术产业开发区考察走访，交流学习重点产业发展、园区建设运营、招商引资等方面的工作经验。

6 日，市委常委、副市长，区委书记陈金銮，区委副书记、区长钟秀堂率队到梅江河三龙水电站段、归读公园段和西桥水厂取水点检查水环境保护工作，现场查看河道清洁和环境状况，研判解决群众关切的水环境问题。

8 日，中国人民政治协商会议第八届梅州市梅江区委员会第二次会议开幕。市委常委、副市长，区委书记陈金銮，区委副书记、区长钟秀堂，区人大常委会主任曾小喜等出席会议。区政协主席赖经烈作政协第八届梅州市梅江区委员会常务委员会工作报告。大会由区政协副主席杜延生主持。

9 日，梅州市梅江区第九届人民代表大会第二次会议开幕。市委常委、副市长，区委书记陈金銮出席会议并作讲话，区委副书记、区长钟秀堂代表区政府向大会作政府工作报告，区人大常委会主任曾小喜主持会议并作梅州市梅江区人民代表大会常务委员会工作报告。会议听取梅江区人民法院工作报告、梅江区人民检察院工作报告、梅江区 2021 年国民经济和社会发展计划执行情况与 2022 年计划草案报告、梅江区 2021 年预算执行情况和 2022 年预算草案报告，表决通过民生实事项目票决办法。

10 日，梅州市梅江区第九届人民代表大会第二次会议闭幕。大会表决通过梅江区人民政府工作报告、梅江区 2021 年国民经济和社会发展计划执行情况与 2022 年国民经济和社会发展计划、梅江区 2021 年预算执行情况和 2022 年预算、梅江区人大常委会工作报告、梅江区人民法院工作报告、梅江区人民检察院工作报告等 6 个工作报告，表决选定梅江区人民政府 2022 年民生实事项目。

同日，区委副书记、区长钟秀堂主持召开疫情防控工作会议，深入学习贯彻习近平总书记关于疫情防控工作的重要指示精神，分析研判当前疫情形势，对下一步疫情防控工作进行再部署、再巩固。

11 日，梅江区在金山街道周溪河“十里梅花长廊”开展义务植树活动。市委常委、副市长，区委书记陈金銮，区委副书记、区长钟秀堂，区人大常委会主任曾小喜，区政协主席赖经烈等参加活动。

17 日，区委副书记、区长钟秀堂主持召开疫情防控工作会议，传达学习贯彻落实省、市会议精神，分析研判当前疫情形势，部署疫情防控工作。区领导王增文、钟建兵、林勇军、姚文顺、王丙俊、郑荣丰、张瑜祥、钟永彩等参加会议。

同日，市政协党组成员、副主席曾碧玉一行到梅江区政协走访调研，与梅江区政协领导班子成员和在梅江区的部分市政协委员座谈交流，听取相关意见建议。

20日，市委常委、副市长，区委书记陈金銮，区委副书记、区长钟秀堂到三角镇、金山街道等地实地调研疫情防控工作。

23日，梅江区在收听收看2022年全市河长制与水利高质量发展工作会议后，区委副书记、区长钟秀堂主持召开贯彻落实会议，深入学习贯彻习近平总书记关于治水工作的重要论述精神，落实全省、全市会议部署要求，对新发展阶段推动梅江区河长制与水利高质量发展进行动员部署。

同日，区委副书记、区长钟秀堂主持召开落实春季粮食生产、推进撂荒耕地复耕复种工作会议，传达学习市委落实春季粮食生产、推进撂荒耕地复耕复种工作会议精神，分析研判当前面临的形势和问题，安排部署下一阶段工作。

28日，区委副书记、区长钟秀堂率队到梅州金时裕科技有限公司和梅州世亚电子有限公司开展调研，详细了解企业生产经营情况，研究解决企业在生产经营中遇到的问题。

29日，广东召开省委农村工作会议暨全省实施乡村振兴战略工作推进会，对2022年全面推进乡村振兴工作进行研究部署、推动落实。市委常委、副市长，区委书记陈金銮在市主会场参加会议，区领导钟秀堂、曾小喜、赖经烈等在梅江区分会场收看收听会议。

30日，区委副书记、区长钟秀堂率队西阳镇消防所、西阳镇移民新村社区、龙宇电子（梅州）有限公司、江南街道梅龙社区等地，检查节前疫情防控和安全生产工作。

31日，在组织收看收听全国、全省、全市安全生产电视电话会议后，区委副书记、区长钟秀堂主持召开贯彻会议，对相关重点工作进行再强化、再部署、再落实。

4月

2日，市委常委、副市长，区委书记陈金銮和区委副书记、区长钟秀堂率队先后到西阳社区体育公园、西阳墟镇河堤、太平村、江子上村、鲤溪村等地，调研农村综合改革、春耕备耕和撂荒耕地复耕复种工作。

7日，区委副书记、区长钟秀堂调研财税工作，听取全区财政运行、税收工作开展及广东梅江控股集团有限公司运营管理情况汇报，详细了解财税等工作运行中面临的形势和存在的问题，研究推进下一阶段工作。

13—14日，广东省委书记李希，省委副书记、省长、深圳市委书记王伟中到梅州市调研。其间，李希、王伟中到梅江区林风眠纪念馆实地考察名人故居保护利用情况。

14日，市人大常委会领导余其豹、蓝伟东、刘锐清到梅江区开展《梅州市客家菜传承发展促进条例》立法调研。

19日，梅江区召开全面优化营商环境领导小组会议暨省营商环境评价迎评工作推进会。区委副书记、区长钟秀堂出席会议并讲话。

22日，梅江区在梅州经开区举办“连心政税企 携手向未来”税惠宣传“进工业园”活动。区委副书记、区长钟秀堂、市税务局局长罗伟民、市财政局副局长丘小录等出席活动。

25日，区委副书记、区长钟秀堂会见广东省供销集团有限公司考察团一行，双方就谋划合作相关事宜进行座谈交流。

26日，梅江区在收看收听全市稳外贸稳外资工作电视电话会议后，区委副书记、区长钟秀堂主持召开贯彻落实会议，研究部署具体工作。

28日，市委常委、副市长，区委书记陈金銮主持召开重点项目及重点工作推进会议。

5月

8日，市委常委、副市长，区委书记陈金銮率队到金山街道民主路、嘉应学院东校门周溪村走访，调研自建房安全隐患排查整治工作。

9日，区委副书记、区长钟秀堂主持召开疫情防控工作会议，对疫情防控工作进行再落实再部署。

10日，区委副书记、区长钟秀堂主持召开贯彻落实会议，分析研判防汛形势，对下一步防御工作进行再部署、再动员。

12—13日，区委副书记、区长钟秀堂率队先后到凌风路与油罗街交界处内涝隐患点、梅州经开区罗乐大桥连接线和货场路、东湖泵站、梅州大堤周溪堤段、梅州大堤管理处，督导检查强降雨防御工作。

16日，梅江区召开深入打好污染防治攻坚战推进会。会议深入学习贯彻习近平生态文明思想，认真落实省、市深入打好污染防治攻坚战推进会精神，立足生态发展区定位，系统谋划绿色低碳发展之路，为加快建设高质量发展示范区筑牢绿色根基。市委常委、副市长，区委书记陈金銮出席会议并讲话。区委副书记、区长钟秀堂主持会议。

17日，区委召开人大工作会议。会议坚持以习近平新时代中国特色社会主义思想为指导，深入学习贯彻习近平总书记关于坚持和完善人民代表大会制度的重要思想，贯彻落实习近平总书记在中央人大工作会议上的重要讲话精神以及中央、省委、市委人大工作会议精神，研究部署今后一个时期全区人大工作。市委常委、副市长，区委书记陈金銮出席会议并讲话。区委副书记、区长钟秀堂主持会议。

19日，市委常委、副市长，区委书记陈金銮，区委副书记、区长钟秀堂率队到城北镇上村村、古洲村等地，实地调研撂荒耕地复耕复种、农村生活污水处理设施建设、人居环境整治和华南教育历史纪念地建设等情况。

20日，梅江区人民政府与中国邮政储蓄银行股份有限公司梅州市分行举行战略合作签署暨新市民金融服务中心揭牌仪式。区委副书记、区长钟秀堂、邮储银行梅州分行行长容宇贵出席活动。区委常委、常务副区长钟建兵，邮储银行梅州分行副行长罗尚辉分别代表双方签署战略合作框架协议。

23日，区委副书记、区长钟秀堂主持召开疫情防控研判会。会议强调要全面贯彻落实国务院联防联控机制关于疫情应对处置最新要求，找出不足、补齐短板、消除隐患，全方位提升应急能力，为梅江人民构筑更为坚强的屏障和更为牢固的防线。

30日，梅江区召开全区干部大会。会议传达学习贯彻省第十三次党代会、省委十三届一次全会和全市干部大会精神，全面部署学习宣传贯彻落实工作。市委常委、副市长，区委书记陈金銮主持会议并讲话。区委副书记、区长钟秀堂传达省第十三次党代会、省委十三届一次全会和全市干部大会精神。

同日，广州市建筑集团有限公司党委书记、董事长梁湖清率队到西阳镇调研乡村振兴驻镇帮镇扶村工作。

31日，市委书记马正勇来到梅江区调研重点项目、产业项目建设等工作。

6月

1日，梅江区召开促进实体经济高质量发展工作推进会，会议传达全市促进实体经济高质量发展大会精神，通报第一季度工业经济运行情况，对《广东梅州经济开发区提质增效三年行动方案》进行解读，博敏电子有限公司、龙宇电子有限公司代表作大会发言。市委常委、副市长，区委书记陈金銮出席会议并讲话，区委副书记、区长钟秀堂主持会议。

同日，梅江区印发《关于实施千名大学毕业生返乡就业创业计划的指导意见》，通过摸查建立一份大学毕业生名册、发放一张乡村振兴人才卡、安排一名镇村干部联络对接、提供一个本地锻炼岗位、制定一系列管理办法、使用一批优秀大学毕业生“六个一”措施，切实破解人口外流、人才外溢、农村基层干部储备不足、企业引才困难等问题。

9—10日，市委常委、副市长，区委书记陈金銮、区委副书记、区长钟秀堂率队赴深圳开展稳企暖企“以商引商”活动，聘任 12 家企业为梅江区招商引资顾问单位，并走访慰问企业。

14 日，区委副书记、区长钟秀堂率队先后到 G205、千才水库、罗乐大桥至 S333 连接线重点项目现场、西阳水电站、龙坑村地质灾害隐患点等地，督导检查防汛工作。

15 日，区委副书记、区长钟秀堂主持召开全区防汛工作会议。会议深入贯彻落实省、市“三防”工作部署要求，分析研判近期天气及防汛形势，对当前防汛救灾工作进行再部署再安排。

16 日，区委副书记、区长钟秀堂率队先后前往黄塘电排站、新峰路、珠条街、周溪河电排站、百岁山、七孔闸电排站等地，实地检查地质灾害隐患点、城市内涝风险点等重点部位防灾防涝措施落实情况和水利设施运行情况。

17 日，市委常委、副市长，区委书记陈金銮，区委副书记、区长钟秀堂率队城北镇干光村、G206 和千才水库等地，检查强降雨天气防御工作。

同日晚，市委常委、副市长，区委书记陈金銮，区委副书记、区长钟秀堂率队先后到亲水公园、东山书屋和黄塘村等地，实地督导检查防汛工作。

19 日，市委常委、副市长，区委书记陈金銮，区委副书记、区长钟秀堂率队先后前往广东盈华电子科技有限公司年产 4 万吨高端电子铜箔建设项目、广东梅州经济开发区标准厂房和配套基础设施建设项目（二期）现场，调研重点项目建设工作。

20 日，梅江区召开学习贯彻习近平总书记在庆祝中国共产主义青年团成立 100 周年大会上的重要讲话精神座谈会。市委常委、副市长，区委书记陈金銮出席座谈会并讲话。区委副书记、区长钟秀堂主持会议。

同日，中央政治局原委员、中央政法委员会原书记郭声琨到西阳镇林风眠故居及纪念馆调研。

同日，梅江区举行省供销集团投资“广东供销（梅州）产业园”战略框架协议签约仪式，标志着梅江区与广东省供销集团有限公司开启深化合作新篇章。广东省供销集团有限公司总经理邹宁、区委副书记、区长钟秀堂出席签约仪式。

21 日，区委副书记、区长钟秀堂率队西郊街道黄塘村、城北镇乐得鲜杨文基地和扎下村等地，检查灾后复产保产工作。

同日，市委常委、副市长，区委书记陈金銮主持召开重点项目重点工作暨招商引资工作推进会。

22 日，梅江区召开 2022 年区委农村工作会议暨全区实施乡村振兴战略工作推进会。市委常委、副市长，区委书记陈金銮出席会议并讲话。区委副书记、区长钟秀堂主持会议。

30 日，梅江区举行 2022 年广东扶贫济困日暨全社会助力乡村振兴活动仪式。区委副书记、区长钟秀堂、区人大常委会主任曾小喜、区政协主席赖经烈、区委副书记王增文等参加活动。

同日，市委常委、副市长，区委书记陈金銮，区委副书记、区长钟秀堂分别带队走访慰问部分老党员和困难党员。

同日，梅江区文物局在梅江区文化广电旅游体育局揭牌成立。区领导林勇军参加揭牌仪式。

7 月

1 日，梅江区“政税企”党建共建展厅揭幕仪式在国家税务总局梅州市梅江区税务局城北税务所举行，梅江区打造的首个“政税企”党建共建展厅正式启用。区委副书记、区长钟秀堂与梅州市税务局局长罗伟民共同为展厅揭幕。

4 日，梅江区召开 2022 年文明委全体会议暨创建全国文明城市工作推进会。市委常委、副市长，区委书记陈金銮出席会议并讲话。区委副书记、区长钟秀堂主持会议，市委宣传部常务副部长梁放到会指导。

5 日，梅江区召开梅江讲坛•学习贯彻省第十三次党代会精神专题宣讲报告会。市委常委、副市长，区委书记陈金銮主持会议并讲话。市委党校副校长、副教授李志春作专题宣讲。

6 日，梅江区印发《关于建立健全基层党组织应对疫情防控“平战转换”工作机制的若干措施（试行）》，要求各级党组织和广大党员充分发挥战斗堡垒和先锋模范作用，切实把党的政治优势、组织优势、密切联系群众优势转为疫情防控的强大优势，坚决守护全区人民群众生命健康安全。

8 日，区政协党组书记、主席赖经烈率队前往兴宁市考察学习历史文化保护利用工作。

11 日，区委副书记、区长钟秀堂主持召开全区安全生产会议。会议深入贯彻落实习近平总书记关于安全生产系列重要指示精神，认真落实国家、省、市会议要求，研究部署全区安全生产工作。

12 日，区委副书记、区长钟秀堂主持召开全区疫情防控工作会议，对全区疫情防控工作进行再落实再部署。

14 日，广晟集团党委书记、董事长刘卫东一行到梅江考察一、二、三产业融合发展先导区建设。

15 日，梅江数码港（飞翔云）互联网产业园盛大开园。北京大学原副校长、北京大学生命科学学院教授陈章良，国家发展改革委工会主席屈照林，广东省委统战部副部长、一级巡视员李阳春，市委常委、副市长，区委书记陈金銮，广东省政府机关事务管理局原党委书记杨运敏，梅州市政协党组成员陈志宁，全国政协委员、广东省新的社会阶层人士联合会会长黄西勤，广东省海外经济发展促进会秘书长娄阳，梅州市委统战部副部长王忠豪，飞翔云计算有限公司董事长刘榆厚出席活动并为产业园开园推杆。区委副书记、区长钟秀堂主持活动。

19 日，市人大常委会副主任、市总工会主席蓝伟东率队来梅江区西阳镇开展代表进站活动。

22 日，梅江区召开 2022 年全区上半年经济形势分析会暨重点项目重点工作推进会。市委常委、副市长，区委书记陈金銮主持会议并讲话。

25 日，市委常委、副市长，区委书记陈金銮，区委副书记、区长钟秀堂率队先后走访梅州科捷电路板有限公司、广东嘉应制药股份有限公司，倾听企业发展诉求，现场协调解决问题。区领导钟建兵、林松参加调研。

同日，市委常委、副市长，区委书记陈金銮到三角镇人大代表中心联络站开展“更好发挥人大代表作用”主题活动，与基层代表面对面交流。区领导曾小喜、林松、王丙俊参加活动。

同日，市委书记马正勇以人大代表身份，到梅江区长沙镇人大代表中心联络站，与基层人大代表和选民群众座谈交流，详细了解代表联络站标准化、规范化、常态化建设工作情况，认真倾听代表和群众的意见建议。

27 日，梅江区开展 2022 年八一建军节慰问活动。市委常委、副市长，区委书记陈金銮，市委常委、梅州军分区政委陈煜昌，梅州军分区司令员段见云，区领导钟秀堂、曾小喜、赖经烈、王增文等参加活动。

同日，梅江区举行政务服务大厅分厅挂牌仪式。区领导罗裕权、张瑜祥参加揭牌仪式。

29 日，区委副书记、区长钟秀堂率队先后走访梅州科兴电子有限公司、梅州市宏展电子有限公司，专题调研中小型企业发展情况。

8月

1 日，区委副书记、区长钟秀堂率队到梅州市桂冠生物科技有限公司梅片种植基地，调研中药材种植产业发展情况。

2 日，市人大常委会副主任、市总工会主席蓝伟东率队到西阳镇笙竹村走访直联市人大代表李小龙，了解人大代表联络站建设运行情况，听取民情民意以及人大代表履职等情况，并到古驿道、火龙果园等处现场调研乡村振兴工作。

4日，汕头市龙湖区政协党组成员、副主席杨培斌带队到梅江区三角镇金龙花园、江南街道新中苑和梅南大院等地，考察调研老旧小区改造提升工作。

9日，区委副书记、区长钟秀堂主持召开全区疫情防控工作会议，听取相关工作情况汇报，布置近期疫情防控重点任务。

10日，梅江区2022年（第三季度）重点项目集中动工活动在广东梅州经济开发区举行。市委书记马正勇，市委副书记、市长王晖，市政协主席戚优华出席活动。市领导陈金銮、曾永祥、余其豹、蒋鲲、陈亮，中国电子电路行业协会名誉秘书长王龙基、中国电子电路行业协会副秘书长李琼、广东省电路板行业协会副秘书长陈世荣、梅州市印制电路行业协会会长何德英，各县（市、区）党委主要负责人，市直有关单位主要负责人，梅江区各镇（街道）党（工）委和区直相关单位主要负责人，相关企业代表，银行代表等参加活动。

11日，区人大常委会主任曾小喜率队先后到梅县区梅州综保区、BPW（梅州）车轴有限公司、嘉元时代在建项目现场、嘉元科技沙坪厂区等地，学习考察发展壮大实体经济的经验做法。

15日，区人大常委会党组书记、主任曾小喜带领部分市、区人大代表，先后到盈华电子科技有限公司、博敏电子股份有限公司、展龙五金加工有限公司、梅江控股等园区企业在建项目现场，考察重点项目推进和工业园区建设情况。

22日，梅江区召开专题工作会议，对全区疫情防控和"三防"工作进行再部署、再推动、再落实。市委常委、副市长，区委书记陈金銮出席会议并讲话，区委副书记、区长钟秀堂主持会议。

24日，收听收看全市防御第九号台风"马鞍"视频会议后，区委副书记、区长钟秀堂主持召开全区会议，对防台风工作进行再推动、再细化、再落实。

28日，市委常委、副市长，区委书记陈金銮，区委副书记、区长钟秀堂率队先后到三角镇客天下观光路、客天下路口、西阳镇圩镇等地，调研市容环境提升整治和乡村振兴示范带建设工作。

31日，市委常委、副市长，区委书记陈金銮主持召开重点项目及重点工作推进会暨招商引资领导小组会议。

同日，区政协党组书记、主席赖经烈主持召开八届第五次常委会会议，围绕"聚焦梅州经济开发区提质增效工作，推动梅江实体经济高质量发展"进行专题议政。

9月

1日，区委副书记、区长钟秀堂主持召开2022年政府工作推进会，会议听取区政府重点工作、区十件民生实事和区十件"微民生"实事完成情况汇报。

5日，梅江区召开安全生产和消防安全工作会议，分析当前安全生产和消防安全工作形势，对相关工作进行再部署、再调度。区委副书记、区长钟秀堂出席会议并讲话，区委常委、副区长钟建兵主持会议。

8日，梅江区举行庆祝2022年教师节表彰大会，总结教育工作成绩，表彰先进集体和个人，分析当前形势，部署今后一个时期的教育工作。区委副书记、区长钟秀堂出席活动并讲话。

13日，梅江区召开税收共治协调联动工作会议。区委副书记、区长钟秀堂出席会议并讲话，区委常委、副区长钟建兵主持会议。

同日，省人大常委会主任黄楚平到梅江区三角镇墟镇社区人大代表联络站，调研基层人大建设工作。

14日，梅江区召开政银企座谈会。市委常委、副市长，区委书记陈金銮，区委副书记、区长钟秀堂出席会议并讲话。

同日，罗乐大桥至S333连接线重点工程全面通过交工验收，移交东升工业园区管委会管理养护。

22日，市委常委、副市长，区委书记陈金銮，区委副书记、区长钟秀堂率队先后到盈华电子科技有限公司、梅州鼎泰电路板有限公司、梅州科捷电路有限公司、博敏电子股份有限公司等地，调研重点项目建设和招商引资工作。

同日，梅江区召开梅江讲坛•学习贯彻《习近平谈治国理政》第四卷专题宣讲报告会。市委常委、副市长，区委书记陈金銮主持会议并讲话。市委宣讲团成员、梅州文化旅游特色区管委会副主任谢小康作专题宣讲。

23日，梅江区创业创新示范基地、梅江区客天下创业孵化基地和中国•客天下创业岛项目正式揭牌。市委常委、副市长，区委书记陈金銮，区委副书记、区长钟秀堂，区领导张峥奇、林勇军、林松、张瑜祥，《梅州日报》党委副书记黄山松参加活动。

27日，梅江区召开2022年党外人士座谈会。市委常委、副市长，区委书记陈金銮主持会议。

28日上午，广东盈华电子科技有限公司年产4万吨高端铜箔项目一期投产暨二期动工活动在梅江区举行。市委副书记、市长王晖，广东盈华电子科技有限公司董事长李剑明出席活动。

30日，市委、市政府在梅州市红色文化公园(剑英公园)山顶纪念广场举行梅州市2022年烈士纪念日烈士公祭活动。市委、市人大常委会、市政府、市政协、市纪委监委领导，嘉应学院、市法院、市检察院主要负责人，梅州军分区、驻梅部队主官和官兵代表，梅江区、梅县区和市直有关单位负责人，离退休干部代表、各民主党派、人民团体和无党派人士代表，优秀烈士家属、现役军人家属、退役军人代表和学校师生代表、群众代表、抗击新冠肺炎疫情先进工作者代表等200多人参加活动。

同日，新建瑞金至梅州铁路(梅江区段)项目开工建设。

10月

4日，区委副书记、区长钟秀堂带队检查节假日旅游景区疫情防控、森林防灭火等工作落实情况，并开展巡林。

5日，市委常委、副市长，区委书记陈金銮主持召开会议。会议传达学习贯彻落实省、市会议精神，研究部署近期疫情防控和安全稳定各项工作。

6日，市委常委、副市长，区委书记陈金銮，区委副书记、区长钟秀堂率队检查国庆期间值班值守工作，并调研客天下观光路及周边人居环境提升工作。

9日，区委副书记、区长钟秀堂率队先后到梅州速佳电子有限公司、梅州智科电路板有限公司，实地开展中小企业调研。

10日，龙岩市上杭县政协副主席傅晓刚带队到梅江区考察调研传统美食文化保护工作。

14日，市委常委、副市长，区委书记陈金銮主持召开全区疫情防控和安全稳定工作会议，传达贯彻省、市有关会议精神。

17日，市委常委、副市长，区委书记陈金銮，区委副书记、区长钟秀堂率队先后前往三角镇、西阳镇，调研乡村振兴示范带项目建设工作。

18日，市委副书记、市长王晖到梅江区开展招商引资、土地管理和统计纳统调研。市领导陈金銮、蒋鲲参加调研座谈。

19日，市委常委、组织部部长罗盛芬率队到客天下创业岛、三角镇龙上村委会、三角镇墟镇社区、金山街道群福社区党群服务中心、西阳镇笙竹村、西郊街道黄泥墩社区党群服务中心等地，调研基层党建工作。

21日，区委副书记、区长钟秀堂到基层联系点西阳镇太平村，围绕学习贯彻《习近平谈治国理政》第四卷和中共二十大报告精神作专题辅导。活动由区领导张峥奇主持。

30日，梅江区召开传达贯彻中共二十大精神大会。市委常委、副市长，区委书记陈金銮主持会议并讲话。区委、区人大常委会、区政府、区政协领导班子成员，在梅城居住的正处级以上老干部，区法院、区检察院主要负责人，区纪委副书记、区监委副主任，区政协秘书长，区人大常委会办公室主任，各镇（街道）党政主要负责人，区委办公室、区政府办公室副主任，区人大常委会、区政协各专（工）委主任，区委各部门、区直副科以上各单位、区各人民团体、市属驻区各单位主要负责人，区各民主党派、区工商联主要负责人参加会议。

11月

1日，在收看收听全省、全市疫情防控工作视频会议后，区委副书记、区长钟秀堂随即主持召开会议，认真贯彻落实省、市会议精神，分析研判当前疫情形势，部署疫情防控工作。

2日，区委副书记、区长钟秀堂主持召开重点项目工作推进会，强调要全面增强加快发展的责任感和紧迫感，全力以赴打好项目推进攻坚战，为明年全区经济平稳健康运行打好基础。

4日，梅江区举行新业态行业工会联合会成立大会暨第一届第一次会员代表大会，大会依法选举产生梅州市梅江区新业态工联会第一届委员会委员。

5日，市委常委、副市长，区委书记陈金銮主持召开区委常委会会议，研究部署疫情防控和创建全国文明城市等工作。

9日，市人大常委会党组副书记、副主任余其豹到梅江区挂点社区督导创建全国文明城市工作，开展《梅州市文明行为促进条例》宣讲活动。

10日，区委副书记、区长钟秀堂率队先后到江南街道红光社区、鸿都社区、梅龙社区、中心坝社区等地，检查督导疫情防控网格化管理工作。

11日，在收看收听全国新冠肺炎疫情防控工作电视电话会议后，区长钟秀堂随即主持召开贯彻会议，强调要认真按照关于进一步优化防控工作的二十条措施要求，科学精准做好防控工作，切实做到“守土有责、守土负责”。

14日，市委常委、副市长，区委书记陈金銮主持召开会议，部署近期全区疫情防控重点工作。

15日，梅江区召开全区土地管理工作会议，区委副书记、区长钟秀堂出席会议并讲话，区委常委、副区长钟建兵主持会议。

17日，区委副书记、区长钟秀堂率队到三角镇督导检查综合网格管理工作，强调要充分发挥综合网格管理优势，以网格为抓手，以排查、防控、服务为重点，全力推动疫情防控力量向社区下沉、向网格延伸、向基层汇聚，为科学精准做好疫情防控工作奠定坚实基础。

25日，市委常委、副市长，区委书记陈金銮主持召开区委常委会会议，研究部署平安建设和经济发展等工作。

29日，梅江区召开2022年度招商引资工作完成情况专题会议。市委常委、副市长，区委书记陈金銮主持会议并讲话。

12月

1日，市委常委、副市长，区委书记陈金銮主持召开梅江区重点项目及重点工作推进会。

2日，市委常委、副市长，区委书记陈金銮主持召开梅江讲坛•“12·4”国家宪法日活动暨“百名法学家百场报告会”现代法治理念专题讲座。嘉应学院政法学院副院长廖劲敏作专题辅导。

6日，梅江区组织党员干部群众收听收看江泽民同志追悼大会。市委常委、副市长，区委书记陈金銮、区委副书记、区长钟秀堂、区人大常委会主任曾小喜、区政协主席赖经烈等在区分会场集中收听收看大会。

7日，梅江讲坛•学习贯彻中共二十大精神宣讲报告会暨梅江区科级领导干部学习贯彻中共二十大精神专题研讨班在区委礼堂举行。市委常委、副市长，区委书记陈金銮作开班动员讲话。市委宣传部讲师团团长廖坚作专题宣讲报告。

10—11 日，省委书记黄坤明到梅州市调研，强调要紧扣高质量发展谋划推进现代化建设，在抢抓机遇中进一步增动能、激活力、补短板，坚定信心、奋起直追、迎头赶上，加快实现全面振兴发展。其间，黄坤明到梅江区西阳镇直坑村和金山街道周溪村实地察看。

13 日，首批梅江区中共党史教育基地授牌仪式在梅州学宫——红四军攻占梅城军部驻地和朱德军长演讲地旧址举行，区委常委、组织部部长张峥奇参加授牌仪式。

15 日，2022 年梅江区新任副科职干部专题研讨班和中青年干部培训班开班动员会在区委党校举行。市委常委、副市长，区委书记陈金銮出席并作开班动员和专题辅导。区委组织部部长张峥奇主持会议。

16 日，梅江区召开 2022 年区委议军会议暨党管武装述职会议，传达学习 2021 年底以来习近平总书记关于国防和军队建设重要指示批示精神，听取全区党管武装工作情况汇报，部署下一阶段工作。市委常委、副市长，区委书记陈金銮主持会议。

27 日，梅江区与增城区党政联席视频会议召开，共同研究对口帮扶相关工作。增城区领导霍阳、林怡辉，梅江区领导钟秀堂、王爱峰参加会议。

（邱娉婷）

梅 江 概 貌

基本区情

【建置沿革】 梅州城区（今梅江区）原是程乡县治所在地，向称梅城。南朝齐置程乡县至北宋初设梅州，500多年间，州、县皆无城。北宋皇祐四年（1052）始在今梅城江北筑土城，周围长450.3丈（约1499米）。明洪武十八年（1385）拆西城垣，扩辟县城，周围长985丈（约3280米）。

清雍正十一年（1733），程乡升为直隶嘉应州。

清末，嘉应州城区扩大。辖东街、西街2个堡。东街辖一甲至十甲及金山甲、攀桂坊，西街辖一甲至十甲及曾井甲、红杏坊、社甸甲、百果围和乌廖沙。

民国元年（1912），嘉应州改为梅县后，县城仍辖东街、西街2个堡。民国20年（1931），由堡改为区乡，县城辖地有附城镇、城内、忠孝里、百果围、黄坭墩、红杏坊、下圣母、乌廖沙乡。民国26年（1937），梅县整编区乡，县城称为梅城镇。

1949年5月，梅县解放，在设置新政区时，县城仍称梅城，政区则称城内区。1950年3月，复称梅城镇。

1958年9—11月，实行公社化，梅城镇改称梅城卫星人民公社。1959年1月，改名梅城人民公社。

1975年8月，梅城镇改为梅州镇（仍隶属梅县）。1978年12月，梅州镇从梅县分出，由区级升格为县级，改称梅州市，隶属梅县地区管辖。1982年，梅州市基层政区设东区、中区、西区、南区4个办事处和东郊、西郊、江南、梅江4个公社，下辖32个居民委员会、29个生产大队、395个生产队。

1983年6月，梅县和梅州市合并，称梅州市，同年9月改称梅县市。县市合并后，江南公社撤销，并入南区，在城区设南区、东区、中区、西区。

1983年11月，基层政权人民公社建制撤销，恢复区乡村制，取消人民公社名称，以原有公社改为区，设区公所。生产大队或联队改为乡，设乡人民政府；按农民居住聚落点和自然村建立村民委员会，作为基层群众性自治组织。梅县市共设31个农村区、4个市区街道办事处、1个直辖区级镇；区以下设271个乡、10个乡级镇、34个居委会；乡以下设849个村。

1987年4月，区、小乡建制被撤销，改设乡（镇）制。梅县共设10个乡、22个镇、4个市区街道办事处（8月增设北区，共5个市区）。下辖451个村、61个居民委员会、5395个村民小组。

1988年1月，广东实行市管县体制，梅县地区改为梅州市；3月，梅县市建制撤销，原梅县市的行政区分设梅县和县级梅江区，梅江区由原梅县市城区5个办事处（金山、东山、黄塘、五洲、江南）和城郊5个乡镇（城北、东郊、西郊乡和长沙、三角镇）组建而成，为梅州市直辖县级区，治所设在梅城江北仲元东路51号。

1989年，黄塘办事处因城区有上黄塘、下黄塘、黄塘居委等名称，容易混淆，经省政府批准，将黄塘办事处改名城西办事处。

1998年，按省政府规定，理顺农村基层管理体制，撤销管理区办事处，设立村民委员会。全区5个农村乡镇的60个管理区办事处改设60个村民委员会。

1999年，经省政府批准，

撤销城北乡、东郊乡、西郊乡建制，设立城北镇、东郊镇、西郊镇。

2002 年 7 月，经省政府批准，梅江区部分镇、街道行政区划进行调整。撤销东山街道办事处、东郊镇将其行政区域并入金山街道，撤销西郊镇、城西街道办事处，设立西郊街道，撤销五洲街道办事处，将其行政区域并入城北镇。调整后，梅江区辖长沙、三角、城北 3 个镇及金山、西郊、江南 3 个街道，下辖 54 个行政村和 38 个社区。

2012 年 9 月 23 日，经省人民政府同意，省民政厅印发《广东省民政厅关于同意梅县西阳镇划归梅州市梅江区管辖的批复》，同意梅县西阳镇划归梅州市梅江区管辖。调整后，梅州市梅江区辖长沙、三角、城北、西阳 4 个镇和西郊、金山、江南 3 个街道。

2022 年，梅江区辖长沙、三角、城北、西阳镇 4 个镇和西郊、金山、江南 3 个街道，下辖 81 个村和 48 个社区。

【位置面积】 梅江区属广东省梅州市，位于广东省东北部，梅江中游，梅州市中部。地理位置位于北纬 23° 27′ ~ 23° 95′、东经 115° 72′ ~ 115° 97′。东靠梅县区雁洋镇和大埔县银江镇，南邻丰顺县和梅县区梅南镇交界，西连梅县区程江镇和大坪镇，北接梅县区石扇镇和城东镇。是梅州市政治、经济、文化、交通中心。区域面积 570.64 平方千米，其中耕地面积 17.85 平方千米。

【地质地貌】 梅江区属中国东南部华夏古陆的一部分，构成古陆的基底为前泥盆系变质岩。从晚古生代到新生代，几经海陆变迁，出现一系列沉积建造。

前泥盆系为一套地槽型的类复理式建造，主要为浅变质的砂、泥质建造，加里东运动使其上升成陆地，构成区境古陆的基底。

晚泥盆世至早二叠世，由于海西运动，沉积一套韵律性较明显的碎屑岩、碳酸盐及含煤碎屑岩建造。

早三叠世开始的印支运动，带来一次小海浸，沉积含泥炭的碳酸盐建造。

始于晚三叠世的燕山运动，沉积一套海陆交相的碎屑岩、中酸性火山岩、山间盆地碎屑岩。

自第三纪至今的喜马拉雅运动，沉积红色碎屑岩、砾石、砂、黏土建造。

区境泥盆至第四纪地层均有出露。

梅江区地势东南高，逐渐向东北、西北倾斜。区境为梅江流经莲花山中部山谷而形成的河谷盆地。地形可分为 3 个类型，即河谷盆地、丘陵和山地。

区境内较高的山峰有 5 座。

明山嶂 海拔 1278 米，位于西阳镇与大埔县银江镇之间，呈东北至西南走向。其东南的银窿顶，海拔 1357 米，为梅江区第一高峰，西南蜿蜒为鳄鱼嶂、北山嶂、九龙嶂、均属莲花山系阴那山脉。

鬼忽岩顶 海拔 1021 米，位于西阳镇白水与丰顺县交界处。在铜鼓嶂之西，北接明山嶂，南连马鬃岗（海拔 744 米），呈东北至西南走向。

鳄鱼嶂 主峰海拔 1010 米，位于长沙镇与西阳镇之间，属莲花山脉。东面连丰顺县龙岗镇丹竹坑，山势高峻，状似鳄鱼，故名。

清凉山 海拔 786 米，在西阳镇南部，为莲花山系。山峰常为云雾缭绕，适宜种茶。

黄沙嶂 在三角镇南部，离梅城 13 千米。其东南为西阳镇，属莲花山系。主峰高观音，海拔 770 米，南北走向。东南部为清凉山，再往南是鳄鱼嶂。西北坡的溪水流入三角镇的泮坑村，形成瀑布。高观音山顶夏天气温比梅城一般低 4 ~ 6℃。

【水文】 梅江区境内主要河流有 10 条。

梅江 为主干流，源自广东省陆丰、紫金两县交界处的武顿山七星崇，沿莲花山北麓自西南向东北穿流，在五华县河口汇五华河，至兴宁水口称琴江，汇宁江后称梅江。在梅县区畲江镇流经梅江区长沙镇入梅城城区，在金山芹黄村口流

向西阳镇出境，经梅县区丙村、雁洋、松口，在大埔县三河坝衔接韩江，流经潮州，在汕头入海。梅江全长 307 千米，集雨面积 1.41 万平方千米；流经梅江区境 30 多千米，集雨面积 300 多平方千米。流域面积 100 平方千米以上的一级支流有 2 条：

程江 源自江西寻乌县岑峰乡，经平远县自西北入梅县区梅西镇经大坪、程江流入梅江区西郊，在德龙桥汇入梅江，全长 44 千米，集雨面积 718 平方千米，流经区境约 5 千米。

周溪水 源自梅县区石扇镇长排宫，集雨面积 118 平方千米，经梅县区竹洋、谢田、金盘桥入梅江区金山周溪村，在东山状元桥汇入梅江，全长 36 千米。

流域面积 10~100 平方千米的支流有 6 条：

扎田水 源自城北镇作峰寨，经扎田至西郊寨中汇入程江，全长 27.5 千米，集雨面积 72.6 平方千米。

古田水 源自城北镇花拉岌，流入梅城至东桥汇入梅江，全长 8.6 千米，集雨面积 17.3 平方千米。

明扬水 源自城北镇禾仓崇，经西郊教子岌汇入程江，全长 11 千米，集雨面积 11.3 平方千米。

大密水 源自鸡笼嶂，经长沙镇大密村至大密桥汇入梅江，全长 12.8 千米，集雨面积 27.3 平方千米。

小密水 发源于长沙镇洋扇岌，经小密村至长沙桥汇入梅江，全长 11 千米，集雨面积 20.6 平方千米。

白宫水 发源于西阳镇白宫的明山嶂，经坪上、鹿子陂、柑子山、将军阁、赛仁等村流入白宫圩，向西流至莆蔚村与西阳圩之间出口汇入梅江。集雨面积 197 平方千米，河流长度 36 千米。

龙坑水 发源于西阳镇三家畲，流入龙坑村，在郑屋角自然村上侧汇入梅江。集雨面积 26 平方千米，河流长度 10 千米。

【气候】 梅江区地理位置靠近北回归线，东近太平洋，属亚热带季风气候区。夏季日照长、冬季日照短，气候温和，阳光充足，雨量充沛。但易旱易涝，偶有奇热和严寒，四季宜耕宜牧。年平均气温 21.9℃，年平均日照时数 1818 小时，年平均降雨量 1474.7 毫米，年平均无霜期 304 天。主要灾害天气有：春季低温阴雨、倒春寒，5—6 月间的龙舟水和春秋间的台风雨，秋季寒露风和冬季霜冻等。

【自然资源】 梅江区矿产资源主要有煤炭、石灰石、稀土、铅锌矿、花岗岩等，主要分布在城北和长沙镇。旅游资源主要景区有泮坑旅游度假村、千佛塔旅游风景区、梅城风光、黄遵宪故居“人境庐”等。

【行政区划】 2022 年，梅江区辖长沙、三角、城北、西阳 4 个镇和江南、金山、西郊 3 个街道，行政村 81 个，社区 48 个。

2022 年梅江区行政区划一览表

表 1　　　　　　　　　　　　　　　　　　　　　　单位：个

镇（街道）	村、社区名称	行政村	社区
三角镇	大坜、三乡、坜明、新塘、东升、泮坑、龙上、上坪、湾下、三龙、梅塘、宫前、三角村；墟镇、美景、三乡、同心、龙东、客天下社区	13	6
城北镇	五里亭、古洲、中村、上村、新田、杨文、三村、塔下、银营、扎下、扎上、干光、干才、群益、玉水、黄留、黄明、明阳、岭上、玉西村；五洲、车站、小花园、白围、城北社区	20	5
长沙镇	小密、长沙、大密、上罗、下罗、澄滩村；墟镇社区	6	1
西阳镇	莆田、莆蔚、龙坑、罗乐、申渡、双黄、塘青、北联、秀竹、笙竹、新田、溪田、清凉、四平、太平、新联、江子上、龙岗、阁公岭、直坑、赛仁、将军阁、鲤溪、明山、嶂下、白水、桃坪村；西阳、白宫、清凉山移民新村社区	27	3
江南街道	红光、梅南、大园、鸿都、白马、中心坝、梅龙、路心、榕树塘、怡乐、新中、凤尾、梅江、江南社区	0	14
金山街道	东街、东厢、福长、黄坑、龙丰、芹洋、月梅、周溪、金丰、东郊村；金山、小溪唇、杨桃墩、虹桥、水巷、凌西、中山、梅石、凌东、盘龙、群福、碧桂园社区	10	12
西郊街道	西郊、西区、寨中、黄塘、桃西村；更楼下、长巷、程江、黄泥墩、月影塘、三角塘、马石社区	5	7
合　计		81	48

【人口语言】　2022 年，梅江区年末总人口 36.14 万人。其中，男性 17.81 万人，女性 18.33 万人。当年出生人口 2544 人、人口出生率 6.87‰，自然增长人数 -149 人、自然增长率 -0.40‰。梅江区为梅州市的中心区域，客家人集中的聚居地，使用标准客家方言为主要传统语言，中华人民共和国成立后，随着经济社会发展，外来人员不断增多，普通话交流较为普遍。

【文物人文】　梅江区所属梅州是国家历史文化名城，有众多名胜古迹和丰富的文化遗产。2022 年，梅江区新增省级文物保护单位 2 处、市级 3 处，全区共有各级文物保护单位 40 处、有不可移动文物 85 处。其中，有全国重点文物保护单位1处——人境庐和荣禄第；有恩元第、东山书院、千佛铁塔、大觉寺、林风眠故居、棣华居、联芳楼等省级文物保护单位12处；有曾井、梅州学宫、状元桥、梅江桥、罗衣塔、朱云卿故居等市级文物保护单位20处；有八角亭、洁养堂、留馀堂等县级文物保护单位7处；有嘉应大学、东山中学、梅州中学等名校；有中山路、凌风路、仲元路、元城路等历史文化街区；有席狮舞、铙钹花、打莲池、梅江区客家盐焗鸡制作技艺、客家酿酒、清凉山茶制作技艺、五句板、梅城山歌、闹八音、拜公王、升龙转火、拜孔圣人、拜药师等各级非物质文化遗产保护项目85项。5月，中式服装制作技艺（客家服饰制作技艺）香花祭仪入选广东省第八批省级非物质文化遗产代表性项目名录；12月，植物土法染布、客家剪纸、客家煎炸小食、客家捶丸制作技艺入选梅州市第十批市级非物质文化遗产代表性项目名录。

梅江区人杰地灵，英才辈出。清代有嘉应州入翰林院之第一人李象元，进士李黼平，外交家、教育家、杰出爱国诗人黄遵宪，20世纪中国美术界的一代宗师林风眠，岭东著名女诗人叶璧华；近代有中央红军（第一方面军）参谋长兼红一军团参谋长、红四军参谋长朱云卿；祖籍梅江区的将军有叶松盛、张建、张榛盛、侯又生等23位，大学校长（书记）有刘复之、杨简、黄友谋、薛尚实、吴道钧等16位，“两院”院士有李国豪、黎尚豪、梁伯强、江欢成、杨简、梁春广6位，其中李国豪为中国科学院和中国工程院“双院士”。

梅江区是原中央苏区县、国家园林城市、国家森林城市、国家卫生城市、全国义务教育发展基本均衡区、全国青少年校园足球试点区，是著名的文化之乡、华侨之乡、足球之乡。

政治建设

【坚持党的领导】 2022年，梅江区全面落实新时代党的建设总要求，全面推进党的自我净化、自我完善、自我革新、自我提高，努力把全区各级党组织锻造得更加坚强有力。严格执行省委坚决落实“两个维护”十项制度机制，以“两个维护”统一思想、统一意志、统一行动，不断提高政治判断力、政治领悟力、政治执行力，始终在政治立场、政治方向、政治原则、政治道路上同以习近平同志为核心的党中央保持高度一致。坚持用习近平新时代中国特色社会主义思想凝心铸魂，深入落实党的创新理论学习教育计划，常态化长效化开展党史学习教育，夯实理想信念和初心使命的思想根基。筑牢上下贯通、执行有力的严密组织体系，一体推进各层级各领域党组织建设，不断增强党组织政治功能和组织功能。坚持大抓基层的鲜明导向，深入实施基层党建三年行动计划，研究出台党建引领基层治理效能相关政策文件。大力开展“头雁工程”和南粤党员先锋工程，加强和改进党员教育管理，把基层党组织建设成为有效实现党的领导的坚强战斗堡垒。

【党的组织建设】 2022年，梅江区聚焦“完善组织体系开启新征程”主题，深入实施基层党建三年行动计划，认真贯彻《党支部规范化建设指导标准》，逐一“过筛子”、强堡垒，一村一策整顿软弱涣散党组织4个。全覆盖精准画像81名村党组织书记，全面完成农村发展党员违规违纪排查整治工作。开展“聚焦发展•活力‘两新’”行动，全年新组建“两新”（新经济组织、新社会组织）党组织16个。积极推进新业态新就业群体党建工作，在全市率先建成首批“暖蜂驿站”。开展“大工委、大党委”“双报到、双服务”工作，推动市区机关单位党组织下沉基层一线开展活动2300多场次，参加活动2.1万多人次。全年全区共有中共基层党组织781个，其中基层党委79个、党总支60个、党支部642个，党组39个；共有中共党员1.9万名，其中正式党员1.89万人、预备党员170人。全年办理党员组织关系转入1207人，转出808人。2022年，抓党建促乡村振兴示范县创建工作市级评议“好”的等次，江南街道中心坝社区获评全国先进基层群众性自治组织。

【党风廉政建设】　2022 年，梅江区保持“严”的主基调，严格落实中央八项规定及其实施细则精神，持续纠“四风”树新风，破除特权思想和特权行为。一体推进不敢腐、不能腐、不想腐，深化以案为鉴、以案促改、以案促治，突出加强对“一把手”和领导班子的监督。扎实推进巡察全覆盖，加强新时代廉洁文化建设，着力营造风清气正的良好政治生态。全力保障政气畅通，全年开展监督检查 194 次，发现并纠正问题 611 个，有力保障各项任务落实见成效。坚决打赢疫情防控攻坚战，全年疫情防控工作共派出督查人员 436 人次，对全区 560 个检查点开展现场督查，发现问题 533 个，立行立改 512 个，督促整改 21 个。压实管党治党责任，紧盯“关键少数”，组织 58 名单位负责人向区委述责述廉，建立健全镇（街道）和区直正科级单位负责人廉政档案 52 份，约谈工作落实不力的党组织一把手 15 人。延伸派驻机构监督，全年派驻全区纪检监察组发现问题 447 个，提出意见建议 119 条，立案 12 件。织密监督网络，全年开展党内谈话 540 人次，党员领导干部开展党内谈话 826 人次，抓早抓小、红脸出汗、防微杜渐。严查整治，高效率查办案件，全年共受理信访举报 73 件，立案 81 件 81 人，其中涉及科级干部 15 人，留置 4 人，给予党纪政务处分 58 人；全区镇（街道）纪（工）委立案 26 件。严格落实“走读式”谈话各项规定，落实各项审查调查安全制度，全年确保审查调查“双安全”（既要保证审查调查对象安全，也要保障涉案人员安全）“零事故”。纠“四风”树新风，深挖彻查作风问题背后的腐败行为，全年开展明察暗访 22 次，发现问题 45 个，查处违反中央八项规定 3 件 11 人。2022 年，市纪委开展案件质量考评，抽查梅江区自办案件 10 件，5 件被评为 A 等高质量案件。

经济社会发展

【国民经济】　2022 年，梅江区坚持稳字当头、稳中求进，狠抓发展第一要务，把资源要素优先用在“打粮食”项目上，以“发展思维”“产出思维”推动产业优化提升。制定出台细化措施 96 条，确保国家和省、市稳经济一揽子政策及接续措施落实落细到位。全年全区实现地区生产总值 287.73 亿元，比上年增长 0.2%。其中，第一产业增加值 9.37 亿元，比上年增长 6.9%；第二产业增加值 123.58 亿元，比上年下降 1.0%；第三产业增加值 154.79 亿元，比上年增长 0.7%。三次产业结构比重 3.3∶42.9∶53.8，第三产业所占比重比上年提高 0.2 个百分点。人均地区生产总值 6.57 万元，与上年持平。全年全区居民消费价格总指数 101.8%，比上年上升 1.8 个百分点。全年全区居民人均可支配收入 4.14 万元，比上年增长 4.8%，扣除价格因素，实际增长 2.5%。全年全区常住居民人均生活消费支出 2.52 万元，比上年增长 1.9%；分城乡居民人均消费，城镇居民人均消费支出 2.57 万元，比上年增长 1.7%；农村居民人均消费支出 1.83 万元，比上年下降 1.8%。

【农业发展】　2022 年，梅江区切实保障国家粮食安全，以实施乡村振兴为抓手，深入推进农村一、二、三产业融合，做强农业产业，优化产业结构，促进梅江区农业高质量发展。全年全区农林牧渔业产值 14.24 亿元，发展速度 106%。全年全区粮食作物播种面积 3833 公顷，比上年增长 0.04%；水稻播种面积 2640 公顷，比上年下降 0.4%；蔬菜种植面积 4995 公顷，比上年增长 3.5%。全年全区粮食总产量 2.3 万吨，比上年增长 1.3%，其中稻谷总产量 1.79 万吨，比上年增长 2.7%；蔬菜总产量 12.21 万吨，比上年增长 6.7%；花生总产量 1053 吨，比上年增长 1.1%；水果总产量 4.19 万吨，其中，柚子总产量 2.2 万吨；茶叶总产量 2718 吨，比上年增长 3.1%。

全年全区林地面积4050公顷，木材蓄积量294.14万立方米，木材采伐量2.8万立方米，森林覆盖率72.28%，建成2个自然保护区和2个森林公园。全年全区生猪饲养量6.08万头，出栏3.19万头，年末存栏量2.88万头。全年全区水产面积805公顷（含清凉山水库、干才水库、泮坑水库），总产量7898吨，比上年增长6.7%。2022年，梅江区“梅江白宫芋头”入选全国“名特优新”农产品目录，梅州市明山嶂茶业有限公司“臻龙须”绿茶、梅州市小密茶业有限公司“醉美小密”绿茶、梅州市梅江区西阳镇清凉山荣发茶场“梓树凹”绿茶3个产品新录入“梅江区清凉山茶”全国“名特优新”农产品目录，新认证绿色食品产品2个。全年有梅州绿园金现代农业有限公司基地、广东梅玲果品有限公司基地、梅州壹号鱼农业有限公司水产生产基地等7个基地入选粤港澳大湾区菜篮子基地。2022年，梅江区新增省级示范家庭农场1家，省级休闲农业与乡村旅游示范点1个和市级示范点4个，“诗画西阳美丽茶乡行”乡村旅游线路被评为“夏季避暑到茶乡”全国茶乡旅游精品线路。

【工业经济】 2022年，梅江区有规模以上工业企业74个，实现规模以上工业总产值279.68亿元，比上年下降5.3%；完成规模以上工业增加值124.61亿元，规模以上增加值指数98.5%。全年完成规模以上工业销售产值277.66亿元，比上年下降6.5%；五大支柱工业增加值113.09亿元，比上年下降1.2%；烟草增加值75.45亿元，比上年增长2.9%；电力增加值15.67亿元，比上年增长1.7%；电子信息增加值21.29亿元，比上年下降14.4%；医药制造业增加值5100万元，比上年下降19.1%；农副食品加工业增加值1733万元，比上年下降16.4%；工业用电量7.81亿千瓦时，比上年下降12.1%。抓好“打粮食”项目，全力推进产业项目建设，力争形成更多的增量支撑，全年新开工和续建项目5亿元以上重点工业项目包括“博敏电子新一代电子信息产业投资扩建项目”“广东盈华电子科技有限公司年产4万吨高端电子铜箔建设项目（一期）”“梅州鼎泰年产220万平方米高端线路板项目”等6个项目，计划总投资118亿元；拟新开工项目包括广东泓亚科技股份有限公司“高端印制板及配套物联网模组建设项目”、广东盈华电子科技有限公司“改扩建年产1.66万吨高端铜箔项目”2个项目，计划总投资20亿元。指导企业申报项目争取技改奖补等资金约3019万元，促进企业转型升级，助推梅江经济发展。推进小微企业上规模发展，通过建立重点小微企业培育库，为列入培育库的优质规模以下工业企业提供高效服务，全年培育规模以上工业企业10家。搭建政银企对接合作平台，帮助企业解决融资难问题。强化服务，推动更多商贸流通企业上限入库纳统工作，全年新增限额以上商贸流通企业24家，限额以上企业达到97家，完成社会消费品零售总额146.47亿元，比上年增长5.55%。全年全区共有快递物流点375个（不含邮政），邮政公司城区分公司组织的邮政服务标准加盟店70家，并建立村级站点26个。完善冷链物流设备设施，至年末，梅江区建设冷库企业13家，冻库193个，冻库容积超3万立方米。

【招商引资】 2022年，梅江区牢固树立产出思维，制定《梅江区招商引资工作实施方案（2022—2025年）》，围绕电子信息、数字经济、总部经济等6个重点领域，分别建立产业招商小组开展产业精准招商。全年完成招商引资新签合同项目30个，计划投资总额105亿元，其中报市纳统项目22个，计划投资金额62亿元，完成实际投资金额6.6亿元。全年新签约项目比上年增加21个，其中4个工业项目超10亿元；新签约工业类（含增资扩产）项目16个，计划投资金额83亿元，分别占项目总数和总投资的53%和79%；新签约的30个项目中，动工28个，动工率93.3%。开展宣传推介、项目对接和外出招商，全年对接企业137家，商（协）会12家。举办“稳企暖企、以商引商”深圳推介会、梅江数字经济暨飞翔云互联网产业园招商洽谈会、梅江区互联网产业招商暨人才政策宣讲活动3场专题招商推介活动，进一步扩大宣传，吸引客商。

【城乡建设】 2022年，梅江区科学划定“三区三线”（“三区”是指城镇空间、农业空间、生态空间三种类型的国土空间；“三线”分别对应在城镇空间、农业空间、生态空间划定的城镇开发边界、永久基本农田、生态保护红线三条控制线），促进国土空间集约高效利用。城市更新步伐加快，33个老旧小区改造提升，12个农贸市场升级改造，畅通39条市政道路、背街小巷，罗乐大桥至S333连接线建成通车。城市管理更加精细，全力创建全国文明城市，开展新一轮“两美”行动，完成408条道路、153个小区缆线整治，新增纳入物业管理小区150个，成功创建11个“绿色社区”，所有街道基本建成生活垃圾分类示范片区。全年梅州城区城市照明装灯总功率（指城市道路照明和景观照明使用灯具额定功率）4846.31千瓦，路灯盏数5.02万盏，比上年净增588盏。路灯专用高压变压器27台，三遥节能稳压控制箱278台。在城区安装水位检测仪11台、漏电监测保护仪6台，更换残旧光源53盏，新装太阳能路灯、LED路灯共123盏。完成鸿通路至鸿达路周边市政道路、梅江沿河健走步道、彬芳大道等6个道路提升改造项目及中华路生态停车场建设，新建三角中心小学人行天桥，更新25座破损公交站亭。同时，做好城区34座市政桥涵（含隧道）的日常巡查维修检测、国道205环城路线6座桥梁设施的日常巡查维护。全区所有墟镇达到宜居墟镇标准，其中西阳墟镇达到示范圩墟镇标准。全年全区鉴定为存在安全隐患的农村自建房36栋，完成整治36栋；农村削坡建房风险点开工整治93户，竣工90户；完成农村危房改造6户，拨付中央财政补助资金14.1万元。全年拆除违法建筑面积2126.3平方米，拆除临时建筑4489.5平方米，依法作出行政处罚13宗，罚款金额20.83万元。通过城市管理信息系统累计处理城市管理问题案件1.70万宗，处置1.52万宗，处置率88.5%；按期处置1.09万宗，按期处置率72.2%；受理市“创文”办督察督办案25宗。2022年，梅州市梅江区江南街道老旧小区改造案例获评“中国基层领导力典型案例征集”优秀案例。

【环境卫生】 2022年，梅江区精细化抓好辖区城市范围内491.3万平方米道路日常清扫保洁，城区住房、门店共13万多户生活垃圾收运，管理城区20座垃圾中转站、44座公共厕所。每天生活垃圾保持日产日清，无害处理率、有效处理率100%。充分利用数字城管+环卫网格化，领导干部、管理员、一线工人统一安排巡查网络，提高问题发现和处置效率，及时处置市民关注关心的环境卫生问题。采用联动+分片的方式联合城管等相关部门加大对余泥渣土运载车辆带泥上路、无证运输等现象的监管力度，加大夜间对各工地出入口车辆的巡查。聚焦“创文”失分点和薄弱点，加强重要点位、难点地段的巡查作业保障。梳理中央生态环境保护督察交办问题清单，深入开展“回头看”和自查自纠，落实责任，加密道路洒水清洗作业频次，以实际行动助力打好打赢污染防治攻坚战，推进城区大气环境质量持续改善。进一步理顺环境卫生工作体制机制，实现“一把扫帚扫到底”目标，在征求意见、专家论证、征询法律顾问意见、集体决策的基础上，有条不紊推进各项改革工作，计划引进具备专业资质、先进管理理念的第三方企业实施环卫作业，探索建立面向全国文明城市创建的长效保障机制。开展城市生活垃圾分类宣传督导服务项目，通过政府购买社工服务加志愿服务的形式，搭建“社工+志愿者+小区物业+社区干部”联动工作平台，逐步实现常态化开展宣传引导和投放督导的工作机制，提高生活垃圾分类各项工作成效。全年购置配备4000个垃圾收分类桶、2辆压缩式垃圾车和5个分类压缩斗箱，在城区及部分垃圾分类试点村（社区）设置2221个垃圾分类投放点，升级改造248个垃圾分类投放亭，分类投放体系及转运能力进一步提升。2022年，梅州市环境卫生管理局江南所沿江二路清扫组被评为“省巾帼文明岗”，杨清俊当选广东省第十三次党代会代表。

【生态环境】 2022年，梅江区以推动高质量发展为主题，以改善区域生态环境质量、解决群众关心的生态环境问题为目标，全区环境保护工作稳步推进。全年梅州城区环境空气质量优良率99.2%，$PM_{2.5}$平均浓度18微克/立方米，同比下降10%。全年全区饮用水源地水质达标率和主要河段水质达标率保持100%。在防控土壤环境风险、保障农产品质量及人居环境安全方面均达到预定目标，梅江受污染耕地安全利用类和严格管控类任务完成比例均达到100%。做好新冠疫情防控期间涉疫医疗废物监管工作，加强对医疗废水、医疗废物、城镇生活污水处理设施、集中式饮用水源监督检查，确保疫情防控期间医疗废水、医疗废物、生活污水及时有效得到处理，筑牢抗疫生态环境安全屏障。高效推进挥发性有机物综合治理，建立VOCs（挥发性有机物）重点企业分级管控机制，加强电子电路、木质家具等重点行业领域VOCs减排。深化工业炉窑分级管理，推动燃气锅炉实施低氧燃烧改造。落实《梅江区重污染天气应急预案》，开展城区范围扬尘喷洒治理，有效降低$PM_{2.5}$、PM_{10}、臭氧等污染物浓度。进一步加大露天焚烧督察监管力度，督促各镇（街道）继续加强露天焚烧宣传巡查管控工作。加强国控和省控水质监测断面治理，强化饮用水源地保护，开展饮用水源地环境问题排查整治。强化受污染耕地安全利用和风险管控，因地制宜制定实施安全利用方案，加快推进土壤污染状况详查。对一般性工业固体废物产生和利用处置，实行网上申报，对48家企业进行危险废物规范化环境管理帮扶指导检查，排查发现问题112个，均完成整改。全年共出动执法人员1329人次，检查排污企业621家次；“双随机”抽查企业147家，受理各类环境信访案件581宗，接待群众来访1批2人次，发出“责令改正违法行为决定书”1份，立案查处1宗，处罚金额36万元，申请强制执行案件3宗。全年对27家重点排污单位进行监督性监测，全部重点污染源污染物排放达标率100%。全年共受理审批建设项目38个，登记备案84个。对65家排污单位发放排污许可证，核发技术利用单位核发辐射安全许可证22家，危险废物经营单位核发危险废物经营许可证1家，完成全年排污许可证质量、执行报告审核“双百”（即3年内排污许可证质量审核率100%、1年内执行报告审核率100%）任务。全年梅江区共取得上级专项资金1.57亿元，主要用于污染天气应急应对、园区废水处理设施提标改造、农村生活污水治理、生态保护与修复等项目。2022年，环保投资6400万元，比上年增长79.4%。

【财政管理】 2022年，梅江区切实抓好财政收支管理，增强管财理财能力，防范化解财政风险，保障财政平稳运行。2022年梅江区一般公共预算收入5.93亿元，比上年下降18.53%；税收返还8737万元，专款及一次性补助收入21.37亿元，债务转贷收入8737万元，上年结余4.04亿元，调入资金6687万元，动用预算稳定调节基金8118万元，收入总计34.57亿元。全年梅江区一般公共预算支出27.45亿元，比上年增长4.35%，一般公共服务支出3.32亿元，比上年增长23.33%；上解支出1.02亿元，结转下年的支出6.07亿元，安排预算稳定调节基金280万元，支出总计34.57亿元。全年一般公共预算执行收支平衡。2022年梅江区政府性基金预算收入6576万元，加上上级补助收入8811万元，专项债务转贷收入12.40亿元，上年结余

1105万元，调入资金6673万元，收入总计14.72亿元；政府性基金预算支出6.79亿元，年终结余结转5674万元，地方政府专项债务还本支出7.36亿元，支出总计14.72亿元，全年政府性基金执行收支平衡。2022年区级国有资本经营预算总支出206万元，主要是解决历史遗留问题及改革成本支出121万元，结转下年使用85万元。2022年梅江区社会保险基金主要是机关事业单位基本养老保险基金，全年机关事业单位基本养老保险基金收入2.24亿元，上年结余6855万元，合计收入2.93亿元；养老保险基金支出2.46亿元，主要是基本养老金支出，收支相抵后，年末滚存结余4643万元。2022年梅江区着力抓好财政收入，确保各项收入及时、足额入库。扶持企业做大做强，增强发展内生动力，支持企业技术改造、小微工业企业上规模。争取上级新增债券资金支持，加大项目推进力度，加快资金支出，扩大有效投资，全年全区获得新增债券资金5.91亿元。直达资金惠民生，直达资金6.97亿元，主要用于城乡居民基本医疗保险补助、基本公共卫生服务、城乡义务教育公用经费、就业补助、困难群众救助补助等66个惠企利民项目支出。环保投入优生态，将第一批中央资金7500万元安排于8个生态保护修复工程项目实施，厚植生态发展，加强污染治理。全年全区统筹安排污染防治专项资金1.06亿元，支持打好蓝天、碧水、净土“保卫战”。

【税费征缴】 2022年，梅江区组织税费收入138.06亿元，比上年减收5100万元，下降0.37%。其中，组织国内税收收入97.34亿元，比上年减收4.81亿元，下降4.71%（还原留抵退税后国内税收收入实际增长13.82%）；海关优征税收收入2.42亿元，比上年增收5284万元，增长27.9%；社会保险基金收入35.33亿元，比上年增收2.64亿元，增长8.07%；外税收入5.99亿元，比上年增收1.81亿元，增长43.4%；出口退税3.64亿元，比上年多退7300万元，增长25.25%。全年全区新增减税降费2.94亿元、缓税缓费1.82亿元。2022年成立由政府主导的梅江区协税护税工作专班，配合相关部门通力合作，信息共享、为国聚财，完善涉税源数据共享机制，全年23条目录全部挂接完毕，通过大数据平台获取涉税数据20多万条。以精准执法为目标，进一步规范税收执法行为，加强行政执法公示平台管理，及时更新行政处罚、行政征收、行政许可、权责清单等信息。通过大数据比对，确定风险企业名单，进行实地核查，发现涉嫌虚开增值税普通发票线索立即进行查处。以“我为纳税人缴费人办实事”实践活动，优化税收营商环境，通过线上线下齐问需，解决纳税人缴费人合理需求18项；落实“一企一策一方法”利企惠企措施，对企业涉税需求制作简单易懂的课件，推送税费优惠政策，全年辖区内1.22万户纳税人开展纳税信用评价，其中A级纳税人952户，占比7.79%，高于全市平均水平1.82%。全年全区完成“粤智助”政府服务自助机功能升级，新增接入41项自助办税缴费业务，打通办税缴费“最后一公里”。

【教育事业】 2022年，梅江区有各级各类学校、教学点144所（个），其中，幼儿园95所（公办14所）、完全小学28所（公办25所）、教学点3个、初级中学3所、九年一贯制学校7所（公办5所）、完全中学4所、职业高中3所（公办1所）、特殊教育学校1所。在校学生7.86万人（含民办学校学生1.85万人），其中，职业学校学生2246人、高中学生6650人、初中学生1.23万人、小学学生3.92万人、在园幼儿1.82万人、特殊教育学校学生153人。公办中小学教师3323人、公办幼儿园教师67人、特殊教育学校教师22人。全年全区投入教育经费11.5亿元，其中投入3.54亿元用于学校重点工程建设项目；新建或改建教学楼、体育馆、运动场等10个，新购计算机628台、电子白板或多媒体电教平台556套、图书14.79万册、学生桌木凳4627套。全年全区共落实各类教育资助金1100万元，受益学生9732人次，其中学前教育资助180万元，义务教育家庭经济困难学生生活费、普通高中免学费、职业高中免学费、国家助学金、建档立卡户学生生活费等五项补助共620万元。全年公开招聘教师98名，引进稀缺人才3名，招聘临聘教师99名。完成13名小学副校长轮岗交流，完成第二轮中小学教师“区管校聘”工作，选派24名教师到农村或薄弱学校支教，派出15名教师到广州市增城区跟岗学习。组织幼儿园教师全员职务培训2677人，中学教师全员职务培训1561人，新任班主任能力培训57人，师德师风建设网络培训3963人。2022年全区高考参考2297人，本科上线1079人，比上年增加90人，其中体艺类考生入围本科线330人；中考入围东山中学普通分数线373人，入围东山中学指标分数线1639人，入围率26.3%。

【文旅体育】 2022年，梅江区充分发挥梅江文化资源优势，整合资源，突出特色，繁荣群众文艺创作，建立非物质文化遗产研究与保护机构，全年梅江区形成以区文化馆、图书馆和镇（街道）综合文化站及村（社区）综合文化服务中心为主的三级公共文化服务体系，其中，图书馆为一级馆、文化馆为二级馆、7个镇（街道）综合文化站均达二级站以上标准，全区81个行政村、42个社区实现综合性文化服务中心全覆盖。全区公共文化场所总面积8.96万平方米，大小文体活动广场共80多处，年末全区共有4个“粤书吧”、3个“两中心融合”试点。6月，由广东省文化和旅游厅举办的全省群众文艺作品评选，梅江区选送的歌曲《等你归来》获音乐类一等奖，客家民谣《快乐客家》获音乐类二等奖。8月，由梅州市文广旅游局举办的全市群众文艺作品评选，梅江区上送作品获一等奖2件、二等奖6件、三等奖3件。围绕“喜迎二十大”“我们的节日”等主题突出、特色鲜明的专题文艺演出活动10多场次。2022年梅江区新增省级文物保护单位2处、市级3处，全区共有各级文物保护单位40处。其中，国家级1处，省级12处，市级20处，县级7处。年末，梅江区有一般不可移动文物85处。

2022年，梅江区拥有国家AAAA级旅游景区1家，国家AAA级旅游景区2家，省级旅游度假区1家，五星级饭店2家，三星级民宿1家，四星级民宿2家，星级农家乐5家，星级民宿4家，旅行社31家，各级旅游服务点19处。全区有省级休闲农业与乡村旅游示范镇1个，省休闲农业与乡村旅游示范点5个，省乡村民宿示范点2个，省乡村旅游精品线路1条，市乡村旅游精品线路3条。全年全区接待旅游总人数131.94万人次，旅游总收入10.31亿元。国家AAA级旅游景区全年接待游客38.31万人次，旅游收入5087.93万元。其中，客天下景区全年接待游客21.92万人次，旅游收入4020.72万元；爱丽丝庄园接待游客7.88万人次，旅游收入189.94万元；中国客家博物馆接待游客8.51万人次，旅游收入877.31万元。2022年，梅江区西阳镇笙竹村被认定为“广东省文化和旅游特色村”，获评“广东省乡村民宿示范点”。

2022年，梅江区有体育场馆2个，足球场108块，其中教育系统足球场57块、社会足球场51块。对外开放社会足球场37块，游泳馆（池）33家，健身房16个，健身步道372.7千米，体育彩票经营门店60家。全年体育彩票销售总金额595.76万元，其中公益金分成217.87万元。全年全区有非营利性协会和俱乐部共22家，体育产业相关服务业189家，社区体育公园15个，健身小广场192个。全年投入250万元，新建城北镇觉塘片区研学文化社区体育公园；投入50万元，新建完善13个村（社区）健身小广场。2022年由梅江区组队代表梅州市参加省十六届运动会群众组健身气功比赛获二等奖1个、三等奖4个。年末，全区有单项体育协会17个，俱乐部 5 个，社会体育指导员 1929 名，晨晚练点 140 多个。2022 年，梅江区运动员参加各级各项目比赛，共取得省级冠军 2 个、亚军 1 个、季军 2 个，市级冠军 8 个、亚军 2 个、季军 5 个。全年各项目运动员注册 200 多人，各项目输送市体校 180 多人、省体校集训队 5 人，向职业足球俱乐部梯队 12 人。

【卫生健康】 2022 年，梅江区有卫生机构 111 个。其中，医院类机构 2 个，基层医疗机构 104 个，专业公共卫生机构 4 个，其他卫生机构 1 个。有床位 783 张。其中，医院类机构床位 545 张，妇幼保健院 30 张，基层医疗机构床位 208 张。全区有卫生工作人员 2058 人。其中，医生技术人员 1597 人，含执业（助理）医师 564 人、注册护士 630 人。全年全区诊疗量 109.98 万人次，出院量 1.52 万人次。全年全区出生 2483 人，出生人口性别比 111.14（以女性为 100），出生率 6.4%。2022 年梅江区病控中心综合大楼、芹洋半岛社区卫生服务中心大楼、市第二中医医院综合大楼 3 个在建医疗卫生项目完成投资 5100 万元。有效对接乡村振兴，基层医疗机构开展孕产妇、儿童、老年人、慢性病患者、肺结核患者、精神障碍患者健康管理等 29 个基本公共卫生服务项目，全年新生儿访视人数 3232 人，访视率 99.6%。全年全区老年人中医药健康管理率 70.66%，儿童中医药健康管理服务率 86.41%，达到相应的要求。全年全区基本实现建档立卡的贫困人口、最低生活保障对象等特殊群体家庭医生履约全覆盖。积极推进医保支付方式改革，推行以按病种付费为主的多元复合式医保支付方式，逐步减少医保基金按项目付费的比例，实行季度限额，报销比例向基层医疗机构倾斜，引导群众基层首诊。全年全区实现 60 周岁以上的户籍人口老人意外伤害综合保险政府统筹全覆盖，为老年人提供挂号、就医等便利服务的绿色通道，设立“老年人爱心岗”，同时开展打击整治养老诈骗专项行动。2022 年，完成城乡妇女“两癌”筛查任务，举行第 34 个爱国卫生月活动，共出动病媒防制专业人员 1200 人次，出动病媒防制专业器械 750 余台次。至年末，开展环境卫生整治约 50 次，清理垃圾 2600 余吨，清除卫生黑点 900 余处，对农贸市场进行清洁消毒 600 个次。

精神文明建设

【全国文明城市创建】 2022 年，梅江区以推进创建全国文明城市为抓手，深化文明培育、实践、创建，着力提高人民文明素养和社会文明程度，为梅江加快打造高质量发展示范区提供精神力量。7 月 4 日，召开梅江区文明委全体会议暨创建全国文明城市工作推进会，会议强调，加强责任落实，将任务分解到岗、把责任落实到人。压紧压实网络和实地考察点位责任，综合区领导挂点督办、绩效考核挂钩等措施，凝聚创建工作合力。印发《2022 年梅州市梅江区创建全国文明城市测评体系任务分解表》，及时部署网上申报材料、实地考察、问卷调查等各项工作任务，明确各项指标工作要求和牵头单位、责任单位。印发

梅江区南门公园　（王宝生　摄）

《2022年梅州市梅江区创建全国文明城市和未成年人思想道德建设网上申报材料工作指引》，指导各责任单位规范制定印发规范性文件、起草说明报告、拍摄活动图片、提交申报材料。全年市、区“创文办”进行3轮材料收集、会审工作，并及时将会审情况反馈至各责任单位，要求对标对表，迅速查漏补缺。完成2022年度网上材料测评工作，明确各级各单位职责分工，实施清单式管理，彻底整改问题短板。通过挂点领导带头深入各镇（街道）、村（社区），各级各部门共同参与，全面抓好公益广告、环境改造、交通秩序、市场环境等重点工作。开展“门前三包”（包卫生、包绿化、包秩序）、背街小巷整治、缆线整治、老旧小区改造等专项行动，城市管理成效明显，管理水平进一步提升。

【文明培育实践】 2022年，梅江区加强《新时代公民道德实施纲要》《新时代爱国主义教育实施纲要》《梅州市文明行为促进条例》的学习宣传，引导市民在实践中感知领悟和自觉践行。组织开展“文明家庭”“星级文明户”评选活动，同时推进各镇（街道）打造本级家教家风基地示范点，抓好家风家教建设，逐步形成传承好家风好家训，助推乡村振兴发展。2022年，梅江区获评“广东好人”1人、“梅州好人”5人，共评选出文明户1.9万户和星级文明户4190户。2022年梅江区整合资源在民主路15号建设梅江区新时代文明实践中心，抓实3所新时代文明实践示范所和26所新时代文明实践示范站建设，在全区全面铺开，探索建立行之有效的工作机制和运行模式，打造文明实践“第一方阵”。要求全区各新时代文明实践中心（所、站）按照有固定场地、有统一标识、有组织架构、有管理制度、有活动规划、有专人管理、有活动台账、有宣传窗口、有群众需求征集途径“九有”标准规范新时代文明实践中心（所、站）阵地建设。至年末，全区共注册志愿者6.65万名，志愿服务组织及团体235个，开展各类文明实践活动2.23万场，累计志愿服务时长190.8万小时。

【未成年人教育】 2022年，梅江区落实区领导挂点联系中小学校思想政治教育及意识形态工作，加强对学校思政工作的指导。9月29日，召开梅江区未成年人思想道德建设工作会议，总结部署梅江区未成年人思想道德建设工作。开展“阳光成长”心理健康教育讲座，积极构建家庭、学校、社会“三位一体”德育体系。组织“扣好人生第一粒扣子”“强国复兴有我”系列活动展演，培育和践行社会主义核心价值观，引导未成年人以实际行动积极参与新时代文明实践中心建设。组织开展“新时代好少年”先进事迹学习宣传活动，引导未成年人崇德向善、见贤思齐。2022年，梅江区李锦荣获评广东“新时代好少年”，黄梓涵等6名同学获评梅州“新时代好少年”，元城小学等5间学校获评第六届“梅州市文明校园”。

（周文炫）

中国共产党梅州市梅江区委员会

主要会议

【区委九届二次全会】 2022年1月18日，中国共产党梅州市梅江区第九届委员会第二次全体会议在区委、区政府礼堂召开。这次会议的主要任务：坚持以习近平新时代中国特色社会主义思想为指导，深入学习贯彻中共十九届六中全会和中央经济工作会议精神，认真贯彻落实省委十二届十五次全会、市第八次党代会、市委八届二次全会和区第九次党代会精神，总结去年工作，部署今年工作，动员全区上下凝心聚力、开拓进取，加快打造高质量发展示范区，以优异成绩迎接中共二十大胜利召开。

2022年1月18日，中国共产党梅州市梅江区第九届委员会第二次全体会议在区委、区政府礼堂召开 （区委办 供图）

会议回顾2021年工作，过去一年，区委深入学习贯彻习近平新时代中国特色社会主义思想和习近平总书记对广东重要讲话、重要指示批示精神，按照省委、市委工作要求，立足新发展阶段、贯彻新发展理念、构建新发展格局，推动全区经济和社会各项事业稳步发展，实现“十四五”良好开局。同时，作了2022年工作安排。2022年将召开中共二十大，这是党和国家政治生活中的一件大事，全区工作都要紧紧围绕这个大局来开展，着力为中共二十大胜利召开营造平稳健康的经济环境、国泰民安的社会环境、风清气正的政治环境。梅江今后发展面临的挑战和机遇，区第九次党代会作了系统分析和全面研究。要深化认识、准确把握，积极抢抓战略机遇，沉着应对困难挑战，扎实办好梅江的事情。

2022年工作总体要求：坚持以习近平新时代中国特色社会主义思想为指导，全面贯彻落实中共十九大和中共十九届历次全会及中央经济工作会议精神，深入贯彻习近平总书记对广东系列重要讲话和重要指示批示精神，弘扬伟大建党精神，认真落实省委、市委工作部署，加强党的全面领导和党的建设，坚持稳中求进工作总基调，完整、准确、全面贯彻新发展理念，统筹疫情防控和经济社会发展，统筹发展和安全，继续做好“六稳”（稳就业、稳金融、稳外贸、稳外资、稳投资、稳预期工作）、“六保”（保居民就业、保基本民生、保市场主体、保粮食能源安全、保产业链供应链稳定、保基层运转）工作，保持经济运行在合理区间，保持社会大局稳定，全面落实区委“1+1+7”（毫不动摇坚持和加强党的全面领导这一根本保证，完善准确全面贯彻新发展理念这一政治要求，用心用情用功实施产业跃升、改革创新、城市更新、乡村振兴、生态建设、幸福提升、治理增效七大工程）工作要求，加快打造高质量发展示范区，以优异成绩迎接中共二十大胜利召开。2022 年全区发展目标是：地区生产总值增长 6%，一般公共预算收入增长 6%以上，全体居民人均可支配收入增速高于经济增速。这些指标经区委常委会研究，认为符合中央经济工作会议“推动经济实现质的稳步提升和量的合理增长”的精神，是梅江打造高质量发展示范区的迫切需要，一定要坚定信心、鼓足干劲、努力完成，力争完成得更好。

【区委常委会会议】 2022 年，中共梅州市委常委、副市长，梅江区委书记陈金銮主持召开区委常委会会议 36 次。

2022 年梅江区委常委会会议一览表

表 2

时 间	会 次	主要议题
1 月 14 日	区委常委会第一次会议	审议通过《梅江区关于乡镇（街道）有关人员享受政法委机关工作津贴的实施意见》《区委九届二次全会方案》《区委九届二次全会报告》《梅州市梅江区 2022 年预算草案的报告》
1 月 18 日	区委常委会第二次会议	审议通过提交区委九届二次全会表决的全会决议
1 月 29 日	区委常委会第三次会议	审议通过《九届区纪委二次全会工作报告》，通报市纪委监委有关处分决定
2 月 16 日	区委常委会第四次会议	审议通过《政协梅州市梅江区委员会 2022 年协商工作计划》
2 月 21 日	区委常委会第五次会议	研究推荐梅州市出席广东省第十三次党代会代表候选人推荐人选，一致同意推荐陈金銮、何理财、李跃林、邹燕珠、欧阳瑞婷、杨清俊、刘国标、邱艳红等 8 人为梅江区推荐人选
2 月 24 日	区委常委会第六次会议	审议通过《梅江区贯彻落实〈梅州市青年发展规划（2021—2025 年）〉的实施方案》《关于 2022 年 1 月梅江区新增债券使用分配方案》《关于 2022 年 1 月梅江区新增债券使用分配方案》。研究增补区政协委员和有关人事事宜
3 月 3 日	区委常委会第七次会议	审议通过《政府工作报告》
3 月 10 日	区委常委会第八次会议	召开全区领导干部大会推荐考察 1 名一级调研员、3 名三级调研员人选
3 月 14 日	区委常委会第九次会议	传达学习贯彻全国两会精神；传达学习全省干部大会精神；审议通过《梅江区爱国主义教育基地管理办法》

续表 2

时　间	会　次	主要议题
3 月 23 日	区委常委会第十次会议	审议《梅江区落实 2022 年市第八次党代会、市委八届二次全会重点工作任务责任分工方案》《梅江区落实 2022 年市政府重点工作、市十件民生实事工作任务责任分工方案》《2022 年区委区政府重点工作、区十件民生实事和区十件“微民生”实事责任分工方案》，研究有关干部人事事宜
4 月 1 日	区委常委会第十一次会议	传达学习贯彻习近平总书记、李克强总理关于安全生产重要指示批示和全国、全省、全市安全生产电视电话会议精神
4 月 11 日	区委常委会第十二次会议	通报教育系统专项巡察和八届区委第八轮巡察整改落实情况，研究有关干部人事事宜
4 月 15 日	区委常委会第十三次会议	传达学习贯彻习近平总书记在北京冬奥会、冬残奥会总结表彰大会和到海南考察调研时的重要讲话精神。传达学习贯彻省主要领导调研讲话精神
4 月 24 日	区委常委会第十四次会议	推荐考察 1 名县（市、区）委副书记和 1 名市直单位副处人选
4 月 26 日	区委常委会第十五次会议	审议通过《关于 2022 年 3 月梅江区新增债券使用分配方案》《梅江区财政性资金保值增值实施办法（暂行）》《梅江区加强预算单位资金存放管理的实施意见》《梅江区客家民居外立面改造奖补方案》《梅江区农村“五小园”小生态板块建设方案》《加强信息发布审核和防控意识形态风险的管理制度》。研究通过 2022 年发展党员指标分配事宜、农村发展党员违规违纪处理意见、2021 年度全区驻镇帮扶工作队干部和驻村第一书记年度考核结果
5 月 12 日	区委常委会第十六次会议	审议通过《2022 年梅江区领导及有关单位创建全国文明城市工作挂点社区网格一览表》《环境卫生城乡一体化和市场化改革框架方案》《梅州市梅江区人民政府 2022 年度重大行政决策事项目录》《关于在全区公民中开展法治宣传教育的第八个五年规划（2021—2025 年）》《梅江区 2022 年度农村村内道路建设奖补方案》《区委常委会 2022 年度基层党建重点项目研判安排》。研究补选区九届人大代表和有关干部人事事宜
5 月 26 日	区委常委会第十七次会议	审议通过《梅江区全面深化改革 2021 年工作总结》《区委全面深化改革委员会 2022 年重点改革工作安排》《中共梅州市梅江区委常委会 2022 年工作要点》《梅州市梅江区人民政府 2022 年度重大行政决策事项目录》《关于在全区公民中开展法治宣传教育的第八个五年规划（2021—2025 年）》《梅江区 2022 年度农村村内道路建设奖补方案》

续表 2

时　间	会　次	主要议题
5月30日	区委常委会第十八次会议	传达学习贯彻重要文章《正确认识和把握我国发展重大理论和实践问题》精神。传达学习贯彻省第十三次党代会精神
6月20日	区委常委会第十九次会议	审议通过《中共梅州市梅江区委党的建设工作领导小组2022年工作要点》《梅江区新型冠状病毒肺炎疫情防控领导小组（指挥部）及办公室工作方案》《梅州市梅江区2022年重点项目工作目标责任制实施方案》。研究区工会第七次代表大会、区第九次党代会部分代表职务停止、终止事宜。研究有关干部人事事宜
6月28日	区委常委会第二十次会议	研究调整梅江区纪委监委派驻机构设置及负责监督单位事宜
7月7日	区委常委会第二十一次会议	审议通过《梅州市梅江区城市生活垃圾分类工作实施方案（2022—2025年）》《关于2022年第二批梅江区新增债券资金使用分配方案及预算调整方案》，研究有关干部人事事宜
7月18日	区委常委会第二十二次会议	传达学习贯彻落实习近平总书记关于疫情防控工作的重要指示精神，套开区委审计委员会第六次全体会议，传达学习贯彻习近平总书记关于审计工作的重要指示和李克强总理讲话精神，审议通过《梅江区本级2022年下半年审计项目计划》《梅州市梅江区“扛责任 转作风 抓落实”专题组织生活会工作方案》。听取八届市委第一轮县级交叉巡察情况和区教育系统专项巡察整改落实情况汇报。研究有关干部人事事宜
7月28日	区委常委会（扩大）第二十三次会议	传达学习贯彻习近平生态文明思想和习近平总书记关于生物多样性保护的重要讲话精神。传达学习贯彻李希在2022年第24次省委书记专题会议上的讲话精神
8月11日	区委常委会第二十四次会议	审议通过《法治梅江建设规划（2021—2025年）》《梅江区法治社会建设实施纲要（2021—2025年）》《梅州市梅江区法治政府建设实施纲要》《梅江区2022年全面依法治区工作要点》和《贯彻落实习近平总书记在中央全面依法治国工作会议上的重要讲话精神若干举措（审议稿）》《关于梅江区2022年清理盘活存量资金纳入预算安排使用方案的报告》《梅江区中小学临时聘请专任教师工作方案》。研究有关干部人事事宜
8月29日	区委常委会第二十五次会议	传达学习贯彻习近平总书记关于山洪灾害救援处置的重要批示和重要文章《全党必须完整、准确、全面贯彻新发展理念》精神。传达贯彻李克强总理在广东考察时和在经济大省政府主要负责人座谈会上的讲话精神，传达学习贯彻上级领导到梅江区调研精神，研究干部纪律处分事项

续表 2

时 间	会 次	主要议题
9月2日	区委常委会第二十六次会议	传达学习贯彻省委常委会、市委常委会会议及全省、全市疫情防控工作电视电话会议精神
9月9日	区委常委会第二十七次会议	审议通过《梅江区人民政府关于梅江区 2021 年度区级预算执行和其他财政收支的审计工作报告》《梅江区人民政府关于梅江区 2020 年度区级预算执行和其他财政收支审计查出问题的整改情况报告》。研究确定省"人民满意的公务员"和"人民满意的公务员集体"拟推荐对象事宜。研究有关干部人事事宜
9月22日	区委常委会第二十八次会议	传达学习贯彻习近平总书记关于疫情防控工作的重要指示精神，传达学习全省、全市疫情防控和安全稳定工作电视电话会议精神。研究补选区九届人大代表事宜
9月29日	区委常委会第二十九次会议	传达学习贯彻习近平总书记对机关事务工作、食品药品安全工作的重要指示批示精神。传达学习省领导有关批示精神
10月12日	区委常委会第三十次会议	套开区委国家安全委员会第六次全体会议、区国家安全人民防线建设领导小组成员单位第三次全体会议。通报区领导 2021 年度考核结果，研究梅江区公务员拟记三等功人选事项。传达学习省、市有关会议精神及研究我区推荐省人大代表初步人选事宜
10月21日	区委常委会（扩大）第三十一次会议	传达学习贯彻习近平总书记在中共十九届七中全会、党外人士座谈会上的重要讲话精神和重要文章《坚持人民至上》精神。传达学习贯彻上级领导到梅江调研精神。研究梅江区推荐省人大代表初步人选事宜
10月26日	区委常委会第三十二次会议	传达学习中共二十大和中共二十届一中全会精神，研究部署梅江区学习宣传贯彻工作
11月5日	区委常委会第三十三次会议	传达学习贯彻习近平总书记在中央政治局会议、在中央政治局第一次集体学习、在瞻仰延安革命纪念地、在陕西延安和河南安阳考察时的重要讲话精神，以及习近平总书记近期重要致电、重要致信等精神。传达学习《中共中央关于认真学习宣传贯彻党的二十大精神的决定》以及省委、市委有关文件精神，审议通过梅江区有关文件稿
11月25日	区委常委会（扩大）第三十四次会议	传达学习贯彻习近平总书记关于安全生产的重要批示精神，及省、市主要领导批示要求。审议通过《关于开展"学习贯彻党的二十大精神 探索全面建设社会主义现代化的梅江实践"专题调研的工作方案》

续表 2

时　间	会　次	主要议题
12 月 13 日	区委常委会第三十五次会议	学习贯彻习近平总书记在中共十九届七中全会第二次全体会议上的讲话精神。传达贯彻省委十三届二次全会精神。传达学习贯彻省委主要领导来梅州调研精神。研究区委九届三次全会有关事项、梅江区发展和改革局加挂梅州市梅江区人民政府国防动员办公室（梅州市梅江区人民防空办公室）牌子事宜。研究有关干部人事事宜
12 月 16 日	区委常委会第三十六次会议	审议通过《梅江区贯彻落实省委书记黄坤明同志来梅调研指示要求任务清单》、区委九届三次全会有关文件稿、《梅江区村（社区）“两委”干部、村务监督委员会成员受处分（处理）后报酬扣减实施办法（试行）》、《梅江区政府控制的屋顶光伏资源特许经营项目特许经营实施方案》、《关于梅江区清理盘活存量资金纳入预算安排使用方案的报告》、《梅江区农村集中供水工程建后运营管理》

（林政晓）

区委办工作

【概况】 2022 年，中共梅江区委办公室（以下简称区委办）紧紧围绕区委的工作要求，立足新发展阶段、贯彻新发展理念、构建新发展格局，坚持稳中求进工作总基调，严谨务实、高效的工作原则，做好参谋、综合、协调、服务的工作职责，凝心聚力、开拓进取，为推动梅江全面振兴发展，奋力打造高质量发展示范区提供有力支撑。

【公文处理】 2022 年，区委办公文处理工作在力求真学深学、学以致用上取得实实在在的效果，不断提高队伍的思想素质和理论水平，为做好工作提供有力的思想保证和理论依托。坚持理论同实际相结合，做到悟原理、求真理、明事理，勇挑重担、脚踏实地、大胆创新，勤勤恳恳完成各项工作。领会中央、省、市有关改进工作作风、密切联系群众有关意见规定的精神实质和重要意义，进一步加强自身作风建设，自觉依法依规开展工作。公文处理工作做到日事日毕，日清月结，按照《党政机关公文处理工作条例》的要求，规范办文程序，严把内容政策关、文字关、体例格式关、校对关，确保公文格式规范，做到用词准确，逻辑严谨，吃透上情，了解下情，准确、及时、安全、规范处理各类公文，确保各项工作的传达贯彻实施。工作过程严格遵守相关保密规定和程序，做好收发公文的登记统计、传递、保存等工作。全年发出文件 40 余件，上级各类文件（不含密件）的呈批件 530 余件，接收处理各类密件 430 余件。

（李伟威）

【政务接待】 2022 年，梅江区委、区政府接待服务中心紧紧围绕区委、区政府的中心工作，严格贯彻执行中央八项规定及各级接待工作要求，以提高接待服务水平为目标，通过不断开拓创新，完成各项接待任务，为全区开展对外交流、推动社会经济发展作出积极的贡献。全年共接待到梅江检查、调研考察的各级领导和嘉宾共 32 批、402 人次。

（钟　瑜）

【督查督办】 提高政治站位抓督查　2022 年，区委办督查工作坚守政治督查基本定位，把习近平总书记重要指示批示的督查落实作为首要政治任务，确保贯彻落实党中央决策部署政治方向正确、政治效果良好，督促引导全区上下深刻领悟“两个确立”的决定性意义，坚决做到“两个维护”。

围绕中心大局强督查　2022年，区委办督查工作按照工作项目化、项目清单化要求，制定《梅江区第九次党代会重点工作责任分工方案》，梳理出91项具体工作任务。同时，对区委领导经过两次专题会议研究确定的23项2021—2023年任务开展专项督办，要求各单位制定具体方案，按照每月报送制度，做好三年工作计划。

围绕领导批示严督查　2022年，区委办督查工作领会区委领导批示精神，准确把握问题实质，对领导批示件登记造册并及时转办，每月15日前上报批示件办理情况及结果。按照“做一件成一件”的要求，注重督查方式创新，强化跟踪督办，突出结果导向，有效推动问题解决，切实做到“事事有着落、件件有回音”，全年办理区委主要领导批示事项410件，所有批示件均做到闭环管理。

创新机制开展大督查　2022年，区委办督查工作建立党委统一领导，党政齐抓共管、部门协调联动的“1+3”（“1”为党委督查部门的单一日常督查；“3”为成立3个专项督查组，着重从实体经济、乡村振兴、党建和重点民生改善等方面开展联合督查。）区委大督查工作新机制，成立党建和重点民生改善、实体经济、乡村振兴3个专项督查组，深入开展专项督查，保证党中央决策部署落地生根，保证省委、市委和区委各项工作部署要求落到实处、见到实效。年末，3个专项督查组完成10个专项督查报告、16个专题，区委主要领导批示15次，督查建议转各镇（街道）、各职能部门研究采纳，区委大督查工作机制得到区委领导肯定，全区取得良好反响。

网络数字赋能加督查　2022年，区委办督查工作注重数字赋能，推进督查数字化建设，推动督查事项和办理流程“网上办”，提高领导批示和文件办理效率；加强督查数据分析应用，实现精准督查督办、高质高效落实。认真利用“互联网+督查”平台，及时开展专项督查督办。全年承办国务院大督查转办线索2宗，省政府互联网+督查案件8批，互联网+督查案件46批，内容涵盖国务院减税降费、疫情防控、农房居住安全问题、教育收费等问题。

（黄　炼）

【机要密码】　2022年，区委办机要密码工作统筹兼顾主责主业和疫情防控，优质高效安全开展机要密码各项工作，保证各级指示政令的绝对安全畅通。始终把密码安全放在第一位，机密、快速、准确、安全完成机要密码传真通信任务，全年实现无事故、无差错、无错情目标。做好屏蔽机房和区级内网机房的日常管理维护工作，确保机要密码通信的绝对安全畅通。2022年区级电子政务内网工程完成建设任务并全面启用；全区电子政务内网通信系统和设备运行正常，接入内网的区直单位能熟练操作使用电子政务内网平台与市直、区直单位传输文件，实现真替真用、单轨运行。按照上级统一部署，指定专人完成新一代普通密码设备换装工作，并配套更换智能安防密码机柜。严格执行规章制度，定期对密码设备检查清点，做到账账相符、账物相符。督促提醒各电报使用单位，严格执行密码电报使用管理规定，严格保管，定期自行清理、归档或销毁；特别重视中央发电管理，要求电报使用单位收电后办完即退，并实行专人负责跟踪管理。2022年，梅江区密码电报使用单位均按制度实施严格管理，没有发生任何事故。

（徐松辉）

【档案工作】　2022年，区委办档案工作继续协助做好新冠疫情防控文件材料收集，至12月，疫情防控指挥部办公室向区档案馆移交新冠疫情防控档案共1521件。6月9日，第15

2022年6月9日，梅州市、梅江区在客都汇广场联合开展2022年“6·9国际档案日”暨《中华人民共和国档案法》宣传活动

（区委办 供图）

个国际档案日，开展国际档案日“党建+档案”多形式宣传活动，在人流密集的商圈客都汇广场，积极宣传以档案法为主题的档案法律法规和档案知识，接受群众咨询，帮助群众解决查档利用，进一步普及档案知识、传播档案文化。同时，在结对共建的西郊街道马石社区，发放《中华人民共和国档案法》宣传手册等资料，让群众知晓如何正确用好档案，增强保护档案以及法律法规意识，推动档案工作更加贴近社会、贴近实际、贴近群众。加强档案业务管理，确保档案保管安全措施到位，在开展档案综合检查的同时，印发《关于深入开展档案安全风险隐患排查整治工作的通知》，要求各单位迅速组织开展档案安全风险隐患排查整治工作，坚决杜绝档案安全事故，确保档案实体和信息绝对安全。

（李红梅）

组织工作

【概况】 2022年，梅江区共有中共基层组织781个。其中，基层党委79个，党总支60个，党支部642个，党组39个。基层党委中，乡镇党委4个，区委派出党工委4个（街道党工委3个和东升工业园区党工委）；机关事业单位党委5个，村党委18个，社区党委30个；非公有制企业党委1个，国有企业党委2个（梅江控股、梅江城市发展集团），区直系统党委10个，其他党委5个（东区商圈党委、梅水路商圈党委、餐饮行业党委、芹洋半岛区域党委、北部商圈党委）。全区共有中共党员19038名，其中，正式党员18868人、预备党员170人；男党员11326人、女党员7712人；汉族党员19020人、少数民族党员18人；文化程度大专以上9705人，中专、高中5996人，初中以下3337人。全年办理党员组织关系转入1207人，转出808人。

【教育培训】 2022年，区委组织部始终把党的政治建设摆在首位，把巩固拓展党史学习教育成果与深入学习贯彻习近平总书记系列重要讲话和重要指示批示精神结合起来，全面组织开展中共二十大精神学习培训，认真学习贯彻中共十九届六中全会和省市区各级党代会精神。持续推进“十百千万”

2022年，梅江区西阳镇明山嶂红军驿站老支书讲堂

（区委组织部 供图）

党员干部教育培训计划，组织开展“理论宣讲快车”进社区、“党员送教”“青年讲堂”等形式多样的学习宣讲活动，组织评选区级“星级名师”14名，区级星级镇街党校分校点5个，群福社区上榜市星级镇街党校分教点，全年举办各类型培训班15期，线上线下培训党员2.8万人次。持续规范建设7个镇街党校和129个分教点，挖掘打造涵盖红色教育、乡村振兴、党建创新、基层治理在内的现场教学点61个，初步形成覆盖广泛、布局合理、贴近基层的党员教育培训网。深入开展“党课开讲啦•人人做主讲”活动，获评市级优秀党课3部，获评市星级党课讲师3位。

【基层组织建设】 2022年，区委组织部深入实施基层党建三年行动计划，贯彻《党支部规范化建设指导标准》，逐一“过筛子”、强堡垒，一村一策整顿软弱涣散党组织4个。全覆盖精准画像81名村党组织书记，全面完成农村发展党员违规违纪排查整顿工作。深化模范机关创建工作，举办区直机关“奋进新征程 建功新时代 以模范机关创建实际成效迎接党的二十大胜利召开”主题活动，参加梅州市党建工作创新大赛2个作品获二等奖、4个作品获三等奖。开展“聚焦发展•活力‘两新’”行动，新组建“两新”党组织16个。积极推进新业态新就业群体党建工作，在全市率先建成首批“暖蜂驿站”。开展“大工委、大党委”“双报到、双服务”工作，推动市区机关单位党组织下沉基层一线开展活动2300多场次，参加活动2.1万多人次。组织召开“扛责任转作风抓落实”专题组织生活会，全区296个基层党支部4600多名党员深入查摆问题，不断增强推动发展的责任感使命感。强化党建引领基层治理促乡村振兴，探索推行强村带弱村机关联基层“一带一联”活动，全区81个村集体经济年收入全部达10万元以上。2022年，抓党建促乡村振兴示范县创建工作市级评议“好”的等次，江南街道中心坝社区获评全国先进基层群众性自治组织，西郊街道获评广东省信访工作示范街道，西阳镇北联村获评广东省“民主法治示范村”，金山街道碧桂园社区获评全省和全市最美志愿服务社区，新中苑老旧小区改造项目获评“梅州市委党校教学现场点”，梅江区“桥下议事厅”“邻里未来”“八八治理”等经验做法得到全市推广，“村干部报酬与村集体经济发展挂钩”和“强村带弱村推动乡村全面振兴”2项做法在省委办公厅《每日汇报》刊载推广。

2022年10月31日，梅江区组工系统传达学习贯彻中共二十大精神干部大会召开 （区委组织部 供图）

【干部队伍建设】 2022年，区委组织部坚持党管干部原则，全面开展干部政治素质正反双向评议，全方位考准考实干部政治素质，推动形成“树导向、聚人心”的共识。开展“激发内生动力、崇尚实干精神”专题调研，广泛谈心谈话活动，全面掌握了解各级领导班子尤其是新一届镇领导班子的运行情况，分类分层建立优秀年轻干部、妇女干部、党外干部、专业型干部等数据库，努力做到“人岗相适，人事相宜”。坚持“一线工作法”，以实绩论英雄，着重从先行区建设、实体经济、乡村振兴、疫情防控等重大任务及破题攻坚行动一线锤炼检验、识别评价、选拔使用干部，全年区委共讨论干部职务职级任免14批209人次，其中在基层、项目、重点“三个一线”中提拔重用、晋升职级干部40余人次，真正做到让“有为者有位、有位者有为”。开展领导干部违规兼职取酬问题专项整治和在企业兼职问题专项清理工作，深化选人用人专项检查和问题整改，发现问题23个，提出意见建议23条。

【公务员队伍建设】 2022年，区委组织部全力配合做好公务员“四级联考”（省、市、县、乡四级招聘的公务员用同样的考试选拔人才）和选调生招考录工作，新招录公务员56名，其中选调生5人。办理公务员调动手续70人次，办理干部退休审批手续39人，审核区外公务员调任转任档案7份。继续深入实施公务员分类管理和职务职级并行制度，审批全区职级职数申请19批次264个。做好全区在编在职公务员（参照管理人员）补办登记工作，重新补办登记的公务员391人次。充分发挥考核指挥棒作用，依托“分类评价、差异化考核”机关绩效考核机制，推行定性考核与定量考核、平时考核与年度考核、专项考核与全面考核的有机结合。做好全国、全省“人民满意公务员”和“人民满意的公务员集体”推荐工作。

【人才队伍建设】 2022年，区委组织部深入贯彻落实市委、市政府“1+N”人才政策，成立梅州首个人才驿站党支部，大力实施百日宣传贯彻计划，配套出台大学生到梅江就业创业服务方案。实施千名大学毕业生返乡就业创业计划、梅州特色现代农业产业人才振兴计划，吸引近千名大学生参与村级事务。建立急需紧缺人才编制“周转”池，2022年新增博士工作站2个，引进博士3人、研究生以下急需紧缺人才9人，招募“三支一扶”（支农、支教、支医、扶贫工作）大学生10人、“双百”〔镇（街道）社会工作服务站100%覆盖、困难群众和特殊群体社会工作服务100%覆盖〕社工73人、大学生志愿服务山区计划19人。推动“三项工程”（粤菜师傅、广东技工、南粤家政）培养社会技工人才，培训“粤菜师傅”120名、“广东技工”1735名、“南粤家政”597名。积极搭建人才发展平台，全市首创“乡村振兴人才驿站+‘粤菜师傅’研学基地”模式，全年举办各类人才交流、政策宣传和技能培训研学活动26场次，协助解决18名高层次人才子女入学问题。至年末，全区共有省级博士工作站4个、人才驿站6个、技能培训孵化平台5个、技能大师工作室2个。

【老干部工作】 2022年，区委组织部贯彻落实《关于加强新时代离退休干部党建工作的意见》文件精神，制定工作任务清单，逐项抓好落实。理顺区委离退休干部党工委隶属关系，下属5个离退休干部党支部76名党员的组织关系，全部划回相关系统党委归口管理。常态化开展走访慰问活动，结合春节、“七一”建党节等节

2022年，梅江区委组织部召开梅江区2022年组织工作会议暨老干部工作会议 （区委组织部 供图）

日，累计走访慰问老干部 147 次，切实把温暖送到老干部心坎上。完善特困离退休干部帮扶制度，探索完善离退休干部服务管理工作，建立离休干部“一人一策”信息库，进一步提升服务效率和质量。坚持“党建带关建”，全年授牌 6 家农村创业青年党员示范基地。2022 年，梅江区委老干部局“银发英姿”工作品牌被省委老干部局评为《广东老干部工作品牌创建 100 例》。

【组工干部队伍建设】 2022 年，区委组织部围绕“讲政治、重公道、业务精、作风好”12 字要求，聚焦政治淬炼、实践锻炼、工作历练，全力打造政治过硬、作风过硬、业务过硬、纪律过硬、口碑过硬和拓荒牛、孺子牛、老黄牛“五硬三牛”组工干部队伍。注重干部素质提升，规范开展“三会一课”（支部大会、支委会议、党小组会、党课）和支部党员评星定级，落细落实党内组织生活各项制度，常态化开展“组工讲坛”，每日推送学习小知识、每季举办专题党课，累计开展专题学习交流 50 多次。注重机关氛围营造，深化打造组工书屋和文化长廊，设置红色文化墙、党员“三亮”（亮身份、亮职责、亮承诺）墙、组织工作动态展示墙，进一步丰富机关浓厚氛围。注重服务中心大局，做好疫情防控、结对共建、“双报到、双服务”等工作，组织全体干部职工到结对共建村（社区）开展各类志愿服务活动 40 多场次，入户走访慰问困难党员 30 多人次，持续推进“我为群众办实事”工作，以实际行动践行初心使命。

（张悃妮）

宣 传 工 作

【概况】 2022 年，梅江区委宣传部内设股室（中心）9 个，分别为办公室、理论股、宣传文艺股、新闻出版股、精神文明建设股、网络安全和信息化股、网络舆情信息中心、融媒体中心、新时代精神文明建设服务中心。在职干部职工 32 人。其中，行政编制 16 人，事业编制 10 人，临聘人员 6 人；中共党员 20 名。

【理论宣讲】 2022 年，区委宣传部以区委理论学习中心组为依托，推动全区各级党委（党组）深入学习习近平新时代中国特色社会主义思想，举办区委理论学习中心组学习 19 次，专题研讨 9 次，举办“梅江讲坛”5 次。做好理论宣讲，抽调政治素质好、理论水平高、工作经验丰富的领导干部和理论教员，组织学习省第十三次党代会精神和《习近平谈治国理政》第四卷、中共二十大精神等区委宣讲团，深入基层一线开展宣讲活动 205 场，处级党员领导干部讲专题党课 85 场，推动党的创新理论“飞入寻常百姓家”。强化阵地建设，深入实施“粤学习”网上理论传播工程，开展个性化创造和分众化传播。全年区委宣传部端口上传“学习强国”学习平台相关新闻稿件 407 篇，被广东学习平台采纳 76 篇。

【意识形态工作】 2022 年，区委宣传部压紧压实意识形态和网络安全工作责任，推动区委与镇（街道）党（工）委、区直系统党委签订意识形态工作责任书，开展年度意识形态、网络意识形态工作专项督查、网络安全工作责任制执行情况考核，做好迎接网络意识形态工作责任制考核工作，并在每季度召开全区意识形态工作联席会议、网络意识形态工作会议、网络安全工作会议。开展“清朗”系列专项行动、“清风行动”、网上政治性表述编辑错误信息整治行动等。做好重要时期的网络安全保障工作，会同市公安局梅江分局、区政务数据局等相关部门对区直各单位的网络安全保障情况进行深入排查，开展网络安全攻防演练，强化网络安全防控和通报值守，严格落实相关单位责任，严防发生重大网络安全事件，确保重大活动期间的网络安全环境。

【宣传报道】 2022 年，区委宣传部紧扣中心工作，开展宣传报道，“梅江融媒”“梅江发布”等平台常态更新，刊播

2.9万条资讯，推送至其他平台资讯分发近45万次。开展全区会议直播录播12场，制作《全区人才宣传片》《新时代法院建设专题》《园区党建高质量发展》《坚守》等16个专题片。围绕中共二十大和政府中心工作共开展《狠抓发展第一要务 全面激活内生动力》《我们的节日》《红色梅江行》等14个专题报道，刊发相关报道3836条，阅读量320多万人次。全年刊播《奋进新征程 建功新时代》等系列专题10个，推送各类新闻资讯391条，充分宣传展示党和国家事业取得的历史性成就、发生的历史性变革，与区直各单位合作开展梅江区消费券促销等活动6场。推动广东梅江融媒文化传播有限公司成立、“南粤云”平台升级、“党政网格化宣传管理系统”功能不断拓展、联通“金刚”智能纠错系统不断完善，搭建的梅江区应急广播实现镇村全覆盖。

【舆论宣传】 2022年，区委宣传部加强部门联动工作，做强宣传信息权威发布，全年通过上下联动转发市级有关疫情动态新闻13条，统筹区级新闻报道，在各平台共发布资讯28条，通过线上线下全程跟进宣传服务类资讯内容，共刊播32条，阅读量约29.5万人次。挖掘先进做好典型报道，通过关注、挖掘、采访一批医务、公安、社区、志愿者等冲锋在一线的工作人员，以群众易于接受的方式推出专题报道，对抗疫过程中的闪光故事、典型故事，进行正面宣传，正确引导舆论。

【精神文明建设】 2022年，区委常委会、区政府常务会多次研究梅江区推进创建全国文明城市工作，7月4日，召开2022年梅江区文明委全体会议暨创建全国文明城市工作推进会。加强责任落实，将任务分解到岗、把责任落实到人，压紧压实314个网格和444个实地考察点位责任。通过区挂点领导带头深入到各镇(街道)、社区（村），各级各部门共同参与，全面抓好公益广告、环境改造、交通秩序、市场环境等重点提升工作，开展“门前三包”提升、背街小巷整治、缆线整治、老旧小区改造等专项行动。全年完成244个单位及私人房屋共10.96万平方米的铁皮瓦整治，修补坑洼道路98条，修复沥青路面7.13万平方米，分步推进7个老旧小区改造项目，涉及69个小区、7636户居民。开展118条主次干道、290条背街小巷和153个小区的缆线整治，共捆扎更换线缆40.6万米，拆除废弃线缆25.2万米。客天下观光路及周边环境整治成效明显，“五小园”（小菜园、小果园、小花园、小公园、小停车场）建设全面铺开。

2022年，梅江区整合资源在民主路15号建设梅江区新时代文明实践中心，抓实3个所新时代文明实践示范所和26个新时代文明实践示范站建设。要求全区各新时代文明实践中心（所、站）按照“九有”（有固定场所、有统一标识、有组织架构、有管理制度、有活动规划、有专人管理、有活动台账、有宣传窗口、有群众需求征集途径）标准规范新时代文明实践中心（所、站）阵地建设。做活志愿服务，进一步完善“群众点单、中心(所、站）派单、志愿服务队接单、群众评单”相贯通模式，实现供需精准对接。统筹教育、卫生、文化、科技、法律、体育等资源，打造理论宣讲、教育服务、文化服务、科技服务、体育服务“五大平台”，开展“学习贯彻党的二十大精神·红色梅江故事我来讲”小小红色讲解员走进梅江区新时代文明实践中心，丰富多彩的文明实践活动和文明交通、低碳环保、法律援助、脱贫巩固等志愿服务项目。全年梅江区共注册志愿者6.65万名，志愿服务组织及团体235个，开展各类文明实践活动2.23万场，累计志愿服务时长190.8万小时。加强《新时代公民道德实施纲要》《梅州市文明行为促进条例》的学习宣传。积极创作诗词、散文、小品等文艺精品，以文艺创作形式弘扬社会主义核心价值观。深入推动文明镇村达标创建工作，组织开展“文明家庭”“星级文明户”等评选活动，举办文明家庭、最美家庭授予仪式等。大力开展道德模范、身边好人、学雷锋志愿服务“四个100”（100个最美志愿者、100个最佳志愿服务项目、100个最佳志愿服务组织、100个最美志愿服务社区）评选，“以榜样评选”为主题教育引导群众。2022年，梅江区获评“广东好人”1人、“梅州好人”5人，共评选出文明户1.91万户和星级文明户4190户。

【文化事业】 2022年，区委宣传部对接用好省级政策，争取省级资金用于红色革命遗址的修缮保护和展陈。抢抓梅州市对接融入粤港澳大湾区先行示范区建设机遇，在上级部门指导下，争取政策和资金支持，进一步加大梅江区红色资源活化利用力度。切实推进农村公益电影放映工作，全年完成972场农村公益电影放映任务，丰富群众业余文化生活。部署梅江区软件正版化工作，配合省、市推进使用正版软件工作联席会议办公室对梅江区有关单位、企业软件正版化工作的验收考核，确保软件正版化工作规范化标准化。推动红军名将朱云卿事迹陈列室升级为广东省社科普及基地。2022年，梅江区委宣传部杨学犇被全国大中城市社科工作会议主席团评为“全国社科工作先进个人”，罗雪芬被中共广东省委宣传部评为“基层理论宣讲先进个人”。

2022年11月7日，梅江区召开宣传文化系统传达贯彻中共二十大精神会议 （区委宣传部 供图）

【新闻出版】 2022年，区委宣传部落实新闻出版及电影行业疫情防控常态化管理，及时向辖区85家出版发行企业、60家印刷企业、7家影城负责人和农村公益电影流动放映签约单位传达防疫要求，辖区出版发行和印刷企业、电影院疫情防控各项措施基本落实到位。8—9月，开展印刷企业安全生产专项检查，发现和排查安全隐患119处，针对排查出的隐患，开展整改复查工作。全年检查企业406家，出动检查人员1044人次。扎实推进“扫黄打非”各项工作，重点打击线上线下涉政、淫秽、暴力、侵权、盗版等非法有害出版物出版传播，为青少年健康成长创造绿色文化环境，有力震慑侵权盗版违法犯罪行为。

（温世豪）

统一战线工作

【概况】 2022年，中共梅江区委统一战线工作部（以下简称区委统战部）坚持以习近平新时代中国特色社会主义思想为指导，以学习宣传贯彻习近平总书记关于加强和改进统一战线工作的重要思想为主线，以学习宣传贯彻《中国共产党统一战线工作条例》为重点，以进一步发挥新时代统一战线法宝作用为目标，围绕把握新发展阶段、贯彻新发展理念、构建新发展格局，认真贯彻全国、全省和全市统战部长会议精神，结合国家发展改革委、财政部《支持梅州对接融入粤港澳大湾区加快振兴发展总体方案》，按照省委工作部署、市委思路举措和区委工作安排，坚持统揽全局、守正创新，着力抓思想引领、抓服务大局、抓风险防范、抓能力提升，为推动梅江高质量发展作出统一战线的担当和贡献。

【新时期统战】 2022年，区委统战部将迎接中共二十大胜利召开和学习宣传贯彻中共二十大精神作为主线贯穿全年统战工作始终，深入学习贯彻习近平新时代中国特色社会主义思想、习近平总书记对广东系列重要讲话和重要指示精神，把省第十三次党代会精神和省委、省政府主要领导来梅州调研讲话精神以及区委重大工作部署列入部务会、理论学习中心组学习会议贯彻落实，学习贯彻《中国共产党统一战线工作条例》，进一步统一思想，统一行动。团结联合梅江区各民主党派、工商联、各宗教团体，以及不同阶层的各方面成员，学习宣传贯彻《中国共产党统一战线工作条例》，引导广大统战成员坚定政治立场、坚持原则底线，自觉接受和维护中国共产党领导，巩固发展最广泛的爱国统一战线，为推动梅州苏区加快振兴、共同富裕贡献梅江力量。全区统一战线成员单位，坚持在党的集中统一领导下，发挥区委统一战线工作领导小组的统筹协调作用，以只争朝夕的态度和时不我待的紧迫感担负起新时期统一战线的使命和重任。

【民营经济领域统战】 2022年，区委统战部扎实做好民营经济领域工作。以党史学习教育为抓手，牢牢把握“两个健康”（促进非公有制经济健康发展和非公有制经济人士健康成长）工作主题，开展非公有制经济代表人士理想信念教育，引导企业家爱党跟党、爱国敬业、守法诚信、创新贡献，构建“亲”“清”新型政商关系，促进全区民营经济持续发展。加强区工商联会员数据库、常执委数据库和商会数据库建设，致力发展壮大会员队伍，全年发展工商联会员25人。常态化、规范化执行工商联主席联席会议和兼职副主席轮值等制度，搭建政商交流平台，增强班子的凝聚力和积极性，激活会员的生机和活力。指导三角镇做好商会筹建工作，有力推动镇域商会组织建设。推动全面从严治党向基层延伸，积极指导商协会和民营企业组建党组织，至年末，执委以上企业成立党组织13家，梅州市江西会昌商会党组织在筹建中。广泛开展“暖企”行动，深入民营企业考察调研，协助企业解决发展难题，区工商联与客商银行签订战略合作协议（10亿元意向授信）。先后与区检察院、区人民法院召开座谈会，联合区税务局开展“春雨润苗”专项行动，与区司法局和广东省永庆律师事务所律师组建普法宣讲队，开展送法进企业等活动。成立下属事业单位民营企业权益服务中心，区工商联与区人社局、区总工会构建劳动争议三方联合调解工作机制，进一步优化梅江区营商环境。加强与深圳梅县商会和北京梅州人海外联谊会等异地商会、社团的日常联络，先后与梅县区工商联、惠州市惠阳区工商联和蕉岭县工商联开展联络联谊和学习交流活动，学习借鉴经验，促进优势互补，切实提升服务经济社会发展水平和能力。

【新的社会阶层人士统战】 2022年，区委统战部组织非公有制经济人士和新的社会阶层人士参加统一战线“缅怀革命先烈，传承红色基因”爱国主义活动，坚定理想信念，发挥先锋模范带头作用。研究制定梅江区新联会副秘书长工作制度，做好梅江区新联会秘书处指导工作，健全会员走访制度，积极与市青企协共融共建共享会员资源。发挥城北镇黄明村同心服务站作用，筹集资金和解决土地使用问题，由区新联会会长单位海吉新城退让土地面积500平方米，修筑长约100多米道路及修缮一条箱涵排水设备，共计投入125万元，解决黄明村村民出行实际问题。设立梅江区新联会同心服务团龙丰站和黄明村妇女儿童服务站，开展“圆梦微心愿，一起向未来”庆“六一”关爱儿童成长、雷锋月、民族团结进步宣传教育进企业等各类活动。区新联会企业向城北镇黄明村、鸿都小学等多地捐赠健身器材、消防器材、儿童图书等物资共计15万元。联合区妇联开展新春

"走基层、送温暖"活动，为全区困难妇女、儿童70人送上新春慰问金、新年挂历及新年健康包共价值3万元。引导商会、协会和会员企业家积极参与"万企兴万村"、"6·30"广东扶贫济困日活动，在扶贫助学、产业扶贫、文化扶贫、疫情防控等方面凸显致富思源、富而思进的担当精神，工商联主席企业带头认捐100万元，基层商协会和民营企业共捐资捐物价值约1000万元，区新联会企业认捐扶贫济困物资、现金价值共计100万元。2022年，梅江区新联会获梅州扶贫济困金奖。

【基层统战工作】 2022年，区委统一战线工作领导小组成员单位和各镇（街道）党（工）委高度重视统战工作，切实承担工作职责和属地管理责任，落实全区统一战线意识形态工作联席会议制度以及镇(街道)、村（社区）宗教网络责任制，将统战工作纳入党委重要议事日程和基层治理体系，积极配合，深入推进基层统一战线工作，特别是在做好乡情摸排工作、处理涉侨事务和团结凝聚社会各界人士力量等方面完成各项工作任务。

【民主政治建设】 2022年，区委统战部落实党外代表人士情况通报机制，向党外各界别代表人士通报区委有关情况，召开情况通报会和座谈会5场，各界党外代表人士在会上积极建言献策，共提交意见建议12条。引导和支持区各民主党派开展主题教育，不断深化思想政治共识，增强政治自觉。做好党外人士推荐考察工作，2名民主党派代表人士受聘为区监委第二届特约监察员；协助市知联会换届，梅江区2名党外代表人士受邀为市知联会第二届理事会成员人选。开展党外干部调研工作，掌握党外干部思想动态，推进各民主党派不断加强自身建设，及时更新民主党派代表人士数据库相关信息。同时，引导支持各民主党派、工商联和无党派人士聚焦区委、区政府中心任务和重点工作，深入开展大调研、深调研工作，积极建言献策，为区委、区政府科学决策提供有益参考，全年共提交提案建议40件。

【民族和宗教工作】 2022年，区委统战部以高度的政治站位、政治觉悟和政治责任感，扎实推进各项工作。统筹协调民族、宗教工作，协调领导小组成员单位等部门，压实镇（街道）和村（社区）两级宗教工作责任制，确保全区宗教界坚持中国化方向。全年开展民族团结进步宣传教育活动3场次、节日慰问活动2场，为11名少数民族儿童解决就近入学，配合其他部门解决民族相关矛盾纠纷3起。全年开展宗教界宣传教育活动3场。全区宗教场所均完成财务专用章刻制，规范宗教场所财务管理制度。制定《梅江区宗教领域2022年"安全生产月"和"安全生产梅江行"活动工作方案》，全年召开安全工作推进会4场次，悬挂横幅20条，督促各场所开展自查自纠。联合消防救援大队对全区宗教活动场所进行全面检查，维护宗教场所安全稳定。及时向群众解释相关政策法规，"12345"政务服务热线满意度100%。

【港澳台联谊】 2022年，梅江区领导在春节、中秋、国庆节期间带队走访慰问在梅江的台商和港澳杰出乡贤，召开梅江区台商新春慰问座谈会；积极组织香港社团及内地港人、台商台属观看中共二十大开幕会，共沐祖国荣光。区委统战部开展2022年香港"摘星计划"的学生选送工作，发动摘星学生参与梅州"嘉言懿行•书功竹帛"家书征集活动，收到感恩书信5封。组织在梅江港人代表参加市委统战部举办的在梅州港人"知史爱国•携手同行"暨庆祝香港回归25周年活动，让两地同胞同享喜悦；广泛联络在港乡亲，取得乡贤支持，筹建香港梅州市梅江区城北联谊会。发动政协港澳委员参与2022年广东扶贫济困慈善活动，共收到捐赠资金122.1万元。完成海联会换届工作，成功申报2021年度海联会扶贫济困奖，协助梅江慈善会成功申报“梅州扶贫济困奖”银奖，建立港澳同乡社团数据库。

【海外联谊】 2022年，协调组织“侨界有情 助力抗疫”——半岛集团、全加客属联谊会援穗抗疫物资发车仪式，由中国侨联海外委员、广东省侨联常委王文康向梅江区知名侨企广东裕丰食品股份有限公司购买近2万份自热饭产品捐赠广州市疫情防控一线，共计30多万元。积极帮助侨资企业梅江区金苑餐饮管理有限公司洽谈客家预制菜合作有关事宜，助力该公司申报省级“粤菜师傅”海外交流基地。着力提升行政效能，提高侨务政务服务水平，全年通过平台办理归侨身份证明1宗，侨眷身份证明2宗。举行侨联业务培训会，对镇（街道）侨联业务人员开展专题培训，加强基层侨联对惠侨政策的领会理解，加强惠侨政策贯彻力度，全年向全区151名困难归侨发放救助金45.42万元。在城北镇干光村“侨胞之家”设立“侨爱图书室”，进一步丰富当地群众的精神文化生活。

（李敏锐）

机构编制

【概况】 2022年，梅江区委机构编制委员会办公室（以下简称区委编办）坚持紧扣中心、服务大局，在完善党政机构职能体系、深化改革、优化机构编制资源配置、加强管理服务等方面下功夫，为推动梅江打造高质量发展示范区提供体制机制保障。至年末，梅江区共设党委机构9个（纪检监察机关1个、工作机关8个），政府工作部门21个，市派出机构3个（梅州市公安局梅江分局、梅州市自然资源局梅江分局、梅州市生态环境局梅江分局），区政府派出机构1个（东升工业园区管委会），人大常委会机关1个，政协机关1个，法院、检察院各1个，群团机关8个，乡镇4个，街道办事处3个。设置事业单位193个。其中，公益一类189个（含参公事业单位13个），公益二类4个。

【党政机构职能体系】 2022年，区委编办进一步完善党政机构职能体系。整合经济动员、人民防空、交通战备等方面的综合协调职能，调整组建区国防动员办公室（区人民防空办公室），在区发展和改革局挂牌。在区文化广电旅游体育局、区卫生健康局分别加挂区文物局、区疾病预防控制局牌子。制定印发区民政局、区妇女联合会的“三定”（定部门职责、定内设机构、定人员编制）规定；对区财政局、团区委等8个党政群机关的“三定”规定进行备案审查。理顺市、区两级发展和改革部门在粮食流通行业管理和安全生产方面的职责，调整区委组织部、区教育局、区市场监督管理局等部门内设机构职责。对全区31个区直涉改单位开展党政机构改革工作全面评估，为构建完善党政机构职能体系，推进政府职能转变提供参考支持。

【体制改革成效评估】 2022年，区委编办配合省标准化研究院对梅江区3个镇、街道（三角镇、西阳镇、江南街道）和4个区直职能部门（区财政局、区司法局、区住房和城乡建设局、区农业农村局）开展线上乡镇、街道体制改革调研评估工作，评估总结改革成效。联合区委组织部对7个镇、街道和4个区直单位（区人力资源和社会保障局、区住房和城乡建设局、区农业农村局、区市场监督管理局）开展综合行政执法效能实地督查，围绕“审批服务”和“执法效能”，采用每周一报、每月一结的形式，加强对镇、街道改革进程和成效的督导检查。

【综合行政执法】 2022年，区委编办成立区行政执法职权事项评估工作小组，对下放镇、街道的468项职权事项进行评估。印发《梅江区加强乡镇街道执法能力建设方案》等文件，逐步健全区镇两级综合行政执法工作运行机制。至年末，7个镇、街道开展综合行政执法合计949宗，投入执法经费80.24万元，罚没收入金额77.82万元。

【事业单位改革】 2022年，区委编办按照市委编办反馈的问题，撤销区妇女儿童工作委员会办公室事业单位建制，在全市率先完成相关问题整改工作。调整优化区综合政务服务中心等单位的工作任务，化解职责重叠难题。联合区教育局深入到全区22间中小学，开展教育编制资源现状调研。对完成改革的19个事业单位履职情况、人员安置、资产处置、工作衔接等问题开展调研督导，检验评估改革成效，推动改革向纵深推进。

【园区体制机制】 2022年，区委编办印发区东升工业园区管理委员会"三定"规定，承接市级相关部门的20项管理职能，逐步理顺各项体制机制，赋予园区更大的自主权，提升园区管理服务效能。

【机构编制资源管理】 2022年，区委编办牵头组织建立梅江区急需紧缺人才"周转池"，印发《梅州市梅江区急需紧缺人才专项事业编制保障管理办法（试行）》，统筹调配50名专项事业编制，优先保障文化教育、医疗卫生、城乡规划等领域公开招聘急需紧缺人才的用编需求，为区委实施人才工作战略提供编制保障。增设区纪委监委驻区委政法委纪检监察组，实现派驻全覆盖。核增区委组织部、区农业农村局等单位共14名公务员编制。全年先后设立区文物保护研究中心、区民营企业权益服务中心等事业单位，核增区教师学生服务中心、区青少宫等单位事业编制。联合区委组织部、区人力资源和社会保障局等部门推动5个超编单位完成整改，减少超编27人。开展机构编制监督检查工作，全年共办理审编374人次、出编322人次、入编446人次。

【事业单位法人登记管理】 2022年，区委编办共办理事业单位法人登记事项63项，督促130个事业单位按要求完成年度报告报送工作。按照省委编委工作部署，推进完善章程制定、落实章程管理工作，完善事业单位治理体系。随机抽取区公园管理中心、区吉祥幼儿园、区上坪幼儿园、区图书馆、区文化馆、区疾病预防控制中心、长沙镇卫生院7家事业单位，开展事业单位法人公示信息抽查工作。实现事业单位登记管理"行政审批事项100%网上受理，100%网上办结"目标，助推数字政府建设。

【政务和公益中文域名管理】 2022年，区委编办电子政务中心为到期的264个区直机关、事业单位进行域名批量续费，全区政务和公益中文域名总注册率100%。

（黄舒珊）

区委党校

【概况】 2022年，中共梅州市梅江区委党校坚持以习近平新时代中国特色社会主义思想为指导，学习贯彻中共十九届六中全会精神以及中共二十大精神，贯彻落实习近平总书记关于党校办学治校的系列重要讲话和《党校工作条例》，全力抓好省、市、区党代会精神的贯彻落实，围绕中心、服务大局，做好全区党员干部的教育培训，较好地完成年初制定的各项工作任务。

【干部培训】 2022年，区委党校突出理论教育和党性教育主业主课，坚持以学习习近平新时代中国特色社会主义思想为中心内容和首要任务，严格按照《中国共产党党校（行政学院）工作条例》要求设置主体班次。同时，紧扣区委、区政府中心工作，合理设置能力提升培训模块，按照区委、区政府工作部署和干部教育培训工作计划要求，全年共举办干部教育培训主体班和专题班9期，培训干部共500多人次。其中党校举办主体班次6期，分别是2022年梅江区党建引领乡村振兴暨农村党组织书记专题培训班、2022年梅江区党建引领乡村振兴暨农村党组织书记专题培训班（第二期）、2022年梅江区党建引领城市基层治理专题培训暨社区党组织书记培训班、2022年梅江区党员干部教育培训讲师理论和教学水平提升专题研讨班、梅江区中青年干部培训班、科级干部“学习贯彻习近平新时代中国特色社会主义思想，奋力打造梅江高质量发展示范区”专题研讨班。举办专题班3期，分别是2022年上半年全区党员发展对象培训班、2022年下半年全区党员发展对象培训班、梅江区红色讲解员专题培训班。主体班及专题班培训采取内外结合的培训方式，科学安排讨论交流、现场教学、专题考试、撰写心得体会等教学内容。按照中央组织部《关于在干部教育培训中进一步加强学员管理的规定》要求，做好考勤登记、请假考核等学员管理工作。办班期间，认真做好将学习资料装订成册、全课件教学、班主任全程跟班服务、节点信息温馨提示等后勤保障工作，确保服务细致周到。

【教学调研】 2022年，区委党校持续深入开展集体备课质量提升和全员调研行动，结合人员变动等实际，对“三人小组”和挂钩联系镇、街道人员进行调整优化，由校领导+专业教师+行政人员组成的“三人小组”深入各镇、街道党校及梅江区苏区精神传承实践中心、熊锐故居、红色北联、直坑村、笙竹村、梅埔丰（明山嶂）根据地、红军名将朱云卿陈列室等实地调研，形成《梅州市梅江区：镇街党校锻造基层领导力最后一公里》等调研报告。举办党员干部教育培训讲师理论和教学水平提升专题研讨班和梅江区红色讲解员专题培训班，有效提升全区讲师队伍和红色讲解员的素质能力。联合区委组织部开展梅江区第二批党员干部教育培训“星级名师”工作，评出第二批14名涵盖不同层次的“星级名师”，有效解决基层优质培训资源匮乏、培训师资队伍短缺的问题。

2022年9月19日，区委党校老师为社区党组织书记解读中共二十精神

（区委党校 供图）

【理论宣讲】 2022年，区委党校积极参与区委政策理论宣讲活动，选派4位专职教师参加中共十九届六中全会、《习近平谈治国理政》第四卷、中共二十大精神等宣讲活动，深入各镇（街道）、中小学校和区直机关等60多个单位开展宣讲，不断推动习近平新时代中国特色社会主义思想在梅江大地落地生根、开花结果。

【镇（街道）党校】 2022年，区委党校持续贯彻落实全国、全省党校工作会议精神，根据省委组织部、省委党校《关于进一步加强镇（街道）党校建设的意见》要求，加大对镇、街道党校联系指导，进一步细化挂钩联系指导等方案，制定印发《关于开展梅江区委党校与镇街党校“共建‘大党校’、互促创品牌”活动的实施方案》。同时，建立办学指导交流机制、互学互鉴交流机制和党员互动交流机制“三项机制”，强化区委党校支部党员与镇（街道）基层党校零距离深入接触，推动镇（街道）党校培训的规范化制度化，定期指导镇（街道）党校做好备课、培训工作及现场教学基地建设工作。全年区委党校领导班子成员带头挂钩联系镇（街道）党校指导组深入基层党校指导调研3批次12人次。

【教学基地】 2022年，区委党校深入贯彻落实《关于新时代支持革命老区振兴发展的意见》，积极参与推动梅埔丰（明山嶂）革命根据地等现场教学点打造工作。在2022年干部教育培训中，加大梅江区红色教育资源和乡村振兴教学点利用力度，利用红军名将朱云卿事迹陈列室、梅埔丰（明山嶂）革命根据地、梅江区苏区精神传承实践中心、熊锐故居、红色北联、直坑村、笙竹村等开展红色革命精神和乡村振兴现场教学，赓续红色血脉，赋能乡村振兴。

（张 瑚）

政策研究

【概况】 2022年，梅江区委政策研究室（以下简称区委政研室）坚持以习近平新时代中国特色社会主义思想为指导，紧紧围绕区委、区政府的部署要求，以模范机关创建为抓手，聚焦主责主业，聚力参谋服务，全力服从区委、区政府的工作安排，较好完成全年各项工作任务。

【政治教育】 2022年，区委政研室充分发挥党建引领作用，全面落实《中共中央政治局关于加强和维护党中央集中统一领导的若干规定》，以“两个维护”统一思想、统一意志、统一行动。严守政治纪律和政治规矩，坚决落实“两个维护”十项制度机制和第一议题制度，把学习和遵守党章作为基础性经常性工作来抓，协助区委、区政府第一时间安排常委会会议、党组会议传达学习习近平总书记重要指示批示精神，教育引导党员干部增强“四个意识”、坚定“四个自信”、做到“两个维护”。坚持“一把手”亲自领学，采取专题辅导讲座、学习研讨等方式，抓好中共十九届六中全会、中共二十大、省第十三次党代会、省委十三届二次全会以及市第八次党代会、市委八届五次全会精神的学习贯彻，引导党员干部加强在乡村振兴战略、对接融入粤港澳大湾区等方面的政策理论学习，在学深悟透上下功夫、在贯彻落实上求实效，为高质量撰写区九届二次全会和区政府工作报告奠定基础，为加快建设中心城区南部产业新城、一二三产业融合发展先导区建言献策。严格落实“一岗双责”（既要抓好分管业务工作，又要抓好党风廉政建设），建立并完善意识形态工作管理制度，签订意识形态工作责任书，明确意识形态工作责任，定期召开专题研究意识形态工作会议，把意识形态工作纳入党建工作责任制和目标管理，同业务工作同安排同部署。围绕重大事件和重要时间节点，做好统一思想工作，提升党员干部的思想认识和业务能力，严密防范工作出现“高级黑”“低级红”和形式主义问题。不定期开展排查，敢于发声亮剑，坚决反对和抵制各种错误言论，及时防范化解风险隐患，牢牢把握工作主动权。

【党建工作】 2022年，区委政研室严格落实《中国共产党支部工作条例（试行）》，坚持把党建工作标准化规范化作为“模范机关”建设的重要内容常抓不懈，完成党支部委员会换届。严格党费收缴制度，按时足额完成上缴任务。加强组织关系管理，对在职党员和离退休干部党组织关系进行集中排查，全年转入党员3人，转出党员6人。坚持民主集中制，通过党员领导干部双重组织生活、常学党章党规等方式，落实“三会一课”、民主评议党员等制度，形成党支部书记牵头抓总、党员干部贯彻落实的党建工作格局。全年召开党员大会5次、支委会13次、组织生活会2次，区分管领导和支部书记为党员上专题党课2次。深入落实党的创新理论学习教育计划，常态化开展党史学习教育，统筹抓好党员培训和业务培训，组织参加各级各类专题培训，锻造一支能干事、干成事的队伍。加大党务工作和党务知识培训力度，进一步强化党支部核心领导作用。

【大局意识】 2022年，区委政研室牢固树立全区“一盘棋”思想，落实疫情防控“平战转换”工作机制，深入开展“亮党旗亮党徽亮身份”行动。加强党员志愿队伍建设，严格落实党组织和党员“双报到”（单位党组织到所在地基层党组织报到，党员到居住地社区报到），组织党员干部参与“创建全国文明城市”“美丽梅州、美好家园”、疫情防控等志愿服务活动，推动结对共建玉西村在乡村振兴、环境整治等方面实现新突破，村集体经济收入达到10万元。坚持领导带头，深入开展调查研究提高文稿的指导性和针对性，为领导科学决策提供参考。聚焦调研发现的问题、自身查找的问题、干部群众反映的问题，及时召开民主生活会或组织生活会，建立问题台账，逐条制定整改措施，立行立改、边检边改，确保整改到位，推动政策研究事业稳步发展。2022年，牵头制定《关于深入学习贯彻党的十九届六中全会精神深化“大学习、深调研、真落实”工作方案》《梅江区贯彻市委书记马正勇调研精神工作方案》等文件，撰写各类文稿900多篇，整理起草区委常委会会议纪要93期、区政府党组会议纪要24期、常务会议纪要17期、各类专题会议纪要103期；政务信息被省采纳1篇，被市采纳39篇。同时，协调召开区委全面深化改革委员会会议1次，起草区委全面深化改革委员会2022年度改革工作安排。

【廉洁从政】 2022年，区委政研室落实《党委（党组）落实全面从严治党主体责任规定》《中共梅州市梅江区委进一步落实全面从严治党主体责任清单》，压紧压实从严治党主体责任。协助区委、区政府领导班子成员通过定期汇报、到基层过组织生活会、参加双重组织生活会，定期接访群众等方式，切实发挥“关键少数”的示范带头作用，把全面从严治党落到实处。及时召开班子会、支部会、专题学习会，开展革命传统教育、廉政警示教育，进一步筑牢政研干部廉洁从政的思想基础，增强党员干部廉洁自律意识，形成学条例、明底线、知敬畏、守纪律的浓厚氛围。强化党员八小时之外的监督管理，关心关爱干部成长。做好党员干部思想政治工作，全年开展谈心谈话13次。严格落实个人重大事项报告制度，加强干部因私出国（境）管理，实行台账管理。

（邱婷婷）

梅州市梅江区人民代表大会

主要会议

【概况】 2022年，梅江区有各级人民代表大会5个，其中县（市、区）人民代表大会1个、乡镇人民代表大会4个。各级人大代表522名，其中全国人大代表1名、省人大代表2名、市人大代表40名、区人大代表204名、乡镇人大代表275名。区九届人大常委会组成人员29名，其中主任1名、副主任6名、委员22名。2022年，梅州市梅江区人民代表大会常务委员会（以下简称区人大常委会）组织召开区九届人大二次会议，召开区九届人大常委会会议8次，听取和审议“一府一委两院”专项工作报告14项，作出决议决定8项，组织人大代表考察、调研、执法检查等45场，依法任免国家机关工作人员47人，补选代表8名，接受辞去代表职务6名，自然中止代表资格1名。

2022年3月9日，梅州市梅江区第九届人民代表大会第二次会议在区委区政府礼堂开幕 （区人大办 供图）

【区九届人大二次会议】 2022年3月8—10日，梅州市梅江区第九届人民代表大会第二次会议在区委、区政府礼堂召开。会议听取并审议区长钟秀堂代表区人民政府作的《政府工作报告》，区人大常委会主任曾小喜作的《区人大常委会工作报告》，区人民法院院长刘鹏飞作的《区人民法院工作报告》，区人民检察院检察长黄国锐作的《区人民检察院工作报告》。会议审议《梅江区2021年国民经济和社会发展计划执行情况与2022年计划草案报告》《梅江区2021年预算执行情况和2022年预算草案报告》《梅江区人民政府2022年民生实事候选项目》，表决通过政府工作报告等6项决议，表决决定梅江区人民政府2022年十件民生实事项目。

【区九届人大常委会会议】 2022年，区人大常委会党组书记、主任曾小喜主持召开区九届人大常委会会议8次。

【区人大常委会党组会议】 2022年，区人大常委会党组书记曾小喜主持召开区人大常委会党组会议15次。

【区九届人大常委会主任会议】 2022年，区人大常委会主任曾小喜主持召开区九届人大常委会主任会议15次。

2022 年梅江区人大常委会会议一览表

表 3

时间	届次	主要议题
1 月 18 日	区九届人大常委会第二次会议	表决通过一批人事任免事项。
3 月 1 日	区九届人大常委会第三次会议	审议通过关于区九届人大代表资格的审查报告和召开区九届人大二次会议有关事项，听取和审议预算执行情况、债券资金项目调整情况等报告，表决通过代表资格审查委员会组成人员，对区文广旅体局、区住建局等两个区政府组成部门进行述职评议
4 月 14 日	区九届人大常委会第四次会议	传达学习贯彻习近平总书记重要讲话精神、全国两会精神以及新修改的《中华人民共和国地方各级人民代表大会和地方各级人民政府组织法》，表决通过有关人事任免事项，区人大常委会主任曾小喜讲《铭记光辉历史，做好人大工作》主题党课
5 月 19 日	区九届人大常委会第五次会议	听取和审议梅江区 2021 年度环境状况和环境保护目标完成情况、预算执行和其他财政收支审计查出突出问题整改情况等报告，开展中央和省督察反馈问题整改工作专题询问，表决通过有关人事任免事项以及个别代表辞去区九届人大代表职务事项，对区发改局、区民政局、区水务局 3 个区政府部门进行述职评议
7 月 20 日	区九届人大常委会第六次会议	传达学习贯彻习近平总书记在庆祝香港回归祖国 25 周年大会暨香港特别行政区第六届政府就职典礼上的重要讲话精神、省第十三次党代会精神，听取和审议《梅江区 2022 年上半年预算执行情况报告》《关于 2022 年梅江区新增债券使用分配方案及预算调整方案的报告》《梅江区隐形债务“清零”工作情况报告》等，表决通过有关人事任免事项，对区农业农村局、区市场监督管理局、区医疗保障局 3 个区政府组成部门开展述职评议
8 月 24 日	区九届人大常委会第七次会议	传达学习贯彻习近平总书记在省部级主要领导干部专题研讨班上的重要讲话精神，听取和审议《关于梅州市梅江区 2022 年上半年国民经济和社会发展计划执行情况的报告》《梅江区人大常委会关于开展第八个五年法治宣传教育的决议（草案）》，审议关于部分区九届人大代表资格的审查报告，表决通过有关人事任免事项以及个别委员请求辞去区九届人大常委会委员职务事项，区人大常委会副主任叶怀忠讲《学习贯彻监督法，提高监督实效》主题党课

续表 3

时间	届次	主要议题
9 月 27 日	区九届人大常委会第八次会议	传达学习贯彻习近平总书记《坚持和发展中国特色社会主义要一以贯之》的重要文章精神，以及省人大常委会主任黄楚平来梅州调研有关精神，听取和审议 2021 年区级决算草案报告、梅江区 2021 年度区级预算执行和其他财政收支的审计工作报告、审计工作报告中反映问题的整改结果报告，表决通过有关人事任免事项以及个别代表请求辞去区九届人大代表事项，对区教育局、区科工商务局、区退役军人事务局 3 个区政府部门开展述职评议
12 月 16 日	区九届人大常委会第九次会议	传达学习贯彻中共二十大精神，听取和审议区政府关于 2021 年度国有资产管理情况、企业国有资产管理情况和代表建议办理情况的报告，以及 2022 年区级财政第二次预算调整方案，听取和审议 2022 年度规范性文件备案审查工作情况的报告，以及个别区九届人大代表资格的审查报告，表决通过有关人事任免事项，接受有关代表辞去区九届人大代表职务的请求，对区人社局、区司法局 2 个区政府部门开展述职评议

2022 年梅江区人大常委会党组会议一览表

表 4

时　间	会　次	主要议题
1 月 14 日	区人大常委会党组会议	传达学习贯彻市两会精神，讨论对机关党支部个别党员处分事宜
1 月 17 日	区人大常委会党组会议	讨论人事任免事宜
2 月 11 日	区人大常委会党组会议	通报有关文件精神，研究机关有关干部提前退休事宜
3 月 22 日	区人大常委会党组会议	确定区人大常委会机关一级主任科员考察对象人选
3 月 30 日	区人大常委会党组会议	传达学习贯彻全国两会以及市委人大工作会议精神
4 月 14 日	区人大常委会党组会议	研究有关人事任免事宜和补选个别区九届人大代表事宜

续表 4

时 间	会 次	主要议题
4月29日	区人大常委会党组会议	传达学习贯彻中央全面深化改革委员会第二十五次会议精神等,研究区人大常委会机关科级领导干部年度考核等次建议、办公室场所修缮费用支出、机关公务用车购置等事宜
6月13日	区人大常委会党组会议	学习贯彻习近平总书记重要文章《努力建设人与自然和谐共生的现代化》,传达学习贯彻省第十三次党代会以及全市、全区贯彻省第十三次党代会干部大会精神,研究布置开展机关党员干部挂钩帮扶脱贫户活动相关事宜
7月15日	区人大常委会党组会议	传达学习贯彻习近平总书记在庆祝香港回归祖国25周年大会暨香港特别行政区第六届政府就职典礼上的重要讲话、《更好把握和运用党的百年奋斗历史经验》重要文章，以及在十九届中共中央政治局第四十次集体学习时的重要讲话精神，审议有关人事任免事项，部署全面从严治党和意识形态工作
8月2日	区人大常委会党组会议	传达学习贯彻习近平总书记在省部级主要领导干部专题研讨班上的重要讲话精神，以及中共中央政治局会议精神，审议关于部分区九届人大代表资格的审查报告和有关人事任免事项,研究机关干部职级晋升事宜和相关人员岗位调整事宜
9月22日	区人大常委会党组（扩大）会议	集中学习研讨《习近平谈治国理政》第四卷，传达学习贯彻省人大常委会主任黄楚平到梅州调研有关精神,以及市委办公室印发有关文件精神，审议有关人事任免事项，研究机关有关工程项目实施和费用支出事宜
10月31日	区人大常委会党组（扩大）会议	传达学习中共二十大及中共二十届一中全会精神,习近平总书记在参加中共中央政治局第一次集体学习时的重要讲话精神,《中共中央关于认真学习宣传贯彻党的二十大精神的决定》，以及全省、全市、全区传达贯彻大会精神，部署区人大传达学习贯彻工作
12月2日	区人大常委会党组（扩大）会议	学习《习近平关于社会主义精神文明建设论述摘编》，传达学习贯彻习近平总书记有关重要讲话精神,中共中央政治局常务委员会会议精神，以及《关于进一步优化新冠肺炎疫情防控措施科学精准做好防控工作的通知》《推进领导干部能上能下规定》，审议有关人事任免事项，研究机关有关人事工作和工程项目费用支出事宜
12月9日	区人大常委会党组（扩大）会议	学习研讨中共二十大报告，传达学习贯彻中共中央政治局会议精神，研究机关四级主任科员人选事宜
12月21日	区人大常委会党组会议	研究确定区人大常委会机关四级调研员和二级主任科员考察对象人选

2022年梅江区人大常委会主任会议一览表

表5

时间	届次	主要议题
1月14日	区九届人大常委会第四次主任会议	传达贯彻市两会精神，研究补选个别区九届人大代表事宜，部署春节前总结、慰问等工作
1月17日	区九届人大常委会第五次主任会议	研究召开区九届人大常委会第二次会议事宜
2月11日	区九届人大常委会第六次主任会议	研究九届人大二次会议前期准备工作和落实“十个一”工作制度事宜
2月28日	区九届人大常委会第七次主任会议	研究召开区人大常委会第三次会议相关事宜
3月30日	区九届人大常委会第八次主任会议	研究区委人大工作会议组织筹备、2022年度人大工作要点、开展人大代表密切联系群众“四个一”活动、代表小组分组以及疫情防控等事宜
4月14日	区九届人大常委会第九次主任会议	研究召开区人大常委会第四次会议相关事宜，部署有关工作。
4月29日	区九届人大常委会第十次主任会议	研究布置述职评议，代表小组活动，2022年政府重点工作和十件民生实事、十件“微民生”实事监督，以及区人大常委会机关“人大光辉历程”布展等工作
5月17日	区九届人大常委会第十一次主任会议	研究召开区九届人大常委会五次会议相关事宜及区人大代表小组活动制度等；审议《梅州市梅江区人大常委会规范文件备案审查工作规定（修订草案）》
6月13日	区九届人大常委会第十二次主任会议	研究有关人事任免事项、提高聘用人员工资待遇以及个别聘用人员岗位津贴事宜；审议《关于开展“更好发挥人大代表作用”主题活动的实施方案（草案）》和《梅江区人大代表建议办理工作优秀案例评选办法（草案）》
7月15日	区九届人大常委会第十三次主任会议	审议梅江区上半年预算执行情况，新增债券使用分配方案及预算调整方案，隐性债务“清零”工作等报告，审议有关人事任免事项，研究召开区九届人大常委会六次会议相关事宜
8月2日	区九届人大常委会第十四次主任会议	审议关于部分区九届人大代表资格的审查报告，有关委员辞去区九届人大常委会委员职务的议案以及有关人事任免事项，研究召开区九届人大常委会七次会议相关事宜

续表 5

时间	届次	主要议题
8 月 23 日	区九届人大常委会第十五次主任会议	传达学习贯彻有关会议和市委主要领导调研联络站建设讲话精神，听取和审议《关于梅州市梅江区 2022 年上半年国民经济和社会发展计划执行情况的报告》《梅江区人大常委会关于开展第八个五年法治宣传教育的决议（草案）》
9 月 22 日	区九届人大常委会第十六次主任会议	听取和审议梅江区 2021 年区级决算草案报告，关于梅江区 2021 年度区级预算执行和其他财政收支的审计工作报告、审计工作报告中反映问题的整改结果报告，审议有关人事任免事项等，研究召开区九届人大常委会八次会议相关事宜
9 月 27 日	区九届人大常委会第十七次主任会议	审议有关人事任免事项，研究有关代表补选事宜，部署有关工作
12 月 9 日	区九届人大常委会第十八次主任会议	传达学习贯彻中共二十大精神，以及中央政治局会议精神，听取和审议国有资产管理、企业国有资产管理情况和代表建议办理情况等报告，以及 2022 年区级财政第二次预算调整方案，听取和审议规范性文件备案审查工作情况报告、区九届人大个别代表的代表资格审查报告，审议个别代表辞去区九届人大代表事项以及有关人事任免事项，研究召开区九届人大常委会第九次会议相关事宜

主要工作

【坚持党的领导】 坚持理论武装 2022 年，区人大常委会落实第一议题制度，深入学习贯彻习近平新时代中国特色社会主义思想，特别是习近平法治思想、习近平总书记关于坚持和完善人民代表大会制度的重要思想，认真学习中共二十大精神，习近平总书记系列重要讲话和重要指示批示精神，以及《习近平谈治国理政》第四卷，自觉用党的创新理论武装头脑、指导实践、推动工作。全年召开党组（扩大）会议 15 次，理论学习中心组学习会 11 次，集中学习研讨会 7 次。

坚持区委领导 2022 年，区人大常委会坚决维护区委总揽全局、协调各方的领导地位，坚持重大问题、重要事项、重点工作向区委请示报告，全面贯彻落实区委各项部署要求，坚决执行区委各项决定。5 月 17 日，区委人大工作会议召开，市委常委、副市长，区委书记陈金銮从四方面对加强和改进全区人大工作提出具体明确的要求。全年作出决议决定 8 项，依法任免国家机关工作人员 47 人次。

坚持围绕中心 2022 年，区人大常委会始终围绕区委的决策部署，科学谋划、整体推进人大工作。常委会领导在疫情防控、创文、挂点项目和服务企业等工作中身先士卒、当好表率，形成“头雁”效应。组织对实体经济、乡村振兴、重点项目、生态环保、教育卫生、民生实事、法规实施等方面开展调研考察、执法检查，推动工作落实。

【依法开展监督】 聚焦重点领域 2022年，区人大常委会听取审议国民经济和社会发展计划执行情况、本级财政预决算情况、审计工作情况及国有资产管理情况等报告，加强财经工作监督，提升财政资金使用效率。开展重点项目推进和工业园区建设专题考察，助推实体经济发展和产业转型升级。开展乡村振兴、乡村建设考察等活动，推动农林水重点工作部署落到实处。审议年度环境状况和环境保护目标完成情况报告，开展中央和省督察反馈问题整改工作专题询问，推动生态环境突出问题得到进一步解决。

聚焦部门履职 2022年，区人大常委会围绕单位“三定”方案规定的职责、法律法规赋予的职权和区委、区政府交办的任务，开展政府部门“一把手”述职评议工作，推动区委、区政府工作部署有效落实，增强人大任命干部的责任意识、担当意识。全年共组织开展述职评议5场，13个政府部门主要负责人向区人大常委会述职报告工作。

聚焦民生福祉 2022年，区人大常委会对区九届人大二次会议票决产生的2022年区十件民生实事办理落实情况进行全过程跟踪，组织开展集中督查，推动区十件民生实事全面完成。组织考察卫生领域重点项目建设情况和疫情防控工作、精简行政审批工作，以及老旧小区改造和无物业小区管理工作，督查教育“双减”工作，调研“一城两坊”保护和开发利用工作，开展食品安全执法检查，推动解决群众关心关注的难点痛点堵点问题，促进发展成果更好惠及人民群众。

聚焦法治建设 2022年，区人大常委会审议通过关于开展第八个五年法治宣传教育的决议。严格落实宪法宣誓制度，支持有关单位开展宪法宣传系列活动。组织开展公益诉讼检察专题调研、审判领域繁简分流改革工作考察，强化司法监督。督促检查《梅州市红色资源保护条例》实施工作，开展《梅州市文明行为促进条例》宣传宣讲进社区活动，配合市人大做好《梅州市客家菜传承发展促进条例》立法调研，组织代表提出高质量立法意见建议。修订规范性文件备案审查工作规定，对报备的规范性文件进行备案审查1件。

【服务代表履职】 健全工作机制 2022年，区人大常委会创新建立“1046”工作机制，即建立区人大常委会“十个一”〔梅江区人大常委会为完善人大监督制度、提高人大监督实

2022年3月1日，梅江区文广旅体局、区住建局主要负责人在梅江区九届人大常委会第三次会议上述职并接受评议 （区人大办 供图）

效、发挥人大在推进梅江高质量发展中的应有作用建立的工作制度，主要包括区人大常委会党组书记每年向区委汇报一次区人大常委会党组工作，对区人大常委会组成人员每年访谈一次以上；区人大常委会领导每半年到挂钩的镇（街道）蹲点调研一次，每年在区人大常委会机关或镇（街道）人大讲一次党课；区人大常委会各工委结合对口联系部门，每年对“一府一委两院”及政府组成部门普访一次，每年组织一场人大代表专题视察活动；区政府组成部门每年 1 月中旬向区人大常委会书面报告一次上年度工作，区人大常委会每季度安排 2~3 个区政府组成部门在会上述职；镇（街道）人大每月 25 日组织区以上人大代表到站接访选民和群众，镇人大每年组织全体镇人大代表对本级政府确定的民生实事项目完成情况进行满意度测评〕工作制度，开展人大代表密切联系群众“四个一”〔每年组织人大代表参加一场以上专题活动，每年评选一批优秀建议议案，每个代表团每年为本团所在镇（街道）办一件有影响的民生实事，每个代表每年为身边群众做一件微民生实事〕活动，组建 6 个人大代表活动小组，充分调动人大代表的履职积极性。制定《梅江区届中补选区人大代表工作流程》，依法补选代表 8 名，接受辞去代表职务 6 名，自然终止代表资格 1 名。

搭建履职平台　2022 年，区人大常委会在机关打造人大代表学习教育基地——“人大光辉历程”。全年邀请人大代表列席人大常委会会议 8 场，听取和审议“一府一委两院”专项工作报告 14 项，组织开展考察、调研、执法检查、述职评议等活动 45 场次，参加各类活动 750 多人次。深入推进县乡人大“巩固基础、强化履职”两年行动，五级人大代表 514 名开展“更好发挥人大代表作用”主题活动，共收集意见 28 条，形成代表建议 12 件。

激发代表担当　2022 年，区人大常委会大力宣传人大代表先进事迹，总结推广开展代表工作、代表联系群众的好经验好做法。全年各代表团办理民生实事 16 件、156 位代表做微民生实事 172 件，代表支援疫情防控、支持社会公益、帮扶慰问困难群众等捐款捐物价值共计 114.33 万元。

加强建议督办　2022 年，区人大常委会制定出台《梅江区人大常委会重点督办代表建议办法》《梅江区人大代表建议办理工作优秀案例评选办法》，组织开展 2022 年度代表建议办理工作集中督查和优秀案例评选，推动代表建议办理工作提质增效。区九届人大二次会议期间代表提出的 27 件建议和闭会期间提出的 12 件建议，均办理完毕并答复代表，答复率和代表满意率均 100%。

2022 年，梅江区人大社会建设代表小组联络点揭牌

（区人大办　供图）

【强化政治建设】　2022 年，区人大常委会严格执行常态化学习机制，常委会领导带头讲党课。全面推进机关党的建设，换届选举新一届党支部委员会，坚持“三会一课”制度，组织开展主题党日活动，组织人大干部参观熊锐故居、长沙烈士纪念园等，接受革命传统教育和爱国主义教育。健全完善常委会议事规则、人大常委会机关内控管理等各项制度。坚持

把党风廉政建设与人大工作同部署同落实，开展纪教月活动，坚持以案明纪释法，持之以恒加强作风建设、纪律建设。巩固拓展党史学习教育成果，扎实开展“扛责任转作风抓落实”专题组织生活会。自觉扛起全面从严治党主体责任，严肃党内政治生活，开展党内谈话，落实中央八项规定及其实施细则精神，营造风清气正、团结奋进的浓厚氛围。

（罗雄昌）

2022年5月17日，梅江区委人大工作会议在区委区政府礼堂召开

（区人大办　供图）

梅州市梅江区人民政府

主要会议

【区政府党组会议】

2022年，梅州市梅江区人民政府（以下简称区政府）党组书记、区长钟秀堂主持召开区政府党组（扩大）会议15次。

2022年梅江区人民政府党组会议一览表

表6

时间	会次	主要议题
1月10日	区政府党组（扩大）会议	学习习近平总书记在中央全面深化改革委员会第二十三次会议、中共中央政治局专题民主生活会、中共十九届六中全会第二次全体会议上的重要讲话精神，省委十二届十五次全会精神
1月27日	区政府党组（扩大）会议	学习习近平总书记在中共中央政治局常务委员会、省部级主要领导干部学习贯彻中共十九届六中全会精神专题研讨班开班仪式上的重要讲话精神，省十三届人大五次会议、省政协十二届五次会议、市委八届二次全会、市八届人大一次会议和市政协八届一次会议精神
2月16日	区政府党组（扩大）会议	学习习近平总书记参加中共中央政治局第三十六次集体学习、到山西考察调研时的重要讲话精神，十二届省纪委七次全会和八届市纪委二次全会精神
3月2日	区政府党组（扩大）会议	学习习近平总书记参加中共中央政治局会议、中共中央政治局第三十七次集体学习、中央全面深化改革委员会第二十四次会议上的重要讲话精神，市政府主要领导到梅江区调研主要精神、全市促进实体经济高质量发展大会精神，通报2021年梅江区行政规范性文件合法性审核工作情况
4月1日	区政府党组（扩大）会议	学习习近平总书记参加十三届全国人大五次会议、全国政协十三届五次会议上的重要讲话和全国两会以及全省传达贯彻习近平总书记重要讲话精神暨全国两会精神干部大会精神

续表 6

时　间	会　次	主要议题
5 月 7 日	区政府党组（扩大）会议	学习习近平总书记参加中共中央政治局常务委员会、北京冬奥会、冬残奥会总结表彰大会、中央全面深化改革委员会第二十五次会议、中共中央政治局第三十八次集体学习的重要讲话精神和李克强总理在讨论政府工作报告并听取有关方面意见建议、在经济形势部分地方政府主要负责人座谈会议上的讲话精神，省委书记李希、省长王伟中来梅州调研指示精神
5 月 27 日	区政府党组（扩大）会议	学习习近平总书记在庆祝中国国际贸易促进委员会建会 70 周年大会暨全球贸易投资促进峰会上的致辞精神和李克强总理在农业农村部考察并主持召开座谈会的讲话精神，省第十三次党代会、全市干部大会精神
6 月 27 日	区政府党组（扩大）会议	学习习近平总书记参加中共中央政治局会议、中共中央政治局第三十九次和第四十次集体学习、在四川考察重要讲话精神，李克强总理关于一季度经济形势和做好下一步经济工作的讲话、省第十三次党代会、省委十三届一次全会、全市干部大会、省政府副省长陈良贤来梅州调研精神
7 月 14 日	区政府党组（扩大）会议	学习习近平总书记参加中央全面深化改革委员会第二十六次会议、在湖北武汉考察、出席庆祝香港回归祖国 25 周年大会暨香港特别行政区第六届政府就职典礼的重要讲话精神
8 月 9 日	区政府党组（扩大）会议	学习习近平总书记在省部级主要领导干部“学习习近平总书记重要讲话精神，迎接中共二十大”专题研讨班、十九届中共中央政治局第四十一次集体学习的重要讲话
9 月 7 日	区政府党组（扩大）会议	学习习近平总书记对四川甘孜泸定县 6.8 级地震作出重要指示精神，李克强总理关于二季度上半年经济形势和做好下一步经济工作的讲话精神、在经济大省政府主要负责人经济形势座谈会上的讲话和在广东考察时的指示精神，王伟中省长在省政府常务会议上的讲话精神，市委办公室《关于大力支持改革创新宽容失误错误激励广大干部新时代新担当新作为的实施意见的通知》精神
10 月 12 日	区政府党组（扩大）会议	学习习近平总书记在中央全面深化改革委员会第二十七次会议、中共中央政治局会议上的重要讲话精神和中央办公厅关于有关问题查处情况的通报精神
10 月 27 日	区政府党组（扩大）会议	传达学习贯彻中共二十大和中共二十届一中全会精神

续表 6

时 间	会 次	主要议题
11 月 4 日	区政府党组（扩大）会议	学习习近平总书记在二十届中共中央政治局常委同中外记者见面会，二十届中共中央政治局第一次集体学习的重要讲话精神和市政府主要领导到梅江区调研招商引资、土地管理、统计纳统等工作的讲话精神
12 月 15 日	区政府党组（扩大）会议	学习贯彻习近平总书记在中共中央政治局常务委员会、中共中央政治局会议、党外人士座谈会的重要讲话精神和省委十三届二次全会、省委主要领导来梅州调研精神

【区政府常务会议】 2022 年，梅州市梅江区人民政府党组书记、区长钟秀堂主持召开区政府常务会议 14 次。

2022 年梅江区人民政府常务会议一览表

表 7

时 间	届 次	主要议题
1 月 10 日	九届〔2022〕第一次区政府常务会议	审议同意《梅江区关于乡镇（街道）有关人员享受政法委机关工作津贴的实施意见（送审稿）》、《梅州市梅江区 2022 年预算草案的报告（送审稿）》、授权广东梅江控股集团有限公司负责实施广东梅州经济开发区范围内政府储备土地前期开发事宜、调整盈投控股有限公司用地红线事宜
1 月 27 日	九届〔2022〕第二次区政府常务会议	审议同意《梅江区数字政府改革建设“十四五”规划（送审稿）》、《梅江区加强瓶装液化石油气安全管理工作实施方案（送审稿）》、梅江区消防救援大队记集体三等功事宜。部署春节期间有关工作
2 月 16 日	九届〔2022〕第三次区政府常务会议	审议同意《关于 2022 年 1 月梅江区新增债券使用分配方案（送审稿）》《梅江区贯彻落实〈梅州市青年发展规划（2021—2025 年）〉的实施方案（送审稿）》，通报农村人居环境整治“冬季攻坚”行动验收情况、2022 年 1 月财政收支执行情况和 2021 年、2022 年新增债券使用情况、房屋承灾体调查工作情况

续表 7

时　间	届　次	主要议题
3 月 2 日	九届〔2022〕第四次区政府常务会议	听取近期安全生产形势和消防工作情况、疫情防控工作情况汇报，通报全区 2022 年 2 月财政收支执行情况和 2021 年、2022 年新增债券使用情况
4 月 1 日	九届〔2022〕第五次区政府常务会议	审议同意《梅州市梅江区政府投资项目工程建设领域超投资问题治理的指导意见（试行）（送审稿）》《关于 2022 年 3 月梅江区新增债券使用分配方案（送审稿）》《梅江区财政性资金保值增值实施办法（暂行）（送审稿）》《梅江区加强预算单位资金存放管理的实施意见（送审稿）》《梅江区全民健身实施计划（2021—2025）（送审稿）》《梅江区客家民居外立面改造奖补方案（送审稿）》《梅江区农村“五小园”小生态板块建设方案（送审稿）》，通报 2021 年、2022 年新增债券使用情况、市民政局 2021 年民政重点工作综合检查情况
5 月 7 日	九届〔2022〕第六次区政府常务会议	审议同意《梅州市梅江区人民政府 2022 年度重大行政决策事项目录（送审稿）》《关于在全区公民中开展法治宣传教育的第八个五年规划（2021—2025 年）（送审稿）》《梅州市梅江区地质灾害防治规划（2020—2025 年）（送审稿）》《梅江区 2022 年度农村村内道路建设奖补方案（送审稿）》，以及实施环境卫生城乡一体化和市场化改革工作，通报《梅江区 2021 年行政复议、行政应诉案件情况分析报告》和房地产领域有关情况、撂荒地复耕复种工作情况、2021 年度梅江区知识产权保护工作考核结果情况、2021 年度梅江区人民政府质量工作考核结果情况、2021 年、2022 年新增债券使用、情况
5 月 27 日	九届〔2022〕第七次区政府常务会议	审议同意《梅州市梅江区 2022 年重点项目工作目标责任制实施方案（送审稿）》《梅州市梅江区区本级重大项目前期工作经费使用管理暂行办法（送审稿）》
6 月 27 日	九届〔2022〕第八次区政府常务会议	审议同意《关于 2022 年第二批梅江区新增债券资金使用分配方案及预算调整方案（送审稿）》《梅江区促进经济稳增长若干政策措施（送审稿）》《梅江区城市生活垃圾分类工作实施方案（2022—2025 年）（送审稿）》，通报 2022 年新增债券使用情况、2022 年 1—5 月财政收支执行情况
7 月 14 日	九届〔2022〕第九次区政府常务会议	审议同意《梅江区妇女发展规划（2021—2030 年）（送审稿）》、《梅江区儿童发展规划（2021—2030 年）（送审稿）》。通报 2022 年上半年预算执行情况，2022 年新增债券使用情况

续表 7

时　间	届　次	主要议题
8月9日	九届〔2022〕第十次区政府常务会议	审议同意《梅江区中小学临时聘请专任教师工作方案（送审稿）》《关于梅江区2022年清理盘活存量资金纳入预算安排使用方案的报告（送审稿）》《梅江区农村生活污水治理工作长效运维管理实施方案（送审稿）》，通报农村人居环境整治“夏季战役”专项行动情况、2022年1—7月财政收支执行情况、2022年新增债券使用情况
9月7日	九届〔2022〕第十一次区政府常务会议	审议同意申报周嘉祥为烈士有关事宜、江南街道梅江三路81-2两卡门店用于支持户政业务集中办理的相关事宜、将位于梅正路72号房产（原二轻联社资产）借给西郊街道办事处用作马石社区办公场所相关事宜，听取将保利江南苑三期项目配套幼儿园办成梅江区实验幼儿园分园的报告
10月12日	九届〔2022〕第十二次区政府常务会议	审议同意《梅江区东升工业园工程砂石土余渣有偿处置工作方案（送审稿）》、设立梅州市梅江区三角镇利园社区居民委员会和梅州市梅江区西郊街道办事处瑞兴社区居民委员会的事宜、将嘉应古城“5街20巷”提升改造项目列入区政府2022年度重大行政决策事项目录事宜，通报2022年1—9月财政收支执行情况、梅州市深化医药卫生体制改革（建设卫生强市）领导小组关于2021年深化医药卫生体制改革考核情况
11月4日	九届〔2022〕第十三次区政府常务会议	审议同意《梅州市梅江区2021年度国有资产管理情况综合报告（送审稿）》、《梅州市梅江区2021年度企业国有资产（不含金融类企业）管理情况专项报告（送审稿）》和组建梅江区西郊街道专职消防队事宜，通报2022年1—10月财政收支执行情况
12月15日	九届〔2022〕第十四次区政府常务会议	审议同意《梅州市梅江区突发事件总体应急预案（送审稿）》、《梅江区政府控制的屋顶光伏项目运用特许经营模式和授权实施机构（送审稿）》、《梅江区农村集中供水工程建后运营管理（送审稿）》、《关于2022年区级财政第二次预算调整的方案（送审稿）》、《梅江区村（社区）“两委”干部、村务监督委员会成员受处分（处理）后报酬扣减实施办法（试行）（送审稿）》、梅江区清理盘活存量资金纳入预算安排使用方案的报告，通报2022年1—11月财政收支执行情况

（李岱俊）

区府办工作

【概况】 2022 年，梅江区人民政府办公室（以下简称区府办）全面落实区委、区政府工作要求，坚持稳字当头，稳中求进，完整、准确、贯彻新发展理念。做好参谋、综合、协调、服务工作职责，激发内生动力，加快打造高质量发展示范区，为梅江全面建设社会主义现代化作出积极贡献。

【秘书工作】 2022 年，区府办秘书工作围绕中共二十大报告、结合办公室工作实际，开展学习讨论、座谈、分享学习心得，制定学习方案，坚持长期学、持续学、深入学，做到入脑入心、见诸行动，切实把思想和行动统一到中共二十大精神上来，用中共二十大精神武装思想、指导秘书工作。日常工作中，坚持使用文明语言，待人接物文明礼貌。接转电话（通知）、收发文件（传真）、群众来信来访、上下左右协调工作及时准确、规范有序；坚持原则，高质量、高效率地完成各项工作。全年发出文件共 400 余件，完成上级各类文件（不含密件）的呈批件 6400 余份，协调区领导和区直单位参加上级各类会议 100 多次。严格遵守相关保密规定和程序，做好收发公文的登记统计、传递、保存等工作，严格按规定和领导指示控制密级文件的知密范围，做好保密工作。打字室制作的各类公文基本符合要求，达到较高的印刷、装订水平，为区委、区政府各项政策的传达贯彻实施和各类会议的胜利召开起到较好的保障作用。

（李伟威）

【会务接待】 2022 年，区府办会务工作领会贯彻上级工作指示精神，积极向先进学习，不断提升业务技能和办会水平，周密组织、合理安排，办好办精各类型会议。全年共办理各项会务活动 222 场（次），其中区委常委会 36 场、全区性会议 6 场、电视电话会议 48 场、调研工作 45 次、举办活动 9 场次、专项工作会 78 场。组织举办区委九届第二次全会和熊锐故居开馆、2022 年（第三季度）重点项目集中动工、盈华电子 4 万吨高端铜箔项目一期投产二期动工、联进化工技改扩项目（一期）投产、飞翔云•数码港互联网产业园开园等大型活动。做好中央、省、市上级领导前来梅江区开展调研工作安排，全年中央有关部委和两任广东省委主要领导先后来梅江调研，严格执行上级通知要求，深入研究，制定具体可行的工作方案，第一时间把各项准备工作落实到人、细化每个环节，确保全流程调研工作圆满完成。同时，根据区委工作安排，落实区委领导各类型工作调研活动，制定详细工作方案和预案，确保不出任何纰漏，保障各项会务活动顺利进行。

（刘达意）

【事务服务】 2022 年，区府办事务服务中心严格按照上级有关部门的工作部署，明确工作目标，切实转变服务理念，扎实做好机关后勤管理、服务和保障工作。完善大院消防安全设施维护保养，加强大院安全保障机制，优化完善物业考核、整合资源等，对大院设施设备、安全监控、会场设备及会场后勤保障，在故障问题出现时建立“10 分钟快速反应机制”。规范高效做好政府采购工作，根据政府采购预算编制采购计划，做好政府采购预算和采购计划编报的衔接工作，确保采购计划严格按照政府采购预算的项目和数额执行。加强大院安保、美化绿化、环境卫生维护管理，保证机关干部职工健康安全，每年规定在大院内喷药除虫害不少于 10 次。完成 7 个会场的管理保障工作，以统一安排、统一调度为原则，积极做好“粤视会”“党政专用通信电视会议系统”应用，全年共保障各类会议活动 1338 场次。进一步规范公务用车，严格执行“粤政易”派车平台申请、审核、派车流程，全年保障区委、区政府调研外出、招商引资等，以及保障办公室各部门公务用车共 3586 辆次。

（黄晓芬）

【政务公开】 2022年，区府办政务工作坚持以习近平新时代中国特色社会主义思想为指导，加强政务工作制度建设，扎实推动工作落实，制度建设成果丰硕，制度保障进一步完善，工作成效明显提升。5月13日，《梅州日报》作《梅江区：全力推进“阳光政府”建设，政务公开工作显成效》的报道。5月28日，南方+新媒体作《连续三年获评优秀！梅江区以政务公开新质效促政府治理水平》报道。分别对梅江区政府网站、政务新媒体连续多年取得的优秀成绩进行报道，其中《梅州日报》的报道在“梅州日报”APP点击量1.6万次，《梅江发布》公众号对《梅州日报》的报道进行转载，推广区府办在网民办理工作以及在政府信息依申请公开工作中的有效做法。全年办理2件政府信息依申请公开答复，以及全区各单位办理的16件政府信息依申请公开答复，均未引起行政争议的情况，为近年全区在政府信息依申请公开工作中取得的最大突破。2022年先后起草制定《梅江区2022年政务公开工作要点分工方案》，起草印发《中共梅州市梅江区委办公室梅州市梅江区人民政府办公室关于做好政府网站、政务新媒体内容保障和监测工作的通知》，起草印发《梅州市梅江区人民政府办公室关于2022年第三季度政府网站、政务新媒体工作情况通报》，起草制定《梅州市梅江区人民政府办公室关于做好网民留言办理工作的通知》。大力推动政府网站升级改造工作，对网站版面、栏目进行重新规划、进行适老化改造，增加网站大数据分析功能，不断提升政府网站信息公开、政务服务和互动交流的服务能力，新开设“事业单位信息公开”和“优化营商环境”专栏，设立“校园动态”“医疗动态”子栏目。审批新开设“梅江文旅”抖音号，全年公开政府信息320条；同时建立工作机制、工作群实时管理等多种形式对政府网站和政务新媒体运行加强管理，建立更新周报、巡检周报工作机制。2022年交办市、区各类建议提案共150件，督办区人大建议区政协提案共101件，按时办复率、满意率均100%；办理市人大建议、政协提案答复49件，按时办复率、满意率均100%。牵头做好区行政许可事项清单编制工作，协调各单位按时完成行政许可清单编制工作，并草拟印发《梅州市梅江区人民政府关于公布梅江区行政许可事项清单（2022年版）的通知》。

（张德兴）

【督查保障】 围绕中心强督查 2022年，区府办督查工作围绕区委全会报告、区政府工作报告，制定印发《关于开展2022年区委区政府重点工作、区十件民生实事和区十件“微民生”实事督查工作的通知》，对《区委全会报告》和《政府工作报告》中确定的85项区重点工作、30项区十件民生实事和10项“微民生”实事进展情况，每月跟踪督办，定期通报，并将督查情况每季度整理成督查通报，为领导掌握第一手区情资料，加强经济社会运行监测和研判起到积极作用。

领导批示严督查 2022年，区府办督查工作认真领会领导批示精神，准确把握问题实质，对领导批示件登记造册并及时转办，每月15日前上报批示件办理情况及结果。按照“做一件成一件”的要求，注重督查方式创新，强化跟踪督办，突出结果导向，有效推动问题解决，切实做到“事事有着落、件件有回音”。全年办理区政府主要领导批示事项343件，所有批示件均做到闭环管理。

数字赋能+督查 2022年，区府办督查工作注重数字赋能，推进督查数字化建设，推动督查事项和办理流程“网上办”，提高领导批示和文件办理效率。加强督查数据分析应用，实现精准督查督办、高质高效落实。认真利用“互联网+督查”平台，及时开展专项督查督办，全年承办国务院大督查转办线索2宗，省政府互联网+督查案件8批，互联网+督查案件46批，内容涵盖国务院减税降费、疫情防控、农房居住安全问题、教育收费问题等。

（黄 炼）

【信访工作】 2022年，区府办信访部门深入学习贯彻习近平总书记关于信访工作的重要指示和第九次全国信访工作会议精神，紧紧围绕做好中共二十大信访保障工作、治理重复信访专项行动、学习宣传贯彻《信访工作条例》、提升基层源头治理能力等工作。推动化解一批信访疑难复杂问题，全年区信访部门共受理群众来信来访网信1469件次，比上年上升13.17%。2022年，区委、区政府领导对信访工作作出批示和指示共95件次，接访下访群众114批164人次，化解信访突出问题85宗。全年共转送信访事项810件，交办信访事项113件，督办信访事项16件；发出督办函5件、提醒函2件，充分发挥信访督查“利剑”作用。化解上级交办的第二批19宗重复信访积案、7宗重点信访事项、2宗倒流事项。实行初信初访“日清日结”机制，对739件初次信访事项，做到收件即转、当日清空，第一时间解决群众诉求。深入开展“国满件”评价工作，纳入考核的国家信访局满意度评价件共101件，职能单位评价93件，其中82件满意，满意率88.17%。全年编发《信访综报》12篇、《信访专报》5篇、调研报告2篇、《法治日报》刊载信访经验材料1篇、《南粤信访》刊载信访经验材料1篇。全面搭建三级“信访超市”，织密区镇村“三级联动”信访工作体系，不论群众在哪条街巷遇到问题，都能第一时间找到信访工作人员，快速接驳“三级联动”信访工作体系，实现问题高效解决，“信访超市”全年共接待群众来访318批624人次。通过全方位、多渠道的方式集中宣传贯彻《信访工作条例》，在全社会营造办事依法、遇事找法、解决问题用法、化解矛盾靠法的良好环境。

（叶裕聪）

【外事工作】 2022年，区外事工作落实中央、省委、市委和区委有关决策部署，落实维护政治安全八个专项行动要求，牢固树立总体国家安全观，以思想引领为基点，以防范风险为着力点，推动各项工作开展。全面做好涉外疫情防控常态化，抓实抓细涉外疫情防控各项工作。认真落实国家安全、意识形态工作主体责任，不断加强国家安全和意识形态等内容学习，铸牢总体国家安全观，抓好舆论引导，积极传播正能量，坚决筑牢安全屏障。

（李岱俊）

政务服务数据管理

【概况】 2022年，梅江区政务服务数据管理局推进数字政府建设，深化“放管服”改革，提升“12345”政务热线办理实效，高标准通过省级政府一体化政务服务能力第三方调查评估。2022年梅江区实现行政审批事项100%网上受理、100%网上办结，“互联网+监管”覆盖率排名全市第一，“12345”政务服务便民热线工单量排名全市各县（区）第二，群众满意率99.85%。

【政务服务建设】 2022年，区政务服务数据管理局印发《关于“行政审批事项100%网上受理，100%网上办结”操作指引的通知》，完成1579项实施清单线上线下办事全渠道梳理，100%可在广东省政务服务网申请办理，100%进驻市统一申办受理平台。7月25日，对区民政局、退役军人事务局、人力资源和社会保障局、市公安局梅江分局等因场地限制等无法进驻梅江区政务服务大厅的7个单位办事窗口加挂分厅牌，1579项政务服务事项全部进驻梅江区政务服务大厅或分厅，办理各类业务61.36万件，其中各分厅办理31.05万件，线上多渠道办理49.69万件，网上申办率80.97%，全流程网办率97%。公布1633项政务服务事项“全市通办”清单，梅江区（镇、街道）政务服务大厅实现政务服务事项异地代收代办、全流程网上办理和一体机自助办理新模式，全年共为企业群众办理“全市通办”业务1.12万件。部署119台“粤智助”政府服务一体机，群众通过“粤智助”可办理事项156项，办件业务量15.6万笔，服务群众超过4.5万人次。

2022年4月1日，梅江区投放119台“粤智助”政府服务一体机供办事群众使用
（区政务服务数据局 供图）

【营商环境优化】 2022年，区政务服务大厅将市、区企业开办相关业务和“证照联办”受理窗口纳入“企业开办”主题服务区，完善窗口运行机制和服务标准，通过“证照联办”系统办理业务2489件，其中区级办理168件、镇级办理2321件。加强窗口与工程建设项目审批单位的线上线下全流程审批融合，工程建设项目实现“一窗受理、并联审批”，通过梅州市工程建设项目审批系统办理业务294件，提前办结275件，提前办结率93.54%。推广使用“粤系列”、惠民信息平台等政务服务平台，全年梅江区粤商通注册市场主体6.04万户，粤省事注册27.58万户。对新设立企业实行费用“四免”服务，相关费用由政府“买单”，为1812户新办企业节省27.18万元。

【数据要素应用】 2022年，区政务服务数据管理局完善政务信息系统清单、公共数据资源清单和需求清单合计393个，启动挂接数据工作，挂接各单位数据221个。开展涉税数据归集整理工作，涉税17个单位31项涉税数据，完成21个涉税数据的编目并挂接数据和10个说明，完成率100%。建设“数说梅江”数据看板，设置产业跃升、改革创新、城市更新、乡村振兴、生态建设、幸福提升和治理增效7个大专题20个小专题，实现数据可视化。

【服务载体创新】 2022年，区政务服务数据管理局统筹推进信创OA（办公自动化）系统建设，实现市、区、镇三级政务运行和公文办理“一事直达、一文通办”，93个单位通过一体化政务协同发送公文8万件，办理公文80万件。实现粤政易在线审批功能全面覆盖，全区开设账号7453个，激活率100%，活跃率82.14%，58个区级单位、7个镇级单位实现粤政易在线审批公文。在惠民信息平台增加村民小组“三资”（资金、资产和资源）和基层小型工程项目公开内容，完成“全纳管全公开”，全年发布惠民补贴信息38.62万条，监管资金1.05亿元，受益38.62万人次，咨询54条、投诉量17条，回复率100%。

【行政效能监督】 2022年，区政务服务数据管理局定期通报“12345”政务服务便民热线工单办理情况，并根据市局“12345”热线平台数据研判分析中满意率较低的类型工单进行提醒、督办。全年共接到市热线办派发电子工单1.44万件，回访工单数1.37万件，群众满意率99.85%，按时办结率100%。印发《关于做好“互联网+监管”数据汇聚工作的函》，督促区相关单位将监管数据录入到国家“互联网+监管”系统，并常态化做好后续监管数据的汇聚工作。梅江区监管事项402项，实施清单472项，有监管行为事项383项，无监管行为事项19项，监管事项覆盖率95.27%。推进政务服务“好差评”在全区政务服务大厅和职能单位大厅窗口全覆盖，全年共收到12.94万件政务服务评价，整改完成9件差评工单，差评整改率100%，主动评价率99.1%，大厅推广度77.5%，政务服务质量得分

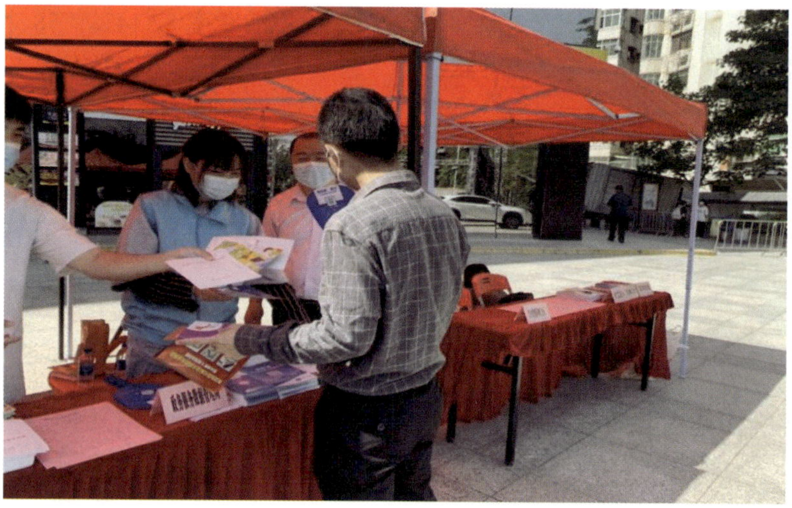

2022 年 4 月 10 日，梅江区政务服务数据管理局在客都汇广场开展“粤系列”、惠民信息平台等政务服务平台宣传活动

（区政务服务数据局　供图）

9.9 分，综合评分 9.4 分，排名全市（县、区）前三。

（古梦瑶）

应急管理

【概况】　2022 年，梅江区应急管理局召开“三防”会商会议 26 次、森林防火会商会议 10 次，启动防汛Ⅳ级应急响应 2 次，启动救灾Ⅳ级应急响应 1 次，科学应对有气象记录后第二强“龙舟水”洪涝灾害，确保受灾群众“零伤亡”；及时处置 2 起小型森林火灾事故，有效防止较大以上森林火灾事故的发生，实现“打早打小打了”的目标。全年全区发生一般生产安全事故 2 起、死亡 2 人，事故起数和死亡人数与上年持平，守住不发生较大以上安全生产事故的底线。2022 年，梅州市对区安全生产责任制考核，梅江区获评优秀等次。

【政治建设】　2022 年，区应急管理局坚持不懈落实第一议题制度，巩固拓展党史学习教育成果。实施新时代基层干部主题培训行动计划，深化模范机关创建，不断加强党风廉政和机关作风建设。落实新一轮加强党的组织建设三年行动计划，落实基层党组织“平急转换”机制，大力提振班子和党员干部干事创业精气神。紧紧围绕“疫情要防住、经济要稳住、发展要安全”目标要求，高效推动全区应急管理取得新进展新成效。2022 年，组织第一议题学习 29 次、中心组理论学习 14 次、支委学习 17 次、党员学习 19 次、干部职工学习 19 次、主题党日学习 12 次。

【安全生产】　2022 年，区应急管理局认真做好迎接市对区安全生产责任制考核工作，牵头制定细化区级安全生产责任制考核方案，组织开展区级安全生产责任制考核工作，并将考核情况进行全区通报。层层签订《梅江区安全生产责任书》《梅江区森林防灭火工作责任书》《梅江区地区防洪安全责任书》，促进各有关部门工作责任落实。健全考核督查通报机制，以安委办、森防办、“三

2022 年 9 月 8 日，梅江区应急管理局安全生产检查人员到中石化江南加油站、西阳高速服务区加油站开展中秋节前安全生产督导检查

（区应急局　供图）

防”办等议事协调机构牵头抓总，定期开展督查、检查、及时通报，充分发挥“督查考核”激励效应。2022年是安全生产专项整治三年行动集中攻坚之年，牵头开展金属冶炼企业安全生产专项执法检查行动、危险化学品领域“打非治违”专项行动、烟花爆竹检查专项行动、有限空间作业专项整治等专项执法行动。根据节假日安全生产工作要求，先后开展全区“五一”国际劳动节、中秋、国庆、中共二十大等节日和重点时段的安全生产督导检查工作，并分别组织开展工贸行业“百日清零”行动、系统防范化解道路交通安全行动、电器线路火灾隐患整治、城镇燃气“百日行动”、自建房安全专项整治、铁路沿线隐患治理，电动自行车领域消防安全综合治理等安全专项整治工作。同时积极推动全区水上交通安全机制建立，组织开展船舶安全整治和旅游景区玻璃桥专项整治行动。全年发出现场检查记录177份，限期整改指令书70份，整改复查意见书70份；排查整改隐患163处，其中以区安委办名义挂牌督办隐患2宗，以区应急管理局名义提请区委、区政府挂牌督办隐患1宗，整改完成率100%；行政立案17宗，行政强制2宗，作出行政处罚金额110.4万元，进一步净化全区安全生产环境。在工贸行业“百日清零”行动中，面对“粉六条”（第一条，不同种类的可燃性粉尘、可燃性粉尘与可燃气体等易加剧爆炸危险的介质共用一套除尘系统，不同防火分区的除尘系统互联互通；第二条，干式除尘系统未规范采用泄爆、隔爆、惰化、抑爆、抗爆等一种或多种控爆措施；第三条，除尘系统采用重力沉降室除尘，或者采用干式巷道式构筑物作为除尘风道；第四条，铝镁等金属粉尘除尘系统未采用负压除尘方式；其他可燃性粉尘除尘系统采用正压吹送粉尘时，未规范采取火花探测消除等防范点燃源措施；第五条，粉碎、研磨、造粒、砂光等易产生机械火花的工艺，未规范采取杂物去除或火花探测消除等防范点燃源措施；第六条，未按规范制定粉尘清理制度，作业现场和相关设备设施积尘未及时规范清扫；铝镁等金属粉尘的收集、贮存等处置环节未落实防水防潮、通风、氢气监测等必要的防爆措施）隐患企业多、整治难度大的困难，积极担当、主动作为，取得良好的“清零”成效，被评为全市先进单位，2名干部被评为先进个人。

2022年6月23日，梅江区安委会、区应急管理局在江北文化公园广场组织举办安全宣传咨询活动　　（区应急局　供图）

【普法宣传】　2022年，区应急管理局通过制定普法依法治理工作计划和责任清单，逐项对照狠抓落实，在全区“谁执法、谁普法”履职评议活动获评优秀等次。做好芹洋安全文化主题公园日常修缮维护，争取市应急管理局支持，在三角镇成功创建全市第一个社区安全文化园“同心园”，成为全市安全和应急知识进社区宣传创新典范。同时把疫情防控、党员志愿活动和安全生产宣传活动结合起来，深入开展安全知识宣传进社区、进农村、进企业、进家庭、进学校的宣传活动，并通过LED屏、楼宇视频点和“大喇叭”等平台，播放安全生产和防灾减灾等宣传影音资料。组织相关企业人员参加网络课堂学习，开展安全知识和应急知识竞赛。组织广大群众参与广东应急普法“线上马拉松”活动，全年张贴宣传海报 208 张，发放宣传折页、手册 2 万多份，环保袋、宣传杯等宣传品 1 万多份。

【应急预案】 2022 年，区应急管理局在做好非煤矿山、危险化学品、烟花爆竹等重点企业的应急预案备案工作的同时，及时修订《梅州市梅江区突发事件总体预案》和《梅州市梅江区防汛防旱防风防冻应急预案》等 5 个应急预案，完善梅江区隔离场所、方舱医院和亚定点救治医院的相关预案机制。全力推动区、镇两级突发事件应急委员会“双主任”制度，指导各镇（街道）制定应急管理委员会工作细则，进一步完善基层应急管理组织体系，提高协调联通和应对突发事件能力。印发《关于推进村（社区）防灾减灾“十个有”建设工作的通知》，加大对各村（社区）“十个有”（有组织体系、有大喇叭、有警报器、有应急照明、有小册子、有风险地图、有明白卡、有应急值守、有宣传栏、有避难场所）建设的组织指导，明确工作要求和具体措施。组织各镇（街道）及时修订完善镇级应急处置方案，指导各村（社区）完善村级“一页纸”应急处置方案，确保出现灾情第一时间科学应对。修订《梅州市梅江区受灾群众生活救助工作实施方案》，做好全区受灾群众生活救助工作，切实保障受灾群众基本生活。组织各镇（街道）、相关单位召开值班值守、信息报送和应急救援队伍建设协调会会议，理顺值班值守和信息报送相关工作。

【“三防”工作】 2022 年，区应急管理局组织各成员单位在全区范围内开展汛前防汛防风大排查，区“三防”办牵头成立 4 个督查组，对全区防汛安全准备工作进行督查。全年梅江区召开“三防”形势会商研判会 26 场，排查隐患 4568 处，全部落实整改。在“龙舟水”期间，区应急管理局分管领导防范工作成绩突出，获评全省“三防”工作先进个人。

【森林防灭火】 2022 年，区应急管理局严格落实森林防灭火责任制和野外火源管理措施，细化网格管理，紧盯进山路口、旅游线路等关键部位和重点人群，以设点检查加动态巡查的方式，筑牢森林防火严密防线。全年先后开展全区林内用电设施设备森林火灾隐患大排查大整治、清明期间森林防火安全大排查和“猎火行动 2022”专项排查整治工作。同时，在特殊节日时期，实行森林火情零报告制度，要求各镇（街道）党政主要领导在岗带班，加强值班值守，杜绝脱岗、漏岗现象发生，确保领导不缺位、责任不脱节。2022 年，购置水泵、风力灭火机、帐篷、照明灯等应急物资一批，以及应急专用水车、运兵车、工具车和指挥车各 1 辆，组建完成 370 兆频率无线对讲自组网，配备对讲机 38 部，并定期清点检查应急物资，确保物资充足，保障正

2022 年 6 月 15 日，梅江区应急管理局组织应急抢险人员列到城北镇开展强降雨期间人员转移和搜救 （区应急局 供图）

常使用。通过组织森林消防大队（应急救援大队）队员参加2022年省市县镇村森林防灭火“五级”联动应急实战演练，开展森林防灭火和综合性防汛抢险演练、水库调度和山洪灾害防御应急预案桌面推演等活动，进一步提高应急队员的综合素质和抢险救援能力。

（张远健）

消防救援

【概况】 2022年，梅江区消防救援大队坚持“稳中求进、全面过硬”的工作基调，守住社会面火灾防控稳定的安全底线，火灾形势平稳可控。全年接警出动188次，抢救被困人员5人、疏散148人，抢救财产价值198.62万元，保护财产价值387.82万元。全年发生火灾146起，比上年下降21.5%。全年处置“1·10”月梅路家具厂、“1·27”大园巷、“4·19”梅县广梅北路卫浴店、“9·4”正兴路奥园星汇等火灾事故，支援清远英德“6·23”洪涝灾害增援等。2022年，梅江区消防救援大队被区委、区政府记集体三等功1次，梅江区金山消防救援站被广东省委宣传部命名为第八批全省学雷锋活动示范点，消防救援大队熊超、杨沐青被广东省消防救援总队评为“支队级单位优秀干部”。

【消防安全整治】 2022年，梅江区消防救援大队以梅江区消防安全专项整治三年行动为主线，推动出台7个工作实施方案，推进消防安全大检查、“扫雷”行动、高层建筑重大火灾风险专项整治、居民住宅小区消防安全大排查大整治等消防安全专项整治工作。全年检查单位842家，督促整改火灾隐患、违法行为454处；发出行政处罚决定书43份，临时查封决定书8份；责令“三停”（停止施工、停止使用、停产停业）单位7家，罚款52.86万元；推动“三小”（小档口、小作坊、小娱乐）场所安装无线智能火灾感烟探测器7809个。梅江区消安委办公室对镇（街道）、行业部门履职情况开展督导8次，发出督办告知函17份，并形成书面报告区政府常务会议。

【消防监督执法】 2022年，梅江区消防救援大队推动7个镇（街道）全面建立消防所并实体化运行，利用综合行政执法权限下放契机，全面推进消防监督执法。全年镇（街道）消防所发出处罚决定书12份。其中，三角镇5份，江南街道4份，西阳镇2份，西郊街道1份。罚款金额7.31万元。

【火灾隐患整改】 2022年，梅江区消防救援大队对梅州城区1072家“三合一”（住宿与生产、储存、经营等一种或几种用途混合设置在同一连通空间内的场所）违规住人场所实行红牌警示管理，提醒镇（街道）加强督促场所整改。联合区住建局印发《梅州市梅江区居民住宅小区消防安全大排查大整治专项行动工作方案》，推动梅州城区77个物业管理住宅小区开展消防安全评估，并将评估报告报送梅江区住建局备案，全面清查居民住宅小区消防安全隐患。推动城区50栋高层公共建筑，聘请消防技术服务机构开展消防安全风险评估，督促高层建筑服务管理单位落实消防安全主体责任，落实隐患整改工作。全年对出租屋、批发市场、宗教场所、经营性自建房等场所开展联合检查10余次。

【消防宣教】 2022年，梅江区消防救援大队利用西桥公园新地标粉色摩天轮、游乐场、水上乐园及公交站牌等固定宣传平台投放消防宣传内容100多处，联合梅江区卫健局在全区疫苗接种点、核酸检测点设置消防宣传展板50多块，在人行天桥、主要道路悬挂消防安全宣传横幅标语10多条，出动消防宣传车宣传100多次。加强与《羊城晚报》《南方日报》等媒体协调合作，全年刊载文稿70多篇，拍摄消防安全科普教育节目10多期，增强公众消防安全意识，树立消防救援队伍良好形象。开展发动群众收看“119”消防宣传月活动启动仪式、综合体投放卡通形象人偶、队站开放等消防安全宣传

2022 年 7 月 28 日，团市委青少年科普夏令营师生 50 多名在梅江区消防救援大队参观学习　　（区消防救援大队　供图）

教育活动。全年开展消防宣传“五进”（进社区、进学校、进企业、进农村、进家庭）活动 180 多场，对城区 142 家幼儿园、5000 多名学校教职工开展消防安全培训，梅江区 4 个消防体验场馆开放活动 70 多场，发动基层力量消防志愿者 2.5 万人次开展进村入户、“敲门行动”等活动 500 多次。同时，借助“防灾减灾宣传周”、“创文”工作等开展消防知识宣传 10 多场。

【实战训练演练】 2022 年，梅江区消防救援大队编制修订预案 116 份，组织开展熟悉演练 150 多次，排查道路 90 条，检查市政消火栓 994 个，制作完善梅江区水源图册。全年开展装备集中检查和操作应用考核 22 次，典型灾害事故处置桌面推演 24 次，配合镇（街道）专职队、微型消防站联勤联训 72 次，累计 136 名消防队员参加高空绳索救援、舟艇、基础生命支持资质、驾驶员、安全员、心理骨干、卫生员培训，灭火救援客观基础和人才准备充分有力。集中学习灭火救援基础理论、各类灾害事故处置及典型战例，明确作战单元编成，常态化开展模拟训练。加强战术研究和实战演练，不断在灭火救援实战中锤炼“三小”场所快速控制火势操作方法等，队伍整体作战能力得到提升。严格落实安全员制度，严控风险隐患，全程管控行动安全，全年检查车辆装备和营区安全 92 次，车辆配备高清行车记录仪，每周开展安全教育，每月开展安全理论考试，让安全知识入脑入心。

（赖映玲）

土地房屋征收

【概况】 2022 年，梅江区土地房屋征收安置中心按照区委、区政府的工作部署，扎实有序推动 33 个重点项目征收工作（2022 年新增项目 4 个），其中市级项目 32 个，区级项目 1 个。完成梅州市工业废物管理服务项目、梅州市国防教育训练基地建设项目（一期）、东升污水处理厂二期扩容提标及改造、华苑路提升改造、富

2022 年 7 月 20 日，梅江区消防大队在东汇城大型综合体开展灭火救援实战演练　　（区消防救援大队　供图）

奇路至正兴路“生命通道”、梅州市2014年第二批次上村村城镇建设用地项目（上村农场地块）6个征收项目，全年共征收房屋24座，土地32.67公顷，向市土地储备中心移交土地65.07公顷。

【梅江区三角镇在征项目】2022年,三角镇实施项目5个,完成项目3个,暂缓项目1个。

梅州教育城综合体项目 项目累计签约房屋115座，占任务总数122座的94.26%；集体土地签约56.56公顷，占任务总数57.27公顷的98.76%；附着物签约56.67公顷，占任务总数57.27公顷的98.95%；坟墓签约243座,占任务总数245座的99.18%。

梅州市2021年度第一批次城镇建设用地项目（粤马混凝土） 项目需征收集体土地面积1.48公顷，签约未补偿。

梅州市2021年度第三批次城镇建设用地项目（三龙加油站） 项目需征收集体土地面积0.47公顷,发布补偿安置公告。

梅州市2021年度第十二批次城镇建设用地项目（客连线留用地） 项目需征收面积1.64公顷，发布征收土地预公告。

梅州市2022年度第十批次（长冈小学）项目 项目需征收面积0.7公顷,附着物签约完成。

梅州市2021年度第九批次市政规划道路（安康西路）项目 项目需征收面积0.28公顷，暂缓实施征收。

梅州市2021年度第七批次城镇建设用地项目（东升污水处理厂） 项目完成征收任务，并移交市土地储备中心。

富奇路至正兴路“生命通道”项目 项目完成征收任务，并移交市土地储备中心。

华苑路提升改造工程项目 项目完成征收任务，并移交三角镇建设。

【梅江区金山街道在征项目】2022年，金山街道实施项目6个，暂缓项目1个。

金山教育及配套用地项目（市高职一、二期） 项目累计签约房屋261座，占任务总数268座的97.39%；集体土地签约31.64公顷，占任务总数31.91公顷的99.15%；签约附着物31.6公顷，约占任务总数31.86公顷的99.18%；坟墓签约完成。

梅江区碧桂路南侧学校用地及城镇建设用地项目 项目房屋、附着物、坟墓完成签约补偿。

东山文旅康养小镇建设用地项目（一期） 项目房屋完成签约；集体土地累计签约16.80公顷，占任务总数19.33公顷的86.91%；附着物签约18.20公顷，占任务总数18.33公顷的99.29%；坟墓签约344座，占任务总数368座的93.48%。

学子大道延长线建设项目（学子大道至梅松路） 项目房屋完成签约；累计签约土地2.17公顷，占任务总数3.04公顷的71.38%；签约附着物2.45公顷，占任务总数2.93公顷的83.62%；签约坟墓1座，占任务总数2座的50%。

梅州市2020年度第十六批次（军警水上训练基地）项目 项目需征收面积1.22公顷，发布征收土地预公告。

梅州市2022年度第十批次（广东梅州职业技术学院）项目 项目需征收面积0.11公顷，签约补偿完成。

东仓巷维修改造项目 项目需征收0.17公顷，暂缓实施征收。

【梅江区江南街道在征项目】2022年，江南街道实施项目1个。

堤下路（江南路至剑英体育馆）建设用地项目 项目房屋完成签约，实施清表工作。

【梅江区西郊街道在征项目】2022年，西郊街道实施项目1个，暂缓项目1个。

西郊街道黄塘村四五组城镇建设用地项目 项目集体土地、房屋、坟墓完成签约；累计签约附着物0.59公顷，占任务总数0.62公顷的95.16%。

嘉应医学院扩建项目 项目需征收1.08公顷，房屋10座，集体土地0.83公顷，附着物21户，坟墓21座。暂缓实施征收。

【梅江区西阳镇在征项目】2022年,西阳镇实施项目7个,完成项目2个,暂缓项目1个,停止征收项目 1 个。

梅州市 2021 年度第五批次城镇建设用地项目（四平村） 项目完成征收任务，并移交市土地储备中心。

梅州市 2020 年度第六批次城镇建设用地项目（新联村） 项目需征收面积 7.88 公顷，完成签约未补偿。

西阳镇莆田城镇建设用地项目 项目需征收土地面积 0.63 公顷，房屋 2 座，暂缓实施征收。

西阳镇龙坑老年公寓项目 项目需征收房屋 3 座，集体土地 6.93 公顷，地面附着物户主 104 户，坟墓总数 7 座，完成测量未签约。

西阳镇龙坑村城镇建设项目（观塘湖） 项目需征收面积 4.61 公顷，房屋 3 座，土地 4.61 公顷，附着物 4.61 公顷，完成测量未签约。

梅州市 2021 年度第二批次城镇建设用地项目（工业废物管理服务） 项目完成征收任务，并移交市土地储备中心。

梅州市 2021 年度第八批次城镇建设用地项目（万业混凝土） 项目需征收面积 2.25 公顷，发布征收土地预公告。

梅江区西阳镇阁公岭村城镇建设用地项目 项目需征收面积 0.71 公顷，累计签约附着物 0.21 公顷，占任务总数 0.71 公顷的 29.58%。

梅州市 2021 年度第十批次城镇建设用地项目（白宫变电站） 项目需征收面积 0.1 公顷，发布征收土地预公告。

梅州市 2022 年度第十一批次城镇建设用地项目（四平村） 项目需征收面积 2.75 公顷，发布征收土地预公告。西阳镇莆蔚村 2019 年度第二批次城镇建设用地项目（康养项目） 撤销批文，不再征收。

【梅江区城北镇在征项目】

2022 年，城北镇实施项目 3 个，完成项目 1 个。

现代农产品物流中心项目 项目集体土地全部签约，剩余 5 户房屋、3 户坟墓未签约，移交土地 30 公顷。对未征收房屋、坟墓暂缓实施征收。

梅州市 2021 年度第六批次城镇建设用地项目（爱丽丝） 项目需征收面积 1.94 公顷，土地、坟墓完成签约未补偿，暂缓实施征收。

梅州市 2021 年度第十一批次城镇建设用地项目（乐得鲜） 项目需征收面积 1.19 公顷，发布征收土地预公告。

梅州市 2014 年第二批次上村村城镇建设用地项目（上村农场地块） 项目完成征收任务，并移交市土地储备中心。

【梅江区长沙镇在征项目】

2022 年，长沙镇实施项目 1 个。

梅州市 2020 年度第十二、十三、十四批次城镇建设用地项目（环湖路） 项目需征收面积 9.24 公顷，房屋 87 座，附着物 32.33 公顷，坟墓 740 座。累计签约土地 5.72 公顷，占总任务数 32.33 公顷的 17.69%。因道路设计规划调整，暂停征收工作。

【梅江区其他在征项目】

2022 年，其他实施项目 2 个。

梅州市 2020 年度第十批次城镇建设用地项目 项目征收范围涉及三角镇、西阳镇，需征收面积 5.86 公顷，完成测量未签约。

新建瑞金至梅州铁路（广东段）项目（梅江区段） 项目征收范围涉及城北、三角、西阳镇、金山街道、东升工业园区管委会，项目需征收 52.03 公顷。房屋签约 11 座，占任务总数 23 座的 47.83%；土地签约 21.34 公顷，占任务总数 52.03 公顷的 41.01%；附着物签约 68 户，占任务总数 376 户的 18.09%；坟墓签约 49 座，占任务总数 225 座的 21.78%。

（廖爱芬）

中国人民政治协商会议梅州市梅江区委员会

主要会议

【概况】 2022年，中国人民政治协商会议梅州市梅江区委员会（以下简称区政协）设办公室、提案委员会、经济委员会、港澳台侨外事委员会、社会和法制委员会、文化和卫生委员会、农业和农村委员会7个工作机构。2022年，区政协发挥人民政协专门协商机构作用，履行政治协商、民主监督、参政议政职能。全年举办政协全体会议1次、党组会议18次、常委会会议4次、主席会议10次；开展调研、考察活动20次；政协委员提交提案41件，立案41件，全部提案均在规定时间内办理完毕；补选区政协常委3名。

【区政协八届二次会议】 中国人民政治协商会议第八届梅州市梅江区委员会第二次会议，于2022年3月7—9日在区委、区政府礼堂召开。会议审议通过区政协主席赖经烈代表八届区政协常务委员会所作的工作报告和区政协副主席卢小敬代表八届区政协常务委员会所作的提案工作情况报告。区政协委员列席梅州市梅江区第九届人民代表大会第二次会议，听取并讨论《政府工作报告》及其他报告。会议补选古玉莉、李淦基、陈纪擎为政协第八届梅州市梅江区委员会常务委员。会议认为区政府以习近平新时代中国特色社会主义思想为指导，深入贯彻落实习近平总书记对广东系列重要讲话和重要指示批示精神，按照省委、市委工作部署，全面落实区委“1+1+7”工作要求，坚持稳中求进工作总基调，砥砺奋进、攻坚克难，全力推动经济社会平稳健康发展，“十四五”发展实现良好开局。会议期间，区政协委员以高度的政治责任感和历史使命感，紧紧围绕激发内生动力，推动高质量发展，提升中心城区首位度和区委、区政府的中心工作，聚焦发展先进制造业、加快项目建设、城市精细化管理、乡村振兴发展、生态环境保护、民生保障等工作，深入协商讨论，积极建言献策，通过提交提案、参加座谈会、小组讨论等形式，提出许多建设性意见建议。会议强调，2022年是中共二十大召开之年，区政协要坚持以

2022年3月8日，中国人民政治协商会议第八届梅州市梅江区委员会第二次会议在区委、区政府礼堂开幕 （区政协办 供图）

习近平新时代中国特色社会主义思想为指导，认真贯彻中共十九大和中共十九届历次全会精神，紧紧围绕区第九次党代会和区委九届二次全会的决策部署，深入落实区委“1+1+7”工作要求，坚定维护核心、倾力服务中心、坚守为民初心、广泛凝聚人心，充分发挥专门协商机构作用，为梅江加快打造高质量发展示范区贡献政协智慧和力量。会议号召，区政协全体委员，要更加紧密地团结在以习近平同志为核心的党中央周围，在中共梅江区委的正确领导下，充分发挥人民政协制度的优势，围绕区委、区政府工作中心，主动履职尽责，为加快打造高质量发展示范区作出政协新贡献。

【区政协党组会议】 2022 年，区政协党组书记赖经烈主持召开区政协党组会议 18 次。

2022 年梅江区政协党组会议一览表

表 8

时　间	会　次	主要议题
1 月 19 日	区政协党组（扩大）会议	传达学习习近平总书记在全国政协新年茶话会上的重要讲话精神和其他重要讲话精神以及市委八届二次全会、区委九届二次全会等精神。研究部署疫情防控、春节前走访慰问、机关工会换届等工作
2 月 21 日	区政协党组会议	传达学习习近平总书记在十九届中央纪委六次全会上的重要讲话精神和其他重要讲话精神。审议“中共政协梅州市梅江区委员会党组 2022 年工作要点”
2 月 21 日	区政协党组（扩大）会议	传达学习习近平总书记在 2022 年春节团拜会上的重要讲话精神和其他重要讲话精神以及中共中央办公厅《关于加强和改进新时代市县政协工作的实施意见》。专题研究部署全面从严治党暨党风廉政建设、机关党建等工作
3 月 18 日	区政协党组会议	研究有关人事事宜
3 月 21 日	区政协党组会议	专题研究机关干部职级晋升工作
3 月 22 日	区政协党组（扩大）会议	传达学习习近平总书记在全国两会上的重要讲话和全国两会精神和其他重要讲话精神。研究部署近期有关工作
3 月 22 日	区政协党组会议	专题研究机关干部职级晋升工作
4 月 20 日	区政协党组（扩大）会议	传达学习习近平总书记在北京冬奥会、冬残奥会总结表彰大会上和在海南考察时的重要讲话精神和其他重要讲话精神。研究部署机关党支部换届、“创文”等工作
5 月 13 日	区政协党组（扩大）会议	传达学习习近平总书记在庆祝中国共青团成立 100 周年大会上的重要讲话精神和其他重要讲话精神。审议《区政协“聚焦广东梅州经济开发区东升工业园区提质增效工作，推动梅江实体经济高质量发展”专题议政工作方案》

续表 8

时　间	会　次	主要议题
6月21日	区政协党组（扩大）会议	专题传达学习省第十三次党代会精神，研究贯彻落实措施
7月6日	区政协党组会议	专题研究机关干部职级晋升工作
7月15日	区政协党组会议	专题研究机关干部职级晋升工作
7月20日	区政协党组（扩大）会议	传达学习习近平总书记在庆祝香港回归祖国二十五周年大会暨香港特别行政区第六届政府就职典礼上的重要讲话精神和其他重要讲话精神。研究部署疫情防控、“创文”、专题组织生活会等工作
8月15日	区政协党组（扩大）会议	传达学习习近平总书记在中央统战工作会议、党外人士座谈会上的重要讲话精神和其他重要讲话精神。研究部署2022年区政协机关纪律教育学习月活动等工作
9月28日	区政协党组（扩大）会议	传达学习习近平总书记在辽宁考察时的重要讲话精神和其他重要讲话精神。研究部署疫情防控、机关党建、政协履职等工作
10月27日	区政协党组（扩大）会议	专题传达学习中共二十大精神，研究学习宣传贯彻措施
11月11日	区政协党组（扩大）会议	传达学习习近平总书记在瞻仰延安革命纪念地和陕西延安、河南安阳考察时的重要讲话精神和其他重要讲话精神。审议《区政协学习宣传贯彻党的二十大精神工作方案》，研究增补区政协八届委员会委员建议人选名单
12月20日	区政协党组会议	研究有关人事事宜

【区政协主席会议】 2022年，区政协主席赖经烈主持召开八届二次至八届十一次区政协主席（扩大）会议。

2022年梅江区政协主席会议一览表

表 9

时　间	会　次	主要议题
1月19日	区政协八届二次主席（扩大）会议	传达学习习近平总书记在全国政协新年茶话会上的重要讲话精神和其他重要讲话精神。研究部署近期有关工作
2月21日	区政协八届三次主席（扩大）会议	传达学习习近平总书记在2022年春节团拜会、十九届中央纪委六次全会上的重要讲话精神和其他重要讲话精神。研究区政协八届二次会议筹备工作

时　间	会　次	主要议题
2 月 28 日	区政协八届四次主席会议	安排部署区政协八届二次会议筹备工作
3 月 22 日	区政协八届五次主席（扩大）会议	传达学习习近平总书记在全国两会上的重要讲话和全国两会精神和其他重要讲话精神。审议《区政协关于“加强城区小区物业管理，提高小区管理水平”专题民主监督实施方案》
4 月 20 日	区政协八届六次主席（扩大）会议	传达学习习近平总书记在北京冬奥会、冬残奥会总结表彰大会上和在海南考察时的重要讲话精神和其他重要讲话精神。研究部署专题议政、民主监督、提案办理等工作
5 月 13 日	区政协八届七次主席（扩大）会议	传达学习习近平总书记在庆祝中国共青团成立 100 周年大会上的重要讲话精神和其他重要讲话精神。研究区政协八届二次会议重点提案督办及近期有关工作
6 月 21 日	区政协八届八次主席（扩大）会议	传达学习习近平总书记在十九届中共中央政治局第三十九次、四十次集体学习时的重要讲话精神。研究部署专题议政、提案督办、走访委员等工作
7 月 20 日	区政协八届九次主席（扩大）会议	传达学习习近平总书记在庆祝香港回归祖国二十五周年大会暨香港特别行政区第六届政府就职典礼上的重要讲话精神和其他重要讲话精神。研究部署近期有关工作
8 月 15 日	区政协八届十次主席（扩大）会议	传达学习习近平总书记在中央统战工作会议、党外人士座谈会上的重要讲话精神和其他重要讲话精神。安排部署区政协八届五次常委会会议筹备工作
11 月 11 日	区政协八届十一次主席（扩大）会议	传达学习习近平总书记在瞻仰延安革命纪念地和陕西延安、河南安阳考察时的重要讲话精神和其他重要讲话精神。研究增补区政协八届委员会委员建议人选名单

【区政协常委会会议】 2022 年，区政协主席赖经烈主持召开八届二次至八届五次区政协常委会会议。

2022 年梅江区政协常委会会议一览表

表 10

时　间	会　次	主要议题
2 月 28 日	区政协八届二次常委会会议	传达学习习近平总书记在全国政协新年茶话会、2022 年春节团拜会上的重要讲话精神和其他重要讲话精神。协商讨论《政府工作报告（征求意见稿）》，审议区政协八届二次会议有关事项

续表 10

时　间	会　次	主要议题
3 月 8 日	区政协八届三次常委会会议	协商酝酿审议政协第八届梅江区委员会常务委员候选人建议名单，审议政协第八届梅江区委员会第二次会议选举办法（草案），审议政协第八届梅江区委员会第二次会议选举大会监票人、总监票人建议名单
3 月 9 日	区政协八届四次常委会会议	听取政协第八届梅江区委员会常务委员选举计票情况报告，确认选举结果
8 月 31 日	区政协八届五次常委会会议	围绕“聚焦梅州经济开发区提质增效工作，推动梅江实体经济高质量发展”开展专题议政

主要工作

【提案工作】　2022 年 3 月，区政协八届二次会议共收到提案 41 件，立案 41 件。提案紧扣中心，贴近实际，涉及文化教育、乡村振兴、环境卫生、基础设施建设等经济社会各项事业发展，反映人民的期待和诉求。通过办理，许多意见和建议被区委、区政府以及有关部门在制定相关政策、发展规划和具体工作中得到落实和体现，对促进梅江区经济社会高质量发展发挥积极作用。

【协商建言】　2022 年，区政协积极开展各种形式、各种层次的协商议政活动，推进党政科学民主决策发挥重要作用。区政协八届二次会议期间，通过大会发言、小组讨论、征集提案等形式，组织委员对区委主要领导讲话、政府工作报告深入协商建言；通过召开界别委员代表座谈会，围绕梅江实体经济发展、农业农村发展、城市管理、医疗卫生及教育事业发展等方面提出许多富有建设性的意见建议。聚焦推动梅州经济开发区高质量发展，充分开展调查研究的基础上，召开区政协常委会会议进行专题议政，形成《聚焦梅州经济开发区提质增效工作，推动梅江实体经济高质量发展》专题议政报告，得到区委主要领导充分肯定。积极为梅江教育发展鼓与呼，召开教育界政协委员“我为梅江教育争光彩”专题座谈会，促进梅江教育事业高质量发展建净言、献良策。

【民主监督】　2022 年，区政协利用专题民主监督、提案督办、专题视察、大会发言等形

2022 年 8 月 31 日，梅江区政协专题议政会议在东升工业园区管委会召开
（区政协办　供图）

式发挥政协民主监督职能作用，助推党委和政府工作要求贯彻落实。发挥提案的监督作用，全年累计审查立案 41 件提案，通过完善提案征集、办理、反馈制度，增强提案督办实效，有力推动一批重点问题的解决。强化民主监督实效，围绕“加强城区小区物业管理，提高小区管理水平”和区政府 2022 年民生实事项目“深入实施‘粤菜师傅’‘南粤家政’二项工程情况”开展专题民主监督，通过现场考察、座谈听取汇报和会议建言，推进相关工作进度，助力民生实事项目落地开花、提质增效。发挥政协委员担任各类监督员作用，组织委员参加区法院案件庭审、区检察院听证会、廉洁征兵、食品监管执法监督等活动，扩大民主监督范围。

【参政议政】 2022 年，区政协将专题调研作为政协委员参政议政、建言献策的重要活动形式，紧紧围绕区委、区政府工作部署和推动梅江高质量发展，认真选题，组织各专委会、界别活动小组开展调研活动。组织政协委员围绕红色文化资源的开发与利用开展专题调研，就如何进一步保护和挖掘梅江红色文化资源，抢抓苏区振兴发展机遇，推动文旅融合发展提出对策建议。组织政协委员赴蕉岭考察学习乡村振兴工作，围绕如何充分挖掘乡村的生态、旅游、文化价值，推动农文旅融合发展，助推乡村振兴积极建言献策，为梅江实施乡村振兴战略提供决策参考。组织政协委员围绕医养结合养老服务开展专题调研，从提升医养结合能力、加强政策协同、人才队伍建设等方面提出切实可行的意见建议。

【关注民生】 2022 年，区政协牢固树立履职为民的理念，把更好满足人民日益增长的美好生活需要作为政协工作的出发点和落脚点，关注群众急难愁盼和关键小事，紧扣民生关切献计出力，努力做到人民政协为人民。紧紧围绕区政府民生实事、微民生实事制定履职工作计划，组织政协委员围绕老旧小区改造、美丽乡村建设、养老服务等开展调研考察活动，助推民生工程落到实处，不断提高群众的获得感、幸福感。组织引导政协委员通过提案、社情民意信息等形式，及时传递民声民愿，搭建党委、政府听取民声的桥梁，“加强百岁山郊野公园环境卫生管理”“加强小区物业管理”“解决农村饮水安全问题”等一批民生类提案、社情民意信息得到有效办理落实。聚焦群众关切，区政协主席会议专程到区交通运输局督办关于“加快推进西阳镇桃坪村道路拓宽工程”等重点提案，并召开重点提案承办单位提案办理工作推进会，推动提案办理落地落实，西阳镇桃坪村群众出行难题得到有效解决。开展 2022 年“广东扶贫济困日”活动，组织政协机关干部深入挂钩联系的西阳镇龙岗村，为“巩固脱贫成果，助力乡村振兴”奉献爱心和力量。组织政协机关干部深入挂钩联系的西阳镇龙岗村、金山街道东郊村，做好全国文明城市创建、疫情防控宣传和走访慰问等工作。

2022 年 12 月 14 日，梅江区政协召开社会和法制委员会民生实事民主监督座谈会

（区政协办 供图）

【团结合作】 2022年，区政协坚持区政协党组成员联系民主党派制度，深化与民主党派、工商联的合作共事，努力把参加政协的各党派团体和各界人士的思想和行动统一到区委的决策部署上来。注重发挥工、青、妇等各界别和各团体的作用，关注残疾人、老年人、青少年等群体的权益问题。开展“走访委员、走入群众、走进基层”主题活动，主动走访联系新一届区政协委员，了解委员工作生活情况，激励委员在本职工作中勇于担当、争先创优，鼓励引导委员积极反映各界别的意愿诉求，做好理顺情绪、化解矛盾、增进共识的工作。

【交流联谊】 2022年，区政协加强与工商、经济、港澳等界别委员群众的沟通联系，推动发挥港澳委员在维护特区长期繁荣稳定和促进家乡经济社会发展的积极作用。协助组织服务省、市政协考察组到梅江区考察，加强与各县（市、区）政协的交流联系，接待服务龙岩市上杭县、汕头市龙湖区、汕头市金平区等地政协考察组到梅江区开展活动，并进行深入的学习交流，积极宣传介绍梅江经济社会发展情况和客家历史文化。

【模范机关创建】 2022年，区政协持续深化模范机关创建，开展无偿献血、垃圾分类、无烟机关和节约型机关创建等活动，引导机关干部职工不断增强文明意识、提升文明素质。精心建设“书香政协”，定期开展“学习宣传贯彻中共二十大精神，全面提升履职实效”读书交流活动，引导机关干部多读书、读好书、善读书，在深学中细悟新思想、新论断、新要求、新知识。修订完善《政协机关干部职工岗位责任制》，细化岗位职责，进一步提升调查研究、信息化建设、办文办会等工作质量，提升机关服务效能，增强执行力。持之以恒正风肃纪，严格贯彻落实中央八项规定及其实施细则精神，坚决反对形式主义、官僚主义，进一步规范调研考察、公务接待和各类会议活动，自觉接受区纪委监委派驻纪检监察组履行监督职责，努力锻造风清气正的政协机关。

【履职服务】 2022年，区政协落实“懂政协、会协商、善议政，守纪律、讲规矩、重品行”的要求，加强对政协委员的履职培训和思想引导，全面增强政协委员履职本领，提高建言建在需要时、议政议到点子上、监督监在关键处的水平。区政协换届后，及时调整完善政协委员工作室建设，增强政协委员之间的互动、交流、联谊，进一步拓宽政协组织联系基层、联系群众的渠道，支持政协委员努力争做党的政策宣传员、思想政治引领者、界别群众贴心人。

【传播政协好声音】 2022年，区政协加强政协理论和宣传阵地建设，保持意识形态工作正确的政治方向、舆论导向、价值取向。利用《人民政协报》《梅州日报》及梅江新闻等新闻媒体，及时反映政协委员履职动态，宣传政协履职实效，扩大人民政协的社会影响。进一步提升《梅江政协》会刊出版的质量和水平，创新思路、丰富形式，宣传政协委员参与国是、议政建言、传播共识的风采，讲好讲活讲新梅江变化、政协故事，传播好声音，弘扬正能量。

（黄　健）

中国共产党梅州市梅江区纪律检查委员会·梅州市梅江区监察委员会

主要会议

【概况】 中国共产党梅州市梅江区纪律检查委员会（以下简称区纪委）第九届纪律检查委员会设纪委书记 1 人、纪委副书记 2 人、纪委常委 4 人、纪委委员 21 人，纪委机关内设机构 13 个科室。2022 年，梅州市梅江区委纪检监察系统坚持以习近平新时代中国特色社会主义思想为指导，全面贯彻中央纪委和省纪委、市纪委以及区委工作部署，以史为鉴、开创未来，埋头苦干、勇毅前行，推动全面从严治党、党风廉政建设和反腐败斗争向纵深发展，为梅江加快打造高质量发展示范区作出应有贡献。全年区纪委常委会组织召开区纪委九届二次全会，召开常委会会议 35 次。

【区纪委九届二次全会】 2022 年 2 月 18 日，中国共产党梅州市梅江区第九届纪律检查委员会第二次全体会议召开。会议坚持以习近平新时代中国特色社会主义思想为指导，全面贯彻中共十九大和中共十九届历次全会精神，总结 2021 年纪检监察工作，部署 2022 年工作任务。市委常委、副市长，区委书记陈金銮出席会议并讲话。陈金銮强调要深入学习贯彻习近平总书记在十九届中央纪委六次全会上发表的重要讲话精神，切实增强全面从严治党的政治自觉和行动自觉，把“六个必须”（必须坚持以党的政治建设为统领，坚守自我革命根本政治方向；必须坚持把思想建设作为党的基础性建设，淬炼自我革命锐利思想武器；必须坚决落实中央八项规定精神、以严明纪律整饬作风，丰富自我革命有效途径；必须坚持以雷霆之势反腐惩恶，打好自我革命攻坚战、持久战；必须坚持增强党组织政治功能和组织力凝聚力，锻造敢于善于斗争、勇于自我革命的干部队伍；必须坚持构建自我净化、自我完善、自我革新、自我提高的制度规范体系，为推进伟大自我革命提供制度保障）、“九个坚持”（坚持党中央集中统一领导；坚持党要管党、全面从严治党；坚持以党的政治建设为统领；坚持严的主基调不动摇；坚持发扬钉钉子精神加强作风建设；坚持以零容

2022 年 2 月 18 日，中国共产党梅州市梅江区第九届纪律检查委员会第二次全体会议在区委、区政府礼堂召开 （区纪委 供图）

忍态度惩治腐败；坚持纠正一切损害群众利益的腐败和不正之风；坚持抓住“关键少数”以上率下；坚持完善党和国家监督制度）运用到全面从严治党工作实践中，持续打好党风廉政建设和反腐败斗争攻坚战持久战，以全面从严治党新成效书写梅江合格答卷。区委常委、区纪委书记江元泉代表区纪委常委会作题为《弘扬伟大建党精神，坚定推进自我革命，为梅江加快打造高质量发展示范区提供坚强纪律保障》的工作报告。区委、区人大常委会、区政府、区政协领导班子成员，区法院、区检察院主要负责人，区纪委副书记、区监委副主任，区政协秘书长，各镇（街道）党政主要负责人；区直正科以上单位和市属驻区各单位主要负责人、分管纪检监察工作的负责人，区纪委委员，区监委委员，区纪委监委机关各室、各派驻组负责人和二级主任科员以上干部，区委巡察机构副科职以上干部参加会议。

【区纪委常委会会议】 2022年，梅江区委纪律检查委员会书记江元泉主持召开区九届纪委常委会会议35次。

2022年梅江区纪委常委会会议一览表

表11

时间	会　次	主要议题
1月20日	区九届纪委常委会第一次会议	研究讨论推荐区纪委监委副科职人选考察对象事宜
1月21日	区九届纪委常委会第二次会议	审议《在中国共产党梅州市梅江区第九届纪律检查委员会第二次全体会议上的工作报告（送审稿）》，研究领导班子成员分工和人事工作，研究分析全区纪检监察信访举报，研究案件审理事宜
2月17日	区九届纪委常委会第三次会议	研究组织人事工作，讨论加挂区纪委监委机关党建办事宜和公务员2021年度考核优秀建议人选
3月3日	区九届纪委常委会第四次会议	审议派驻机构相关规定，审议《关于健全区纪委监委派驻机构与驻在部门党组（党委）协调机制的指导意见（送审稿）》《梅江区纪委监委派驻机构工作报告暂行办法（送审稿）》，研究机关人事工作
3月17日	区九届纪委常委会第五次会议	研究案件审理事宜，研究国有资产处置等机关事务
3月24日	区九届纪委常委会第六次会议	研究讨论推荐区纪委监委正股职、四级主任科员人选考察对象等事宜
3月24日	区九届纪委常委会第七次会议	讨论推荐区直单位正职人选考察对象和区纪委监委四级调研员、二级主任科员、三级主任科员人选考察对象等事宜
4月1日	区九届纪委常委会第八次会议	研究案件审理、组织人事工作和工会事宜
4月14日	区九届纪委常委会第九次会议	研究2022年第一季度全区纪检监察信访举报工作情况、信访工作要点、纪检监察机关审查调查工作情况和案件审理事宜，讨论机关制度完善事宜

续表 11

时间	会 次	主要议题
4 月 29 日	区九届纪委常委会第十次会议	审议《梅江区纪委监委关于 2022 年深入整治群众身边腐败和作风问题的工作方案（送审稿）》、研究案件审理事宜和人事工作
5 月 13 日	区九届纪委常委会第十一次会议	研究意识形态工作，研究网络安全专项工作和案件审理事宜
5 月 27 日	区九届纪委常委会第十二次会议	研究人事工作和案件审理事宜
6 月 9 日	区九届纪委常委会第十三次会议	审议《梅江区纪委监委深化惠民信息平台运行监督工作办法（送审稿）》，研究组织人事工作
6 月 23 日	区九届纪委常委会第十四次会议	研究派驻机构设置、案件审理事宜
7 月 5 日	区九届纪委常委会第十五次会议	专题研究人事工作
7 月 8 日	区九届纪委常委会第十六次会议	专题听取各室（组）、镇（街道）纪（工）委及巡察办 2022 年上半年工作情况汇报
7 月 12 日	区九届纪委常委会第十七次会议	专题研究干部考察对象推荐事宜
7 月 20 日	区九届纪委常委会第十八次会议	专题研究案件审理工作
7 月 21 日	区九届纪委常委会第十九次会议	专题研究意识形态工作，审议《梅江区纪委监委关于推动整治优化营商环境突出问题专项工作方案（送审稿）》，研究分析 2022 年上半年全区纪检监察信访举报工作情况
8 月 4 日	区九届纪委常委会第二十次会议	研究人事工作、案件审理和专项资金使用情况
8 月 19 日	区九届纪委常委会第二十一次会议	研究人事工作及工会事宜，研究案件审理和专项资金使用情况
9 月 2 日	区九届纪委常委会第二十二次会议	专题研究保密工作，研究人事工作和领导班子分工事宜
9 月 9 日	区九届纪委常委会第二十三次会议	专题研究干部考察对象推荐事宜
9 月 15 日	区九届纪委常委会第二十四次会议	研究诫勉和案件审理事宜，研究人事工作和 2023 年度项目经费预算编制
9 月 29 日	区九届纪委常委会第二十五次会议	研究濂溪书院管护费用事宜和案件审理事宜

续表 11

时间	会 次	主要议题
10 月 12 日	区九届纪委常委会第二十六次会议	研究案件审理事宜
10 月 26 日	区九届纪委常委会第二十七次会议	专题学习贯彻中国共产党第二十次全国代表大会精神
10 月 28 日	区九届纪委常委会第二十八次会议	研究分析全区纪检监察信访举报情况，研究案件审理、机关工会事宜和人事工作
11 月 10 日	区九届纪委常委会第二十九次会议	研究《梅江区村（社区）“两委”干部、村务监督委员会成员受处分后薪酬扣减办法（试行）（送审稿）》和人事工作
11 月 18 日	区九届纪委常委会第三十次会议	审议区纪委学习宣传贯彻中共二十大精神的通知和工作方案，研究人事工作
11 月 22 日	区九届纪委常委会第三十一次会议	部署区纪委机关疫情防控工作，研究案件审理事宜
11 月 29 日	区九届纪委常委会第三十二次会议	专题研究区纪委人事工作等事宜
12 月 8 日	区九届纪委常委会第三十三次会议	研究意识形态工作和案件审理事宜
12 月 15 日	区九届纪委常委会第三十四次会议	专题听取各室（组）、各镇（街道）纪（工）委 2022 年度工作情况汇报，研究党建工作和人事工作
12 月 20 日	区九届纪委常委会第三十五次会议	专题研究干部考察对象推荐事宜

主要工作

【主体责任】 2022 年，梅江区委常委会传达学习党风廉政建设文件、会议精神 8 次，研究反腐败工作、巡察工作、党员纪律处分等 10 次。全力支持区纪委监委履行监督职责，在编制、经费等方面提供全方位支持保障。区委主要领导部署党风廉政建设重点工作，督办重要案件，对巡察问题点人点事 37 条次，区分管领导出席被巡察单位反馈会议并约谈 14 个被巡察单位主要负责人。区纪委监委积极履行协助职责和监督专责，及时请示报告涉及监督的重大事项、重要工作，按规定请示报批线索处置、案件 15 条（件）。

全力保障政令畅通 2022 年，区纪委严明政治纪律和政治规矩，坚持日常监督、审查调查从政治纪律从严查起。按照党中央和省委、市委工作部署，加强监督检查，围绕区委“1+1+7”工作要求，打造高质量发展示范区，提升中心城区首位度等目标任务，加强对接融湾先行区建设、壮大实体经济、乡村振兴、文明创建、惠企政策措施落实、重点项目推进等中心工作跟进监督。全年开展监督检查 194 次，发现并纠正问题 611 个，有力保障各项任务落实见成效。

【精准监督】 压实管党治党责任 2022 年，区纪委紧盯“关键少数”，组织 58 名单位负责人向区委述责述廉，建立健全镇（街道）和区直正科级单位负责人廉政档案 52 份，约谈工作落实不力的党组织一把手 15 人。加强对提拔干部和年轻干部的教育监督管理，对 10 名提拔区直“一把手”进行任前廉政谈话，落实“两个责任”，推动管党治党严紧硬。

延伸派驻机构监督　2022 年，区纪委加强对派驻机构的指导、管理和保障，制定印发《关于健全区纪委监委派驻机构与驻在部门党组（党委）协调机制的指导意见》《梅江区纪委监委派驻机构工作报告暂行办法》，规范派驻机构的请示报告、协作配合、线索移送机制。增设驻区委政法委纪检监察组，派驻纪检监察组增加到 7 个，同步充实人员，优化调整派驻纪检监察组监督范围。全年全区派驻纪检监察组发现问题 447 个，提出意见建议 119 条，立案 12 件。

织密监督网络　2022 年，区纪委督促区直各单位党组织“一把手”开展党内谈话 540 人次，党员领导干部开展党内谈话 826 人次，做到抓早抓小、红脸出汗、防微杜渐。运用“四种形态”（党内关系要正常化，批评和自我批评要经常开展，让咬耳扯袖、红脸出汗成为常态；党纪轻处分和组织处理要成为大多数；对严重违纪的重处分、作出重大职务调整应当是少数；而严重违纪涉嫌违法立案审查的只能是极少数）批评教育帮助和处理 160 人次，其中运用“第一种形态”100 人次，占 62.5%。规范审重把好选人用人政治关、廉洁关，为 396 名提拔任用、职级晋升、评先评优等人选回复党风廉政意见，防止“带病入围”“带病提拔”。

2022 年 9 月 16 日，区纪委监委结合纪律教育学习月活动在濂溪书院开展情景党课　（区纪委　供图）

推动基层监督　2022 年，区纪委督促推动优化升级惠民信息平台，扩展村民小组“三资”（资金、资产和资源）信息公开板块，全面完成全区 81 个行政村合计 1052 个村民小组的“三资”信息录入。拓展基层小型工程建设项目信息公开板块，完成镇、村 290 个基层建设项目基本情况的录入，涉及项目资金 7059.28 万元。印发《梅江区纪委监委深化惠民信息平台运行监督工作办法》，加强对平台使用监督管理，定期抽查，发现问题跟进督促整改，充分利用“互联网+”“大数据+”以公开推动监督下沉，保障惠民利民政策落实到位。

【惩腐治贪】　严查整治　2022 年，区纪委持续减存量、遏增量，有案必查、有腐必惩，充分利用信访举报办理、专项整治、配合公安检察审计部门协作、巡察派驻监督、以案带案的方式，多层次挖掘问题线索，严查快处，高效率查办案件。全年共受理信访举报 73 件，立案 81 件 81 人，其中涉及科级干部 15 人，留置 4 人，给予党纪政务处分 58 人；全区镇（街道）纪（工）委立案 26 件。

突出重点　2022 年，区纪委紧盯教育医疗、征地拆迁、司法执法等重点领域，紧盯关键人关键事，坚持受贿行贿一起查，查处市第三人民医院原院长温某章严重违纪违法问题等重点案件。市纪委开展案件质量考评，抽查梅江区自办案件 10 件，5 件被评为 A 等高质量案件。牢牢守住不发生安全事故的底线，严格落实“走读式”谈话各项规定，落实各项审查调查安全制度，确保审查调查“双安全”“零事故”。

警示教育　2022年，区纪委加大案件曝光力度，对审查调查发现的普遍性问题，发出纪检监察建议书4份，建立完善行贿人信息库。协助召开以案为鉴以案促改专题民主生活会，深入检视剖析典型案件，认真对照落实整改。选取中共十九大以后梅江区被查处的严重违纪违法领导干部丘某良、李某发、陈某等7人的忏悔书，拍摄警示教育片《忏悔的泪水》并编印《忏悔录选编》发送区领导及区直单位、各镇（街道）主要负责人等“关键少数”。同时，选取相关职能部门人员履职不到位案例，制作作风教育片《作风警鉴》，以身边事警示教育身边人。

【纠“四风”树新风】　2022年，区纪委紧盯“四风”新表现新动向和重要节日节点，对违规吃喝、收送礼品礼金、公务用车、公务接待、餐饮浪费等行为严查严治，深挖彻查作风问题背后的腐败行为。全年开展明察暗访22次，发现问题45个，查处违反中央八项规定3件11人。推进9个专项整治和13个行业整治，约谈行政审批事项“100%网上受理、100%网上办结”工作主要指标排名靠后的镇（街道）、单位分管负责人6人，对政务服务为他人谋取利益的问题给予党纪政务处分3人。协助区委制定《梅江区贯彻落实〈关于加强新时代廉洁文化建设的意见〉的分工方案》，细化明确29项重点任务。制作“品格承莲洁•风骨传清音”廉洁文化主题党课微视频，组织开展征文大赛编印《梅江廉韵》作品集，在全社会营造良好的廉洁文化氛围。

（范科登）

民 主 党 派

中国国民党革命委员会梅州市梅江区总支部委员会

【概况】 2022 年，中国国民党革命委员会梅州市梅江区总支部委员会（以下简称民革区总支）以习近平新时代中国特色社会主义思想为指导，毫不动摇坚持中国共产党的领导，坚定不移走中国特色社会主义道路，围绕梅江区委、区政府中心任务，落实区委、区政府工作部署，找准定位、担当作为，积极履行参政议政、民主监督、政治协商的职能，为推进梅江高质量发展作贡献。努力建设政治坚定、组织坚实、履职有力、作风优良、制度健全的新时代民革基层组织。

【思想建设】 2022 年，民革区总支坚持政治引领，夯实共同思想基础，深入学习习近平新时代中国特色社会主义思想。通过召开系列会议和学习活动，深入学习贯彻中共二十大精神。开展“不忘合作初心，继续携手前进”“矢志不渝跟党走，携手奋进新时代”主题教育学习活动，组织民革党员学习中共党史、新中国史、改革开放史、社会主义发展史、多党合作史、民革党史等，引领广大民革党员增强“四个意识”、坚定“四个自信”、做到“两个维护”。传达学习贯彻中央统战工作会议精神，重温《中国共产党统一战线工作条例》，按照“新时代多党合作要有新气象、思想共识要有新提高、履职尽责要有新作为、参政党要有新面貌”“做中国共产党的好参谋、好帮手、好同事”的总要求，自觉用习近平新时代中国特色社会主义思想这一马克思主义中国化的最新理论成果武装头脑、指导实践、推动工作，筑牢共同思想政治基础，全面加强党派自身建设，努力提高履职能力和水平。

【参政议政】 2022 年，民革区总支积极参政议政，为梅江发展助力。坚持中国共产党的领导，共同致力于国家富强、民族复兴、人民幸福，是中国共产党领导的多党合作的初心所在。民革作为中国共产党领导的参政党之一，不但要坚持中国共产党领导，也要在习近平新时代中国特色社会主义建设进程中积极参与建言献策活动，画好“同心圆”。各级委员、代表围绕中心、服务大局，努力彰显特色优势，充分发挥建言资政作用，体现民革党员责任担当。民革党员李绮琼、叶小生、钟蔚玲、钟梅君、叶小铭等各级人大代表、政协委员积极参与各级人大、政协参政议政工作。1 月 27 日，总支主委李绮琼接受市电视台记者采访，话题为扶持实体书店发展，“留住城市书香”。3 月 8 日，总支副主委钟梅君在区两会期间接受记者采访，就梅江发展乡村产业，建设精美农村，如何巩固拓展脱贫攻坚成果同乡村振兴有效衔接建言献策。总支副主委钟蔚玲负责年度总支课题调研，开展关于落实教育“双减”政策的调查并执笔完成调研报告《关于扩大教育资源，改革评价体系，促教育均衡发展——“双减”政策实施调研报告》，撰写提案《关于增设乐育中学南校门交通红绿灯建议》。9 月 27 日，主委李绮琼参加全区党外人士座谈会，作关于“一城两坊”传承保护开发利用的建议发言。12 月 9 日，骨干党员参加市级课题调研活动，围绕“新型材料”“发展柚果精深加工”等课题到梅县区调研。9 月 1 日，主委李绮琼参加全区统战系统传达学习贯彻中央统战工作会议精神，就梅江民革如何贯彻落实中央统战工作会议精神作发言。11月17日，主委李绮琼在区党外人士（学习宣传贯彻中共二十大精神）座谈会上代表区民革以题为“与党同心、凝心聚力、履职担当、敬业奉献”发言并接受梅江直播记者采访。

【组织建设】 2022年，民革区总支加强自身建设，提升组织活力。不断加强自身建设，开展丰富多彩、形式多样、主题突出的活动，提升民革基层组织活力。1月5日，与市委会共同开展“送温暖下基层”活动，在市民革主委伍德凤带领下，到梅江区长沙镇、丰顺县砂田镇进行慰问，送春联、送粮油、慰问金等，给212户困难群众送上民革组织的关怀与温暖。1月7日，总支召开2021年年终总结会，对2021年度总支工作进行总结与回顾，为2021年度梅江民革优秀党员颁发荣誉证书。3月6日，民革区总支一支部开展党史学习教育，主题为“弘扬红军精神，缅怀中山先生”。民革党员集中到平远县红四军第三纵队七支队驻地旧址（张家祠）、红四军第一纵队政委驻地旧址（华宝馆）、民国广东四大银行金库旧址（中央、中国、交通、农民四大银行金库所在地）和红四军纪念园等党史学习教育基地参观学习。3月8日，民革区总支二支部开展庆祝第112个国际劳动妇女节活动，主题为“加强学习 提升素质 做魅力女性”，旨在激发民革党员对生活的热爱之情，共同建设和谐组织。7月17日，组织全区民革党员到蕉岭开展“矢志不渝跟党走，携手奋进新时代”红色主题教育学习活动。9月11日，组织民革党员到梅江区周溪濂溪书院开展“非凡十年•梅江颜值美丽蝶变”周溪河走访参观活动，参观“十里梅花”长廊、濂溪书院。11月6日，民革总支受民革广东省委会的委托，开展关爱抗战老兵活动，组织慰问抗战老兵2名（西阳镇的丘克、黄方），代表省委会分别送上慰问金1000元。通过活动的开展，进一步坚定民革党员理想信念，增强光荣感、使命感，班子整体能力得到提升。

【社会服务】 2022年，民革区总支积极参与社会公益活动，打造民革服务品牌。4月6日，民革党员叶小生，充分发挥区人大代表表率作用，为梅江区疫情防控工作奉献力量，助力政府疫情防控工作，积极参与抗疫物资爱心捐赠活动，为梅江区三角镇基层疫情防控中心献爱心防疫物资1批，价值1万元。10月23日，全区民革党员同心战“疫”，携手并肩，共克时艰，自发捐款购买抗疫物品送至丰顺县支持抗疫工作。民革党员吴丽娜借助企业影响力筹集资金近8万元购买抗疫物品，联合本企业员工多次将物品送至丰顺抗疫基层一线。叶小铭、叶小生等共30多名民革党员慷慨解囊，捐款1万多元购买卫生防护用品、食品等送给抗疫一线志愿者，为志愿者增添前行的信心与力量。叶小生、叶小铭、曾晓凤、巫丽英等民革党员常年为困难群众、孤寡老人、寒门学子捐款捐物、修桥铺路，无私奉献、主动作为。全区民革党员在关键时刻凝心聚力，汇聚力量，以强烈的社会责任感展现责任与担当。

【传承发展】 2022年，民革区总支加强内部监督和自我教育、自我约束、自我管理，展现参政党团结和谐、务实进取、风清气正的良好形象。自觉传承优良传统，互敬互爱，互相关心。民革区总支和各支部在春节、重阳节等节日开展慰问老党员、生病党员、困难党员等20多人次。民革党员在岗位敬业勤勉，取得突出成绩。2022年9月，民革区总支副主委钟梅君提拔为梅江区文化广电旅游体育局副局长。

（李绮琼）

中国民主同盟梅州市梅江区总支委员会

【概况】 2022年，中国民主同盟梅州市梅江区总支委员会（以下简称民盟区总支）以习近平新时代中国特色社会主义思想为指导，围绕区委、区政府发展大局，民盟中央、省、市委确定的重点任务，积极履行参政党职能，加强自身建设，民盟区总支各项工作均取得新成效。

【思想建设】 2022 年，民盟区总支以迎接中共二十大、民盟十三大的召开为契机，深入开展“矢志不渝跟党走、携手奋进新时代”政治交接主题教育，不断夯实多党合作的共同思想政治基础。召开多场专题学习会，学习中央统战工作会议精神、中共二十大报告精神等，为班子成员订购《群言》杂志，全年组织骨干盟员赴坚真纪念馆、何天炯及何子渊故居、熊锐故居、仁居红军纪念园等红色教育基地现场学习 7 场次。

【组织建设】 2022 年，民盟区总支开展建设活力型民盟基层组织活动，展示民盟整体形象。如坚持春节上门慰问 80 岁以上老盟员，慰问重病盟员，赴玉水古村落开展“三八”国际妇女节踏青活动，转发盟组织重阳节慰问信等，提升民盟梅江区总支整体活力、凝聚力、执行力，全年发展盟员 4 人。2022 年，民盟区总支主委徐莉获评广东省民盟庆祝广东民盟组织成立 80 周年“优秀盟员”。

【参政议政】 2022 年，民盟区总支紧扣区委、区政府中心工作，积极调研，建言献策，先后组织骨干盟员赴丰顺县东秀村、梅江区笙竹村和玉水村、平远县龙文—黄田省级自然保护区、望杏坊鹤和楼、梅江区花卉交易市场等地走访调研，开展“三产融合推动乡村振兴”“乡村产业振兴”等专题调研。区政协八届二次会议提交发言 1 篇、提案 3 个，其中《关于加大力度扶持梅江区花卉交易市场建设，打造区域发展重要增长极的建议》《关于开设红色文化主题展馆，丰富“一城两坊”红色底蕴的建议》被列为区政协主席督办提案。围绕区委、区政府“一城两坊保护开发利用”重点课题，盟员廖志添撰写望杏坊鹤和楼展陈大纲。盟员张珍妮应邀参加食品安全“你点我检”“查餐厅”等活动 3 次，监督食品安全抽检过程。

【社会服务】 2022 年，民盟区总支组织总支委员赴长沙镇大密村帮扶脱贫户，为脱贫户送米、油等生活必需品并送上慰问红包，助力巩固拓展脱贫攻坚成果。全年民盟区总支全体盟员扶贫济困捐款 8470 元；盟员利用周末、节假日时间开展创建文明城市、疫情防控、疫苗接种宣传等各类志愿服务活动。开展送药下乡活动，向长沙镇卫生院捐赠抗疫药品价值约 5000 元。

【岗位建功】 2022 年，民盟区总支盟员做出的成绩和获得的荣誉：盟员廖志添入选中国人类学民族学研究会客家研究专业委员会会员、梅州市侨史学会会员，担任省哲学社科课题《祝允明岭南诗文研究》课题成员及《中国国家人文地理•梅州卷》第三作者，编著《梅州客家礼俗》、梅州市地方志办公室 2022 年资政报告，“海上丝绸之路与梅州客家华侨”学术研讨会上发表论文《暴动的矿徒——“东南狂寇”林朝曦暴动事件概述》，在《梅州日报》开设《旧俗集萃》专栏；幸珊珊获评第三届全国青少年书法大赛优秀辅导员；蔡虹、刘文贞指导节目获广东省第七届中小学生艺术展演活动甲组二等奖，同时两人获得该活动优秀指导教师奖；黄丽娇、张宏分别获得广东省论文评比二、三等奖；谢瑞芬案例获评广东省中小学项目式学习案例三等优秀案例；洪建明、蔡光明、李梦生、张美华、蔡虹、刘文贞、何远生、汤莉琴、杨祥俊、谢伟杰、陈森宏、陈桂和等 25 人次在市、区各类技能比赛或指导活动中获评一、二等奖；汤莉琴、张珍妮、房盼秀、刘立玮、张海芳获评单位年度考核优秀。邹锦春家庭获评 2022 年“广东省五好家庭”，黄津蕾家庭被评为“梅州市最美家庭”。

（张珍妮）

中国民主建国会梅州市梅江区总支委员会

【概况】 中国民主建国会梅州市梅江区总支委员会（以下简称民建区总支）成立于 1991 年 8 月 27 日。2022 年，民建区总支坚持中国共产党领导的多党合作和政治协商制度，切实加强政治理论学习、精心组织会员活动、创新社会服务，围绕区委、区政府中心工作开展参政议政，各项工作取得新的成绩和进步，为梅江区经济社会高速发展作出应有的贡献。年末，民建区总支有支部 2 个，会员 25 人，主委曾思敏，副主委涂军荣、谢送平。

【思想建设】 2022 年，民建区总支深入学习习近平总书记在庆祝中国共产主义青年团成立 100 周年大会上的讲话、中共中央党外人士座谈会习近平总书记重要讲话、中共广东省第十三次代表大会和梅州市干部大会等会议精神，以及吴晓青来梅州开展城市生活垃圾综合处理和资源化利用管理专题调研简讯等，筑牢民建会员思想理论根基。围绕迎接中共二十大胜利召开，组织开展“喜迎二十大永远跟党走”诗歌朗诵活动，以多样的活动形式带动全体民建会员认真领悟中共二十大提出的新思想新部署新要求，切实抓好贯彻落实。

【组织建设】 2022 年，民建区总支按照省委会关于评选表彰社会服务工作先进集体和优秀个人的通知要求，结合实际，推荐抗疫做出突出成绩会员李峰为社会服务工作优秀个人。做好民建组织发展，保持自身的特色和优势，进一步优化会员结构，规范有序发展新会员，全年发展 2 名会员加入民建组织。同时，加强民建干部队伍建设和骨干力量培养，2022 年民建会员有 1 名市政协委员、区政协常委，有 3 名区政协委员、1 名市人大代表。

【参政议政】 2022 年，民建区总支根据市委会的统一部署，积极动员会员关注社会热点和难点，鼓励会员多写建议、多提提案、多做调研，并主动向市委会和区两会提供素材。全年召开 2 次参政议政工作座谈会，专门研究和部署参政议政工作，围绕市、区中心工作，民建会员认真开展调研。2022 年民建区总支主委曾思敏向市政协大会提交《加强产业链精准招商的建议》，民建会员黄绍辉向区人大提交《关于加快推进梅江区学子大道延长线临时道路建设工程的建议》，民建会员欧阳影怡向民建市委会提交《壮大主导产业 培育百亿产业集群》的提案，为梅江区经济社会高速发展建出良言，献出好策，树立民建会员的良好形象。

【岗位建功】 2022 年，民建区总支立足本职，履职尽责。民建市委会副主委、区住建局局长黄振宁以解决群众急难愁盼民生实事为出发点，大力实施城区城市建设管理项目，2022 年新增报建工程项目中 2 个工程项目分别通过省、市双优工地初评，1 个工程项目获评“广东省建设工程结构优质奖”和“广东省建设工程金匠奖”。2022 年，民建会员叶常春老师指导的学生作品《谢谢您，共产党》在梅州市教育系统“学党史 颂党恩 跟党走”征文比赛中获小学组一等奖，会员王青茹被评为单位年度“岗位标兵”。企业会员李峰为梅江区养老事业默默奉献，经营的鸿福老年公寓环境舒适，管理有方，每年坚持为老人开展喜迎端午茶话会、欢乐迎中秋游园、派发礼品送温暖等丰富多彩的活动，以实际行动彰显民建会员强烈的社会责任感，诠释饮水思源、回报社会的良好品德。

（王青茹）

中国民主促进会梅州市梅江区总支委员会

【概况】 中国民主促进会梅州市梅江区总支委员会（以下简称民进区总支）成立于 1990 年 5 月 27 日，有支部 10 个，会员 130 人。2022 年，民进区总支坚持以习近平新时代中国特色社会主义思想为指导，深入学习贯彻中共中央、民进中央、民进广东省委会、梅州市委、梅江区委的重要会议精神，落实民进中央、民进广东省委会、民进梅州市委会部署要求，以政治建设为统领，以基层组织换届工作为重点，推进“矢志不渝跟党走、携手奋进新时代”政治交接主题教育，开展信息化建设主题年活动，深化思想政治引领，紧紧围绕区域社会发展的根本任务、针对经济社会发展中的重大问题议政建言。围绕“十四五”规划实施，以能力建设支撑作用发挥，从议政建言和凝心聚力双向发力，履职尽责取得新成绩。

【理论学习】 2022 年，民进区总支坚持把思想建设摆在各项工作首要位置，以习近平新时代中国特色社会主义思想为指导，深入学习贯彻中共十九届六中、七中全会，中共二十大精神，以及民进中央、民进广东省委会、梅州市委、梅江区委的重要会议精神，不断深化学思践悟、加强理论武装。坚持第一议题制度，把政治学习作为民进区总支、各支部会议等首要议题，第一时间学习贯彻、研究落实；领导班子深学习、谈感悟、写体会，发挥领学促学作用；创新学习形式载体，坚持集中学习与自主研读结合、线上学习与线下研讨结合，形成层层推动、广泛参与的良好氛围。通过持续深入的政治学习，深刻领悟“两个确立”的决定性意义，增强“四个意识”、坚定“四个自信”、做到“两个维护”。民进区总支将开展“矢志不渝跟党走、携手奋进新时代”政治交接主题教育作为一项重要政治任务，高站位谋划、高质量推进，着力提升主题教育的政治性、传承性、针对性和实效性。在“会员之家”举行“矢志不渝跟党走、携手奋进新时代”政治交接主题教育动员大会。9 月，组织民进会员参与市委会赴梅县区梅南镇水美村开展“矢志不渝跟党走、携手奋进新时代”主题教育和诗歌朗诵短视频的拍摄活动，充分展示民进会员奋发进取、团结拼搏的精神风貌。民进会员罗欢无偿提供场地建立“会员之家”，通过大量的图片和文献资料，展现民进会史、组织架构、各级民进组织在参政议政、组织建设、社会服务等方面的光辉历史及广大会员履职尽责、双岗建功的历史资料，把“会员之家”建成加强思想政治建设的重要阵地、参政履职的重要基地、展示自身建设成果的重要窗口。充分利用好“会员之家”这个平台，丰富基层组织活动形式，开展形式多样的学习交流，营造互学互鉴、共同提高的浓厚氛围。

【组织建设】 2022 年是基层换届年，民进区总支在换届工作中，根据《中国民主促进会章程》有关条例，市委会和区委统战部的有关指示精神，年初将各支部换届工作列入全年工作计划，并把这项工作作为组织建设的重中之重，加强领导，严格把关，规范操作，6 月底，完成 10 个支部换届任务，撤并 2 个薄弱支部。各支部主委的知识结构和年龄梯次进一步优化，支部的履职能力和政治水平进一步提升。2022 年“三八”国际妇女节期间，组织女会员参与市委会赴蕉岭县东岭村革命历史纪念馆参观学习，开展别具一格的团队拓展活动；重阳节期间，秉承民进尊老敬老的优良传统，组织老委员参与市委会赴麓湖山开展“爱满重阳节，情暖老人心”为主题的尊老敬老活动。春节前夕，组织对 80 岁以上老民进会员进行慰问，关心会员的工作和生活，让会员充分感受到民进大家庭的温暖，增强民进会员的归属感和凝聚力。

【参政议政】 2022 年，民进区总支紧紧围绕区委抢抓赣闽粤原中央苏区对接融入粤港澳大湾区的机遇，全力以赴建设苏区融入大湾区先行区的决策部署，积极开展调查研究，建真言献良策，为梅江振兴发展贡献民进力量。为助推“双减”更好落地见效，推动梅江教育事业高质量发展，8 月，民进区总支组成调研组赴广州、河源两地，围绕“落实‘双减’政策，促进教育高质量发展”开展专题调研活动，学习两地的先进经验，提出务实建议，并形成调研报告，积极向省委会、市委会建言献策，《关于落实‘双减’政策，促进教育高质量发展的建议》在梅州市政协八届二次会议上作大会发言，被民进广东省委会采纳为提案向省政协报送。2022年市、区两会期间，聚焦乡村振兴、教育、养老、经济高质量发展等中心工作共提交提案8件，所提建议很具针对性，取得较好的社会影响，为梅江区高质量发展摇旗呐喊，其中《关于在住宅小区配建社区居家养老服务设施的建议》被列为区政协主席督办提案。

【社会服务】 2022年，民进区总支为保护人民群众生命安全和身体健康，全体会员以高度的政治自觉参与疫情防控工作。民进教师会员根据梅江区教育局“停课不停学，停课不停教”的文件精神，积极配合录制课例进行线上教学，确保教学任务的有序开展。2022年春节前夕，组织企业家会员购买米、油、棉被、春联等到长沙镇大密村的困难群众进行慰问，送去新春的祝福。全区民进会员积极参与扶贫济困捐款活动，捐款8080元，为困难人群奉献爱心。

【岗位建功】 民进区总支广大会员在各自岗位上勤勉敬业，创先争优，在本职岗位上取得良好的成绩。2022年，民进会员获得的荣誉：古佳佳被评为梅州市教学工作先进教师、梅州市第七届小学生英语口语现场展示活动总决赛组织指导一等奖，张菊红在广东省中西医结合学会中医护理技术创新个案大赛获二等奖，刘文雄被评为广东省优秀教练员、梅州市优秀教练员，刘红云被评为梅江区优秀教师，杨秀春、童文蓉、曾文柳、赖祝明、梁映环、黄健容被评为梅江区优秀教育工作者，张映红被评为梅江区优秀少先队辅导员、2022年中华经典诵写讲大赛梅江区分赛获“笔墨中国”汉字书写大赛一等奖，吴秋方撰写的论文《初中道德与法治教学中美育渗透探究》获省一等奖，张惠霞获梅州市第三届中考高考语文“下水作文”比赛一等奖，作品在《梅州日报》刊载，谢竞辉获梅州市特殊教育专业中青年教师教学能力大赛指导一等奖，熊宇香获梅州市小学生英语听说能力测评活动指导一等奖，童文蓉剪纸作品在《梅州日报》刊载，刘敏在2022年中华经典诵写讲大赛梅江区分赛获“笔墨中国”汉字书写大赛二等奖，叶胜德获梅州市初中英语科学素养大赛优秀指导老师奖，温梅清获梅江区课件作品优秀教育资源评比一等奖，李利丽编排话剧获梅江区中小学文艺展演一等奖。

（谢　芳）

中国农工民主党梅州市梅江区总支委员会

【概况】 2022年，中国农工民主党梅州市梅江区总支委员会（以下简称农工党区总支）坚持以习近平新时代中国特色社会主义思想为指导，深入学习贯彻中共二十大精神，紧紧围绕助推国家大政方针落实，凝心聚力，履职尽责，自信自强、守正创新，为全面建设社会主义现代化国家、全面推进中华民族伟大复兴而团结奋斗。

【思想建设】 2022年，农工党区总支坚持以政治学习和思想教育为根本，深化政治认同，牢牢把准政治方向。11月12日，组织农工党员紧扣主题，深入学习中共二十大精神，认真研读中共党史、新中国史、改革开放史、社会主义发展史、多党合作史，并深入基层调研指导，把中共二十大作出的重大决策部署付诸行动、见之于成效。

【组织建设】 2022年，农工党区总支加强组织建设，开展形式多样的活动，注重政治思想素质，严格按照入党要求和程序，物色、培养优秀人才加入农工党，发展党员2名，培养后备党员对象1人，吸收农工党员打破传统的医教界别，吸收广告界新党员陈义龙。至年末，农工党梅江区总支在职党员 26 人。其中，男 13 人，女 13 人；医卫界 12 人，教师 13 人，其他人员 1 人；高级职称 15 人（正高 5 人）。

【参政履职】 2022 年，农工党区总支积极履职尽责，围绕区委、区政府中心工作，认真开展调研，为推进梅江高质量发展建言献策。2022 年农工党员担任市政协委员 1 人、区人大常委会委员 1 人、区政协委员 3 人。积极参加区人大、市区政协的学习和履职活动，深入开展建设学习型参政党活动，农工党区总支主委练伟东作为市政协委员参加调研 2 次、提案 7 件，同时向支部党员广纳意见，提高支部党员的政治敏锐性和政治觉悟性，并积极撰写社情民意。强化参政履职，组织农工党员参加各类考察调研活动，副主委谢子龙于 9 月 29 日到梅江区长沙中学开展“喜迎中共二十大”健康校园活动，10 月 21 日参加区政协农业和农村委员会委员到蕉岭县开展乡村振兴工作调研。2022 年主委练伟东被聘为梅江区纪委、监委特约监察员和金山派出所特约监督员，在工作实践中不断加强参政议政和监督重任。

【社会服务】 2022年，农工党区总支党员在做好本职工作的同时，充分发挥专业特长，参加社会服务工作。多名党员参加梅州市第二中医医院“送医送药”义诊、巡诊活动，谢子龙、钟浩、王苹不定期送医下乡，并到三角镇、区妇幼保健院、城北卫生院坐诊，为百姓解决看病难问题。积极参加帮扶济困助学等活动，农工党区总支党员各项捐款共计3770元。

【岗位建功】 2022年，农工党区总支党员在做好本职工作的同时，充分发挥专业特长服务社会。2022年，农工党员获得的荣誉：练伟东被评为第七批全国老中医药专家学术经验继承工作指导老师；刘华、王苹被评为主任中医师；钟浩被评为副主任中医师；赖维华被评为主治中医师并成功立项市级科技课题；黄庆康被评为梅州市优秀教育工作者；张媚菲被评为优秀教师；熊佳瑜被评为优秀班主任，获得梅江区初中语文教师教学能力比赛一等奖、梅州市第三届中考高考语文下水作文比赛一等奖；黄凯达获得奖项：中华经典诵写讲大赛梅江区赛区获教师组“笔墨中国”汉字书写大赛特等奖，中华经典诵写讲大赛梅江区赛区获教师组“印记中国”篆刻大赛特等奖，他撰写的《化作红梅映山红》获得梅州市委网络安全和信息化委员会、市精神文明办等单位颁发的网络文化精品奖，撰写的《我深爱着这片红土地》获得梅县区委宣传部、区纪委、区精神文明办等单位主办的“喜迎二十大奋进新征程”征文三等奖，书法、美术作品分别获得梅县区委宣传部、区纪委、区精神文明办等单位主办的“喜迎二十大奋进新征程”文艺创作一等奖，主持的《客家传统游戏的价值及其在青少年教育中的运用研究》获得广东省客家地区基础教育师资培养培训协同育人中心省立项重点课题第一名，编著的《客家传统游戏文化》由梅州市文广局出版，撰写的《将爱情托付给理想的名门闺秀——记黄琪翔将军夫人郭秀仪》《高山景行丹心照鸿才卓越贯斗牛——纪念张榕轩、张耀轩昆仲伟大的爱国情怀》等4篇文章分别发表在《梅州日报》《梅州侨乡月报》上，应邀出席嘉应学院、梅州市侨联等单位主办的“客家华侨与梅州侨乡社会全国学术研讨会”“海上丝绸之路与梅州客家华侨全国学术研讨会”并在主席台作发言，撰写的《一封永远无法寄出的家书》在市妇联、市委党史研究室、市文明办、市教育局等单位主办的“嘉言懿行书功竹帛”优秀家书评比中获奖。

（练伟东）

中国致公党梅州市梅江区总支委员会

【概况】 中国致公党梅州市梅江区总支委员会（以下简称致公党区总支）成立于 2005 年 5 月 29 日。2022 年，致公党区总支有支部 4 个（梅江区区直支部、梅州中学支部、水白中学支部和梅州市第二中医医院支部），党员 53 人；总支委员会主委邱梅，副主委梁佳楣、梁杰。

【思想建设】 2022 年，致公党区总支始终把加强思想建设摆在各项工作首位，深入贯彻落实《关于加强中国特色社会主义参政党建设的意见》精神，把加强致公党员的思想教育作为一项长期的政治任务常抓不懈。注意结合各个时期的中心任务，及时开展有重点的各项政治学习活动，通过到叶剑英纪念园、长沙镇革命纪念馆、熊锐故居等红色教育基地，开展"矢志不渝跟党走、携手奋进新时代"政治交接主题教育。派发《中国共产党简史》《论中国共产党历史》《中国共产党统一战线工作条例》等系列学习书籍，组织学习中国共产党第二十次全国代表大会精神、中国共产党党史学习教育、中国共产党广东省第十三次代表大会等专题学习会议、参加"喜迎二十大、共画同心圆"政治学习会，统一思想、形成共识，进一步提升对中国共产党领导的多党合作和政治协商制度的认识，增强"四个意识"、坚定"四个自信"、做到"两个维护"。

【参政议政】 2022 年，致公党区总支紧紧围绕中共梅江区委、区政府的中心工作，深入调查研究，积极建言献策。致公党区总支党员邱梅、梁杰、梁佳楣、朱双琴分别参加 2022 年的梅江区政协会议，积极提交提案，提交《关于改善农贸市场周边环境的建议》《关于加强共享单车监管的建议》《关于在十字路口等待红绿灯转换的安全岛上设置遮阳大棚的建议》《关于加快推进知识产权保护中心建设的建议》等提案建议。2022 年，致公党党员黄超主笔的提案《关于充分利用革命老区振兴发展政策，促进梅州跨越式发展的建议》得到梅州市委书记挂牌督办，提交的《关于加强"网红夜市地摊"管理的建议》社情民意信息收录入《梅州社情民意》第 5 期；梁佳楣主笔的提案《关于加强梅州地理标志产品培育和保护的建议》被梅州市政协评为优秀提案。同时承担致公党梅州市委会的两个调研课题任务，通过走访调研，完成《梅州市小学教育阶段"双减"政策施行情况调研报告》《关于振兴松口古镇的调研报告》两个调研报告并上报市委会。

【社会服务】 2022 年，致公党区总支联合广东奥妙洗护用品有限公司在梅江区开展"关爱基层群众 助力乡村振兴"物资捐赠活动，分别向区妇联、残联及 7 个镇（街道）、129 个村（社区）捐赠洗衣液 260 箱；发动致公党员 30 多人次在致公党中央"酉好货"网络销售平台购物，助力乡村振兴；致公党支部党员充分发挥领域优势，全力参与新冠疫情防控。

【岗位建功】 2022 年，致公党区总支党员在各自的工作岗位取得的成绩和获得的荣誉：邱梅晋升为一级主任科员，梁佳楣晋升为四级主办，张润宇晋升为人社局财务与基金监督管理股股长，李彩红提拔为梅州市第二中医医院工会副主席，梁杰提拔为梅州市第二中医医院放射科副主任，何荣锌提拔为检验科 PCR（聚合酶链式反应）实验室负责人及副主任技师，洪苏强、邹淑欢提升为主治医师，钟文晖出版专著《临床检验医学》，余玲玲被评为梅州市优秀班主任、论文《小学道德与法治课堂中强化爱国主义教育研究》获梅州市中小学教育教学年度优质论文评选一等奖，黄泳艳任三角镇中心小学总务主任，在梅江区第五届和梅州市第三届"小小科学家"中小学生科学实验活动分别被评为优秀指导老师、征文《奏响时代教育的美妙旋律》获梅江区师德主题征文及微视频征集活动三等奖，廖义生的论文获市一等奖，梁映华获得梅江区中学物理青年教师教学能力大赛二等奖。

（黄 超）

九三学社梅州市梅江区支社

【概况】 2022 年，九三学社梅州市梅江区支社（以下简称九三学社区支社）共有社员 17 人，社员主要在医药卫生界、教育界。其中，正高职称 1 人，副高职称 3 人，中级职称 3 人；博士生 1 人，研究生 3 人；有省市人大代表 1 名，区政协委员 4 名。九三学社区支社坚持高举爱国主义和社会主义伟大旗帜，自觉接受中国共产党的领导，坚持以习近平新时代中国特色社会主义思想指导，深入学习贯彻中共二十大精神、习近平总书记系列重要讲话精神，团结带领社员立足本职，加强自身建设，认真履行政治协商、民主监督、参政议政，为加快梅江高质量发展和民主政治建设作出积极贡献。

【参政议政】 2022 年，九三学社区支社在参加省、市、区人大、政协会议期间，积极调研，撰写提交提案建议。九三学社区支社主委江冬梅提交人大《关于支持梅州市 8 个县（市、区）列为省级乡村振兴重点帮扶县的建议》《关于扶持我市民营医院健康发展的建议》的建议，提交政协《关于提高幼儿园男性教师比例的建议》《关于推动我区老旧小区既有住宅加装电梯的建议》《关于加强我区农民工匠队伍建设，深入推进实施乡村振兴战略的建议》的提案；区支社副主委刘俊方提交政协《切实解决农村饮水安全问题》政协提案；社员陈海珠提交政协《关于梅江区茶产业提质增效扩容发展的建议》政协提案；社员叶阮灶提交政协《筑巢引凤，助力梅江人才引进与培养》的提案。

【岗位建功】 2022 年，九三学社区支社立足本职做好各项工作的同时，积极发挥个人专长服务社会。2022 年，九三学社梅江区支社被社省委评为九三学社广东省组织工作先进集体，社员林晓锥被社省委评为九三学社广东省组织工作先进个人；社员叶阮灶主持课题“自拟补肾活血汤联合非甾体类药物治疗轻中度膝骨性关节炎的临床研究”成功通过广东省中医药局科研课题立项，获评“梅州好医生”、主任中医师；社员温春梅在梅州市中学生物教学设计与教学论文暨微课评选一等奖，在梅江区中学各学科优秀论文评比暨宣读交流活动获一等奖，在梅江区中学生物教学设计评比二等奖，撰写论文《微课在初高中生物学衔接教学中的应用》在省级刊物《科教论坛》发表，并在广东省中学生物教学设计与教学论文暨微课评选中获一等奖；社员郑广炎被聘为第四届梅州市应急管理专家委员会委员。

【政治思想教育】 2022 年，九三学社区支社通过各种形式，对社员进行政治思想教育，组织社员学习社中央和社省委文件精神，积极响应社中央开展“矢志不渝跟党走，携手奋进新时代”政治交接主题教育和党史学习教育实施方案，组织社员开展各项教育活动。学习贯彻习近平新时代中国特色社会主义思想和中共二十大精神，开展革命传统教育，组织支社社员开展多种形式的学习活动。

（江冬梅）

群众团体

梅州市梅江区总工会

【概况】 2022年，梅州市梅江区总工会以习近平新时代中国特色社会主义思想为指导，突出主责主业，强化服务，做实工会品牌特色活动，夯实工会组织、服务阵地建设，促进社会、劳动关系和谐，引导广大职工在建设高质量发展示范区中发挥主力军作用。全区有基层工会196家，会员2.91万多人，涵盖7个镇（街道）工委会、1个工业园区工会联合会。

【思想政治引领】 2022年，区总工会将成就宣传和形势政策教育与工会工作结合起来，开展“劳动创造幸福”主题宣传教育，大力弘扬劳模精神、劳动精神、工匠精神，选树省、市“五一劳动奖”各1个，创建区级劳模创新工作室1家，培育市、区级劳模创新工作室各1家，开展劳模疗养休养、技术工人和先进职工疗养休养示范性活动3批次共66人。开展庆“五一”系列活动，通过送思想文化、送身心健康、送温暖关爱、送工作岗位、送技能提升、传递正能量6项活动，引导职工爱岗敬业、建功立业。加强网上工会建设，用好“粤工惠”和区政府网站等宣传平台，健全完善网络舆情处置应对机制。

【权益维护】 2022年，区总工会健全完善劳动争议预警机制，用好政府和工会联席会议制度、“法院+工会”化解劳动争议机制、工会“律师在线”等平台，化解矛盾，维护稳定，开展工会律师进企业活动，签约8名工会律师服务全区16家企业。推动工资集体协商要约行动，签订工资集体协商合同11份，规范协商的程序和内容，开展合同草案工会预审，健全工会协商与工会评先评优等挂钩制度，推进区域性、行业性工资集体协商。开展“安康杯”竞赛活动、劳动安全生产和职业病危害隐患排查治理，保障职工的安全健康权利。探索推广适合各类非公有制企业实际的民主管理形式，督促企业制定实施科学合理的劳动定额定员标准，依法保障职工休息休假权益。及时回应“工会在线”网站反映的各类诉求，全年收到舆情系统诉求13单，工单系统诉求4单，均已解决。

【解困帮扶】 2022年，梅江区开展常态化送温暖、送清凉、送助学和互助保障等工会特色活动，“双节”（元旦、春节）期间慰问困难职工和企业10.1万元，夏日期间慰问高温一线职工11.2万元，走访慰问抗疫一线人员、脱贫户、困难职工、老党员和消防人员等32.5万元，发放中央省级帮扶金55.7万元；为35名在档困难职工赠送“广东省困难职工专属爱心互助保障计划”。为职工办理互助保障2.03万人次，赔付互助金约66.6万元366人次；配套帮扶报销约7.2万元207人次。为8户在档困难职工家庭高校毕业生提供就业政策咨询服务，推动梅江区高校毕业生就业服务工作。

【组织建设】 2022年，区总工会成立东升工业园区蹲点小组，充分调动和发挥园区工会联合会作用，选派1名机关业务骨干，1名社会化工会工作者深入园区蹲点，及时跟踪指导园区做好工会组建、换届等工作。全年新建企业工会9家，其中新业态行业企业4家，主要突破百人以上重点企业梅州市格兰沃电子科技有限公司，新业态企业赣州聚源美餐饮管理有限公司梅州分公司（城区美团）、广东省一一五科技有限公司。25 人以上企业工会 6 家，100 人以上企业工会 5 家，新发展会员 2726 名，其中新业态就业会员 1807 名。全年开展 5 期“青年职工讲堂”，参与基层工会干部、青年职工 150 人次。

2022 年 9 月 8 日，梅江区总工会“玫瑰书香”女职工读书分享会在江南街道红光社区工会联合会开展 （区总工会 供图）

【综合服务】 2022 年，区总工会积极落实“县级工会加强年”工作要求，完成梅江区工人文化宫建设项目立项，致力满足全区职工群众日益增长的文化需求。依托“粤工惠”开展普惠活动，多渠道、多层次构建服务职工互动平台，为工会会员和职工群众提供全方位的综合服务。全年先后开展梅江区职工互助保障知识有奖问答、逐梦新时代•巾帼绽芳华插花讲座等工会普惠性活动 12 场，参与职工累计 3.53 万人次。

【产业工人队伍】 2022 年，区总工会学习贯彻习近平总书记关于产业工人队伍建设改革的重要指示精神，扎实推进产业工人队伍建设改革，及时调整全区推进新时期产业工人队伍建设改革协调小组成员，指导各部门落实推进产业工人队伍建设，开展“产业工人队伍建设改革”5 周年活动。聚焦产业工人队伍思想引领、建功立业、素质提升、地位提高和队伍壮大等任务，针对产业工人队伍建设改革中的问题，深入基层一线开展专题调研，选定梅州市珠江啤酒有限公司、梅州市威利邦电子科技有限公司、梅州市梅江区城西职业技术学校为试点单位。

（王 凤）

2022 年 6 月 26 日，第三期“青年职工大讲堂”在梅江区青少年活动中心开展 （区总工会 供图）

中国共产主义青年团梅州市梅江区委员会

【概况】 中国共产主义青年团梅州市梅江区委员会（以下简称团区委）是梅江区委领导下负责青年工作的正科级群团机关，设书记 1 名、副书记 2 名，机关内设办公室、团务部 2 个职能部室，下属青少年文化宫1个事业单位，主管区志愿者联合会的社会组织1个。2022年，梅江区共有团员1.04万名，团干992名，基层团组织680个；少先队员共有4.01万名，少先队组织39个；注册志愿者6.66万名，志愿组织及团体248个。

【理论引领】 2022年，团区委全面学习宣传贯彻中共二十大精神，深化落实习近平总书记在庆祝中国共青团成立100周年大会上的重要讲话精神，组织开展“喜迎二十大、永远跟党走、奋进新征程”主题教育实践活动，全区团组织100%全覆盖，辐射4.1万名团员青年。组织开展“青年大学习”“红领巾爱学习”网上主题团队课学习，22万余人次参与学习。举办“梅江区2022年青年马克思主义培养者工程专题培训班”，精心制作推出专题宣传片《青春心向党 建功新时代》，拍摄中共二十大精神系列宣讲展播视频《爱上广东红——梅江篇》在“南方+”平台进行直播，点击观看超5万人次。结合“团干讲党团课”活动，组建“梅江青年讲师团”到学校、村（社区）开展主题宣讲150多场，覆盖1万多人。

【实践引领】 2022年，团区委组织“喜迎二十大，红色梅江我来讲”革命故事演讲比赛、“我与团旗团徽同框”图片征集等主题活动，举行“五四”“六一”集体入队、入团仪式，组织团员青年到熊锐故居、长沙革命烈士纪念园等地学习教育，开展庆祝建团100周年系列活动500多场次。

【榜样引领】 2022年，团区委组织开展“青年五四奖章”“两红两优”（指“五四”红旗团委和“五四”红旗团支部，优秀共青团员和优秀共青团干部）等典型选树活动，引领全区团组织及团员青年在工作中创先争优。2022年获“全国优秀少先队员”称号1人，1个集体和8人获省级荣誉称号，15个集体和83人获市级荣誉称号。

【基层组织改革】 2022年，团区委成立以区委书记任组长的县域共青团基层组织改革工作领导小组，领导小组办公室设在区委办，结合实际，制定共青团基层组织改革实施方案，高位推进共青团基层组织改革工作。进一步加强团的工作力量，推动梅江区志愿者行动服务中心成立。

【健全组织体系】 2022年，团区委持续扩大社会领域覆盖，工作触角延伸至“两新”组织、城乡社区、流动青年、自由职业者等群体。全年梅江区建立“两新”团组织20个，行业团工委2个，新建社会领域团组织100个，增长45.66%。

【基础团务建设】 2022年，团区委落实共青团基层建设“命脉工程2.0”各项任务，以“智慧团建”为抓手，规范开展团员教育、管理、监督工作，团市委下达分配发展团员编号925个，使用数为925个，使用率100%。

【青年发展推进】 2022年，团区委发挥联席会议制度作用，加强对全区青年发展工作的组织领导和统筹协调，各成员单位共推动完成“我为青年做件事”民生实事80多件，形成“党委政府关心关爱、社会各界鼎力支持、青少年广泛参与”的工作格局。

【关爱青少年】 2022年，团区委与区检察院在全市率先签署“关于构建梅州市梅江区未成年人检察工作社会支持体系的合作框架协议”。全年开办公益福彩培训班3期，惠及困境儿童、留守儿童350名。配合开展“助星圆梦”计划，扶助7名贫困学子上大学，组织开展“两帮两促”“城乡少年手拉手 红领巾送温暖”牵手行动活动，共慰问关爱儿童90名，资助慰问金额3万余元。

【服务青年发展】 2022年，团区委深入实施“青梅计划”，打造梅江共青团“才子归巢”品牌系列活动，聘任一批在外地梅州籍大学生联络员。扎实推进“展翅计划”和返家乡社会实践，择优向全区各机关企事业单位选派实习人员 300 余名，组织开展就业见习、探寻梅江、夏日送清凉、“创文”宣传、保护母亲河等各类活动 100 多场次。依托梅江区毕业生求职免费住宿活动，设置青年人才驿站 2 处，为青年人才求职营造更加全面的服务环境。

2022 年 9 月 7 日，团区委召开“青梅计划”人才政策宣讲会，优秀返乡青年参加会议　　（团区委　供图）

【乡村振兴】　2022 年，团区委积极助力驻镇帮镇扶村工作，扎实做好山区计划志愿者招募选拔、日常管理服务工作，加强对志愿者的关心关爱和安全教育，开展座谈会 3 场，走访慰问 11 次。

【志愿服务】　2022 年，团区委深化保护母亲河“河小青”等品牌工作，组织各级团组织和团员青年积极开展疫情防控、乡村振兴、全国文明城市创建等志愿服务活动共计 5000 多场次。建立健全志愿服务机制，至年末共有志愿者队伍 250 支，i 志愿管理系统实名注册并常态化开展志愿服务活动志愿者 3 万多人。

（韩学敏）

梅州市梅江区妇女联合会

【概况】　2022 年，梅州市梅江区妇女联合会（以下简称区妇联）坚持以习近平新时代中国特色社会主义思想为指导，紧紧围绕中心、服务大局，坚持促进妇女发展、维护妇女儿童合法权益、加强家庭文明建设、妇联组织改革，推动解决妇女儿童最关心、最直接、最现实的利益问题，以改革创新精神加强妇联建设，动员组织广大妇女为梅江加快打造高质量发展示范区作贡献。

2022 年 9 月 7 日，团区委组织志愿者开展“保护母亲河 · 争当河小青”志愿服务活动　　（团区委　供图）

【思想政治引领】　2022 年，区妇联开展中共二十大精神、《习近平谈治国理政》第四卷等内容的学习宣讲活动，引导广大妇女自觉在思想上政治上行动上同党中央保持高度一致。聚焦“强国复兴有我”主题，广泛开展“巾帼心向党　喜迎二十大”群众性主题宣传、“学习宣传贯彻党的二十大精神•巾帼志愿者在行动”、“四史”（党史、新中国史、改革开放史、社会主义发展史）宣传教育等活动。全年全区各级妇联共开展各类型“巾帼大宣讲”活动80多场，覆盖妇女群众4000多人。持续从基层一线、平凡岗位、群众身边发现典型，发挥先进典型示范引领作用，激发各行各业妇女奋进的力量。2022年，获评梅州市“我心中的三八红旗集体”2个、“我心中的三八红旗手”2名、梅江区“三八红旗集体”10个、“三八红旗手”20名。

【城乡妇女发展】 推进“美丽家园”建设 2022年，区妇联以“美丽家园”建设活动为抓手，动员全区广大妇女群众开展环境整治、普及健康卫生知识等志愿活动，开展评选美丽家园示范村、示范户工作。联合区农业农村局、乡村振兴局开展“富美家园”建设行动，计划至2025年，打造区级“美丽庭院”100户。全面落实创建全国文明城市任务，对标对表落实妇联职能，落实挂点社区“双到”（党员干部、志愿者进社区、进小区参与志愿服务）工作，常态化开展文明实践和志愿服务活动。

助力妇女发展 2022年，区妇联持续做好省第四期妇女创业小额担保贷款贴息工作，全面跟进贷款妇女生产经营情况，帮助22名创业妇女协调发放贷款260万元，间接带动300多名妇女群众创业就业。配合实施“粤菜师傅（客家菜师傅）”“广东技工”“南粤家政”工程，更好地促进梅江区妇女充分就业、增收致富。深化“巾帼文明岗”创建活动，2022年获评广东省“巾帼文明岗”1个、梅州市“我心中的巾帼文明岗”2个、梅江区“巾帼文明岗”10个。

【妇女儿童权益维护】 编制实施新一轮“两个规划” 2022年，区妇联科学编制、印发《梅江区妇女发展规划（2021—2030年）》和《梅江区儿童发展规划（2021—2030年）》。重新调整委员会成员及成员单位职责，成员单位由原先的27个增加到32个。印制“两个规划”读本1000份，发放到区直各成员单位及各镇（街道），细化工作措施，有序开展工作。2022年梅江区获评广东省实施妇女儿童发展规划工作示范区，通过示范建设工作，全面优化梅江妇女儿童发展环境。

维权服务 2022年，区妇联组织开展重点人群专项检查工作，将各镇（街道）“六类人员”（困难家庭中无户籍人员、非国籍人员、疑似精神障碍患者、疑似残疾人、疑似被拐被骗人员和疑似被拘禁虐待人员）中的妇女儿童名单与区妇联重点人群台账进行比对，全区共排查重点儿童419人、重点妇女787人、重点家庭760户。要求各村（社区）对重点人群建档立卡结对帮扶，定时走访慰问关怀。紧盯妇女维权重点难点问题，持续深入推进“关爱女童 护苗行动”保护女童人身权益三年行动，全区各级妇联开展《中华人民共和国民法典》《中华人民共和国宪法》等各类型法律知识讲座和宣传活动共405场，参与1.3万人，覆盖区镇村三级妇联组织，进一步提升各级妇联组织维权站点的服务质量。全年全区各级妇联组织接待来电来访共18宗、18人次，办结率100%。

2022年1月13日，梅江区妇联开展“把爱带回家”寒假儿童关爱服务活动

（区妇联 供图）

【困难妇女儿童帮扶】 慰问关爱活动 2022年，区妇联关注关爱因病因灾致家庭生活困难的妇女儿童，上门关心慰问，帮助解决困难。在春节、“六一”国际儿童节、中秋等重要时间节点开展“情暖童心 爱伴成长”“巾帼暖人心”等系列活动，筹集资金约15万元、物资价值约18万元用于妇女儿童慰问。组织开展“叶剑英基金”助学活动，为55名在读小学、初中困难学生争取资助资金5.5万元；开展“爱心父母大联盟”活动，为50名困境儿童筹集爱心善款4.28万元。

关爱妇女儿童健康 2022年，区妇联积极开展妇女健康宣传、“守护花儿 健康成长”青少年预防性侵和校园欺凌、禁毒宣传进园区进校园、珍爱生命预防溺水等主题活动，开展农村妇女“两癌”（宫颈癌、乳腺癌）免费检查和“贫困母亲关爱工程”救助项目工作，开展第二期“她健康•家越美”梅州市梅江区关爱女性公益保险项目，为梅江区2万名妇女送上每人3000元保额的关爱健康福利，拓宽“两癌”患病妇女救助渠道，全年出险人数5人，理赔金额1.5万元。

2022年7月14日，梅江区妇联联合区检察院在长沙镇大密村开展“守护花儿 健康成长”青少年预防性侵、防校园欺凌、防溺水宣讲活动

（区妇联 供图）

【家庭文明建设】 家长家庭教育 2022年，区妇联积极开展家庭教育知识宣传和普及工作，开展“家庭教育大讲堂”“送法进万家”“益家学堂”等家庭教育类讲座100多场。开设智慧家长班，组织100位家长参加学习培训，颁发家庭教育合格家长证书，引导广大家长做家庭文明建设的践行者。对村（社区）家长学校进行实地督促检查，推动全区村（社区）家长学校建设工作制度化、规范化。

助力儿童身心健康 2022年，区妇联开展“扣好人生第一粒扣子”主题教育实践活动6场、家庭亲子阅读活动30多场、“少年儿童心向党”中国共产党人精神谱系图文巡展5场、“益家学堂”巡讲活动16场。同时开展传统文化进校园活动，传播科学家教理念，讲好家庭故事，传承优良家风。

树立家庭文明新典型 2022年，区妇联深入开展寻找“最美家庭”“书香家庭”等挖掘评选活动，广泛宣传各类妇女和家庭先进典型事迹，以“榜样力量”影响带动妇女和家庭学习最美、争做最美，以家庭文明促进城市文明。2022年，获评广东省“五好家庭”1户，梅州市“最美家庭”1户、梅州市“优秀书香家庭”1户、梅江区“最美家庭”10户。

【“破难行动”推动】 2022年，区妇联党组书记带队到全区7个镇、街道开展深调研，对“破难行动”工作任务进行再强调再布置。继续实施“基层妇联领头雁培训计划”，积极开展妇联执委和基层妇联干部能力提升培训，不断强化妇联执委作用发挥。抓好省第四期示范点建设项目结项，指导基层妇联组织利用“妇女之家”开展各项工作。2022年，获评梅州市“最美妇联执委”1名；组织评选梅江区“最美妇联执委”6名。

（王运芳）

梅州市梅江区科学技术协会

2022 年 3 月 5 日，梅江区科协在金山街道龙丰村开展科技“三下乡”活动 （区科协 供图）

【概况】 2022 年，梅州市梅江区科学技术协会（以下简称区科协）牵头成立梅江区全民科学素质领导小组，负责实施《全民科学素质行动规划纲要（2021—2035 年）》工作进行综合协调指导，研究制定梅江区促进《全民科学素质行动规划纲要（2021—2035 年）》实施工作的重大政策措施，联合各科普相关单位加强区直单位的横向联系，形成工作合力，开创梅江科普新局面，促进梅江区全民科学素质提升。

【科普宣传】 2022 年，区科协立足工作职责，突出特色，打造亮点，办好各类科普活动，让科普工作更扎实有效。3 月 5 日，联合市人民医院在金山街道龙丰村开展科技“三下乡”（科技、文化、卫生）活动；5 月 18 日，联合市人民医院在江南街道白马社区开展科普进社区活动；5 月 28 日，联合市人民医院在江南街道鸿都社区开展“科普进万家 惠及你我他”活动；6 月 8 日，联合西阳镇政府在西阳社区开展科技“三下乡”活动等。充分利用志愿服务平台，发动广大科技工作者，全年先后开展科普志愿服务活动 8 场，共计发放宣传资料 2000 多份，科学普及人数 500 多人次。充分利用“梅江融媒”“无线梅州”“科技饭了么”等多家媒体报道活动情况，扩大活动影响力，营造科普宣传氛围，提升梅江区全民科学素养。

2022 年 9 月 24 日，梅江区科协在三角镇龙东社区开展 2022 年梅江区全国科普日活动 （区科协 供图）

【全国科普日】 2022 年，区科协进一步弘扬科学精神，普及科学知识，激发青少年科学梦想和科学志向，推动全民科学素质全面提升。9 月 24 日，联合多个单位在三角镇龙东社区开展以“喜迎二十大 科技向未来”为主题的 2022 年“全国科普日”活动，取得较好的成效，多家媒体报道活动盛况。梅江区科协被广东省科协评为 2022 年广东省全国科普日活动优秀组织单位。

【青少年科普教育】 2022 年，区科协大胆尝试，创新基层青少年科普模式，针对青少年暑期科普需求大的特点，开展多期“科技向未来 共筑科学梦”暑期科普公益行活动。7 月 12 日，在江南街道红光社区开展暑期科普公益行；7 月 18—22 日，分别在西阳镇和城北镇开展暑期科普公益班；8 月 1—5 日，分别在金山街道和长沙镇开展暑期公益班。科普暑期公益班不仅普及科普知识，更丰富青少年学生的暑期生活，受益青少年及群众 500 多人次，并得到广大群众一致好评。

【青少年科技大赛】 2022 年，区科协进一步推进梅江区青少年科学素质提升行动，联合区教育局等单位组织梅江区青少年科技创新大赛暨创客创作大赛，大赛精彩纷呈、形式多样、内容丰富，集中展现梅江区中小学生、科技辅导员良好的科学文化素养和科技创新实践能力，比赛吸引 800 多名学生参加，经各学校筛选，收到作品 187 件，评出 96 个奖项。

（廖 畅）

梅州市梅江区归国华侨联合会

【概况】 梅州市梅江区归国华侨联合会（以下简称区侨联）是区委领导由全区归侨、侨眷组成的人民团体，是党和政府联系广大归侨、侨眷和海外侨胞的桥梁和纽带。2022 年，区侨联坚持以习近平新时代中国特色社会主义思想为指导，围绕区委、区政府工作部署，积极做好侨联各项工作，团结和服务海外侨胞和归侨眷属，凝聚侨心，形成合力，画好“同心圆”。

【桥梁纽带发挥】 2022 年，区侨联牵头做好中国侨商投资（广东）大会梅江区各项工作。根据《中国侨商投资（广东）大会梅州市筹备工作方案》要求，按照区委、区政府主要领导批示，协调区科工商务局、区招商和企业服务中心、东升园区管委会、各镇（街道）等有关部门，走访侨企，向市筹备委员会上报重点招商项目 11 个，投资金额 68.25 亿元；侨商投资意向项目 13 个，投资金额 69.38 亿元。

【连侨心聚侨力】 2022 年，区侨联通过“云”联谊，向海外侨领侨贤推送祖国家乡重要资讯，中秋节前夕邀请海外华侨华人录制“千里明月寄乡音•四海侨心送祝福”小视频；利用端午等传统节日邀请在梅江区的侨胞共同开展“我们的节日”主题活动，通过中华传统文化凝聚侨胞思乡之情。与侨商、侨团和热心家乡公益事业的乡贤等互动交流，寻找、争取、协调相关对口资源，推介梅江区营商环境和优质产品。全年协助开展 7 批次联谊和经贸洽谈活动，其中较为重要的活动：3 月 18 日，协调全加客属联谊会主席、广州半岛投资集团执行董事王文康与金苑餐饮管理有限公司洽谈预制菜推广销售事宜并达成初步合作协议；3 月 24—25 日，协调省侨联常委、省客属海外联谊会执行会长、《客家风情》杂志社社长钟闻东一行到侨资企业调研，研究将省客联资源和城北镇特色农林资源、优质品牌整合，汇聚更大的力量推进乡村振兴项目落地见效与提质增效；4 月 18 日，组织中国侨联海外委员、广东省侨联常委、加拿大全加客属联谊会主席王文康向广州市疫情防控一线工作人员捐赠梅江区企业生产的自热腊味饭价值 30 余万元；11 月 4 日，争取侨领熊德龙捐赠价值 8 万元的抗疫物资支援丰顺县疫情防控；11 月 5 日，向深圳市叶澄海慈善基金会、广东省客属海外联谊会争取联合捐赠价值约 4.5 万元的注射用头孢呋辛钠等药品和物资，定向捐给区妇幼保健院。

【服务侨胞和归侨侨眷】 2022 年，区侨联开展涉侨纠纷多元化解，成立梅江区涉侨纠纷多元化解工作办公室，与梅江区法院合作，通过公益法律服务、司法调解、信访调解等多途径开展涉侨矛盾纠纷调解工作，办理涉侨信访件 1 件。贯彻落实广东省华侨事业费发放，对镇（街道）侨联开展业务培训，提高惠侨政策贯彻科学性和准确性。2022 年，给全区 151 名困难归侨发放救助金 45.42 万元。春节前夕慰问 10 户困难归侨，“七一”慰问归侨老党员 2 名。给全区各镇(街道)困难群众发放由广东省侨心慈善基金会和香港道德会捐赠的爱心棉衣共 80 件。8 月 17—19 日，组织梅江区归侨侨眷参加为期 3 天的“客家菜师傅”培训班，主动参与“粤菜(客家菜)师傅工程”。

【基层侨联建设】 2022 年，区侨联向省侨联成功申请2023 年度 2 个基层“侨胞之家”建设经费，用于西阳镇寿而康联谊会和市青年企业家协会创建紧密联系归侨侨眷和海外侨胞的联动交流协作平台。丰富“侨胞之家”活动内容，向省侨爱基金会争取 5 万元工作经费，在城北镇干光村“侨胞之家”建立“侨爱图书室”，进一步丰富群众的精神文化生活。

(陈璐璐)

梅州市梅江区工商业联合会

【概况】 梅州市梅江区工商业联合会(以下简称区工商联)成立于 1993 年，为科级行政单位，行政编制 5 名，机关工勤人员 1 名；领导职数 2 名，设党组书记、常务副主席 1 名，副主席 1 名，股级秘书长 1 名。2022 年，经区委编委会研究同意设立梅州市梅江区民营企业权益服务中心，为正股级公益一类事业单位，编制 2 名。2022 年，区工商联充分发挥工商联统战性、经济性、民间性的优势，围绕“两个健康”主题，按照创新、改革、服务的基本思路，把强化服务功能、拓宽服务领域、提高服务水平作为不断探索和追求的工作目标，通过为会员提供学习教育、经贸洽谈、信息交流等服务，引导民营企业实施创新发展战略，为梅江经济社会高质量发展作出积极贡献。

【思想建设】 2022 年，区工商联深入开展党史学习教育和理想信念教育，坚持理论学习中心组、“三会一课”和第一议题等制度。通过专题宣讲、参观爱国主义教育基地以及线上学习等方式，组织机关党员干部和民营经济代表人士深入学习贯彻习近平新时代中国特色社会主义思想、习近平总书记系列重要讲话精神、中共十九届六中全会精神、中共二十大精神、中央统战工作会议精神以及《习近平谈治国理政》第四卷等，切实提高机关党员干部和民营经济代表人士的理想信念，进一步深刻领悟“两个确立”的决定性意义，增强“四个意识”、坚定“四个自信”、做到“两个维护”。

【组织建设】 2022 年，区工商联加强会员数据库、常执委数据库和商会数据库建设，致力发展壮大会员队伍，新发展会员 28 人。常态化、规范化执行工商联主席联席会议和兼职副主席轮值制度，邀请上级和各职能部门领导，以及税务、市场监督管理和银行等部门参加活动，搭建政商交流平台，创新活动形式，增强凝聚力，激活会员的生机和活力。指导西阳镇商会开展工作和梅州市江西会昌商会换届工作，协助成立三角镇商会，推动基层商会建设。指导商协会和民营企业组建党组织，梅州市江西会昌商会成立党支部，至年末，区工商联执委以上企业成立党组织 13 家。

【服务民企】 2022 年，区工商联开展“暖企”行动，深入民营企业考察调研，听取和收集企业家的意见建议，协助企业解决难题。积极参与区委大督查实体经济专项督查组工作和重点企业服务活动，深入企业 40 多家。围绕营商环境、政策落实、重点项目建设等开展专题调研、督查 8 场，发现问题 19 个，收集意见 15 条，提出建议 25 条，并形成优化营商环境专项督查报告，提供区委、区政府主要领导参考。加强部门联动，搭建合作平台，形成服务民企合力，与客商银行签订战略合作协议(10 亿元意向授信)，为广大会员企业提供合作平台和金融服务。先后与区检察院、区人民法院召开座谈会，探索推进营造良好的法治化营商环境。联合区税务局开展“春雨润苗”专项行动，联合广东广信君达(梅州)律师事务所到广东雄龙和丰科技有限公司开展“法治体检”公益法律服务，切实为企业纾困解惑。联合区司法局、广东省永庆律师事务所律师组建普法宣讲队开展送法进企业活动，接受“谁执法谁普法”评议，切实提升法治服务水平。完善服务民企工作机制，成立所属事业单位梅江区民营企业权益服务中心，联合区人社局、区总工会构建劳动争议调解工作机制，切实维护民营企业合法权益，进一步优化营商环境。

2022 年 1 月 13 日，梅江区工商联七届二次主席联席会议在梅州客商银行召开（区工商联　供图）

【外引内联】 2022 年，区工商联立足总部经济产业招商工作，充分发挥商会平台和资源优势，加强走访联络，宣传推介和动员挖掘，主动与上级业务指导部门沟通联系，做好省级行业协会对接，为梅江区引进优质项目，对接洽谈项目 5 个。加强与深圳梅县商会和北京梅州人海外联谊会及社团的日常联络，向乡贤汇报乡情，鼓励乡贤积极投入梅江区招商引资，同时邀请、引荐企业家回来考察投资环境。全年先后与梅县区工商联、惠州市惠阳区工商联和蕉岭县工商联开展联络联谊和交流活动，学习借鉴各地工商联在党建引领、商会建设和服务企业的先进工作经验，促进优势互补，提升服务经济社会发展水平和能力。

【专题调研】 2022 年，区工商联配合省工商联到梅州开展“充分发挥企业家主席会长在民营经济统战工作中的作用”“全省工商联系统信息化建设和推进民营企业使用正版软件情况”等专题调研。配合市工商联开展梅州市促进实体经济高质量发展、基层组织建设、非公有制经济领域党建和推进“万企兴万村”等专题调研。完成全国工商联系统民营企业季度运行、万家民营企业营商环境调查，全年完成上级专题调研、各类问卷调查 180 多份。同时，引导会员在两会上围绕乡村振兴、营商环境、经济发展、民生福祉等重点、难点、堵点、热点问题开展系列调研，围绕齐心协力发展壮大梅江实体经济提出建议和提案，切实发挥参谋和助手作用，全年共推荐 5 名企业家为八届区政协委员增补人选。

【光彩事业】 2022 年，区工商联积极引导会员企业参与“万企兴万村”行动和“6·30”广东扶贫济困日活动，区工商联主席企业带头认捐 100 万元，据不完全统计，全区民营企业和基层商协会共捐款捐物超 1000 万元。2022 年，梅州市皇樽食品有限公司获广东百佳爱心帮扶企业，黄敏获评“广东百佳爱心新乡贤”称号。动员广大会员爱心驰援抗疫一线，据不完全统计，区工商联会员企业、所属各商协会通过各种途径捐款捐物共计 100 多万元。

【共建共治】 2022 年，区工商联全力支持“结对共建”的三角镇美景社区党支部开展“创文”、“巩卫”、疫情防控、垃圾分类等工作，开展调研走访 5 次、慰问活动 3 次、组织党员干部志愿服务活动 27 场次，支持疫情防控、“创文”经费共 2.26 万元，并为群众解决民生实事 2 件。同时，派出 7 名工作人员常态化参加城南高速路口防疫志愿岗和火车站十字路口文明交通志愿岗。

（吴伟韧）

法　　治

政法委与综治

【概况】　2022年，梅江区委政法委员会（以下简称区委政法委）坚持党对政法的绝对领导，认真贯彻习近平总书记关于“疫情要防住、经济要稳住、发展要安全”的重要指示批示精神，持续深化“防风险、保安全、护稳定”各项措施，在维护国家政治安全和社会稳定、常态化扫黑除恶、区域社会治理现代化等方面取得明显成效。2022年，广东省群众安全感调查情况，梅江区多项成绩位居全省前列。其中扫黑除恶满意度排名全省第三，打击整治养老诈骗专项行动满意度排名全省第七，平安建设工作满意度排名全省第八。

【乡村振兴】　2022年，区委政法委组织开展政法系统“四比四争”（比学习争进位，比作风争一流，比担当争贡献，比实绩争首位）主题实践活动，创新开展理论武装“三六一”（“三”：即学政治理论知识、学法律法规知识、学业务技能知识，“六一”：即一周一次集中学习、一月一次讨论交流、一季一篇心得笔记）工作法，深入推进“党建+业务”的深度融合，实施支部“堡垒工作”项目，加快推进智慧乡村、数字乡村建设，将互联网技术融入基层治理，搭建智能服务平台，利用大数据高效整合社会资源，以“智慧平台，护航乡村振兴路”为抓手，在全区81个行政村建设乡村治理智慧平台，取得乡村治安持续好转、乡村环境不断美化、乡村产业持续发展等成效。

【政治安全】　2022年，区委政法委坚持把政治安全放在首要位置，部署开展维护政治安全专项行动，协助公安机关抓获一批邪教违法犯罪人员，打击战果位居全市第一。全年累计开展反邪教宣传活动19场，发放宣传品6000多份，受教育群众1万多人。

【维护稳定】　2022年，区委政法委自4月启动“安保维稳”工作后，把做好中共二十大安保维稳工作作为首要政治任务，做中共二十大安保维稳工作。

隐患排查　2022年，区委政法委发挥梅江区490个网格作用，对问题楼盘、矛盾纠纷、

2022年3月20日，梅江区委政法委在普育小学开展法治宣传活动

（区委政法委　供图）

征地拆迁群体等情况进行滚动性摸排。

矛盾化解　2022 年，区委政法委牵头成立“安保维稳”专班，对确定的 26 宗不稳定因素全部实行一宗一策一专班，对较为突出的 19 宗落实镇（街道）书记包案责任制。

扫黑除恶斗争　2022 年，区委政法委围绕线索办理、打击整治、宣传贯彻等“十件实事”开展扫黑除恶斗争，共办结 6 宗线索，破获涉黑涉恶刑事类案件 52 起，审结涉黑案件 1 宗；打掉恶势力集团 1 个，恶势力团伙 5 个，抓获涉黑涉恶犯罪嫌疑人员 228 人，刑拘 129 人。开展教育、金融放贷、市场流通三大行业专项整治，宣传贯彻《中华人民共和国反有组织犯罪法》，社会环境持续向好。

专项行动　2022 年，区委政法委摸排有效问题线索 26 个，破获涉养老诈骗案件 16 宗，其中“6·11”专案捣毁 2 个“保健品”诈骗窝点，抓获犯罪嫌疑人 22 名，涉案资金 500 多万元。9 月，在福建抓获犯罪嫌疑人 7 名，现场扣押现金 92 万元，止付资金 600 万元。

【社会治理】　确定靶向目标　2022 年，区委政法委确立“推进商圈党建、小区建设、一网统管、长者饭堂建设、信访积案化解、全民反诈、综合网格及‘雪亮工程’建设”为全市境域社会治理现代化重点工作，锚定“提升中心城区首位度”发展定位。擦亮党建引领自治、德治双治齐驱的“首位双驱”社会治理特色品牌。

规范建设综治中心　2022 年，区委政法委将综治中心规范化建设作为创新社会治理、深化平安梅江建设的重要抓手，以西郊街道为试点，开展全科网格工作，力推“粤平安”云平台的深度应用。至 12 月，全区 7 个镇（街道）完成“五室一厅”（矛盾纠纷调处室、网格化工作、社会心理服务室、部门进驻工作室、监控研判室，群众接待厅）的综合设置，网格事件办结率 98%。全年在化解矛盾纠纷、预防违法犯罪、消除安全隐患等方面取得明显成效。

弱势群体管理　2022 年，区委政法委先后进行 4 轮严重精神障碍患者救治救助服务管理情况摸排。同时，为辖区严重精神障碍患者监护人购买责任保险，全年发放监护补助 235 万元。

环境整治和“创文”宣教　2022 年，区委政法委牵头相关职能部门推进中小学校周边环境整治，开展集中整治行动 3 次，并对学校周边市容进行整治，出动执法人员 2798 人次，规范流动摊贩 2000 多处摊位。同时组织 557 人次开展各类志愿服务活动，推动“创文”工作与反邪反诈、社会治理、疫情防控等业务融合。推进宣传阵地化，丰富宣传载体，加强对市域社会治理、打击养老诈骗、打击电信诈骗等重点工作的宣传，组织现场活动 228 次，制作宣传册 9 万多份、宣传片 75 个，发布传统媒体报道稿件 7 篇、网络平台作品 558 条，覆盖人群约 70 万人次。

（赖蕾放）

2022 年 12 月，梅江区西郊街道依托信访维稳中心，升级打造“一屏观城乡、一网管全域”的智慧综治中心　（区委政法委　供图）

法治政府建设

【法治梅江建设】　2022 年，梅江区制定印发《法治梅江建设规划（2021—2025 年）》《梅江区法治政府建设实施纲要》《梅江区法治社会建设实施纲要（2021—2025 年）》《梅江区 2022 年法治政府建设工作要点》，推进法治政府建设重点工作贯彻落实。

【深化“放管服”改革】　2022 年，区司法行政机关优化政务服务，深入开展“减证便民”行动。印发《梅州市梅江区创建“无证明城市”实施方案》，开展“无证明城市”创建工作。全面落实证明事项告知承诺制，全区各单位印发证明事项告知承诺制的证明事项清单，并通过门户网站等渠道向社会公布。

【政府法律顾问】　2022 年，区司法行政机关落实政府法律顾问制度，做好区政府法律顾问聘请工作，加强对镇（街道）和区直部门法律顾问工作指导。压实各级各部门法律顾问职能作用，积极参与政府部门重大行政行为、重大工程、重大项目、重大投资、“放管服”改革等事项的合法性审查，为防范政府行为法律风险提供优质法律服务。

【规范性文件管理】　2022 年，区司法行政机关严格执行《广东省行政规范性文件管理规定》，落实行政机关规范性文件“三统一”（统一登记、统一编号、统一印发）制度，加强规范性文件制定主体管理，强化行政规范性文件合法性审核（审查）和备案，区政府常务会议听取 2021 年本级行政规范性文件合法性审核工作情况专题报告。加强规范性文件动态清理，印发《梅州市梅江区人民政府办公室关于开展行政规范性文件清理工作的通知》，对区政府及部门规范性文件进行全面清理，同时开展涉及城市建筑垃圾管理的规范性文件进行专项清理审查工作。

【依法行政决策】　2022 年，区司法行政机关贯彻《重大行政决策程序暂行条例》《广东省重大行政决策程序规定》，落实重大行政决策事项目录管理制度，制定公布《2022 年度梅州市梅江区人民政府重大行政决策事项目录》，推动各镇、街道和区政府工作部门制定公布年度决策事项目录。加强重大行政决策和其他政策措施文件的合法性审查，督促落实公众参与、专家论证、风险评估、合法性审查和集体讨论等决策程序，强化决策监督管理，推进行政决策法治化、规范化建设。

【严格行政执法】　2022 年，区司法行政机关落实行政执法责任制，落实行政执法公示、执法过程记录、重大执法决定法制审核“三项制度”。实行行政执法人员执证上岗和资格管理制度，开展行政执法人员综合法律知识网上考试，未经执法资格考试合格，不得授予执法资格，不得从事执法活动。推广应用广东省一体化行政执法平台，组织培训提升平台操作能力，将平台项目运营运维费用列入 2023 年财政预算，将平台使用情况列入 2022 年绩效考核指标。加大对食品药品、生态环境、安全生产、劳动保障、知识产权保护等重点领域监督执法力度。印发《关于开展违法执法和乱罚款问题专项整治工作实施方案》，开展违法执法和乱罚款问题专项整治工作。

【综合执法体制改革】　2022 年，区司法行政机关深入推进乡镇综合行政执法改革，开展行政执法职权下放实施情况评估工作，制定《关于印发开展区级行政执法职权下放实施情况评估工作实施方案的通知》，对梅江区第一批下放的 468 项行政执法事项实施情况进行评估，并形成评估报告报送市评估工作小组。加强督促落实培训“导师制”，全年行政执法放权单位落实“导师制”培训 63 场，各部门通过多种形式汇编行政执法指南印发到镇、街道。

【行政执法案卷评查】　2022 年，区司法行政机关加强行政执法监督，开展行政执法案卷评查。印发《关于开展 2022

年行政执法案卷评查工作的通知》，对全区具有行政执法职能的部门 2021 年 11 月 1 日起至 2022 年 10 月 31 日期间办理完成的行政处罚、行政强制、行政许可、行政检查案卷进行自查和抽查，对抽查发现的问题及时反馈、整改，并将 2021 年度全区行政执法案卷评查情况予以通报。

【行政复议和行政应诉】 2022 年，区司法行政机关贯彻落实行政复议体制改革实施方案，发挥行政复议化解行政争议主渠道作用，履行行政复议职责，严格依法办案。落实行政复议报告制度，在区政府常务会议上作《梅江区 2021 年行政复议、行政应诉案件情况分析报告》。加强和规范行政应诉工作，落实《梅州市梅江区人民政府办公室关于建立败诉行政案件和行政机关负责人出庭应诉年度报告制度的通知》，督促行政机关依法应诉。

（蓝洁燕）

公　　安

【概况】 2022 年，梅州市公安局梅江分局（以下简称公安梅江分局）贯彻落实梅江区委的工作要求，全力以赴防风险、保安全、护稳定，完成冬残奥会、全国两会、省党代会、中共二十大重大安保和中央、省委领导到梅江区调研警卫任务，为全区社会经济发展营造和谐稳定的社会治安环境。

【社会治安整治】 扫黑除恶 2022 年，公安梅江分局吸取唐山事件教训，常态化推进扫黑除恶斗争，核查办结线索 5 条，办结率 71.4%。全年破获涉黑涉恶刑事类案件 47 起，抓获涉黑涉恶犯罪嫌疑人员 235 人，刑拘 129 人，提请逮捕 86 人，有效保护人民群众生命财产安全。

禁毒戒毒 2022 年，公安梅江分局重点抓好应检尽检、应收尽收、应打尽打、应帮尽帮“四项”措施，对各类毒品违法犯罪行为一律严打严惩。全年全区破获毒品刑事案件 3 宗。推进吸毒人员“平安关爱”行动，帮扶救助 32 人，开展“一人一策”关爱帮扶 28 人，有效巩固戒毒康复成效。

专项行动 2022 年，公安梅江分局以夏季治安打击整治“百日行动”和“梅安 2022”专项行动为抓手，全区总体社会治安形势呈现出“四降两升三全破”，即全区刑事、治安警情比上年下降 9.68%，九类涉恶案件比上年下降 27.8%，八类暴力犯罪比上年下降 22.33%，电信网络诈骗案件比上年下降 19.48%；抓获违法犯罪人数、起诉数比上年分别上升 17.8%、0.67%；现发命案、性侵、“双抢”案件全破。

小案侦破 2022 年，公安梅江分局从严打击人民群众深恶痛绝的盗抢骗、黄赌毒、食药环等违法犯罪，让群众从小案侦破中感受到获得感、幸福感和安全感。全年抓获各类小案违法犯罪嫌疑人 824 名，比上年上升 24.23%。

【综合治理管控】 排除安全隐患 2022 年，公安梅江分局以安全隐患摸排管控行动为抓手，加快“粤居码”推广应用。围绕 6 个方面 33 类 135 种风险点，深入梳理摸排各类风险隐患 3507 个（处），省公安厅下发核查指令反馈清零 1103 条。

重点地区整治 2022 年，公安梅江分局通过打组织、挖幕后、清场所、严处理、建机制、防反弹等六项措施，对市公安局挂牌整治重点地区进行专项整治和深层次治理，全区治安环境持续向好。

社会治安巡防 2022 年，公安梅江分局加强社会治安巡防管控体系建设，严格落实“1、3、5 分钟”快速反应处置机制。全年开展集中统一清查行动 22 次，破获刑事案件 203 宗，抓获违法犯罪嫌疑人 265 人。

合成作战机制 2022 年，公安梅江分局建起合成作战中心，完善网上网下合成作战机制。全年合成作战中心协助侦破各类刑事案件 52 宗，抓获犯罪嫌疑人 92 人，社会综合治理水平得到进一步提升。

【执法办案规范】 提升执法水平 2022 年，公安梅江分局探索搭建梅江特色的实战化法治练兵体系，组织7名法制大队民警和分局26名法制员开展执法培训34次，每月组织兼职法制员配合法制大队，对照675项考评指标，进行各部门案件交叉考评，不断提升部门执法办案能力。

创新执法载体 2022年，公安梅江分局建立智能化执法办案中心，进一步提升全警执法规范化、精准化、直观化水平。

强化执法机制 2022年，公安梅江分局设立侦查监督与协作配合办公室，搭建“检警合作”桥梁，通过完善监督制约、协作配合、信息共享等，提升执法规范化水平。在区人民检察院的提前介入，顺利侦办“2·23”寻衅滋事案、“2·11”养老诈骗案等案件。

落实执法监督 2022年，公安梅江分局按照机关规范化执法要求，发出执法建议书加强每宗案件侦查取证的监督指导，将执法监督书通报办案单位并抄送监督室。全年发出执法建议书274份、执法监督书8份。

【安全满意不断提升】 解决民生诉求 2022年，公安梅江分局通过撬动政府职能部门开展联合执法，重点解决对群众反映强烈的环保噪声、矛盾纠纷、司法咨询等非警务诉求，提升基层综合治理水平。全年协调解决噪声类警情95起，调处各类矛盾纠纷223宗。坚持“一信一督、即诉即办”原则，用心用情听民声、解民忧。全年共收到省公安厅、市公安局派转信件142件（其中，厅长信箱72件，市局局长信箱60件，分局局长信箱10件），答复率、办结率均100%；接群众“12345”热线电话810次，办结回复率100%；收到群众感谢信13件。在区委、区政府的支持下，梅州市中心城区腾出200平方米店铺，建设江南片区户政综合大厅。公安服务工作前移，为行动不便群众提供上门服务，全年为群众提供上门服务办证32次，解决68名群众入户难问题。

守护人民健康 2022年，公安梅江分局通过“百万警进千万家”，开展禁毒、反诈、反恐等主题宣传活动213场次。围绕线上线下公安宣传主阵地，及时报道梅江公安行动战果和治理成效，宣扬警队典型案例和先进事迹，进一步贴近群众、深入群众。全年撰写各类宣传文稿、视频1300多篇次，点击量达1100万多次，得到群众广泛关注及点赞。

（曾国韬）

检　察

【概况】 2022年，梅江区人民检察院（以下简称区检察院）坚持以习近平新时代中国特色社会主义思想为指导，聚焦主责主业，各项工作取得新成效。全年审查逮捕各类犯罪案件201件387人，批准和决定逮捕128件241人，不批准和不予决定逮捕71件151人；审查起诉各类犯罪案件400件634人，起诉289件434人，不起诉56件68人；纠正漏捕3人，追捕漏犯3人，纠正漏罪4人；办理民事检察监督案件15件，行政检察监督案件6件；办理公益诉讼案件43件，发出检察建议23份。2022年，获市级以上表彰8人，李丽玲获评“平安广东建设先进个人”，刘彦媚荣立广东省人民检察院“个人三等功”，林翠婷获“全省检察机关先进个人”称号，张慧获“第一届全省公益诉讼检察业务能手”称号。

【刑事检察】 2022年，区检察院批捕邪教组织犯罪11人、涉恶犯罪4人、养老诈骗犯罪12人，起诉涉黑犯罪2人、电信网络新型犯罪25人、“黄赌毒”违法犯罪51人、危害食品药品安全犯罪4人、职务犯罪9人。“案-件比”（指发生在人民群众身边的案，该案进入司法程序后所经历的有关诉讼环节统计出来的件相比，“件”数越低，说明“案”经历的诉讼环节越少，办案时间越短，办案的社会效果越好）为1：1.05。刑事侦查监督，4月，在梅州市公安局梅江分局设立侦查监督与协作配合办公室，监督立案1件，监督撤案1件，制发纠正违法通知书6份。刑事审判监督，制发检察建议 1 份。刑罚执行监督，开展社区矫正巡回检察、剥夺政治权利专项检察、刑事裁判涉财产部分执行专项检察，制发监督意见书 14 份。

【民事行政检察】 2022 年，区检察院办理民事生效裁判监督案件 2 件，民事审判程序违法监督案件 11 件，民事执行监督案件 2 件。支持起诉案件 4 件，助力 20 名农民工追讨欠薪 160 万元。开展民事诉讼费用应退未退专项监督，制发类案检察建议书 1 份，督促法院退还 6 名胜诉人诉讼费 3.68 万元。办理行政违法行为监督案件 3 件，行政非诉执行案件 2 件，住房建设领域社会治理类检察建议 1 件。案件执行监督促成纠纷化解，办理陈某盛房产买卖合同纠纷民事执行监督案，与法院、税务、不动产登记中心等部门协调沟通，同时做通房产前三手购买者的思想工作，促其补缴税费并协助陈某盛过户房产。

【公益诉讼检察】 2022 年，区检察院受理行政公益诉讼线索案件 40 件，立案 35 件，启动诉前程序 22 件。受理民事公益诉讼线索案件 9 件，立案 8 件，启动诉前程序 7 件。召开诉前圆桌会议 5 次、，诉前磋商 12 次，举办公开听证会 1 场，提起刑事附带民事公益诉讼 4 件，追偿公益损害赔偿金 25 万元。与区纪委监委联签印发《关于在开展公益诉讼工作中加强协作配合促进依法行政的若干意见》，促进公益诉讼和纪检监察机关监督检查、审查调查工作有效衔接。积极落实 7 号、8 号检察建议，监督寄递行业、安全生产工作，针对市场监督管理局对嘉应时光、客家小镇、客天下威尼斯 3 家游乐场所大型游乐设施等特种设备运营监管履职不到位问题，发出检察建议 1 份。开展依法护航民生民利专项监督，对森林资源保护怠于履职的行政机关发出检察建议 4 份。开展食用农产品质量安全专项监督，督促相关职能部门加强从农业生产到餐桌全流程、全链条、可溯源食品安全监督。开展非法取用地下水专项监督，立案 6 件，促进行政机关履职。与区河长办、林长办、区退役军人事务局、区文化局等职能部门联签互通协作工作机制，形成公益保护合力。

【未成年人检察】 2022 年，区检察院起诉危害校园安全、侵害未成年人权益等犯罪 39 人；不批准逮捕罪错未成年人 29 人，不起诉 28 人，附条件不起诉 24 人。擦亮“向阳树”未成年人检察工作品牌，16 名检察官受聘为全区 52 所中小学法治副校长，开展“检校同行”等法治进校园活动 26 场。与团区委签订《关于构建梅州市梅江区未成年人检察工作社会化支持体系合作框架协议》。联合区公安、教育、市场监督管理、民政、妇联、团区委等单位签订《关于成立梅江区“向阳树”未爱守护联盟保护未成年人健康成长的工作意见》，成立“向阳树”未爱守护联盟，并在梅江区东山书院设立“向阳树”未爱守护联盟教育实践基地，开通全市首条“护未热线”（17722012309）。开展“情暖童心•法治进乡村”活动，在长沙镇大密村设立“向阳树乡

2022 年 9 月 28 日，梅江区人民检察院“向阳树”未爱守护联盟教育实践基地挂牌揭幕举行 （区检察院 供图）

村图书角”。开展“法治进万家•家教伴成长”活动，全年举办42场亲职教育，制发督促监护令39份。

【服务经济】 2022年，区检察院检察长带队走访企业6家，了解企业生产经营状况和法治需求。在广东梅州经济开发区设立检察服务点，派专人实行坐班制，为园区企业及员工提供法律服务，全年开展法治培训、联席会议3场，助力企业健康发展。2022年批准逮捕侵害企业犯罪案件1件1人，起诉企业犯罪案件1件2人。12月，与区工商联、财政局等12家职能部门签订《梅江区涉案企业合规第三方监督评估机制实施办法（试行）》文件，成立涉案企业合规第三方监督评估机制管理委员会办公室，进一步推进涉案企业合规改革（检察机关对企业负责人涉经营类犯罪，适用认罪认罚从宽制度，依法“能不捕的不捕、能不诉的不诉、能不判实刑的提出适用缓刑建议”。同时，采用检察建议或第三方监管模式，督促涉案企业开展合规建设）试点工作。

【社会治理】 2022年，区检察院以“我管”（检察机关依法监督）促“都管”（职能机关依法履职），制发4份社会治理类检察建议，加大对旅馆、娱乐场所的监管力度。开展行政公益诉讼24份检察建议整改落实情况“回头看”。开展院领导包案办理首次信访案件专项活动，就地化解矛盾2件。联合区妇联等11家单位会签《关于建立完善国家司法救助与社会救助工作衔接机制的意见》，加强检察机关与社会救助职能部门的工作合力，依法给予15人司法救助金34.2万元。深化结对共建，助推乡村振兴发展，开展法治进乡村、防疫、“创文”、党建等活动26场178人次，支持资金共计48万元。

【检务公开】 2022年，区检察院落实向区人大常委会报告重大事项工作制度，做好代表委员联络工作。采取“沿途讲解+实地查看+座谈交流”方式，邀请15名人大代表参与食用农产品安全行政公益诉讼系列案专题调研。组建梅江区人民检察院听证员库，聘任首届检察听证员32名，完善听证制度，保障听证员听证权利。聘任4名行政机关专业领域人员为区检察院特邀检察官助理，为检察官办案提供智力和专业支持。依托“12309中国检察网”、门户网站、“两微一端”（微信、微博、新闻客户端）等平台，通报贯彻落实“三个规定”（领导干部干预司法活动、插手具体案件处理的记录、通报和责任追究规定，司法机关内部人员过问案件的记录和责任追究规定和关于进一步规范司法人员与当事人、律师、特殊关系人、中介组织接触交往行为的若干规定）等重大事项记录情况，全年发布检务资讯1184条，公开案件程序性信息596条，重大案件信息公开2条。

（王君娜）

法　院

【概况】 2022年，梅江区人民法院（以下简称区法院）紧紧围绕“保安全、护稳定、促发展、防风险”工作主线，全面推进党的建设、服务大局、审判质效、一站式建设、队伍建设五项重点工作，充分发挥人民法院维护国家安全、社会安定、人民安宁的职能作用，为平安梅江、法治梅江建设以及加快打造高质量发展示范区提供司法保障和服务。全年受理各类案件7514件（不含诉前调解案件3074件），结案6980件，解决争讼标的额17.3亿元。2022年，梅江区人民法院被梅州市中级人民法院评为全市法院“五项重点工作先进集体”，有3名法官分别获梅州市中级人民法院“十大先进个人”“十大办案标兵”“十大调解能手”称号。

【刑事审判】 2022年，区法院收案276件432人，结案263件397人。严厉打击危害公共安全犯罪行为，审结故意杀人、故意伤害、放火、交通肇事、危险驾驶等案件88件。依法严厉打击非法吸收公众存款、电信网络诈骗及关联犯罪活动，审结相关案件16件35人，保障人民群众生命财产安全。常态化推进扫黑除恶斗争，依法审结被告人张某、李某清参加黑社会性质组织罪一案，对2名被告人均判处十年以上有期徒刑、并处罚金30万元。全力推进陈某龙涉黑团伙案件“黑财清底”工作，依法处置变现团伙成员的房产车辆、追缴到位罚金118万元。利用各类媒体广泛开展《中华人民共和国反有组织犯罪法》宣传，努力营造打击黑恶犯罪的高压态势。开展打击整治养老诈骗专项行动，通过送法进社区、进农村、进学校等方式，积极开展反诈宣传活动5场，守好老人养老钱、护好群众“钱袋子”。配合市政府相关单位组织20多名中层以上干部旁听职务犯罪案件庭审，协助依法治区办录制反腐题材视频，为领导干部廉洁从政打好“预防针”。

2022年9月19日，梅江区法院开展暖企活动，组织法官走访梅江联通公司，帮助化解劳务用工、经营运作方面的法律问题 （区法院 供图）

【民事审判】 2022年，区法院民商事收案4061件，结案3612件。坚持以人民为中心，着力为群众提供更优质更便捷的诉讼服务。将矛盾纠纷化解挺在前面，做好诉前调解工作，全年成功调解撤诉案件1948件，平均用时15天，大大减轻群众诉累。大力推进以线上办案为主的“一站式诉讼服务”建设，让数据多跑路、群众少跑腿，全年网上立案2014件，网上缴费3150笔，网上开庭审理案件1885件、成功调解759件，为困难群体缓减免交诉讼费17.5万元。组织法官到东升工业园、梅州市房地产协会、梅江区工商业联合会开展“进行业深调研”活动3场，深入了解梅州市房地产市场业态、区属民营企业经营状况和司法需求，促进靶向施策、精准办案。坚持开展司法暖企活动，组织法官走访梅江控股、博敏电子等区重点企业6家，帮助化解劳务用工、经营运作方面的法律问题。按照疫情防控形势变化适时调整工作方式，充分运用线上平台进行“零接触”庭审，及时满足群众司法需求。

【执行工作】 2022年，区法院执行收案3129件，结案3063件，执行到位金额2.39亿元。巩固解决“执行难”成果，灵活运用各种手段，加大执行力度，全年将1557名失信被执行人列入失信“黑名单”，限制高消费、限乘飞机高铁1944人次，查封扣押被执行人车辆和房产等标的物280件，成功拍卖138件，变现1.19亿元。贯彻落实党中央关于“保民生”的工作要求，坚持将民生权益放在最优先位置，执结劳动争议、人身损害赔偿、抚养赡养类案件277件，执行到位金额351万元，给6名困难当事人发放司法救助款12.2万元。贯彻落实梅州法院服务保障实体经济高质量发展“15条措施”，运用司法职能营造法治化营商环境，为涉企案件开通“绿色通道”，全年执结涉企案件1086件，为胜诉的民营企业追回账款3892万元。

【政治建设】 2022年，区法院坚持把政治建设摆在首位，持续筑牢政治忠诚。深入开展“两个确立”主题教育，引导全院干警深刻领悟“两个确立”决定性意义，坚决做到“两个

2022 年 10 月 20 日，梅江区法院立案庭为群众办实事

（区法院 供图）

维护”。常态化制度化开展政治理论学习，全年组织政治轮训 4 场 343 人次。制定学习宣传贯彻中共二十大精神总体工作方案，通过多种形式深入开展学习宣传，推动中共二十大精神落地落实。推进从严治党从严治院，开展“四比四争”主题实践活动、“堡垒工程”项目大比拼行动，依托“党建+业务”平台，全面提升干警的司法为民意识和群众工作能力。坚持严的主基调，深入学习贯彻习近平总书记在十九届中央纪委六次全会上的重要讲话精神，开展廉政纪律教育专题辅导、典型案例警示教育 4 场，筑牢廉洁自律思想防线。注重运用谈话提醒教育关爱干警，开展谈话提醒活动 97 人次，将晋升职级、招录转正的干警纳入必谈对象，引导新进干警扣好履新的“第一粒扣子”。深化和巩固政法队伍教育整顿成果，专题开展“扛责任转作风抓落实”教育，深入开展“为群众办实事示范法院”创造活动。进一步提升干警责任担当意识，营造干事创业、狠抓落实的良好氛围。

（陈 琳）

司法行政

【概况】 2022 年，梅江区司法局立足司法行政职能，推进队伍政治思想建设、普法宣传、公共法律服务、矛盾纠纷化解、维护社会稳定等工作，推进法治建设，为梅江高质量发展提供法律服务和法治保障。2022 年，梅江区司法局公共法律服务管理股股长刘克熙获广东省司法厅个人三等功，梅江区三角司法所所长邓燕红获评“梅州好人”。

【思想武装】 2022 年，区司法局落实“第一议题”制度和政治学习制度，坚持“一周一次集中学习、一月一次讨论交流、一季一篇心得笔记”和“微诵读”。全年召开各类学习会议 40 场次，开展讨论交流会 12 次、主题党课 4 次，组织撰写心得体会 4 次。全年开展党内谈话 27 人次。其中，日常谈话 25 人次，提醒谈话 1 人次，警诫谈话 1 人次。

【志愿服务】 2022 年，区司法局推进驻镇帮镇扶村工作，组织开展撂荒耕地复垦，通过消费帮扶形式，帮助西郊街道桃西村销售玉米 1500 多千克，

2022 年 4 月 10 日，全民国家安全教育日大型宣传咨询活动在江南客都汇广场举行，梅江区司法局志愿者开展普法宣传活动 （区司法局 供图）

增收 1.5 万元。

2022 年 6 月 21 日，梅江区司法局到博敏电子公司开展送法进企业，确保安全生产
（区司法局　供图）

【法治宣教】 2022 年，区司法局制定印发《梅江区 2022 年普法依法治理工作方案》，草拟“八五”普法规划，提交区委常委会讨论研究。召开 2022 年国家机关“谁执法谁普法”履职报告评议会，压实“谁执法谁普法”责任制。发挥传统宣传阵地优势，全年累计开展法治讲座、模拟法庭等活动 50 多场，开展“法治梅江”系列宣传活动 500 多场次。重启“梅江普法”公众号开展“云普法”，推进“互联网+”法治宣传模式提档升级。落实“六个一”〔每个村（社区）设置一个法律图书角、建设一所法治讲堂、设置一个法治宣传栏、设立一个法律顾问工作室、组建一支法治志愿者队伍，设立一个公共法律服务工作室〕新常态建设。2022 年，西阳镇北联村、三角镇坜明村通过省级“民主法治示范村”验收。启动“法律明白人”培养工作，集中培训 2 次，培养持证“法律明白人”517 人。

【法律服务】 2022 年，区司法局开展“一村（社区）一法律顾问”工作，依托公共法律中心、法援处、公证处提供法律服务。打造“一刻钟法律服务圈”，建成 1 个“1+7+*N*”〔1 个区级公共法律服务中心、7 个镇（街道）工作站、129 个村（社区）工作室〕公共法律服务实体平台，全年“1+7+*N*”公共法律服务实体平台和“12348”电话热线平台，为群众提供法律咨询服务 4000 多人次。开通法律援助“市域通办”，全年梅江区法律援助处参与代理重点项目工程行政诉讼案件 7 宗，为农民工提供咨询 1000 多人次，代理欠薪、工伤、劳务损害责任纠纷案件 46 件，承办法律援助事项 664 件。梅江公证处做好公证服务、证据保全、公证送达等工作，全年送达法律文书 180 份，办理各类公证 175 件，其中国内民事公证 136 件（含港澳台 16 件）、涉外公证 39 件。

2022 年 10 月 14 日，市、区法律援助处联合深入东升工业园区开展法律宣传
（区司法局　供图）

【人民调解】 2022 年，区司法局推进平安梅江建设，进行

基层矛盾纠纷大排查大化解专项行动工作部署，成立专项行动工作领导小组，制定实施方案，组织各司法所开展矛盾纠纷大排查大化解工作。全年三级联动调解网络平台和个人调解工作室共受理、调解纠纷1248宗，调解成功1219宗，调解成功率97.7%。审核人民调解卷宗，根据类别对符合条件的卷宗进行“以案定补”，发放补贴8600元。

【社区矫正】 2022年，区司法局推进“智慧矫正中心”建设。加强社区矫正风险研判分析，坚持管理与服务并重，促进社区矫正工作有序开展。采用“线上+线下”相结合开展每月学习教育，全年共组织线上线下集中教育95场次，分类教育9场次，个别教育1748人次。落实便民惠民措施做好远程会见工作，全年共成功会见251宗，服务家属480人次，助力服刑人员与亲属实现“在家门口会见”。

【安全生产】 2022年，区司法局开展安全生产主题法治宣传，组织全局干部职工学习《中华人民共和国安全生产法》等法律法规，全区7家司法所联合区应急办等部门配合当地党委、政府围绕安全生产开展“安全生产梅江行”主题法治宣传。开展安全生产隐患大排查，从6月1日开始，对机关安全生产隐患、应急管理情况进行全面复查、整改。加强用车安全管理，确保车辆安全行驶，同时抓好驾驶人员的安全行车教育。节假日期间落实领导带班和24小时专人值班值守制度，加强应急准备，确保安全生产。

（肖玲聪）

军 事

人民武装

【概况】 梅江区人民武装部（以下简称区人武部）于1996年5月收归部队建制，全称为中国人民解放军广东省梅州市梅江区人民武装部，隶属梅州军分区和梅江区委、区政府双重领导，民兵工作的职能不变，内设军事科、政工科和后勤科。2017年6月，根据军委国防动员部调整整编命令，人武部设军事科、政治工作科和保障科，负责梅江区的民兵、兵役、动员和预备役部队工作。2022年，梅江区人武部被上级评为征兵工作先进单位。

【党管武装】 2022年，区人武部坚持把党管武装摆在重要位置，努力开创新时代武装工作新局面。制定出台《梅江区贯彻落实〈梅州市“十四五”时期民兵建设发展计划〉的具体措施》等文件，打造区、镇两级武装工作示范点，深入推进长沙镇国防教育小镇建设，升级打造西郊街道武装阵地。投入50万元，全面规范全区7个镇、街道武装部和战备库室建设。召开区委议军会研究制约国防动员和后备力量建设重难点问题，提升全区镇、街道和区直单位党管武装绩效考评系数。10月28日，联合区委组织部到各镇、街道和区直相关单位及区直武装部开展党管武装绩效考评工作，明确规定党管武装考评不合格扣发绩效、不得列入年度评先评优。12月16日，召开区委议军会暨党管武装述职会议，人武部职工、专武干部、民兵连续3年获优的，优先提拔任用、转为公务员，对失职失责、造成不良影响的严肃追究责任，有效激发干事创业热情。

【备战演练】 2022年，区人武部全面提高备战打仗能力，军地联合出台一系列备战打仗刚性文件，《梅江区备战打仗工作十项措施办法》《梅江区备战打仗工作问责机制》《深入推进梅江区民兵政治工作十条措施意见》和《梅江区民兵工作表彰奖励和追责问责暂行办法》等措施办法，树立向战为战鲜明导向，激发敢战胜战内在动力。高标准完成专业分队民兵整组和专业技能训练，连续3年检查考核在全市排名第一。组织任务兵力参加支援部队作战实兵行动。

【基础建设】 2022年，区人武部提请区委、区政府投入经费750万元在城北镇建成区国防动员指挥训练中心，自主研发综合态势、辅助筹划、代码指挥、状态监控四大核心功能模块，指挥员能实时掌握战场态势，快速制定行动方案，直接指挥到行动班组和单兵。自筹资金和物资60余万元，建成集国防、社会、经济“三大效益”为一体的长沙镇小密村民兵之家，为辖区民兵训练提供保障，同时每年可为村集体经济带来10万元收益。2022年，长沙镇武装部打造成全市基层建设标杆，受到省军区领导高度评价，省市20余个单位先后前来参观见学。全年新建长沙镇、西阳镇、西郊街道国防教育训练室。

【民兵集训】 2022年，区人武部扎实组织民兵训练，提高备战打仗水平。全年组织民兵开展各项集训、考核12期。

【军政爱民】 2022年，区人武部大力支持帮扶村，派出党员干部担任驻村第一书记，助力帮扶村发展，2022年村集体经济收入实现20万元，比上年8万元翻一番多，为乡村振兴、助力老区苏区振兴发展起到示范作用。区国防教育训练基地联合梅江区17个区直单位为驻区部队办好职工社保补缴、财务审计、图书捐赠和指纹密码门锁更换等实事，为基干民兵制作“两证一卡”（民兵干部证、基干民兵证、民兵保障卡），在辖区享受景点免费参观、医院免费挂号等优待，为入伍大学毕业生发放1.3万元奖励金。同时，区政府每年拿出1～2个公务员和事业编名额定向招录大学毕业生退役军人。

（赖祺佳）

人民防空

【概况】 2022年，梅江区人民防空办公室（以下简称区人防办）按照省、市有关文件要求和工作部署，积极配合市人民防空办公室排查和整改各类安全隐患，提高人防系统的安全性和稳定性。同时，发挥人防工程建设服务社会、服务经济作用。

【人防宣传教育】 2022年，区人防办贯彻落实《中华人民共和国人民防空法》和上级人防工作会议精神，做好人防宣

2022年6月23日，梅江区住建局结合“安全生产月”安全宣传咨询日在文化公园开展人防知识宣传咨询教育活动　（区住建局　供图）

传教育、国防动员等工作。配合市人防办开展人防知识进学校、进社区、进机关、进企业、进网络“五进”宣传活动。6月23日，结合梅江区“安全生产月”安全宣传咨询日活动，在文化公园开展人防知识宣传咨询教育活动，对市民进行人民防空知识教育和技能传授，提高战时人民防空防护有效性，发放人防宣传手册100多册。营造科普及法治氛围。

【防空警报试鸣】 2022年，区人防办积极配合市政府在梅州市区（含梅江区）试鸣防空警报，检验市防空警报系统的可靠性和预警能力，进一步增强梅州市民的国防观念和防空意识。9月18日9时，市政府在梅州市区（含梅江区）实施2022年防空警报试鸣，启动固定警报器和移动警报器同时发放防空警报信号，梅州电视台第一套、第二套和梅州人民广播电台两个频率通过画面、文字、声音同步发放防空警报信号。中国电信梅州分公司、中国移动梅州分公司、中国联通梅州分公司、市突发事件预警信息发布中心通过短信和电子屏发送试鸣防空警报信息。

（刘锦涛）

民兵工作

【概况】 2022年，梅江区直属机关企事业人民武装部（以下简称区直武装部）坚持以习近平总书记关于新形势下国防和军队建设重要论述以及中共二十大提出的关于国防和军队建设的要求为指导，紧紧围绕党中央、中央军委提出的建

设高素质国防后备力量的宗旨，紧紧围绕遂行军事斗争准备和非军事工作准备的需要，与时俱进，开拓创新，全面完成年度民兵整组任务，顺利通过上级军事部门年度考核检查。

【民兵整组】 2022年，区直武装部年初民兵组织整顿工作，认真领会上级整组工作会议精神，严格执行各项整组工作要求，及时将不符合条件的队员转出队伍，把党员、文化程度高、军事素质好、有一技之长能够稳定在位的优秀年轻青年编入基干民兵队伍。

【民兵集训】 2022年7月8—9日，区直武装部组织开展基干民兵出入队训练。集训动员会上，区政府办公室副主任邹增峰为民兵骨干颁发任职证书并作集训动员讲话，区直武装部部长陈嘉华为民兵队员上民兵基本常识思想政治教育课。集训得到区委办、区府办主要领导高度重视，给予经费支持，解决基干民兵队员一直没有配套迷彩服的问题。集训期间，围绕出入队集训计划按纲施训，训练主要围绕“单个军人队列动作”、“共同科目战术基础动作”、参观烈士纪念碑、入队宣誓等内容，进一步提高区直基干民兵的综合技能，增强民兵自身认同感、使命感和责任感。

（陈嘉华）

退役军人事务

【概况】 2022年，梅江区退役军人事务局内设人秘股、优抚与权益维护股、移交安置与就业创业股和双拥工作股4个股室，下设梅江区退役军人服务中心和梅州市梅江区人民政府军队离休退休干部休养所2个事业单位。全区7个镇（街道）、129个村（社区）均设立退役军人服务站，形成区、镇、村退役军人三级服务保障体系。

【退役安置】 2022年，区退役军人事务局接收上级下达的安置计划符合安排工作的退役士兵，通过“阳光安置”妥善安排退役士兵到区级事业单位，完成安置率100%。按规定标准发放全区退役士兵上年度一次性经济补助，发放上年度符合政府安排工作退役士兵待安置期间的生活补助和医疗补助。同时，执行落实自主择业军转干部住房补贴政策的兑现。

【就业创业】 2022年，区退役军人事务局大力促进退役军人就业，举办线上线下退役军人专场招聘会，参加招聘企业34家，发布、转发招聘（招考）信息16次。坚持政府推动、市场引导、社会支持相结合方式，为退役军人提供良好创业社会环境，协助申领创业资助、创业租金补贴、创业担保贷款等。8月，推送的“小服务孕育大产业打造客家阿姨家政全产业服务链”在梅州市第一届退役军人创新创业大赛获得新兴产业组金奖。

【军休服务】 2022年，区退役军人事务局执行落实军休政策，军休人员“两个待遇”（政治待遇、生活待遇）落实到位，按照中央补助标准发放军休人员医疗费补助费。有序推进梅江区黄塘沙子墩老旧军休小区改造，推动新建军休干部活动中心项目工作，举办“集体过生日”、“迎接中共二十大”系列活动、“革命传统教育”等活动，满足军休干部精神文化需求。

【优抚优待】 2022年，区退役军人事务局严格按照退役军人优抚优待政策，受理并初审各类优抚对象身份认定、发放优抚补助、医疗补助、大病救助资金、办理优抚关系迁移；积极开展关爱功臣送医送药活动，组织选送优抚对象参加短期疗养。按照上级部署，结合梅江区实际，有序开展退役军人和其他优抚对象优待证制发工作。

【烈士褒扬】 2022年，区退役军人事务局严格落实国家《烈士褒扬条例》，结合防疫工作要求，开展“慎终追远、缅怀先烈”清明祭英烈网上祭扫活动，引导烈属、退役军人和群众网上祭扫。9月3日，在白宫革命烈士纪念碑前举行“铭记历史，缅怀先烈”纪念抗日战争胜利77周年祭扫活动。9月30日，分别在长沙革命烈士纪念园、白宫革命烈士纪念碑两地开展烈士纪念日主题活动。12月13日，在白宫革命烈士纪念碑举行“勿忘国耻 圆梦中华”国家公祭日主题活动。在长沙革命烈士纪念园设置主题导视牌，并在纪念园周边墙壁手绘革命英模红色宣传墙，做好烈士纪念设施保护管理工作。

2022年9月3日，梅江区退役军人事务局在白宫革命烈士纪念碑开展纪念中国人民抗日战争胜利暨世界反法西斯战争胜利77周年纪念日活动

（区退役军人事务局　供图）

【拥军优属】　2022年，梅江区根据部队设施建设、场地维护实际需求，为驻区部队建设新型图书阅览室、军事职业在线学习室、国防教育研讨室、营院大门升级改造等硬件设施。区退役军人事务局组织开展形式多样、内容丰富、扎实有效的拥军优属慰问活动，为部队和优抚对象做好事、办实事，并着力推动解决驻区部队家属安置、子女入学、军地共建等方面的需求，协助做好现役军人子女的入学工作。

2022年9月21日，梅江区老兵志愿服务队会同嘉应学院数学学院志愿者前往“抗战老兵”家中开展“00后对话老兵”口述史活动

（区退伍军人事务局　供图）

【服务宣传】　2022年，按照全国示范型建设标准对全区符合条件的村（社区）退役军人服务站进行标准化升级。坚持从服务对象需求出发，孵化10个志愿服务项目（“老兵安居”微改造、老兵分享沙龙和“00后对话老兵”等），累计开展各类志愿活动200多场次，累计服务时长1.6万小时。同时，常态化开展政策宣传、法律服务咨询、法治宣讲等活动，利用多样化的形式走进社区、校园和部队，开展专题宣讲2场，发放《中华人民共和国退役军人保障法》的宣传资料1000余份。

（王捷俊）

经 济 管 理

发展和改革

【概况】 2022年，梅江区发展和改革局（以下简称区发改局）以习近平新时代中国特色社会主义思想为指引，紧扣高质量发展总体思路，全面落实中央、省、市、区经济工作会议部署和老区苏区振兴发展相关政策，坚持稳中求进工作总基调，统筹做好发展和改革两个方面工作，积极主动融入和服务新发展格局，全力推动梅江经济社会平稳健康发展。

【规划编制】 2022年，区发改局起草全区国民经济和社会发展计划执行情况报告，做好全区经济形势分析工作，协调制定经济动员保障工作方案。梳理汇总全区稳经济大盘政策文件，制定梅江区关于促进经济稳增长若干政策措施，制定梅江区新型城镇化和城乡融合发展年度工作要点，完成重点企业服务活动实施方案。围绕主要经济指标，加强经济运行监测每月调度，准确把握经济发展形势，发挥参谋助手作用。推进国防动员体制改革，开展民兵组织整顿潜力调查，着眼提质增效，选配基干民兵预建党组织骨干人员。积极参与军事训练、模拟演练等军地联合演练，提升军地协作能力。

【争取资金】 2022年，区发改局申报全区5个项目中央预算内资金，金额0.99亿元。全年申报第一批老旧小区改造项目4个，申请中央预算内资金共7304.07万元；申报第二批老旧小区改造项目5个，申请中央预算内资金共9928.4万元。全年全区申报取得7个项目专项债资金共5.04亿元，全部实现发债、支付；前两批专项债储备并通过国家审核项目共8个，申报资金10.7亿元；第三批专项债项目通过省审核11个，通过国家发展改革委审核2个。把握申报省级前期费的机遇和时间节点，梅江区“一城两坊”历史文化街区保护开发利用一期（望杏坊）项目获2022年省（第一批）重大项目前期工作经费615万元，也是梅江区重点项目首次获得省前期费用支持。

【审核审批】 2022年，区发改局按照《政府投资条例》相关规定，严格有序，把好项目资金、用地等条件审核备案，项目审批按时办结率100%，实现“一次办”“零投诉”。全年政府投资项目共办理131个事项，其中立项项目106项，总投资49.39亿元；企业投资备案项目233项，总投资132.96亿元；企业投资核准项目1项，总投资2.3亿元。健全审批程序，根据《梅州市梅江区政府投资项目工程建设领域超投资问题治理的指导意见（试行）》，引入第三方对全年36个项目、6.35亿元概算进行核查，总核减造价概算1985.2万元，核减率3.13%。优化办事流程，实行项目网上审核备案，积极推广“一网通办”平台，对企业开展投资项目“不见面”服务。借鉴广州、深圳等地先进经验做法，组织协调相关单位推进落实可借鉴举措，营商环境得到进一步优化。

【固定资产投资项目】 2022年，梅江区共有182个固定资产投资项目入库纳统，累计完成投资103.26亿元，比上年下降8.6%。其中项目投资完成77.54亿元，比上年增长67.8%；房地产开发投资完成25.72亿元，比上年下降 61.5%。

【重点项目】 2022 年，区发改局形成《梅江区落实〈国务院关于新时代支持革命老区振兴发展意见〉对接项目清单》，梳理出符合《意见》政策的亿元以上重大项目共 114 个，计划总投资 1165.85 亿元。成立区重大项目并联审批工作专班，牵头制定《梅州市梅江区重大项目并联审批工作专班组建方案》《梅州市梅江区重大项目并联审批工作专班工作机制》，切实提高梅江区项目审批效率及服务水平。区工作专班成立后，召集专题会议 11 次，印发工作简报 11 期，销号办结项目 18 个，解决问题事项 63 个，保障科捷、鸿泰、鸿宇等多个重大项目开工建设，跑出项目审批“新速度”。全年全区 41 项年度投资计划 38.83 亿元的区重点建设项目完成投资 40.56 亿元，占年度投资计划的 104.46%。其中 23 项年度投资计划 30.71 亿元的市重点建设项目完成投资 32.64 亿元，占年度投资计划的 106.28%；5 项年度投资计划 12.3 亿元的省重点建设项目完成投资 16.66 亿元，占年度投资计划的 135.44%，均超额完成年度投资任务。

【对接融湾】 2022年，成立由区委、区政府主要领导任组长的梅江区推动粤闽赣苏区改革试验区规划建设工作领导小组，设立工作专班，全面统筹协调融湾建设工作。区发改局组织做好专家组到梅江区召开专题座谈会、开展实地调研活动，做好国家、省、市方案征求意见反馈工作，主动与上级部门逐条逐项对接落实，确保梅江区建议应采尽采，为梅江区争取更多的政策倾斜。申报《广东省支持梅州对接融入粤港澳大湾区加快振兴发展2023年重大项目清单》项目，共申报现代产业融湾工程、产业平台建设工程等项目30项，争取更多资源要素、重大项目、产业平台落户梅江区。

【价格管理】 2022 年，区发改局核定价格科学有序，完成梅州市足球文化公园场馆收费和梅州市世界客商中心智慧停车场收费的核定工作。组织区水务、农业农村、财政部门做好农业水价综合改革工作。疫情防控期间，全区市场粮油肉蔬等民生商品供应充足、价格平稳，加油站、油库安全运营、正常供应。做好价格监测预警巡查，全年受理群众涉及物业收费、停车收费、充电桩、液化气价格等价格信访 7 宗。2022 年完成涉纪、涉刑事案件价格认定 89 宗，认定总值 175.43 万元，无价格认定复核及行政复议案件；及时制止涉嫌违规收费行为 1 宗，减轻相关企业负担 300 余万元；力促“转供电主体”政府电价降价红利传导到位，商户获退费 15.69 万元。

【能源管理】 2022 年，区发改局统筹绿色低碳发展，全年全区光伏发电并网项目 805 个，发电装机 8.23 万千瓦，新能源发电装机规模实现新增长。办理盈华、鼎泰等 8 个工业企业增资扩产项目节能审查手续，

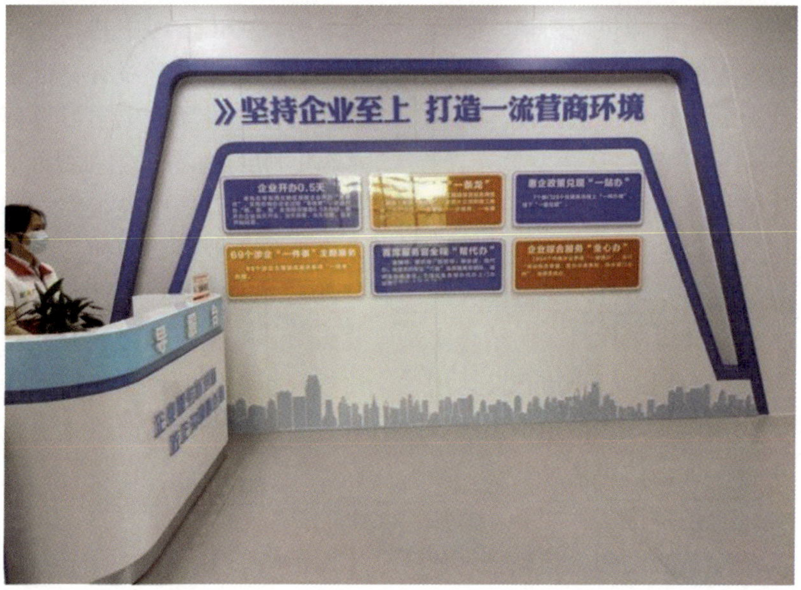

2022 年，梅江区坚持“用户思维”、企业至上，致力于打造市场化、国际化、法治化遗留营商环境 （区发改局 供图）

助力项目顺利开工。加强监测评估分析研判，电力供应市场化需求响应与有序用电方案动态结合，全年全区未出现用电紧张断供情况。完善能耗“双控”（指能耗总量和强度双控）工作机制，推进违法违规用能项目整改，遏制“两高”（高耗能、高排放）项目盲目发展。开展虚拟货币“挖矿”整治工作，全年共整治5批监测名单，上门核查51个对象并实现限时清零。加强加油站、油库的安全管理，全年检查辖区加油站26家71次，发现并整改油品企业安全隐患21个。

【物资储备管理】 2022年，区发改局牵头完成2021年度粮食安全责任考核。做好区级应急救灾仓库日常管理和轮换工作，入库帐篷、被子、衣服、床、应急灯等五大类应急物资1348个件。签订2022年应急生活物资保障供应协议，配合做好6月份汛期生活物资调拨、应急救灾物资保供工作。

【信用体系建设】 2022年，区发改局扎实推进信用分级分类监管，学习推广粤港澳大湾区信用建设工作经验并结合实际加以应用，配合市积极运用“信用广东”“信用梅州”等平台，加强信用信息共享，结合区直各单位实际职能，依法实施守信激励和失信联合惩戒等工作。

（李 杰）

自然资源管理

【概况】 2022年，梅州市自然资源局梅江分局（以下简称自然资源梅江分局）坚持以习近平新时代中国特色社会主义思想为指导，全面深入贯彻落实上级关于自然资源管理工作的各项决策部署，紧紧围绕市委第八次党代会提出的目标要求，不断抓牢自然资源主业，发挥党建引领作用，统筹自然资源节约集约利用和生态修复，落实最严格的耕地保护制度和最严格的执法监察要求，完成年度各项目标任务。

【党建引领】 2022年，自然资源梅江分局制定党建工作要点，部署15项工作任务，细化25条工作措施。常态化开展党史学习教育，深入学习贯彻习近平新时代中国特色社会主义思想，突出学习中共二十大精神，及时跟进学习省、市党代会精神，推动党史学习教育常态化制度化。深入学习习近平总书记在十九届中央纪委六次全会上的重要讲话精神，印发“2022年全面从严治党工作要点”，从党史学习教育、政治教育、作风教育、法纪教育等方面发挥全面从严治党引领保障作用。

【国土规划】 2022年，自然资源梅江分局立足梅江区实际，通盘考量全区发展思路、项目用地需求等要素基础上，配合市局开展4轮“三区三线”试划工作。划定梅江区永久基本农田面积1202.43公顷；生态保护红线面积1.67万公顷，占行政区面积比例29.30%；城镇开发边界面积6710.89公顷，可新增城镇建设用地1163公顷，无城镇弹性发展区。指导相关镇村开展村庄规划调整工作，为省级现代农业产业园项目、乡村振兴项目用地提供规划依据。指导列入广东省村庄规划优化提升重点服务村的两个行政村，先行开展村庄规划优化提升工作，其中西阳镇笙竹村村庄规划优化提升成果通过专家评审，城北镇扎上村村庄规划优化提升成果完成专家论证会。同时，做好村庄规划优化提升分类评估工作。

【土地执法】 2022年，自然资源梅江分局开展土地矿产卫片执法，严格落实“全链条”执法与“增违挂钩”要求。全年上级下发梅江区4个批次土地卫片执法图斑共235个，经核查上报发现违法违规用地32宗共7.46公顷（耕地0.45公顷、永久基本农田0.27公顷），其中新增非农化违法用地22宗共4.99公顷（耕地0.07公顷、永久基本农田0.03公顷）、存量违法用地2宗共0.11公顷、耕地非粮化违规用地5宗共1.42公顷（耕地0.27公顷，永久基本农田0.24公顷）、未供即用违法用地3宗共0.95公顷

（耕地 0.12 公顷）。牵头区卫片办，全年开展工作督导 15 次，发出通知、通报、函等 30 份，大力推动卫片违法问题图斑整改。

【耕地保护】 2022 年，自然资源梅江分局牵头编制《梅江区 2022 年度耕地“进出平衡”总体方案》。结合上年度耕地流向农用地耕地图斑整改，同步完成 2022 年耕地恢复 14.4 公顷任务，至年末，完成耕地恢复 14.73 公顷，全面完成市级下达任务。落实上年度 15 个面积 1.99 公顷耕地卫片监督图斑整改，至年末，完成全部图斑整改。开展耕地卫片核查，11 月，自然资源部下发梅江区 99 个（面积约 9.2 公顷）耕地卫片监督图斑，至年末，完成全部图斑的外业核查及系统填报工作。督促做好梅江区 6 个垦造水田项目水稻种植工作，完成种植落实效果举证，督促完成督查指出明阳岭上项目的问题地块整改工作。

【用地保障】 2022 年，自然资源梅江分局做好用地预审，受理并出具市国防教育训练基地建设项目一期等 6 宗用地项目初审意见报告。做好用地需求摸查，提前谋划，收集各镇各部门拟用地项目 33 个共 124.32 公顷，其中拟编入成片开发方案项目 18 个。做好用地组卷报批，至年末，在用地报批组卷 17 个批次、15 个项目共 45.19 公顷，其中发征收启动公告 15 个批次（发征地补偿安置公告 9 个），全年广东省人民政府批复用地 2 个批次 3.21 公顷。推进梅江区上年度土地征收成片开发方案的批准事宜，12 月 30 日，《梅州市梅江区 2021 年度土地征收及成片开发方案》获得省政府批复。做好个人国有土地使用权出让、转让工作，依法依规、层层把关、严格审查、及时办理，全年共审批个人国有土地使用权出让、转让 218 宗，面积 6176 平方米，合计收取出让金 735.93 万元。

【生态修复】 2022 年，梅江区山水修复项目共 8 个子项目，至年末，均立项并施工。下达中央资金总计 7467 万元，累计支付 6061.05 万元，资金支付率 81.17%，积极落实民生实事，全年完成市级下达的任务。自然资源梅江分局全面推进矿山石场治理复绿工作，积极落实民生实事，全年完成省 2.05 公顷矿山石场治理复绿任务。对 2008 年政策性关闭的玉西煤矿新子湖矿区进行治理，完成 7.42 公顷历史遗留矿山生态修复任务。加强对生产矿山复绿工作监管，对生产矿山开展土地复垦“双随机、一公开”检查，探索性开展富梅石场高陡边坡复绿治理。

【民生实事】 2022 年，自然资源梅江分局扎实推进“房地一体”农村不动产登记发证工作，组织协调市、区、镇、村和村民小组，完成全区 76 个行政村 2.46 万座房屋的权籍调查和公示，7 月 25 日，成果经省自然资源厅审核通过。根据权籍调查成果分析，梅江区共有 6181 座房屋符合“房地一体”农村不动产登记发证条件。经分析研判，上报省自然资源厅全区任务数 8985 宗（含 3800 宗发土地使用证但不具备换发不动产权证）。克服不动产建设使用时间跨度大，涉及问题复杂，工作任务繁重等因素，争取领导重视，抽调力量，全力推进登记发证工作，至年末，颁发不动产权证或登簿 8959 宗，基本完成登记发证任务。全面完成地质灾害综合治理，全年全区在册隐患点 35 处，年初需落实综合治理措施隐患点 23 处，新建地质灾害专业监测 21 处（省级第四批专业监测 19 处、区级自筹 2 处），工程治理 2 处，综合治理率 100%。指导城北镇在龙舟水期间，发现银营村 103 乡道山体滑坡风险点，采取挖筑排水沟及封堵裂缝等措施降低风险隐患。强化监测预警工作，全面更新地质灾害隐患点三员信息 28 条，发送预警信息 1.15 万条。

（温小斌）

市场监督管理

【概况】 2022 年，梅江区市场监督管理局（以下简称区市场监管局）坚持以习近平新时代中国特色社会主义思想为指导，围绕区委、区政府和上级市场监管部门工作部署，全面贯彻新发展理念，统筹“大市场、大质量、大监管”格局，有序推进优化营商环境，提升监管效能，守牢安全底线，认真履职尽责开展各项工作。年末，区市场监管局在编干部100人，其中，公务员95人、工勤人员5人；聘用制食品安全巡查员35人；中共党员117名。

【市场主体】 2022年，梅江区共有市场主体5.5万户，比上年增长5.81%。其中，私营企业1.20万户，个体户4.29万户，农民专业合作社120户。新登记各类市场主体7543户，比上年下降6.47%。全年全区共有“三品一械”（食品、药品、化妆品、医疗器械）生产经营单位1.03万家，其中食品生产企业68家，食品加工小作坊60家，食品流通经营单位5145家，餐饮经营单位3366家；药品生产企业3家，药品批发企业15家，药品连锁总部17家，药品零售经营企业334家，医疗器械生产企业4家，医疗器械批发企业69家，医疗器械经营企业540家，化妆品生产经营单位700家。

【食品安检】 2022年，区市场监管局坚决贯彻落实食品安全“四个最严”（最严谨的标准、最严格的监管、最严厉的处罚、最严肃的问责）工作要求，完成农贸市场食用农产品快检6.67万批次，食品安全抽检1805批次。完成12家农贸市场升级改造任务，列入省民生实事升级改造工作计划的龙坪市场，7月，广东省农贸市场综合治理行动领导小组检查。开展“散装山泉水”经营点、“湿粉统一查”“守底线、查隐患、保安全”、校园及周边食品安全检查等各类专项行动，“查餐厅”直播活动2期。全区餐饮单位实行100%量化分级评定，学校食堂实现互联网+“明厨亮灶”100%全覆盖。

2022年4月23日，梅江区市场监督管理局执法人员开展假冒伪劣食品专项整治行动，保障群众食品安全 （区市场监管局 供图）

【药品安检】 2022年，区市场监管局开展药品零售企业GSP（药品经营质量管理规范）监督检查和医疗器械不良事件监测，共抽检药品43批、化妆品12批、医疗器械4批次，合格率100%。强化医疗器械不良事件监测工作，全年上报不良事件120例。

【特种设备安检】 2022年，区市场监管局构建使用单位为主体的风险分级管控和隐患排查治理“双预防”机制，组织开展电梯和大型游乐设施应急救援演练，组织召开梅江区电梯维保单位约谈会和特种设备安全生产百日行动暨形势分析会。同时，开展叉车、起重机械、气瓶充装和检验单位、电梯鼓式制动器等20项专项整治，全面排查安全隐患254处，清查核实超期未检特种设备209台（套）。全年开展特种设备安全宣传教育活动8次，发放特种设备宣传资料1000多份，媒体宣传报道10次。

【产品质量安检】 2022年，区市场监管局组织开展燃气具及配件、电动自行车、儿童玩具、电线电缆、家用电器、消防产品等重点产品质量安全专项检查，发现问题线索17个。深入推进企业“问诊治病”活动，帮助14家中小微企业建立产品质量问题修复机制。坚持问题导向，开展产品质量监督抽查，接收不合格报告6份，核查线索35条，立案5宗，实现100%闭环管理。

【商事制度改革】 2022年，区市场监管局全面落实惠企政策，实行“全市通办”、深化“证照分离”改革，采取“容缺受理”、帮办代办、绿色通道等服务举措。全面推行行政审批事项100%网上受理、100%网上办结，实现“线上一个平台、线下一个窗口”一体化政务服务。持续推行“无费市”（指在梅州市梅江区范围内，为新开办企业提供营业执照邮寄、发票邮寄、工商登记的材料复印、印章刻章、营业执照作废公告5项免费服务，相关费用由政府买单）政策，全年为企业免费刻章3766枚，减免费用约28.25万元。

【诚信体系建设】 2022年，区市场监管局推进“双随机、一公开”（随机抽查检查对象、随机选派执法检查人员，抽查情况及查处结果及时向社会公开）监管工作，梳理抽查事项59项，抽查计划60条，建立检查对象特殊库57个，检查对象9185户。加大涉企信用信息归集公示力度，完善企业信用修复机制，全年列入异常或标记为经营异常状态市场主体813户，移出经营异常名录54户。做好企业年报工作，2022年年报公示率97.65%，比上年增长0.12%。做好清理长期停业未经营企业工作，全年立案吊销企业370户。统筹推进无照经营（含证照不全）专项整治工作，引导办理证（照）22户，查处无证无照经营案件17宗。

【知识产权保护】 2022年，区市场监管局专利商标申请授权取得新增长，商标申请1734件，注册913件，有效注册量6369件，比上年增长17.1%；专利授权737件，比上年下降12.88%，其中发明专利授权90件，比上年增长83.67%；梅江区每万人口发明专利拥有量4.83件，至年末，梅江区高价值发明专利拥有量96件。成立梅江区市场监督管理局维权援助工作站，完成维权援助申请1宗。2022年向国家知识产权局提交“群益枇杷”和“梅州娘酒”注册申请，完善知识产权保护体系，加大非正常专利申请核查力度。开展各类专项行动，打击侵犯知识产权和制售假冒伪劣商品违法行为，立案27宗。

【价格监管执法】 2022年，区市场监管局聚焦中介机构、行业协会商会、交通物流、水电气暖公用事业等领域收费，开展专项检查，加大涉企收费行为治理力度。开展各类节假日期间市场价格专项监督检查，对防疫用品、生活必需品、旅游景点、交通运输等行业市场价格加强监管。依法查处梅州市首宗教育培训中心普通高中

2022年国庆节期间，梅江区市场监督管理局执法人员对大型商场进行价格检查

（区市场监管局 供图）

线下学科类培训，未按规定执行政府指导价案。推动梅江区公平竞争审查制度有效实施，研究制定联席会议联络员（粤政易群）工作规则、办公室工作细则等。强化不正当竞争执法，抽调人员参与国家市场监管总局授权省市场监管局反垄断执法行动，随同省执法检查组开展梅州市 2 个涉嫌企业反垄断执法检查，办结梅州市梅江区某保健服务中心虚假宣传案。推进规范直销打击传销违法行为，办结梅州市首宗特大新型网络传销案件。

【网络交易监管】 2022 年，区市场监管局发挥网络市场监管作用，加强“618”、中秋国庆假期等网络集中促销期间网络市场监管工作，共监测市场主体 2120 家，发现违法线索 13 条。聚焦网络订餐、生鲜配送等领域，开展食品交易第三方平台提供者、入网商家专项检查。加强线上线下一体化广告监管，开展各类专项行动，全年立案 10 宗。

【质量帮扶】 2022 年，区市场监管局制定《梅江区铜箔印制电路板质量提升工作方案》，举办梅江区铜箔——高端印制电路板产业质量提升行动暨质量帮扶进企业活动。联合广东省印制电路计量测试中心、省科学院梅州产业技术研究院，深入梅州鼎泰电路板有限公司开展质量技术帮扶活动，联合梅州市场监管局、《梅州日报》走进梅州市英帅茶业有限公司，开展 2022 年质量月暨有机产品认证宣传周活动，深入江南街道红光社区、西阳镇白宫圩、归读一品小区开展老年人消费宣传教育、保健食品科普宣传、电梯安全等宣传活动。牵头做好质量强区各项工作，协调组织召开梅江区质量工作会议。鼓励企业争创省、市政府质量奖，打造一批质量管理创新、品牌效益卓越的标杆企业。推进首席质量官制度，推荐志浩电子、飞翔云、国威电子、盈华科技等 9 家企业参加广东省企业首席质量官网络培训。组织开展形式多样的计量精准服务活动，全年计量帮扶企业 40 家，解决计量技术问题 20 个，新建社会公用计量标准 1 项，实现免费检定计量器具 50 多台套。深入推进认证认可监管工作，2022 年获得省级资质认定检验检测机构数量 41 家，管理体系获证组织 267 家，证书 530 张；服务认证获证组织 28 家，证书 48 张；强制性产品认证获证组织 16 家，证书 96 张（其中自我声明评价方式 54 张）。

【标准化建设】 2022 年，区市场监管局构建标准化试点示范项目库，组织梅州市源自然农业发展有限公司和梅州市强惠农业发展有限公司参与标准化试点示范项目申报，指导协助梅州市桂冠生物科技有限公司的省级传统优势产业（梅片树）扶贫标准化试点，通过省市场监管局评估组中期评估工作，指导金苑食品（广东）有限公司参与省市场监管局客家预制菜产业建设和标准化体系建设 3 项地方标准制定，组织梅州市乐得鲜农业开发有限公司等 4 家企业申请省级现代农业全产业链标准化示范基地创建。6 月，博敏电子主导制定的行业团体标准《埋置或嵌入铜块印制电路板规范》正式发布，为印制电路板产业规范化、标准化提供有力的技术标准支撑。

【行政执法】 2022 年，区市场监管局树立执法就是最好的监管理念，创新执法办案模式，扩大案件查处类型范围，开展“铁拳”行动、电线电缆、燃气具、电动自行车、食品安全“守底线、查隐患、保安全”等专项行动。组织销毁食品、化妆品、日用品等总货值 21 万元的假冒伪劣商品。2022 年向公安机关移送线索 7 条，查处各类案件 363 宗，结案 361 宗，罚款金额 281.69 万元。

【消费维权】 2022 年，区市场监管局通过“3·15”国际消费者权益保护日、老年消费教育进社区、“诚信兴商宣传月”“放心消费承诺”等活动，构建多方参与、共抓落实的工作格局，打造安全放心的消费环境，全力维护消费者合法权益。

推动消费者权益有效保障工作，鼓励企业通过在线消费解决机制（ODR）解决消费纠纷。全年梅江区市场监管系统受理投诉共2499宗，举报755宗，为消费者挽回经济损失195.43万元，妥善处理消费者群体投诉事件201单。2022年，梅江区有52家企业获得“放心消费承诺”称号。

（罗 伟）

财　政

【概况】 2022年，梅江区财政局坚持以习近平新时代中国特色社会主义思想为指导，认真落实国家和省、市、区一揽子稳增长政策措施，统筹疫情防控和经济社会发展，切实抓好财政收支管理，增强管财理财能力，防范化解财政风险，保障财政平稳运行。牢固树立人民至上、共享发展的意识，坚持尽力而为、量力而行，克服财政收支矛盾突出困难，保障民生投入，提升人民群众获得感、幸福感、安全感。坚持把改革创新作为关键一招，着力完善规范高效的财政管理机制，不断推进财政管理改革向纵深发展，进一步提升财政管理水平，为梅江高质量发展提供有力财政支撑。

【预算决算】 一般公共预算收入 2022年，梅江区一般公共预算收入5.93亿元，比上年减少18.53%。其中，税收收入3.63亿元，比上年减少26.87%；非税收入2.30亿元，比上年减少0.61%。税收返还8737万元，专款及一次性补助收入21.37亿元，债务转贷收入8737万元，上年结余4.04亿元，调入资金6687万元，动用预算稳定调节基金8118万元，收入总计34.57亿元，与年度预算收入总计29.66亿元相比增加4.91亿元。

一般公共预算支出 2022年，梅江区一般公共预算支出27.45亿元，比上年增长4.35%。一般公共服务支出3.32亿元，比上年增长23.33%。公共安全支出1954万元，比上年减少9.87%；教育支出7.14亿元，比上年减少8.24%；科学技术支出3908万元，比上年增长151.97%；文化旅游体育与传媒支出3254万元，比上年增长8.54%；社会保障和就业支出6.10亿元，比上年增长29.25%；卫生健康支出3.40亿元，比上年减少3.66%；节能环保支出634万元，比上年减少90.29%；城乡社区支出2.11亿元，比上年减少9.87%；农林水支出1.80亿元，比上年减少17.75%；交通运输支出1647万元，比上年增长3.58%；资源勘探工业信息等支出401万元，比上年增长27.3%；商业服务业等支出182万元，比上年增长33.82%；自然资源海洋气象等支出6033万元，比上年增长399.83%；住房保障支出1.32亿元，比上年增长34.13%。上解支出1.02亿元，结转下年的支出6.07亿元，安排预算稳定调节基金280万元，支出总计34.57亿元，与年度预算支出总计29.66亿元相比增加4.91亿元，全年一般公共预算执行收支平衡。

政府性基金预算 2022年，梅江区政府性基金预算收入6576万元，加上上级补助收入8811万元，专项债务转贷收入12.40亿元，上年结余1105万元，调入资金6673万元，收入总计14.72亿元，与年度预算收入总计1.45亿元相比增加13.27亿元；政府性基金预算支出6.79亿元，年终结余结转5674万元，地方政府专项债务还本支出7.36亿元，支出总计14.72亿元，与年度预算支出总计1.45亿元相比增加13.27亿元，全年政府性基金执行收支平衡。

国有资本经营预算 2022年，区级国有资本经营预算总支出206万元，主要是解决历史遗留问题及改革成本支出121万元，结转下年使用85万元。

社会保险基金 2022年，梅江区社会保险基金主要是机关事业单位基本养老保险基金。全年机关事业单位基本养老保险基金收入2.24亿元。其中，保险费收入1.46亿元，利息收入68万元，财政补贴收入7200万元，转移收入582万元；上年结余6855万元。机关事业单位基本养老保险基金支出2.46亿元，主要是基本养老金支出。机关事业单位基本养老保险基

2022年5月，梅江区财政局召开新增债券资金使用情况调度会，加快资金使用进度，发挥好债券资金使用效益 （区财政局 供图）

金收支相抵后，年末滚存结余4643万元。

【经济调控】 抓好财政收入 2022年，区财政局加强与税务、工业园区等部门联系，及时跟踪了解、分析研判收入形势，强化各项挖潜增效措施落实，确保各项收入及时、足额入库。管好用活国有资产，提高国有资本运营效益，加强行政事业性收费、罚没收入管理，提升非税收入征管质效。盘活存量资金，对结转2年以上上级转移支付资金及逾期未支出的部门预算结转结余资金，全部收回财政统筹安排使用。

实体经济发展强内力 2022年，区财政局聚焦实体经济发展，着力扶持企业做大做强，增强发展内生动力，筹集拨付企业奖补资金4700万元，支持企业技术改造、小微工业企业上规模发展等。助企纾困激发市场主体活力，按照新的组合式税费支持政策要求，将支持留抵退税专项资金纳入直达范围，确保将退税资金及时足额退付给企业。对承租区国有房屋或场地的服务业、制造业小微企业和个体工商户，因疫情影响经营且符合减租条件的减免6个月租金。

新增债券资金扩投资 2022年，区财政局加强部门间的协同配合，提前统筹谋划债券项目，提高项目针对性和质量，夯实项目前期准备工作，争取上级新增债券资金支持，加大项目推进力度，加快资金支出，完成100%支出任务，扩大有效投资。全年全区获得新增债券资金5.91亿元，安排用于经济开发区标准厂房和配套基础设施（二期）、金山小学迁建等12个重点项目建设，保持投资连贯性。

【民生保障】 民生支出保障 2022年，区财政局坚持以人民为中心的发展理念，落实以民生为导向的财政政策，切实兜牢兜实“三保”（保工资、保

2022年，梅江区财政局支持城北镇群益水生态清洁型小流域综合治理工程 （区财政局 供图）

运转、保基本民生）底线，用于教育、社保就业、卫生健康、城乡社区、农林水等民生类支出22.64亿元，占一般公共预算支出80%左右。筹集拨付7200万元，推进老旧小区改造。整合省级涉农资金1.51亿元，统筹用于撂荒耕地复耕复种、高标准农田、美丽圩镇等51个重点项目建设。筹集拨付山水林田湖草沙一体化保护和修复项目资金4600万元，筹集拨付驻镇帮镇扶村、耕地地力保护、种粮农民一次性补贴资金2800万元，增强乡村振兴发展的内生动力。加强污染治理，全年全区统筹安排污染防治专项资金1.06亿元，支持打好蓝天、碧水、净土“保卫战”。

稳定就业形势　2022年，区财政局保障就业惠民工程，筹集拨付促进就业创业资金2400万元，推进“粤菜师傅”工程、“客都美食街区”建设，落实创业担保贷款贴息、职业技能补贴等稳岗就业措施，全年支出就业补助资金800万元。

底线民生保障　2022年，区财政局贯彻落实困难群众救助政策，积极筹集资金，不断提高低保、低收入、孤儿、残疾人等困难群众的基本生活保障水平，织密织牢底线民生保障网，推进社会保障体系建设，兜底兜牢困难群众最基本生活。

医疗卫生体系建设　2022年，区财政局支持公共卫生体系建设，卫生健康支出3.40亿元，用于提升梅江区公共卫生服务能力。持续做好疫情防控资金保障，完善重大疫情防控体制机制。筹集资金，确保梅江区疾病预防控制中心项目和梅江区芹洋半岛社区卫生服务中心项目顺利实施。

直达资金惠民生　2022年，区财政局获直达资金6.97亿元。其中，中央资金4.85亿元，省级资金2.12亿元。主要用于城乡居民基本医疗保险补助、基本公共卫生服务、城乡义务教育公用经费、就业补助、困难群众救助补助等66个惠企利民项目支出。

【财政改革】　统筹实施多轮预算管理改革　2022年，区财政局制定落实区级部门整体支出绩效评价管理办法和预算绩效管理工作考核办法，进一步完善“预算编制有目标、预算执行有监控、预算完成有评价、评价结果有反馈、反馈结果要运用”的绩效管理机制，不断提高财政资金使用效益。优化支出结构，坚持党政机关过紧日子，大力压缩单位预算非“三保”非人员项目支出，预算项目金额申报核减率49%，有效收窄收支缺口。集中力量保障区委、区政府重大战略任务落实，完善大事要事保障机制。做好全面规范预算决算公开工作流程和内容，实施“一项目一策”“财政每周调度”的支出调度机制和支出进度通报预警机制，切实加快债券资金实际支出进度。全年债券支出进度全市排位第一，形成项目“储备一批、开工一批、建设一批、竣工一批”的良性循环。

强化国有资产和资金监管　2022年，区财政局建立健全国有资产管理内部管理制度，采取线上线下审批方式，要求区级、镇（街道）行政事业单位按规定开展线上审批工作，优化规范国有资产出借出租程序。积极运用“数字财政”系统，强化资金全过程监控。加强国库库款管理，确保国库库款处于合理区间水平。加强专项债券穿透式监测，及时调整无法完成支出的额度到急需紧缺资金的项目上。严格执行地方政府债务限额管理和预算管理，守住法定政府债务风险底线。

完善管理制度　2022年，区财政局针对项目评审关键环节和风险点，规范和优化财政投资评审工作，规范完善评审流程、中介机构初审制、评审中心内部复审、复查制、勘查现场2人前往等内控管理，从源头上预防和遏制腐败。进一步细化、量化投资评审中心绩效考核内容，完善中介机构考核细则，规范评审行为，提升中介机构初审质量。加强政府采购管理，完善国有企业监管制度体系，开展地方财经秩序专项整治行动，严肃财经纪律。

（王佳灵）

税　　务

【概况】　2022年，国家税务总局梅州市梅江区税务局（以下简称区税务局）组织税费收入138.06亿元，比上年减收5100万亿元，下降0.37%。其中，税务部门组织国内税收收入97.34亿元，比上年减收4.81亿元，下降4.71%（还原留抵退税后国内税收收入实际增长13.82%）；海关代征税收收入2.42亿元，比上年增收5284万元，增长27.9%；社会保险基金收入35.33亿元，比上年增收2.64亿元，增长8.07%；非税收入5.99亿元，比上年增收1.81亿元，增长43.4%；出口退税3.64亿元，比上年多退7300万元，增长25.25%。

【退税减税】　2022年，区税务局坚持“快退税款、狠打骗退、严查内错、欢迎外督、持续宣传”工作策略，组建落实工作领导小组及其办公室，建立增值税留抵退税风险疑点集体审议制度，成立增值税留抵退税复盘专班，以“金三防控、数字监控、下企实控”的工作思路应对留抵退税风险。全年梅江区新增减税降费及退税缓税缓费24.77亿元，其中，增值税留抵退税20.01亿元、新增减税降费2.94亿元、缓税缓费1.82亿元。主动向地方党政专题汇报退税减税政策落实工作推进情况，报送的《统筹做好“减”与“收”护稳经济大盘》《全力推动组合式税费支持政策落地落实，服务全区经济高质量发展》2篇信息专报得到地方党政主要领导的肯定性批示。

【税收共治】　2022年，区税务局推动成立由梅江区政府主导的税收共治协调联动机制，围绕涉财税源数据共享、各税种管理、重点税源管理、税收风险管理等涉税工作，加强税务部门与各相关部门的协调联动。发挥税收共治协调联动机制作用，推动协助解决部分房地产项目“有税无资金”、闲置土地缴纳土地使用税、外地建筑企业本地预缴管理等疑难问题，促进税款及时入库。依据“政府主导、部门协作、信息共享、为国聚财”的思路，成立由政府主导的梅江区协税护税工作专班，主动提供涉财税源数据共享机制建设的业务和数据需求，完善涉财税源数据共享机制。全年23条目录全部挂接完毕，通过大数据平台获取涉财税源数据20多万条。

【依法治税】　2022年，区税务局进一步规范税收执法行为。加强行政执法公示平台管理，及时更新行政处罚、行政征收、行政许可、权责清单等信息。全年在“双公示”（行政许可和行政处罚）抽查中未发现数据错误或公示不及时的情况。强化公职律师团队建设，组织公职律师参与法务实训项目、税务行政执法案例撰写以及税费争议解决等各项法律事务，鼓励公职律师在重大决策事项、行政复议及行政诉讼提出专业意见，进一步强化基层执法指导。打击虚开增值税发票行为，重点关注小规模纳税人利用增值税税收优惠政策虚开增值税普通发票风险，通过大数据比对，确定风险企业名单，进行实地核查，将发现涉嫌虚开增值税普通发票线索移送稽查部门。

【纳税服务】　2022年，区税务局以“我为纳税人缴费人办实事”实践活动为契机，持续优化税收营商环境。加强政策辅导，通过线上线下齐问需、领导走访等方式，掌握并解决纳税人缴费人合理需求18项。全年印制派发宣传资料超4万份，组织政策宣传辅导活动34场；落实“一企一策一方法”利企惠企措施，对企业涉税需求制作简单易懂的课件，推送税费优惠政策。全年对辖区内1.22万户纳税人开展纳税信用评价，其中A级纳税人952户，占比7.79%，高于全市平均水平1.82%。推广“非接触式”办税，选取业务量较小的新峰路办税服务厅试点“零窗口”新模式，启动集约运营中心，组建电子税务局办理税费业务小组，上线V-tax远程可视化办税平台和集中电话咨询热线，实现涉税费咨询线上通查通答和部分业务远程帮办。其中不动产涉税服务办理时间缩短至20分钟，新办纳税人套餐、新办票种核定等业务办结时间缩短至1小时，出口退税办结时间缩短至1.6个工作日，非接触式办税率提升至94%。推进税村共建项目，协助政府在区、镇（街道）、村（社区）三级党群服务中心部署“粤智助”政府服务自助机112台，覆盖112个村（社区），完成“粤智助”政府服务自助机功能升级，新增接入41项自助办税缴费业务，打通办税缴费“最后一公里”。

【税收宣传】 2022年，区税务局以落实第31个全国税收宣传月活动为契机，开展形式多样的税收宣传。策划《税惠浇灌果飘香》公益广告入选中国税务报“税眼看发展”10月份好作品展播，《一颗金柚的自述》《一碗梅菜扣肉预制菜的诞生》等作品被广东税务公众号采用。全年在中央电视台、《光明日报》、广东卫视、中新网等媒体刊载相关报道80多篇，实现宣传广覆盖。

【“订单式”普法项目】 2022年，区税务局联合政府有关部门，开展“连心政税企、携手向未来”进菜园、校园、工业园税费宣传普法活动。成立青年助企团，摸清涉农企业纳税需求，对辖区143户涉农企业送上个性化税费辅导服务，指导涉农企业用好用足税收优惠政策；依靠辖区高校资源，联合高校团委走进嘉应学院创业学院，为90多个大学生梳理创新创业领域的税收优惠政策，共筑青春创业梦想；选定30户先进制造企业，走进工业园广东省科学院梅州产业技术研究院，搭建交流互动平台，打好助企纾困组合拳。“税惠宣传进三园订单式普法项目”被广东省普法办公室评为2021—2022年“优秀普法项目”。

2022年4月8日，梅江区第31个全国税收宣传月启动仪式举行

（区税务局　供图）

【政务服务中心】 2022年9月21日，区税务局将全部涉税（费）业务进驻梅州市政务服务中心。选优配强服务人员，合理规划设置咨询区、办税服务区、自助办税区，打造功能清晰的办税环境。依托集约运营中心，采用“人工导税+自助办税+窗口兜底”的架构，实现200多项涉税费事项全程“网上办”，对特殊人群实现100%涉税费业务“窗口办”，智慧赋能满足纳税缴费人多元化办税需求。加强沟通联系，整合部门资源，打破服务壁垒，实现涉税（费）业务“一厅式”办理。涉税（费）业务进驻后，日均服务超150人次，办理时间持续缩短。

（张丹丹）

审　计

【概况】 2022年，梅江区审计局完成审计项目13宗，其中，财政审计4宗、政策落实跟踪审计2宗、领导干部任期经济责任审计5宗、公共投资审计1宗、金融和企业审计1宗。全年查出违规问题10个，涉及金额275万元；管理不规范问题82个，涉及金额7.75亿元，查出非金额问题94个，出具审计报告19篇，区委、区政府主要领导对审计报告、审计信息等作出批示6次；移送纪检监察机关处理事项 1 件，完成区委、区政府交办的专项审计项目 2 宗。

【财政审计】 2022 年，梅江区审计局依法对梅江区 2021 年度财政预算执行、决算草案和其他财政收支情况进行审计，利用大数据审计技术，查出相关单位将资金直接支付到预算单位实有账户等问题 10 个，涉及金额 2 亿元。继续推进审计全覆盖，对梅江区 2021 年度区一级部门预算执行和其他财政收支情况进行全覆盖审计，专题对梅江区实验幼儿园 2019 至 2020 年度财政财务收支情况、梅江区 2021 年度网络安全和信息化建设情况开展审计，审计查出管理不规范问题 15 个，涉及金额 3991 万元；违规问题 3 个，涉及金额 64 万元。

【重大政策跟踪审计】 2022 年，梅江区审计局围绕国家、省、市重大决策部署，开展对梅江区 2021 年国家和省重大政策措施落实情况跟踪审计、关于支持市场主体应对疫情纾困发展政策措施落实情况专项审计调查，审计查出管理不规范问题 7 个，涉及金额 1813 万元。同时对 2022 年中央及省重大政策措施落实情况进行跟踪审计，重点关注直达资金分配、下达、管理使用情况以及国有资源资产的梳理盘点，促进各项政策落实落地。

【经济责任审计】 2022 年，梅江区审计局贯彻落实《党政主要领导干部和国有企事业单位主要领导人员经济责任审计规定》，强化经济责任审计成果运用，健全经济责任审计工作联席会议制度，提升经济责任审计层次和水平。根据区委组织部的委托，完成对 5 位领导干部任期履行经济责任情况审计，其中，党政领导干部 3 人、企事业单位领导人员 2 人，查出管理不规范问题 44 个，涉及金额 6536 万元；违规问题 7 个，涉及金额 211 万元。

【公共投资和民生审计】 2022 年，梅江区审计局紧扣区重点项目，开展对梅江区元城小学和幼儿园建设工程项目筹备和建设情况审计调查，审计查出管理不规范问题 3 个，涉及金额 452 万元。通过审计，促进规范项目建设程序，提升项目资金使用绩效。加大对普惠民生政策落实情况及民生实事的关注力度，对梅江区养老服务业政策措施落实情况进行专项审计，全面摸清全区养老服务业政策措施落实情况，着重揭示政策制度及执行存在的主要缺陷和资金管理使用存在的问题，加快推进养老服务体系建设。

【国有企业审计】 2022 年，梅江区审计局扩展审计范围，对广东梅江控股集团有限公司 2020—2021 年资产负债损益情况开展专项审计。通过审计查出管理不规范问题 3 个，涉及金额 4.47 亿元，非金额问题 10 个，促进优化国有经济产业布局、防止国有资产流失，推动激发市场主体活力。

【审计整改】 2022 年，梅江区审计局收到 2021—2022 审

2022 年 3 月 8 日，梅江区审计局开展中央及省重大政策措施落实情况跟踪审计，审计人员现场查看长沙中学工程 （区审计局 供图）

计年度审计项目整改报告17份，其中需整改的问题221个，202个问题整改到位、16个问题需分阶段整改、3个问题需持续整改，整改率91.40%，促进有关部门和单位制定完善规章制度8项。5月，向区人大常委会报告梅江区2020年度区级预算执行和其他财政收支审计查出突出问题整改落实情况，9月，报告梅江区2020年度区级预算执行和其他财政收支审计查出问题的整改情况，持续跟进审计项目整改进度。

【审计信息化建设】 2022年，梅江区审计局重视审计信息化建设，组织审计人员收看全省审计机关审计大讲堂（大数据专题），深入开展"金审三期"（审计信息化系统建设项目第三期）项目，购置一批国产电脑及相关操作系统，完善审计信息化相关基础设施。依托大数据审计技术，对梅江区2021年度区一级部门财务运行数据、自查表内容进行汇总比对分析，筛选疑点问题，派出审计组人员对部分重点单位、重点问题进行现场核查。

【区委审计会议】 2022年，梅江区委审计委员会组织召开第六次、第七次全体会议，传达学习上级有关会议、文件精神，听取梅江区2021—2022审计年度经济责任审计综合情况报告，拟划2022年下半年审计项目计划，审议梅江区2021年度区级预算执行和其他财政收支的审计工作报告等重大事项。区委审计办认真做好请示报告、会议筹备、沟通协调、督促落实等工作，把党的领导落实到审计工作全过程。

【审计协作激励机制】 2022年，梅江区审计局强化审计干部队伍建设，注重审计一线锻炼，派出1人次参加审计署办公厅关于国家税务总局广东省税务局2022年税收和非税收征管及部门预算执行情况审计，参加广东省审计厅对惠州市2021年度财政管理和收支情况审计1人次，参加梅州市审计局关于开展韩江高陂水利枢纽工程项目建设情况审计2人次，协助区纪委监委核查江南新城征地拆迁工作补贴1人次。实行学习培训奖励激励机制，鼓励审计干部职工参加继续教育、专业职称等各类考试，全年通过审计师、会计师专业资格考试2人，通过助理审计师专业资格考试1人。

（龚苑婷）

统 计

【概况】 2022年，梅江区统计局内设人秘股、业务一股、业务二股、业务三股共4个股室，所属事业单位有梅江区统计普查中心，全局在职干部职工25人。其中，公务员10人，事业编制10人，临聘人员5人。2022年区统计局以提高统计数据质量为中心，紧盯全区主要经济指标走势，深入基层调研，加强统计预警监测，不断提升统计服务水平，切实为区委、区政府经济决策提供统计保障。

【基层统计建设】 2022年8月，区统计局印发《梅江区统计局关于加强基层统计"7个一"规范化建设方案》，对基层短板弱项加强业务指导，提高基层统计能力、统计数据质量和统计服务水平，至年末，长沙镇、三角镇和西郊街道通过统计规范化建设验收。定期组织统计专业人员深入到纳入统计企业、项目单位、镇村进行统计业务指导，确保各项统计调查制度在基层得到贯彻执行。以被市统计局选为统计内网扩容升级并延伸到镇（街道）一级试点单位为契机，加大协调指导力度，至年末，完成各镇（街道）统计内网延展工作，镇级统计部门可对属地企业数据进行查询。

【统计服务】 2022年8月，区统计局牵头建立梅江区统计协调联动工作机制，提请区政府成立由区长任组长、区分管领导任第一副组长的协调联动领导小组，设立"五项统计工作专班"（农业统计工作专班、工业统计工作专班、固定资产投资统计工作专班、建筑业和房地产业统计工作专班、贸易业统计工作专班），建立"三个机制"（专班工作机制、专班研判机制、督促检查机制）。

主动加强与市主管部门和区财政局、发展和改革局、科工商务局、住房和城乡建设局、税务局、农业农村局等部门沟通协调，推动部门数据共享，强化经济相关数据横向比对和有效衔接，防止统计数据“少漏”。9月起，每月牵头召开各统计专班工作会议，及时传达区主要领导对统计工作的要求，分析统计工作存在的问题，研究推进全区统计工作。全年区统计局撰写各类统计分析文稿共57篇，其中，综合类分析12篇、分专业分析22篇、月报信息22篇、公报1篇。组织开展对新上规模以上企业统计人员的业务培训，邀请市统计局统计专业骨干业务培训辅导3场次。通过线上线下“一对一”辅导、集中培训等方式，对全区350多家“四上”企业（规模以上工业企业、有资质的建筑业企业和房地产开发经营企业、限额以上批发零售和住宿餐饮企业、规模以上服务业企业）、投资项目单位及镇（街道）、区直单位统计员进行全覆盖培训。利用统计专班会议等契机，对镇（街道）统计人员开展统计业务培训和统计法律法规培训。

【“四上”企业】 2022年，区统计局第一批入库“四上”企业27家，其中，工业企业8家、建筑业企业1家、贸易业企业15家、服务业企业3家；500万元及以上投资项目82个。第二批入库“四上”企业12家，其中，工业企业2家、贸易业企业9家、服务业企业1家。全年累计“四上”企业共263家，其中，工业企业74家、建筑业企业29家、房地产开发经营企业30家、贸易业企业97家、服务业企业33家；500万元及以上投资项目182个。

【依法治统】 2022年，梅江区委、区政府高度重视统计法治建设，5月7日，区政府常务会议传达学习《关于更加有效发挥统计监督职能作用的意见》精神。9月28日、11月5日和12月13日，区委常委会会议传达学习《关于深化统计管理体制改革提高统计数据真实性的意见》《统计违纪违法责任人处分处理建议办法》《防范和惩治统计造假、弄虚作假督察工作规定》《关于更加有效发挥统计监督职能作用的意见》等文件。全年区统计局印制《广东省统计条例》读本2000多份及《依法统计宣传手册》4000多份，向各级各部门、社会公众赠阅宣传，进一步营造统计法治良好社会氛围。

（张胜杰 张润鹏）

农　业

农业农村

【概况】　2022年，梅江区农业农村局坚持以习近平新时代中国特色社会主义思想为指导，守牢保障国家粮食安全和不发生规模性返贫两条底线，以实施乡村振兴为抓手，深入推进农村一、二、三产业融合，做强农业产业，优化人居环境，实现全区农业农村高质量发展。

【农业经济】　2022年，全区农林牧渔业产值14.24亿元，发展速度106%。全年全区粮食作物播种面积3833公顷，比上年增长0.04%；水稻播种面积2640公顷，比上年下降0.04%；蔬菜种植面积4995公顷，比上年增长3.5%。全年全区粮食总产量2.3万吨，比上年增长1.3%，其中稻谷产量1.79万吨；蔬菜产量12.21万吨，比上年增长6.7%；花生产量1053吨，比上年增长1.1%；水果产量4.19万吨，其中柚子产量2.2万吨；茶叶产量2718吨，比上年增长3.1%。全年全区林地面积4050公顷，木材蓄积量294.14万立方米，木材采伐量2.8万立方米，森林覆盖率72.28%。全年全区生猪饲养量6.08万头，出栏3.19万头，年末存栏量2.88万头；全年全区水产面积805公顷（含清凉山水库、干才水库、泮坑水库），总产量7898吨，比上年增长6.7%。2022年全区畜禽粪污综合利用率91.43%，大型规模养殖场粪污处理设施装备配套率100%，达到省市要求。

【农机安全】　2022年，区农业农村局制定《2022年梅江区农机“安全生产月”活动方案》《梅江区开展农机安全隐患排查整治方案》《梅江区岁末年初农机安全生产重大隐患专项整治和督导检查方案》等工作规范。全年开展农机安全生产检查行动17场次，出动检查车辆17辆次，检查人员65人次，检查各种农机作业车辆130台次，签订农机安全生产责任书和承诺书53份；发放农机安全生产等各类宣传资料600多份，检查农机生产经营企业6家，并对检查发现的安全隐患问题进行全面整改，保障农机生产安全。

【品牌效应】　2022年，梅江区“梅江白宫芋头”入选全国“名特优新”农产品目录，梅州市明山嶂茶业有限公司“臻龙顶”绿茶、梅州市小密茶业有限公司“醉美小密”绿茶、梅州市梅江区西阳镇清凉山荣发茶场“梓树凹”绿茶3个产品新录入“梅江区清凉山茶”全国“名特优新”农产品目录，新认证绿色食品产品2个。全年有梅州绿园金现代农业有限公司基地、广东梅岭果品有限公司基地、梅州壹号鱼农业有限公司水产生产基地等7个基地入选粤港澳大湾区菜篮子基地。2022年，梅江区6家茶叶企业获得梅州市首批授权使用“梅州硒茶”品牌专用标志企业名单，梅江区“柏宫源绿茶”“苏记祥绿茶”获2022年梅州“客家炒绿”茶王称号，梅江区入选广东省“互联网+”农产品出村进城工程省级试点县名单。

【产业发展】　2022年，梅江区村级集体经济收入迈上10万元台阶。成功创建省级农业社会化服务创新试点县，全年新增加省级示范家庭农场1家，省级休闲农业与乡村旅游示范点1个和市级休闲农业与乡村旅游示范点4个。2022年，“诗画西阳美丽茶乡行”乡村旅游线路被评为“夏季避暑到茶乡”全国茶乡旅游精品线路。

（李 丹 李承宇）

种 植 业

【概况】 2022 年，梅江区粮食作物播种面积 3833 公顷，其中水稻播种面积 2640 公顷；全年粮食总产量 2.3 万吨，其中稻谷总产量 1.79 万吨；蔬菜种植面积 4995 公顷，蔬菜总产量 12.21 万吨；花生总产量 1053 吨。全年水果总产量 4.19 万吨，其中柚子总产量 2.2 万吨；茶叶种植面积 1693 公顷，茶叶总产量 2718 吨，总产值 11 亿元。

【粮食】 2022 年，梅江区粮食作物播种面积 3833 公顷，比上年增长 0.04%；其中水稻播种面积 2640 公顷，比上年下降 0.04%。全年粮食产量 2.3 万吨，比上年增长 1.3%，其中稻谷总产量 1.79 万吨，比上年增长 2.7%。2022 年区农业农村局加大农资打假行动，确保粮食稳定增产和粮食质量安全。全面落实耕地地力补贴惠农政策，确保农户和种粮大户生产粮食积极性，全年全区推广优质稻比例 97%。

【水果】 2022 年，梅江区园林水果种植面积 2554 公顷，比上年增长 0.4%；水果总产量 4.19 万吨；其中柚子总产量 2.2 万吨。区农业农村局发挥梅江城郊优势，大力发展采摘体验型水果 54 公顷，其中，百香果种植面积 13 公顷、红心火龙果 5 公顷、葡萄 14 公顷、草莓基地 22 公顷。

【蔬菜】 2022 年，梅江区以乐得鲜（梅江）蔬菜产业园集群发展为龙头，联合 6 家蔬菜龙头企业，全区蔬菜发展势头看好。梅州蔬菜产业现代化育苗工厂设施总面积 8956.8 平方米，省级规模化育苗玻璃温室占地总面积 1.05 万平方米，以及含基质堆放室、资材堆放室、播种生产室、作物嫁接室、催芽室、愈合室、包装出苗室等总面积 2160 平方米的育苗生产车间，全年工厂化育苗产能达到 4130 万株。乐得鲜蔬菜研究所专家团队制定《番茄工厂化育苗生产技术规程》《黄瓜工厂育苗生产技术规程》《结球甘蓝育苗及绿色生产技术规程》《苦瓜工厂化育苗生产技术规程》《客家土椒绿色生产技术规程》5 项企业标准基础上，进一步规范现代化育苗工厂技术标准，提升公司优质种苗商业化推广应用。乐得鲜种苗辐射全市各县区以及茂名市、江西、福建等地，实现梅州工厂化育苗从无到有，从有到优，从优到强的转变。全年累计示范推广商品化苗 4130 万株，累计推广种植面积 273 公顷以上，新增产值 4200 多万元，新增经济效益 5400 多万元，节约成本 1340 多万元。建立粤港澳湾区供应基地平台，为大湾区发展作出梅江贡献。

【茶叶】 2022年，区农业农村局继续推动茶叶产业园区发展，按照“一核两区四组团十基地”功能布局，从种植、加工、科技、品牌等方面规划发展项目57个，努力打造全国有机茶生产示范样板工程、广东省嘉应茶展示流通区、粤东山区精准扶贫典型示范区。全年产业园茶叶种植面积1693公顷，茶叶总产量2718吨，总产值11亿元。产业园区带动3185个农民就业和创业。至年末，产业园区市级以上农业龙头企业12家，规模以上茶叶企业、农民专业合作社17家。2022年，产业园区多个优质茶叶品牌获“中国长寿之乡养生名优产品”“广东名茶”“广东十大好春茶”“广东名牌产品”“广东名特优新农产品”“广东省扶贫农产品”。全年梅江区新增茶叶省级龙头企业4家，至年末，梅江区有省级龙头企业5家。

【花卉】 2022 年，梅江区在花卉农民专业合作社、梅州市绿道实业发展有限公司和城北镇樱花休闲养生谷等花卉龙头企业带动下，大力推动城北镇花卉专业镇建设，梅州市客林农业休闲开发有限公司建设樱花基地 80 公顷；江南农居盆景打造盆景超市，积极推广市场小盆栽、小盆景得到粤东北和

2022年3月4日，市农业农村局到梅江区城北镇梅州市绿道兰花基地调研
（区农业农村局　供图）

芳村花卉市场的青睐，推广小盆栽、小盆景3.1万多盆。据统计，全年花卉产值7.9亿多元，带动1410户从业农户。

【南药】 2022年，梅江区大力发展林下经济，发展一批新型南药生产项目，在西阳镇发展种植扩种梅片树64公顷，岭上村在种植沉香树34公顷基础上，发展藤茶种植，农户还发展庭院金银花、王老吉种植。全年发展灵芝种植15万多棒，收灵芝孢子粉3.5吨，经济效益显著。同时，推动林业资源与农业生产结合转化新型林下经济发展模式，实现生态建设与致富的有机结合。

【新品种新技术引进推广】 2022年，区农业农村局做好优质稻、茶叶、花卉、水果等名优品种引进推广，抓好水稻规范化栽培技术、水稻控释肥技术、免耕技术、抛秧技术、秸秆还田、因土配方施肥等新技术的推广应用。按照广东省农业农村厅推荐发布的农业主导品种，结合梅江区种植结构调整总体布局和市场需求，做好主要农作物品种的更新换代。2022年，主要推广水稻品种有“软华优金丝”“美巴香占”、“19香”“深两优870”等5个，玉米品种有“佛甜10号”“美玉糯11号”等3个，花生品种有“粤油390”，薯类品种有“普薯32号”，水果品种有“梅州沙田柚”，茶叶品种有“小叶黄旦”“雀舌”。实现农业增效，农民增收。

（吴涛辉　曾玉丹）

林　业

【概况】 2022年，梅江区林业工作以习近平新时代中国特色社会主义思想为指导，认真践行“绿水青山就是金山银山”的生态理念，全面推进林长制，严格落实森林资源管护，坚持绿色发展理念，切实保护全区森林资源和生态安全。

【义务植树】 2022年，梅江区以义务植树活动为抓手，深入开展家园绿化美化行动，努力建设城乡一体全域花园城市，进一步巩固梅州市创建国家森

梅江区城北镇人子石市级自然保护区森林资源
（区农业农村局　供图）

林城市成果。区五套班子领导、各镇（街道）各单位积极参加义务植树活动，共栽植梅花树苗1万多株。区农业农村局积极开展送苗下乡，全年累计提供梅花树苗8880株。

【森林资源管护】 2022年，梅江区严格执行森林资源限额采伐制度，森林采伐总量控制在采伐限额以内。全年全区林地面积4050公顷，木材蓄积量294.14万立方米，木材采伐量2.8万立方米，森林覆盖率72.28%。开展2021年森林督查违法图斑的查处和整改工作，全年全区森林抚育1500公顷。

【自然保护区规划】 2022年，梅江区实施梅州清凉山地方级自然保护区、梅州梅江明阳寨地方级森林自然公园、梅州天鹅山地方级森林自然公园和梅州梅江人子石地方级总体规划编制、勘界立标建设。

【野生动物保护】 2022年，梅江区大力宣传开展野生动物保护，开展野生动物收容、救护工作，收容救护、应急处置野生动物73宗。同时，按照《梅州市野生动物致害政府救助保险方案》，区农业农村局积极推动野生动物致害补偿，将政府救助政策落实到位，尽量减少野生动物致害造成群众的损失。全年全区受理野猪致害造成水稻等农作物损失保险2单，赔付群众损失资金合计1270元。

【森林火灾预防】 2022年，区农业农村局组织各镇（街道）开展现场宣传活动95场次，出动宣传车1229次，深入林区进行防火巡回宣传1229次，悬挂森林防火横额220多条，印发《梅州市森林火源管理条例》《森林防火宣传手册》、《禁火令》、宣传环保袋等宣传资料6多万份。全年下拨阻燃服190套、消防头盔155顶、扑火把900把和消防水带1100米等一批森林防火物资到各镇（街道），加强护林员和镇级半专业森林消防队伍火情早期处理物资配备。积极推动使用森林防火场所码，全区主要进山路口设立森林防火场所码共275块，提供群众进山扫码。全年投入1400多万元，建设108.8千米生物防火林带和开展森林火灾风险普查，积极做好森林火灾预防和应急管理工作，完善森林火灾阻隔系统。投入40多万元给全区护林员发放一次性工作补贴2400元和购置巡护服装，提高护林员工作积极性。

（张晓东　曾　强　宋淦平）

2022年，梅江区建设生物防火林带108.8千米

（区农业农村局　供图）

畜　牧　业

【概况】 2022年，梅江区生猪饲养量6.08万头，出栏3.19万头；年末生猪存栏量2.88万头，其中能繁母猪3422头。全年家禽饲养量88.44万羽；猪牛羊禽肉总产量4804吨。

【动物疫病防控】 2022年，区农业农村局加强春秋季动物防疫工作，下拨消毒药品1015箱、一次性防护服3M290套、一次性医用外科口罩5000只、一次性医用胶手套870双、水鞋400双、非洲猪瘟检测试剂39盒、瘦肉精检测试剂100盒、一次性PVC（聚氯乙烯）检查手套800双、牛筋手套100双、检疫工作箱13个、消毒喷雾器

2022 年 11 月 16 日，梅江区农业农村局对 2020 年中央预算内投资生猪规模化养殖场建设补助项目（广东新俊现代农业有限公司）实施情况进行实地检查　（区农业农村局　供图）

12 台至各相关镇（街道）农业农村服务中心、梅江区动物卫生监督所、无害化处理厂、畜禽屠宰企业、大型规模养殖场、动物诊疗机构，开展动物防疫工作，全面完成春秋季动物防疫工作任务。

【屠宰供应安全】 2022 年，区农业农村局累计开展屠宰专项行动 13 次，派出检查人员 30 人次。全年梅州市肉类联合加工有限公司累计屠宰量 27.11 万头，比上年增加 4.92 万头，保障梅州城区肉产品供应和安全。

【动物诊疗防疫证核发】 2022 年，区农业农村局对申请核发动物诊疗许可证、动物防疫条件合格证的企业，严格按照要求组织专家按相关审核办法认真进行现场审核，发现存在问题，及时通知进行整改，整改后组织专家到现场进行审核。全年核发动物诊疗许可证、动物防疫条件合格证各 1 家。

（李　健　陈苑青）

水产养殖业

【概况】 2022 年，梅江区农业农村局抓好渔业生产的指导服务，推进渔业供给侧结构性改革，保障养殖企业、养殖户安全生产。全区水产养殖面积 805 公顷（含清凉山水库、干才水库、泮坑水库）与上年持平，全年水产品总产量 7898 吨，比上年增长 6.7%。

【良种繁育】 2022 年，区农业农村局水产养殖生产各类优质鱼花鱼苗 1.73 亿尾（其中，长江水系草鱼近 1 亿尾、青鱼 300 万尾、鲢鳙鱼 2500 万尾、鲮鱼 3500 万尾、鲤鲫鱼 1000 万尾），基本完成优质种苗年度生产计划。

【科技服务】 2022 年，区农业农村局接受养鱼户技术咨询和义务诊治鱼病 150 多人次。协助做好疫苗注射工作，全区草鱼种苗投放时 100%注射灭活疫苗，有效控制草鱼“四病”（病毒性出血症、细胞质烂鳃症、肠炎病、赤皮病）发生，全区草鱼免疫率 100%。

【病害测报】 2022 年，区农业农村局在全区设置测报点 4 个，测报面积 58 公顷，上报病害测报预报 6 期，测报种类包括病毒性暴发性流行病、细菌性出血性败血病及车轮虫、指环虫、小瓜虫等本区主要流行病害。主要监测种类以四大家鱼、鲤鱼、鲫鱼为主，其他品种为辅，全年全区未发生疫病暴发情况。

【良种更新】 2022 年，区农业农村局协助苗种繁育企业开展亲本更新工程，引进一批江西兴国红鲤亲本用于开发梅江区观赏鱼新品种，引进四大家鱼亲本 175 尾，引进优良亲本，提高抗病性，增加养殖经济效益。确保水产品质量与公共卫生安全，促进水产养殖健康持续发展。

2022年8月12日，广东梅州（梅江区）增殖放流活动举行

（区农业农村局　供图）

【养殖检测】　2022年，区农业农村局出动检查人员41人次，排查主要养殖企业13家，包括苗种生产单位10家,未发现涉水产养殖违法违规行为。全年发放宣传资料120份，组织集中培训1次，培训人员13人；完成抽检样品238个，其中，梅江区快速检测160个、协助省检20个、市专项抽检13个、区级专项监督抽检45个。开展苗种产地检疫30单，共检疫苗种3354.5万尾，合格率100%。

【救灾复产】　2022年5—6月，梅江区受持续降雨影响，造成渔业多地受灾。灾情发生后，区农业农村局迅速组织人员深入各乡镇救灾复产第一线，掌握灾情，制定救灾措施，切实帮助渔农解决实际问题，指导群众尽快恢复生产。

【安全生产】　2022年，区农业农村局落实渔业主管部门监管责任，完善《梅江区渔业安全生产应急预案》《梅江区渔业船舶水上安全突发事件应急预案》,按照分级负责、属地管理原则，实行区、镇、村、渔船主“四级”责任制，实行监管责任人台账制度，落实行业监管人、属地监管人，网格化管理到镇、到村、到船。2022年梅江区签订安全生产责任书70份,安全生产承诺书56份，完成年度检验渔船56艘，安全生产现场培训渔民渔船主120人次。

【渔业服务】　2022年，区农业农村局接受鱼病防治咨询服务 100多人次，协助免疫注射鱼苗 15万尾，余缺调剂鱼苗150万尾。2022年，经省厅专家组验收评审，梅州市向丽食品有限公司、梅州市炫丰农业有限公司2家养殖企业获得省级水产健康养殖和生态养殖示范区。

【惠渔政策】　2022年，区农业农村局发放2021年禁渔补助，107位渔民符合补助条件，合计补助金额23.54万元。全年办理水产养殖保险企业8家，投保面积97.33公顷。2022年，梅江区渔业科技实践工作“草鱼出血病免疫技术梅州山区推广与应用”获广东省农业技术推广奖三等奖。

（李文生）

乡村振兴

【概况】　2022年，梅江区乡村振兴工作坚持以习近平新时代中国特色社会主义思想为指导，深入学习贯彻习近平总书记关于“三农”（指农业、农村、农民）工作重要论述，全面落实上级关于实施乡村振兴战略的决策部署，聚焦“五大振兴”（乡村产业振兴、人才振兴、文化振兴、生态振兴、组织振兴）和巩固拓展脱贫攻坚成果同乡村振兴有效衔接，深入开展“九大攻坚”（实施农村违法乱占耕地建房整治攻坚行动、高标准农田建设攻坚行动、种业翻身仗攻坚行动、农村生活污水治理攻坚行动、农村供水保障攻坚行动、村内道路建设攻坚行动、美丽圩镇建设攻坚行动、渔港建设攻坚行动、金融支持乡村振兴攻坚行动）行动，乡村富民产业加快发展，乡村建设有序开展，乡村治理效能不断提升。

【完善机制】 2022年，梅江区出台《梅州市梅江区抓党建促乡村振兴示范县创建工作实施方案》《梅江区村（社区）党组织书记绩效考核实施方案》等11个重要文件和《梅江区客家民居外立面改造奖补方案》《梅江区农村“五小园”小生态板块建设方案》等21项具体奖补政策、工作方案。深化驻镇帮镇扶村，开展“万企兴万村”“千千扶千户”行动，完善防止返贫监测和帮扶机制，全区6个镇（街道）选派驻镇帮扶成员单位全覆盖。

【人才培育】 2022年，梅江区探索建立“人才+产业”“人才+项目”乡村振兴新路径，建成区级乡村振兴人才驿站、4个镇级乡村人才驿站和全市首个“南粤家政”基层服务示范站。全年实施“粤菜师傅”“广东技工”“南粤家政”三大工程和开展农村电商人才、乡村工匠等培训，累计培训乡村人才3200多人。

【脱贫巩固】 2022年，梅江区印发《梅江区驻镇帮镇扶村2022年度工作要点》，继续深入开展“千千扶千户”行动，组织帮扶干部定期每月开展入户走访、跟踪监测，及早发现需要救助帮扶的困难群众。通过产业帮扶、就业帮扶以及政府兜底等方式，加大对监测对象跟踪帮扶力度。巩固教育资助、基本医疗、住房和饮水安全、最低生活保障、特困救助政策，不断规范扶贫资产后续管理。广泛动员民营企业、社会组织等社会力量参与消费帮扶，全区脱贫户共669户1345人，其中落实产业帮扶项目143户，就业帮扶项目331人，光伏帮扶项目77户和民政兜底项目514户545人。动态监测户2户4人，2022年脱贫户人均可支配收入9920元。经组织帮扶干部“回头看”，全部落实8有标准，未发现返贫现象。

2022年，梅江区西阳镇嶂下村老屋外立面改造后整洁美观

（区农业农村局　供图）

【乡村振兴示范带】 2022年，梅江区谋划实施西阳、城北、长沙、三角等5条乡村振兴示范带，通过点上示范、带上开发，将文化、生态、产业资源串珠成链。“玉水古韵”“烟雨阁公岭”等一批精美农村提

2022年，梅江区西阳镇示范带建设，过去的省定贫困村直坑村现在容貌焕然一新

（区农业农村局　供图）

质提优，“桃源笙竹”“大美明山”特色民宿群成功打造，新联村获评中国美丽休闲乡村、广东省文化和旅游特色村。

【基础设施建设】 2022 年，梅江区出台客家民居外立面改造、“五小园”建设、村内道路建设等工作方案，完成 3086 户存量农房微改造、257 个“五小园”建设和 50 千米乡村公路“单改双”，建成美丽乡村示范带 18 千米；农村集中供水实现全覆盖，成功申报 2 个农村供水“粤美水站（厂）”。

【人居环境改善】 2022 年，梅江区实施美丽圩镇建设攻坚行动和农村人居环境整治“夏季战役”专项行动，筹集资金 870 万元，集中力量开展“三清理、三拆除、三整治”，建立健全人居环境基础设施长效管护机制，自然村保洁覆盖率、生活垃圾有效处理率、无害化处理率均 100%。全年新建无害化户厕 95 座、农村公厕 76 座，完成废旧危房、黑臭水体整治 2096 处。

（古 敏 黄碧玲）

台 创 园

【概况】 2022 年，广东梅州梅江台湾农民创业园管委会（以下简称梅江台创园管委会）坚持以习近平新时代中国特色社会主义思想为指导，围绕梅江经济发展，优化产业结构，提升服务效能，全面推进乡村振兴战略，为加快打造梅江高质量发展示范区贡献积极力量。

【安全生产】 2022 年，梅江台创园管委会聚焦园区主业，抓好安全生产，坚持做到每月下沉到园区各企业实地检查安全生产工作，注重防强降雨、强台风、森林火警风险季节，严格落实安全生产责任，全面排查各类风险隐患，严防重特大安全事故发生。举办安全生产培训会，印发安全生产宣传资料 100 多份，结合园区企业、产业特点，组织园区企业负责人有针对性地学习相关法律法规，分析企业可能存在的安全生产隐患，进一步提高园区企业防范和化解各类风险隐患能力。

【产业发展】 2022 年，梅江台创园管委会创新发展，抓好园区产业链，推动园区产业振兴，引导台资企业开展薄膜大棚种植蜜雪梨试验，因地制宜引导台农科学种植大棚西红柿、哈密瓜等蔬果，科学总结大棚种植技术，蜜雪梨一年两季挂果技术试验初显成效，大棚栽培蔬果效益明显，设施农业示范成果有效增加农产品附加值。引导园区企业以农业产业为载体，以休闲旅游为导向，推动茶园“认种认养”管理新模式，以旅游业助推茶产业转型升级，促进茶产业和旅游业的资源、市场、效益、生态共建共享，拓宽产业生态链，提升农业与旅游业的经济效益。创新农旅融合发展模式，引导“爱丽丝庄园”“原野桃坪”“西哩农场”园区 3 家台资企业把握社会发展新态势，适时将“露营经济”融入企业发展规划，打破单一的休闲观光旅游模式，推动农业旅游业深度融合发展，为乡村振兴提供更具可持续性的发展动力。

2022 年，梅江区城北镇（台资企业）樱花谷露营基地

（区台创园管委会 供图）

【服务园区】 2022年，梅江台创园管委会坚守职责担当，抓好园区服务工作，组织园区台资企业代表开展学习贯彻中共十九届六中全会精神专题宣讲活动、梅台农业助推乡村振兴发展暨“农林22条措施”出台一周年交流活动、“奋进新征程 建功新时代”主题党日活动、集中收听收看中共二十大开幕会盛况等活动，以开展系列活动为载体，以深化交流为目标，进一步增强台胞在梅江区创业就业的信心和决心，共同推进梅台农业交流合作。贯彻落实“农林21条措施”“粤台农林34条”等惠台政策，加强上级部门沟通联系，强化相关部门协调配合，全力协助企业解决急难愁盼等问题，为台商台农在梅江创业就业提供良好的社会环境。2022年，协助台商新创办农业企业1家，帮助园区1名台农解决子女就近入学问题。组织专业技术人员深入企业开展技术指导服务，协助有农业保险的企业做好灾后理赔，最大限度降低灾害损失。争取区政府支持，推动现代设施农业示范项目落地实施，进一步提升园区现代农业发展水平。与市委台港澳工作办公室沟通联系，争取省台办专项资金支持，谋划实施梅台农产品宣传推介及产业融合发展项目，促进园区特色农产品及其产业链树品牌、强质量、见效益。

【宣传推介】 2022年，梅江台创园管委会凝聚合力，抓好宣传推介工作。利用看台海、海峡两岸农业合作网、《粤台视窗》、《梅州日报》等中央和省、市媒体宣传台农台商台企在梅江创业和生产发展情况，加大园区宣传推介。至年末，在相关媒体发表报道30多篇。邀请大陆媒体及在大陆台媒拍摄相关宣传视频，引导园区企业在抖音、快手等平台发布推广短视频，帮助台胞更直接和直观了解梅江投资发展环境，宣传梅台两地农业合作交流成果。加大园区名优农产品的宣传力度，通过邀请《梅州日报》、掌上梅州等媒体记者到园区采访报道，选送产品参加评比活动等形式扩大宣传，园区企业产品“赤树珍茗”有机茶、“栢宫源”绿色食品、“臻龙顶”富硒茶等品牌知名度进一步提高。2022年，台资企业梅州市源自然农业发展有限公司送评的茶样，梅州“客家炒绿”质量评鉴暨梅州“国际茶日”活动获评梅州“客家炒绿茶王”。

（丘瑜宝）

自然保护区

【概况】 2020年5月，梅江区泮坑市级自然保护区和梅江区清凉山市级自然保护区合并设立广东梅江清凉山省级自然保护区（以下简称清凉山保护区）。合并升级后，清凉山省级自然保护区总面积109.63平方千米，分为两个片区，其中，清凉山片区面积101.28平方千米、泮坑片区面积8.35平方千米。地理位置位于北纬24°06′02″～24°15′14″、东经116°08′24″～116°19′08″之间。保护区位于广东省梅州市梅江区的东南部，区域地势为中低山地貌，亚热带季风气候，成土母岩主要是砂页岩，主要土壤类型有红壤、山地黄红壤、山地黄壤。

2022年，梅江清凉山保护区国家二级保护动物——白鹇

（清凉山保护区 供图）

【自然资源】 2022年，清凉山保护区根据科学考察，清凉山省级自然保护区的亚热带常绿阔叶林森林生态系统、以粗齿桫椤和白鹇等为代表的珍稀濒危野生动物和野生动物及其栖息地、城市饮用水源地集水区域的水源林等具有重要的保护价值。

【自然保护区】 2022年，梅江清凉山省级自然保护区为自然生态系统类型中的森林生态系统类型自然保护区，以保护森林生态系统为重点，全面保护亚热带常绿阔叶林、水源林及珍稀濒危野生动植物，具有森林资源和生物多样性保护、科研监测、科普宣传教育等功能的社会公益型自然保护区。

（李林峰）

水　务

【概况】 2022年，梅江区水务局贯彻落实习近平生态文明思想，践行“绿水青山就是金山银山”理念，谋划和建设水利项目，深化河长制、湖长制，推进水利建设和水生态文明发展各项工作，为全区经济社会高质量发展提供坚实的水利保障。2022年，梅江区长沙上下埕石供水站、城北横坑供水站被广东省水利厅评为“广东省首批农村供水‘粤美水站（厂）’”。

【环境治理】 2022年，区水务局完成梅江芹洋亲水公园栈道，安装碧道标示指引牌，完成长沙墟镇水环境治理工程长度3.3千米，工程建设总投资1000万元。群益水治理工程，清淤河道9.51千米，生态护岸3.98千米，建设陂头5座，水土流失治理2207公顷，乔木种植4.22万株，总投资1780万元。

【河长制、湖长制】 2022年，梅江区全面建立河长制、湖长制，落实区、镇（街道）、村（社区）三级河长、湖长体系和党政主要领导“双总”河长负责制，形成高位推动工作态势。全年区级河长共巡河6485人次，各级河长“广东智慧河长”、“梅州河长”APP上线率100%；发现问题24宗，整改24宗；公众投诉发现问题7宗，办结7宗；水面清漂专项行动，清理河道长度36千米、水域面积6.5平方千米，清理水面垃圾漂浮物6500吨，投入清理资金230万元。

【水库除险加固】 2022年，梅江区水务局完成4宗小型水库标准化创建工作，总投资860万元，对水库大坝坝体进行充填灌浆、溢洪道拆除重建、重建输水涵、拉杆房、拉杆支墩等，加宽水库坝顶宽度，对坝体进行培厚。发挥水库防洪、灌溉效益，保障下游人民群众生命财产安全，做好水旱灾害防御工作。落实“三防”工作责任制，严格执行24小时值带班制度，对全区小型水库、山塘、蓄水电站实行加大下泄流量的紧急措施，在保证水库大坝安全的前提下，边观察边降低水位运行。通过科学调度，确保水利工程安全度汛。

【水利监管】 2022年，梅江区水务局征收水资源费142.3万元，新增取水许可1宗，延续取水许可1宗；现场纠正水事违法行为4宗，立案查处水事案件2宗；出动执法人员160人次、执法车辆51辆次，巡查河道长度331千米，巡查水域面积3520公顷。开展节水型企业、节水型单位、节水型学校及节水型小区等载体建设，编制印发《梅江区中小学节水知识读本（试用版）》8000册；结合“世界水日”和“中国水法宣传周”，向群众宣传节水和水资源保护的重要性，进一步动员广大群众积极参与水生态环境保护，努力营造“水清、景美、岸绿、河畅”的生态环境。全年水土保持审批2宗，行政许可5宗；收缴水土保持补偿费3宗，合计金额3.66万元，免租1宗社会福利型补偿费。完成2022年全区13宗复核图斑，发出3份《责令改正通知书》，提前完成上级下达梅江区4宗水电站清理退出工作任务。

（李小玲）

工 业

工业企业

【概况】 2022年，梅江区工业保持较快增长，制造业支撑作用明显。全年全区生产总值287.73亿元，比上年增长0.2%。其中，第一产业增加值9.37亿元，比上年增长6.9%；第二产业增加值123.58亿元，比上年下降1.0%；第三产业增加值154.79亿元，比上年增长0.7%。

【规模以上工业企业】 2022年，梅江区规模以上工业企业74个。全年实现规模以上工业总产值279.68亿元，比上年下降5.3%；完成规模以上工业增加值124.61亿元，规模以上增加值指数98.5%。完成规模以上工业销售产值277.66亿元，比上年下降6.5%；五大支柱工业增加值113.09亿元，比上年下降1.2%；烟草增加值75.45亿元，比上年增长2.9%；电力增加值15.67亿元，比上年增加1.7%；电子信息增加值21.29亿元，比上年下降14.4%；医药制造业增加值5100万元，比上年下降19.1%；农副食品加工业增加值1733万元，比上年下降16.4%；工业用电量7.81亿千瓦时，比上年下降12.1%。

【重点项目】 2022年，梅江区抓好“打粮食”项目。区科工商务局聚焦重大项目建设，充分发挥并联审批和挂钩联系制度，全力推进产业项目建设，力争形成更多的增量支撑。全年新开工和续建项目5亿元以上重点工业项目包括“博敏电子新一代电子信息产业投资扩建项目”“广东盈华电子科技有限公司年产4万吨高端电子铜箔建设项目（一期）”“梅州鼎泰年产220万平方米高端线路板项目”等6个项目，计划总投资118亿元；拟新开工项目方面，包括广东泓亚科技股份有限公司“高端印制板及配套物联网模组建设项目”、广东盈华电子科技有限公司“改扩建年产1.66万吨高端铜箔项目”2个项目，计划总投资20亿元。指导企业申报项目争取技改奖补等资金约3019万元，促进企业转型升级，助推地区经济发展。

【民营企业】 2022年，区科工商务局持续壮大民营经济，充分发挥专精特新企业对经济

2022年9月28日，广东盈华电子科技有限公司年产4万吨高端铜箔项目一期投产暨二期动工活动正式启动　　（区科工商务局　供图）

提质增效，促进经济转型和创新发展引领作用，积极指导并推荐符合条件的企业申报省级专精特新企业、公共服务示范平台。全年全区培育省级专精特新中小企业有广东华力电气股份有限公司、龙宇电子（梅州）有限公司、广东尧圣太阳能科技有限公司、梅州市威利邦电子科技有限公司、钜鑫电子技术（梅州）有限公司、梅州宝得电子有限公司、梅州市展至电子科技有限公司、梅州鼎泰电路板有限公司、广东飞翔云计算有限公司 9 家。推进小微企业上规模发展，通过建立重点小微企业培育库，为列入培育库的优质规模以下工业企业提供高效服务，全年培育规模以上工业企业 10 家。搭建政银企对接合作平台，帮助企业解决融资难问题。组织发动企业参加业务培训、“直播带岗”等活动，拓展民营企业发展空间，对中小企业的管理水平、市场开拓、合作交流和人才引进起到积极促进作用。

【外资企业】 2022 年，区科工商务局强化重点企业跟踪联系，主动对接市内各相关金融机构，全力推动外资项目增资扩产，完成梅州国威利润再投资项目（3000 万港元）；重点跟进富临集团外资意向投资项目；梅州市肉联厂升级改造项目计划投资 3.5 亿元，其中计划外资出资 791 万美元。协助梅县线艺通信元件有限公司、博敏电子股份有限公司等 2 家企业申报扶持补助，申请外经贸发展专项资金 42.36 万元；邀请组织企业参加第 132 届广交会、第五届中国国际进口博览会、海丝博览会等展会，为外贸企业抢订单、拓市场推展平台。2022 年实际利用外资 61.16 万美元。

【信息产业】 2022 年，区科工商务局加快 5G 基站建设，新增 5G 基站 465 座，累计 5G 基站 936 座，为新一代电子信息战略性支柱产业集群工作提供设施保障。以科技赋能制造业数字化转型，积极申报高端印制电路板产业集群数字化转型培育试点。培育和引进一批移动互联网、工业物联网、数字创意、电子商务等产业项目，推动融入“数字湾区”，服务中心城区南部产业新城发展“数字经济”“楼宇经济”。举办飞翔云数码港互联网产业园开园仪式、梅江区“青梅计划”宣传贯彻系列活动（互联网专场）、梅江区创业创新基地（客天下）揭牌仪式等系列活动，搭建产业交流和人才创新平台，不断提升创新能级。

【科学技术】 2022 年，区科工商务局深入实施创新驱动发展战略，科技工作做到“疫情防控”“科技创新”两手抓、两不误，立足新起点、新形势，聚焦重点难点真抓实干，推动科技创新各项工作持续走在全市前列。2022 年梅江区有国家高新技术企业 69 家，广东梅州经济开发区被认定为省级新一代电子信息产业（电子电路制造）特色产业园、省级加工贸易产业转移园。扶持志浩、威利邦、梅江区农业服务中心等单位申报省科技创新“大专项+任务清单”项目和市科技应用型专项项目，共计获得上级扶持资金 638.6 万元。培育和扶持龙头企业建立工程中心，5 亿元以上工业企业实现研发机构全覆盖，博敏、志浩、威利邦和国威公司均建立省级工程中心。企业研发平台建设取得成效，全区 20 家规模以上工业企业拥有独立的企业工程技术研究中心，至年末，有市级工程技术研究中心 18 家，省级工程技术研究中心 12 家。

【商贸流通】 2022 年，区科工商务局积极鼓励发动商贸流通企业通过线上线下平台，开展形式多样的促消费活动。全年组织开展 2022 年全国消费促进月暨梅州市春季汽车消费节活动、家•520 购物节、东汇城汽车展销、万达年中大促狂欢节、大润发周年庆抽奖、“五一”5 折、“6・18”折扣、车尾厢夜市、小米数码节、苏宁易购“情系员工，千万补贴”等多场次促消费活动，拉动消费增长。大力促进汽车、家电、餐饮、文旅等消费，搞活夜间经济和假日经济，提升整体消费水平。积极发动商贸、餐饮

2022 年 3 月 11 日，梅江区科工商务局在城北镇环市北路春天汽车城举办 2022 年全国消费促进月暨梅州市春季汽车消费节活动

（区科工商务局　供图）

企业参加消费券发放活动，共有 15 家超市、餐饮企业 118 家参加活动，进一步优化消费供给、提振消费信心、释放消费潜力，活跃零售、餐饮等消费市场，提升商圈业态发展。鼓励万达、客都汇、东汇城引进知名品牌首店进驻，提升商圈业态。万达广场引进水云间、喜茶等品牌进驻。做好绿色商场创建工作，万达广场被省商务厅确认为 2022 年度绿色商场创建单位。强化服务，推动更多商贸流通企业上限入库纳统工作，全年新增限额以上商贸流通企业 24 家，限额以上企业达到 97 家。2022 年，完成社会消费品零售总额 146.47 亿元，比上年增长 5.55%，全市排名第一。

【电子商务】 2022 年，梅江区电商交易额（大型网络零售平台、淘宝、天猫、京东、美团、饿了么、抖音、淘鲜达、拼多多等）63.16 亿元，比上年增长 3.68%。区科工商务局组织 9 家电商企业积极参与“2022 年网上年货节”活动，年货节活动期间完成订单 1.91 万个，营业额 132.54 万元。推荐思乡及强惠两家企业 6 项农产品、农特产品入驻韶关市周田镇电商中心农特产品展厅，拓宽销售渠道。支持冠汇信息科技有限公司参加中国（梅州）跨境电子商务综合试验区中央财政 2022 年度外经贸发展专项资金申报工作，申报项目扶持资金 240 万元。积极推动农村消费升级，2022 年梅江区农村科技特派员通过梅州市客天下农电商产业园有限公司顺天乡创“IP+短视频+直播”运营模式，服务农场企业、省定低收入村，农资扶持低收入农户生产，累计帮助 30 多家低收入农户销售产品，累计扶贫价值超 60 万元。加快物流快递站点建设，全区各镇（街道）、村均设快递物流点，邮政实现快递物流到村。至年末，梅江区共有 375 个快递物流站点（不含邮政），其中三角镇 127 个、长沙镇 2 个、西阳镇 17 个、城北镇 19 个、江南街道 87 个、西郊街道 30 个、金山街道 93 个。邮政公司城区分公司组织的邮政服务标准加盟店 70 家，并建立村级站点 26 个，站点服务覆盖率 100%。完善冷链物流设备设施，至年末，梅江区建设冻库企业 13 家，冻库 193 个，冻库容积超 3 万立方米。其中海吉星批发市场比较集中，有冻库 150 个，冻库容积约 1.7 万立方米，配置冷链运输车辆，冷链物流基础设施不断完善，梅江区生鲜商品冷链加工、仓储运输能力得到进一步加强，便民利民服务水平逐步提升。

（黄文娟）

工业园区管理

【概况】 2022 年，梅江区东升工业园区管理委员会（以下简称东升工业园区管委会）扎实开展提质增效三年行动，全力落实招商引资、重点项目、基础设施、安全生产、疫情防控等各项工作。2022 年获广东省加工贸易产业转移园称号，广东梅州经济开发区清洁生产审核创新试点项目被生态环境部办公厅、国家发展改革委办公厅列入第一批清洁生产审核创新试点项目名单。博敏、龙宇入选综合 PCB（印刷电路板）百强榜，鼎泰、科捷、五株等 7 家企业入选内资 PCB 百强榜。广东省科学院梅州产业技术研究院获批设立广东省博士工作站，梅州市志浩电子科技有限公司列入省级企业技术中心（第 20 批）认定名单。

【经济指标】 2022 年，东升工业园实现工业总产值 90.62 亿元，比上年下降 13%；园区 57 家规模以上企业累计完成工业总产值 87.08 亿元；完成规模以上工业增加值 21.8 亿元，比上年下降 15.7%；完成固定资产投资 20.93 亿元；全口径税收 3.85 亿元，比上年下降 15.48%。加快博敏、盈华、鼎泰、科捷、鸿泰、鸿宇等 13 个总投资 165 亿元的项目建设，全年完成投资 16.38 亿元。其中梅州联进化工有限公司焦亚硫酸钠生产线技术升级改造项目于 8 月 18 日投产，广东盈华电子科技有限公司年产 4 万吨高端铜箔项目（一期）于 9 月 28 日投产。

【招商引资】 2022 年，东升工业园区管委会签约引进鼎泰高端电路板增资扩产项目、泓亚高端印制板及配套物联网模组建设项目等 5 个重点招商项目，计划总投资 34.2 亿元，达产后预计实现总产值 47 亿元，总税收 2.04 亿元。独立储能项目、锦和零碳等 8 个项目总投资 56.55 亿元的意向项目在洽谈中。

【基础建设】 2022 年，罗乐大桥至 S333 连接线工程于 9 月 28 日正式通车，工业园区 6 条新建道路和建成区道路提升改造工程全力推进，梅州经济开发区 12.6 公顷地块标准厂房、废水处理设施提标改造、生活污水中转站、原荣声广场改造全力推进中。同时，东升工业园区管委会全力做好消防安全隐患挂牌督办整治工作，动员企业投入约 1800 万元，新增厂区内消防设备等。争取增城帮扶资金 150 万元、动员园区企业捐赠 145 万元，成立东升工业园区政府专职消防队，为园区安全生产和消防安全保驾护航。

【营商环境】 2022 年，东升工业园区管委会深化营商环境综合改革，全面落实减税降费、金融支持、“青梅计划”等政策。全年帮助 58 名企业高层次人才子女申请入读梅江区义务教育学校，落实省、市、区人才兴企强企政策，做好 3 家重点企业 63 名急需紧缺人才的申报，全年引进 5 名急需紧缺人才。举办线上“直播带岗”“送政策、送资金、送服务”“夏季送清凉”“关爱劳动者送健康体检进企业”“共话青梅 集聚人才 助力梅江高质量发展”等系列活动。区政府与邮政银行梅州市分行签约战略合作协议后，园区管委会主动对接邮政银行加强金融惠企服务，积极搭建平台，常态化向企业推介金融优惠政策，实现政银企供需匹配。

（古辉文）

2022 年 8 月 18 日，梅州联进化工有限公司技改扩项目（一期）投产活动在广东梅州经济开发区举行　（东升工业园区管委会　供图）

商贸服务

招商引资

【概况】 2022年，梅江区招商和企业服务中心贯彻落实市委、市政府和区委、区政府工作部署，牢固树立产出思维，找准产业定位开展招商引资，围绕目标任务主动作为，创新招商模式，制定《梅江区招商引资工作实施方案（2022—2025年）》。全区围绕电子信息、数字经济、总部经济等6个重点领域，建立产业招商小组开展产业精准招商，引导企业把握中央和省支持老区苏区振兴发展、支持梅州建设粤闽赣苏区对接融入粤港澳大湾区振兴发展先行区等政策机遇，来梅江投资兴业。2022年，梅江区招商引资项目绩效管理专项考核获全市第一。

【项目投资】 2022年，梅江区共完成招商引资新签合同项目30个，计划投资总额105亿元，其中报市纳统项目22个，计划投资金额62亿元，超额完成市下达任务，完成实际投资金额6.6亿元。全年新签约项目比上年增加21个，其中4个工业项目超10亿元；新签约工业类（含增资扩产）项目16个，计划投资金额83亿元，分别占项目总数和总投资额的53%、79%；新签约的30个项目中，动工28个，动工率93.3%。

【招商服务】 2022年，梅江区委、区政府把招商引资作为抓发展第一要务、推动实体经济发展的关键一招，成立由市委常委、副市长，区委书记陈金銮任组长，区长钟秀堂任第一副组长，相关区领导任副组长的招商引资工作领导小组。大力开展宣传推介、项目对接和外出招商，全年对接企业137家、商（协）会12家。举办“稳企暖企、以商引商”深圳推介会、梅江数字经济暨飞翔云互联网产业园招商洽谈会、梅江区互联网产业招商暨人才政策宣讲活动3场专题招商推介活动，进一步扩大宣传，吸引客商。聘请博敏电子、鼎泰电路板、国威电子、格兰沃电子等13家重点骨干企业为梅江区第一批政府招商投资顾问单位，通过顾问单位的朋友圈、上下游，积极为梅江宣传、引商，引荐洽谈特凯电子、锦和零碳等企业和项目。

（王　坚）

供销联社

【概况】 2022年，梅江区供销合作联社（以下简称区供销社）以习近平新时代中国特色社会主义思想为指导，坚持全面从严治党战略方针，巩固好党史学习教育成果，拓展和完善为农服务功能，贯彻新发展理念，聚焦广东供销（梅州）产业园、冷链物流骨干网、放心农产品直供配送子平台等重点项目的落地工作，全力打造全产业链服务体系，以务实举措推动梅江在苏区融湾先行区建设贡献供销力量。

【思想建设】 2022年，区供销社开展以习近平新时代中国特色社会主义思想、习近平总书记系列重要讲话、中共十九届六中全会精神、中共二十大精神和广东省第十三次党代会精神以及党史等为主题内容的各类学习教育，全年共组织各类学习活动28次。其中，理论学习中心组专题学习12次，党风廉政教育专题2次，“三会一课”14次；召开专题组织生活会2次，完成“我为群众办实事”4项。严格落实中央八项规定精神和严格落实第一议题制度，学习习近平总书记关于全面从严治党的重要论述，与领导干部、股室签订《党风廉政建设责任书》，全年开展党内谈话 11 人次，开展各类警示教育 5 次。同时，自觉接受派驻纪检组的监督，对涉及“三重一大”（重大问题决策、重要干部任免、重要项目投资决策，大额资金使用）事项会议主动邀请纪检组参会，有效推进廉政制度建设。狠抓意识形态建设，始终把意识形态工作摆上重要议事日程，不断增强忧患意识，全年召开意识形态专题学习 4 次，先后制定印发《关于调整区供销社意识形态领导小组的通知》《关于推动党史学习教育常态化长效化的实施方案》《梅江区供销社学习宣传贯彻党的二十大精神总体工作方案》，全面筑牢意识形态安全防线。加强革命传统教育，开展党史参观学习活动 2 次，组织干部职工分别到西阳镇明山村梅埔丰根据地革命历史陈列室和三角镇抗战时期华南教育历史梅州展陈馆（熊锐故居）参观学习。

2022 年 6 月 20 日，梅江区人民政府与广东省供销集团有限公司签订战略合作框架协议 （区供销社 供图）

【供销改革】 2022 年，区供销社充分依托广东省供销集团平台资源优势，打造集农资农技服务网、冷链物流、农产品加工销售、农产品直供配送、客家预制菜加工等于一体的全产业链产业集群，以“生产+加工+科技”方式融入广东供销公共型农业社会化服务体系，推动第一产业向第二、第三产业延伸，辐射带动农民增收致富。通过区供销社穿针引线，广东供销（梅州）产业园由广东省供销集团与梅江区人民政府签订战略框架协议。8 月，广东供销放心农产品直供配送梅江子平台建成并正式投入运营，子平台设立农产品展示中心、分拣配送中心、农产品检测中心、仓储、办公等多个功能区域。至年末，放心食材配送服务涵盖梅州市市直机关单位、梅江区乡镇机关单位、学校幼儿园等机关团体。深化供销为农服务机制改革，强化联农带农效应，推动乡村振兴。创新开展“供销农场”建设工作，探索服务乡村振兴的新路子，通过实地走访调研，“供销农场”与多家农业龙头企业、农民专业合作社确立产销对接合作意向，为建设“供销农场”品牌农产品，以点带面推进联农带农助农惠农工作，全力助推梅江区乡村振兴发展。围绕破解“谁来种地”“地怎么种”的问题，利用助农服务示范体系优势，在全系统指导推广土地托管服务，因地制宜开展“保姆式”全托管、“菜单式”半托管等服务。2022 年，区供销系统开展土地托管面积约 300 公顷，开展社会化服务面积约 3000 公顷。

【招商引资】 2022 年，区供销社落实梅江区委工作部署，按照《梅江区招商引资工作实施方案（2022—2025 年）》和“2022 年全区各招商引资责任单位完成年度目标任务”的具体要求，紧咬招商引资“一号工程”不动摇，不断加大招商引资工作力度，全力做好广东供销（梅州）产业园、智慧柚柚产业园、客家味道预制菜产业、农业托管生产服务、农产品直供配送平台等“打粮食”

广东供销放心农产品直供配送梅江区子平台（梅江区城北海吉星产业园冷链物流区 F22 栋 01-10 号店铺及侧旁仓库） （区供销社　供图）

的大项目、好项目引进服务工作，推动引进项目落地生根，结出丰硕成果。2022 年，在梅江区招商引资考核工作中，区供销社主任曾干雄所在的招商引资小组在考核中位列全区第一。

【经济组织】　2022 年，区供销社围绕加快推进全区农业农村现代化，实施“联农扩面、服务提质、运行增效”综合改革行动，完善体制机制，拓展服务领域，努力推进梅江苏区乡村振兴。全年全区建设特色农产品全产业链服务示范基地 1 个，新增培育农民专业合作社 8 个，建设农业产业化联合体 7 个，建成 6 家镇级供销社和 5 家村级供销社。

【安全生产】　2022 年，区供销社树牢“红线意识”和“底线思维”，坚持落实安全生产主体责任和“一岗双责”。通过开展安全生产教育学习，组织开展自建房安全专项整治和观看安全生产电教片等活动，进一步提高干部职工的安全意识和应急技能，为区供销社安全形势持续稳定夯实基础。全年区供销系统共组织安全生产检查 16 次，派出安全检查员 48 人次，整改隐患 5 处。

【结对共建】　2022 年，区供销社按照梅江区委、区政府工作部署，与挂点社区江南街道大园社区结对共建，积极开展党员“双到”工作。联合梅州市农业农村局、大园社区组织开展“创文”大型活动共 16 场次，组织党员干部参与“创文”、“巩卫”、民情遍访、疫情防控、卫生清扫、文明交通劝导等志愿服务活动 190 多人次。为挂点社区解决“巩卫”“创文”工作经费 7500 元，有效地推动党员干部下沉参与社区“创文”治理，形成互学互帮互促、共建共治共享氛围。

（邹巧玲）

市场物业

【概况】　梅州市市场物业有限公司（以下简称市场物业公司）于 2022 年 4 月 13 日注册成立，注册资本 2674 万元。公司内设综合办公室、财务部、运营管理部、投资发展部 4 个部室及东区、南区、西区 3 个分站，下属 6 个农贸市场，实有职工 148 人，其中在岗 84 人、退休 64 人。按照“政府主导、资源整合、公司运作”的原则，公司组织实施政府或国资部门授权范围内的农贸市场项目建设和经营管理，集贸市场管理服务，物业管理，农副产品销售，普通货物仓储服务，互联网销售，依法独立自主开展国有资本运作，提高国有资本运营效率，着力提升国有资本控制力、影响力。

【转企改制】　2022 年，市场物业公司根据区委编委会《深入推进区直事业单位改革工作方案》文件精神，梅州市市场物业总站实行转企改制，于 2021 年 12 月 31 日撤销事业单位建制。经梅江区政府批准，以市场物业总站为基础，组建“梅州市市场物业有限公司”，经区政府授权，由区财政局（区国有资产监督管理局）履行出资人职责，参照正科级单位管理，为具有独立法人地位的国有独资公司。

【市场升级改造】 2022年，市场物业公司持续开展“我为群众办实事”实践活动，抓好市场升级改造质量和推进进度，依期完成所辖瓜园蔬菜批发市场、百花洲市场、东山市场、楼下塘市场4间农贸市场的升级改造工作，投入改造资金共800多万元。加强农贸市场灯光照明，污水处理，卫生保洁、消防安全等设施建设，提升农贸市场整体环境，助力文明城市创建，保障市民“菜篮子”健康安全。

（洪 艳）

2022年，升级改造后的梅州市瓜园蔬菜批发市场

（市场物业公司 供图）

梅江控股

【概况】 2020年4月，经梅江区人民政府批准组建广东梅江控股集团有限公司，由区财政局授权履行国有资本出资人职责，参照区直正科级单位管理，实行两级公司制，具有独立法人地位的国有独资公司。按照中国特色现代国有企业制度要求，广东梅江控股集团有限公司设立党委会、董事会、监事会、经理层。内设综合办公室、审计部、财务部、投资发展部、运营管理部、工程管理部6个部门。2022年，广东梅江控股集团有限公司（以下简称梅江控股集团）全资子公司有广东梅江水务发展有限公司、广东梅江数字科技有限公司、广东梅江融媒文化传播有限公司、广东梅州一城两坊保护开发有限公司、广东梅州产融投资建设有限公司、广东梅江建工检测综合服务有限公司、梅州市肉类联合加工有限公司、梅州市食品有限公司共8家；合资公司有广东梅江新南方投资有限公司、广东承宏环保科技有限公司、广东梅江建筑工程有限公司、梅州市嘉晟城市投资建设有限公司4家。梅江控股集团总资产8.56亿元，净资产7.77亿元。全年梅江控股集团合并营业收入6398万元，净利润697万元，上缴税费216万元，上缴经营性资产租金718万元。

【国有资产管理】 2022年，梅江控股集团对区直经营性资产和老街公产房资产收益实行应收尽收，闲置率分别低于7%和5%。助企纾困，支持市场主体发展，全年为符合减免条件的227户区直经营性资产和公产房资产承租户减免租金共225.39万元。

【运营管理】 2022年，梅江控股集团推进光伏建筑一体化建设。9月，三角镇东升村光伏发电项目建设，完成户装光伏9户。12月，位于千佛塔停车场的合资建设梅州首座超级充电站正式启用，全面推广新能源汽车充电设施应用，全年全区累计10个站场36台充电桩投入运营，有效解决新能源汽车日益增加的充电需求。

【招商融资】 2022年，梅江控股集团积极做好招商融资工作。3月，完成对合作标准厂房项目物业管理服务和综合大楼运营招商的项目签约。6月，对接广州市迅兴精密工业有限公司签订《标准厂房定制意向书》。11月，对接梅州市展至电子科技有限公司、梅州华达电路板有限公司签订《标准厂房定制意向书》。12月，对接梅州市万亿达电路板有限公司签订《标准厂房定制意向书》，完成西桥公园升级改造项目、新能源充电桩项目的招商纳统工作，合计投资6300万元。盘活镇村集体存量闲置资金，培育优质集体经济项目，全年新增集约资金300万元。

【项目建设】 2022年，梅江控股集团着力抓好工程项目建设。7月，完成罗乐大桥至S333连接线市政配套建设项目——货场路至S333线段综合管网，确保市重点项目盈华铜箔项目顺利供电投产。10月，梅州经济开发区12.6公顷标准厂房建设项目，完成首期标准厂房和综合大楼主体封顶，该项目评为2022年“广东省安全生产文明施工示范工地”。11月，完成废水提标厂房地块土方平整项目，确保园区实现废水提标扩容。

【强化管理】 2022年，梅江控股集团结合公司实际，制定和修改完善《广东梅江控股集团有限公司物资采购制度》《广东梅江控股集团有限公司食堂管理制度》《广东梅江控股集团有限公司利润分配、弥补亏损方案》《广东梅江控股集团有限公司减少注册资本方案》《广东梅江控股集团有限公司增加注册资本方案》《广东梅江控股集团有限公司合并、分立、变更公司形式、解散和清算方案》，把企业经营管理的法律、法规、规章及政策系统归纳起来，指导企业工作，规范企业行为。

（田莉莉）

2022年12月，位于梅州城区学子大道千佛塔停车场的梅州首座480千瓦超级充电站正式投入使用，配备12个新能源汽车充电位

（梅江控股 供图）

金融服务

金融监管

【概况】 2022 年，梅江区政府办公室金融工作部门加强与驻区金融机构的综合协调，贯彻落实国家稳经济金融政策，支持金融机构对梅江区企业和项目的信贷投入。持续推进农村金融服务平台建设，支持银行机构组织乡村振兴服务团队，下沉金融服务，落实政策信贷，梅江金融业保持稳健发展态势。

【农村普惠金融】 2022 年，梅江区政府办公室印发《梅江区农村普惠金融户户通工程实施方案》，推动实施农村普惠金融建设。村居“金融特派员”实现全覆盖，实施整村授信，81 个行政村获得梅州农商银行授信总额 6.57 亿元。以“广东农信普惠金融户户通”数字化平台为依托，在梅江区各村居委顺利完成 112 台“粤智助”政府服务自助机的布放工作。

【服务实体经济】 2022 年，区金融工作局积极推动稳经济政策落实，鼓励各银行机构主动对接中小微企业融资需求，加大信贷支持力度，特别是对受疫情影响较大、暂时受困的企业，不盲目抽贷、断贷、压贷，合理采取延期还贷、展期续贷、降低利率、减免逾期利息等措施。搭建“政银企”沟通桥梁，注重收集企业融资需求和诉求，组织银行机构和有关部门跟进对接。全年梅江区主要领导召开两次“政银企”座谈交流会，协调银行机构精准对接，有效帮助企业解决项目建设和生产经营资金难题。

【企业上市培育】 2022 年，区金融工作局完善企业上市培育工作机制，成立梅江区推进企业上市工作专班，指导和协助企业解决上市过程存在的问题，有效推进鼎泰等拟上市企业解决房产权证历史遗留问题。开展后备企业上市进程评估，有针对性地提出建议意见，帮助企业加快上市进程。推荐鼎泰电路板有限公司、龙宇电子（梅州）有限公司等 5 家企业进入梅州市上市后备企业资源库。

【金融组织监管】 2022 年，区金融工作局利用小贷监管系统和现场检查，监测企业的经营活动和业务状况，开展地方金融组织现场检查 3 次，推动小额贷款公司开展“楷模”评级工作，典当行参加年审工作。2022 年梅江区 2 家小额贷款公司实收资本共 1.5 亿元，放款余额共 1.3 亿元，不良贷款余额共 1999 万元，提取损失准备共 745 万元，全年业务收入共 93 万元，亏损共 23 万元。协助开展私募基金发展调研，6 月，辖区在中国证券投资基金业协会备案私募基金管理人 4 个，管理存量基金共 5 个，总规模 3190 万元。

【风险排查整治】 2022 年，区金融工作局开展养老服务领域防范化解诈骗与非法集资风险专项行动，全面掌握养老服务机构的非法集资风险情况。根据广东省“金鹰系统”风险预警情况开展涉风险企业排查工作，对企业名称或经营范围包含“财富管理”“理财”“资产管理”“投资管理”等金融特征字样的企业进行清理规范，劝导企业注销 4 家，变更名称或经营范围 39 家。开展涉嫌非法集资风险排查，印发《关于开展梅江区 2022 年非法集资风险排查整治工作的通知》，组织各行业、各单位开展各自领域的风险排查整治。

（潘 婷）

中行梅江支行

【概况】 2022年，中国银行股份有限公司梅州梅江支行（以下简称中行梅江支行）汇总各项存款余额47.7亿元，各项贷款余额17.54亿元。

【贷款投放】 2022年，中行梅江支行强化对实体经济贷款支持力度，主动对接制造业，及科技金融企业的融资需求。全年贷款投放量17.54亿元，其中梅江区企业投放普惠贷款2.15亿元，含农业类贷款投放1887万元，科技类贷款投放8890万元；大公司投放梅江区企业贷款9.16亿元，年末余额14.17亿元，其中高新企业贷款投放4.06亿元，余额4.64亿元；对工业园企业投放6.06亿元，余额6.58亿元。

【特色服务】 2022年，中行梅江支行作为外汇专业银行，持续提升跨境金融服务，国际贸易结算业务量1.11亿美元；做好汇率风险管理与服务，组织开展"汇率风险中性"宣导，助力企业合理运用金融工具有效应对汇率波动风险。

【金融防范】 2022年，中行梅江支行贯彻金融消费者权益保护的经营理念，通过进校园、进社区、进农村宣传活动，开展金融消费者权益保护、防范电信诈骗、反洗钱、反假货币等各类线下金融知识宣传，提升群众的金融风险防范意识和辨识能力，净化金融环境、维护金融秩序贡献中行力量。

（彭国标）

建行梅江支行

【概况】 2022年，中国建设银行股份有限公司梅州梅江支行（以下简称建行梅江支行）内设行长室、综合业务部、营业室，有员工20人。年末，各项存款余额11.17亿元，其中个人存款余额9.92亿元、公司机构类存款余额1.25亿元。各项贷款余额14.42亿元，其中公司机构类贷款余额2.1亿元、个人贷款余额12.32亿元。2022年，建行梅江支行获评建行广东省分行普惠金融先进集体。

【业务发展】 2022年，建行梅江支行推进住房租赁、普惠金融、金融科技"三大战略"，服务地方经济社会发展。加大普惠金融理念的宣传推介，与工信、税务等政府部门和商会、协会等商圈社团联手，全年先后举办产品推介会多场，集开户、测额、申请于一体的"惠懂你"App成功发布上线，在全市金融系统中率先实现小微企业融资全流程线上自助服务，"裕农通"服务点128个。打造消费信贷与生活场景深度融合的金融生态圈，"小微快贷"等线上产品优势发挥明显，"账户云贷""房押贷""云税贷""商叶云贷"等系列信贷品种不断上线，"小微快贷"授信客户160户，授信金额4500万元。全年为梅江区办理统发工资金额共计6亿元，计发放10万人次。2022年，建行梅江支行获得市分行普惠贷款突出贡献奖，财富大练兵和建信保险冦交突击战获"优秀支行"称号；获得私人银行信托理财突破奖；获得乡村振兴先行战役风险管理提质增效战役；在网点节获评市分行"最佳服务团队"。

【服务社会】 2022年，建行梅江支行网点"劳动者港湾"挂牌，向户外劳动者免费提供歇脚纳凉、喝水充电的休息场所和雨伞、医药包、卫生间等便民设施。帮扶梅江区金山街道东厢村、梅石社区"创文"资金2万元，向社区困难群众发放慰问品，八一建军节慰问梅江区消防救援大队。

（刘惠清）

工行梅江支行

【概况】 2022年，中国工商银行股份有限公司梅州梅江支行（以下简称工行梅江支行）围绕梅州分行工作部署，紧盯目标任务，突出问题导向，狠抓过程管理，扎实有序推进各项工作，取得一定成绩。年末，各项存款余额23.04亿元，比上年增长 2.74 亿元；其中对公存款余额 5.23 亿元，比上年增长 3800 万元。个人存款余额 17.81 亿元，比上年增长 2.35 亿元。全年本外币各项贷款（不含贴现）余额 8.74 亿元。

【党建引领】 2022 年，工行梅江支行以党建为引领，强化党员意识，充分发挥党支部的战斗堡垒作用和党员先锋模范作用，党员做好示范，带头营销，努力开拓市场，促进业务发展。根据基层党支部全面从严治党主体责任清单要求，统筹推进党建工作，落实党建主体责任，及时向分行党委报告工作中遇到的新情况新问题。加强党内政治生活，支部书记带头上党课。落实《中共中央政治局关于加强和维护党中央集中统一领导的若干规定》《中国共产党重大事项请示报告条例》等党内法规，严格执行《中国工商银行重大事项请示报告实施办法》。持续推进学习教育常态化制度化，将习近平新时代中国特色社会主义思想作为“三会一课”的主要内容，并纳入学习培训。严格落实“三会一课”、民主评议党员、主题党日等组织生活制度，发挥党员先锋模范作用，宣传先进党员事迹，号召全体党员以优秀党员为标杆，向优秀党员看齐，不断提高客户的满意度，擦亮工行对外服务的名片。深化“不忘初心、牢记使命”主题教育，总结经验做法，细化落实措施，建立健全学习教育、调查研究、检视问题、整改落实的长效机制。严明党的政治纪律和政治规矩，将《中国共产党廉洁自律准则》《中国共产党纪律处分条例》等纳入学习和培训内容，反对形式主义、官僚主义，驰而不息纠正“四风”，推动中央八项规定精神贯彻执行到位。

【市场竞争】 2022 年，工行梅江支行全行员工心往一处想，劲往一处使，比先进、学先进、赶先进、超先进，奋勇争先，推动支行转型发展、提升经营业绩、提高市场竞争力。抓好全量客户拓展工作，夯实持续发展基础。加强存款过程管理，提升存款市场竞争力。牢固树立存款工作“功在平时、贵在坚持”的经营思想，抓好目标任务细化分解，以“每天进步百分之一”的精神，实现市场占比提升和系统进位。

【普惠业务】 2022 年，工行梅江支行不断提升服务实体经济质效，把握政策支持，把工银普惠行和监管部门百行进万企有关活动有效对接，推动普惠业务又快又好发展。大力推进经营快贷、e 抵快贷、税易通等优势产品，不断提升服务实体经济能力。

【中间业务】 2022 年，工行梅江支行打造多点支撑的中间业务增长，以合规增收为目标，结合业务及市场情况，抓好基础结算类增收发展，选定增收主攻方向，培育客户，提高渗透，增加收入。

【内控案防】 2022 年，工行梅江支行持续深化合规文化核心理念，筑牢合规就是银行生命线的底线思维。坚持从严治行、突出过程控制，全行齐抓共管，进一步夯实内控案防基础，提升案值防管理水平。

【优质服务】 2022 年，工行梅江支行以优质文明服务取得客户依赖和支持，促进支行业务发展。秉承以客为尊的服务文化理念，急客户之所急，想客户之所想，重视老年人运用智能技术所遇到的问题，多措并举做好客户服务，提升服务水平。强化网点厅堂服务管理，主动做好客户的沟通解释与情绪疏导，妥善解决客户诉求，避免因服务不当和解释不到位导致客户投诉。

（严敦灵）

农行梅州城区支行

【概况】 2022 年，中国农业银行股份有限公司梅州城区支行（以下简称农行梅州城区支行）以习近平新时代中国特色社会主义思想为指导，贯彻中共二十大精神，围绕“强基础、优结构、深转型、促创新、控风险、精管理、创价值”目标，打造高质量发展银行，经营实

2022 年 9 月 29 日，农行梅州城区支行到梅江区三角镇三乡村为群众宣传反假币、反诈骗、反洗钱等金融知识　（农行梅州城区支行　供图）

现稳健发展。年末本外币存款余额 92.34 亿元、本外币贷款余额 78.97 亿元、中间业务收入 4664 万元、净利润 1.57 亿元。

【存款业务】　2022 年，农行梅州城区支行保持存款稳定增长，实现本外币存款增长 3.75 亿元。积极拓展机构公司客户，以医保、社保、环保、村居账户为重点攻坚领域，营销市、区两级重点机构和公司账户，全年开立市、区财政零余额专户 16 户、村居账户 202 户、新增对公结算账户 650 户。着力抓存款产品营销，紧跟地方债、专项债和大单位资金，取得梅州市国库集中支付到期重新招标第一名银行存放资格、梅江区财政局专项资金增值银行存放资格，通过大额定期存单、银利多、协定存款等存款产品绑定客户资金。抓核心客户贡献度，提升烟草公司、南方电网、嘉应学院、市公积金中心、博敏电子、盈华科技等核心客户存款，加强农村“三资”平台资金归集，走访维护个人贵宾客户，提高个人高净值客户存款增存稳存。

【资产业务】　2022 年，农行梅州城区支行推动资产业务发展，实现本外币贷款增长 9.67 亿元。做好“六稳”“六保”工作，为受疫情影响的中小微企业减负纾困，不抽贷、不断贷、不压贷，支持复工复产企业。支持地方经济建设，抢抓产业转移升级机遇，“一户一策”建立服务方案，加快盈华科技、中心医院、紫合医院、谷源环保等市、区重点企业的项目融资贷款投放。加强惠民贷款服务，拓展线上线下客户和专业市场业务，以烟商贷、房抵贷、惠农贷等产品，加大对环市路批发商、万达商圈等专业市场贷款的营销，拓宽信贷渠道和丰富产品服务民生。

【中收业务】　2022 年，农行梅州城区支行中间业务增收良好，中间业务收入比上年增长 90 万元。继续巩固传统业务，支付结算、代理保险、代收代付通过扩大规模、优化渠道、综合服务，稳步提高收益。拓展新增长点客户，通过线上线下营销、专项特惠、节假日专项活动等形式，营销快捷支付、电子银行等互联网、消费金融的热点客户。发展新兴业务，抓住市、区重点项目、重点行业需求，发展投融业务，联动银团贷款、并购贷款，带动中收增长；突破私行信托短板项目，成功拓展慈善信托、保险金信托业务，带来中收新收入。

【风险管理】　2022 年，农行梅州城区支行持续强化风险管控，贷款不良率 0.39%，实现内控评价一类行。严控线上贷款、信用卡分期等不良突出重点领域风险控制，严把客户准入关。加强风险资产管控考核运用，信贷风险隐患分析，贷后资金监测和常态化检查。加强不良贷款核销，加大法律清收，推动不良资产证券化，做实贷款风险控制。筑牢传统领域案防“防火墙”，落实防范电信诈骗、反洗钱责任，强化涉案账户管控。加强员工网格管理责任，整治违规收费专项性工作。召开涉企违规收费专题会议，围绕涉企违规收费专项整治方案，开展排查违规收费，解决“应退尽退”违规收费问题。筑牢安全生产防线，关注疫情和客户声誉风险防控，加强突发事件防范能力，做好日常安全检查，化解防范各类事件，全年实现安全运营。

【党建工作】 2022 年，农行梅州城区支行推动党建引领经营管理，履行农行服务“三农”使命。贯彻落实习近平新时代中国特色社会主义思想和中共二十大精神，推进驻村金融助理开展乡村振兴工作。做实党建基础工作，实施“书记、委员”党建项目，发挥领导带动作用。加强党支部建设，完成“支部书记教支部书记”培训、党支部换届选举、“一支部一亮点”党建品牌等工作。做好发展党员工作，全年 7 名预备党员转为正式党员，并完成党员培养计划。树立先进示范引领，2022 年，农行梅州城区支行获评全省农行优秀共产党员 1 名，获评梅州分行优秀共产党员 3 名，获评梅州分行优秀党务工作者 1 名，1 基层党支部获评梅州分行先进基层党组织。同时党建工作与业务经营相融合，先后与梅州市公安局、嘉应大学、东山中学、广东嘉应控股集团、广东嘉城建设集团、梅江区西阳镇等党组织开展党建共建活动。加强党风廉政建设，制订落实中央巡视反馈意见整改方案，开展违反中央八项规定精神典型问题专项治理、机关作风问题查摆整改，推进清廉金融文化建设，落实中央巡视反馈问题整改。

（余伟云）

邮行梅州城区支行

【概况】 2022 年，中国邮政储蓄银行梅州市城区支行（以下简称邮行梅州城区支行）推进信贷下沉、综合营销，落实经营管理各项工作。年末，实现本外币各项存款余额 33.80 亿元，本外币贷款余额 29.19 亿元。

【实体经济】 2022 年，邮行梅州城区支行围绕金融支持实体经济发展战略部署，持续加大信贷投放力度，全方位支持供给侧结构性改革，增强企业经营活力，服务重大基础设施建设，逐步成为支持梅江区实体经济发展的生力军。加速金融与实体经济的深度融合，加强对小微企业的扶持力度，不断创新产品，积极推广金融服务数字化、线上化发展，加大运用互联网、大数据技术，推出“小微易贷”“极速贷”等线上贷款产品。2022 年，小微企业贷款累计放款 13.26 亿元，其中线上信贷产品累计发放 19.24 亿元，为实体经济发展按下“加速键”。

【农村信用】 2022 年，邮行梅州城区支行重点推进农村信用体系建设，抢抓农业农村数字化发展机遇，建立健全农村信用体系，纾解农户“贷款难”、银行“难贷款”问题，为建造“三农”金融数字生态体系贡献邮储力量。全年建设信用村 112 个，采集信用户 2578 户，累计发放农户贷款 1.49 亿元。

【小额信贷】 2022 年，邮行梅州城区支行首家与梅江区扶贫办签署《中国邮政储蓄银行小额担保贷款担保与贴息合作协议》，并续签《脱贫人口小额信贷合作协议》，强化脱贫工作推进，争取通过搭建“银行+”模式，有效扩大脱贫人口小额信贷的覆盖面和渗透率。与区人社部门合作推行创业担保贷款，政府贴息类贷款，减轻创新创业群体的融资成本，解决该群体“融资难”问题，至年末，创业担保贷结余 59 笔 947.76 万元。同时指引创业担保贷款客户吸引周边人员就业，带动民生发展，切实将服务乡村振兴工作落到实处。

【普惠金融】 2022 年，邮行梅州城区支行践行普惠金融相关政策，东升工业园线路板产业累计授信 50 多家，受疫情影响、出现归还本息困难的企业，采取调整还款方式、降低转贷成本、延长贷款期限等措施，帮助小微企业渡过难关。解决小微企业融资难问题，全年累计发放无还本续贷业务 1.38 亿元。

【民生服务】 2022年，邮行梅州城区支行做好“城乡居民基本养老保险费及医疗保险费”代收服务工作。为方便群众缴费，大力宣传“粤省事、税务公众号、粤税通”等线上缴费。全年累计代收“两险”1.10万人，代收总金额458万元。落实广东省企业职工基本养老金领取资格协助认证工作，帮助领取基本养老金人员实现“行政服务中心”就在家门口的梦想，全年累计受理915笔。发挥营业网点覆盖广大城乡的网络优势，为军人军属、退役军人和其他优抚对象提供优质金融服务。5月，与梅江区人民政府签订《战略合作框架协议》，提供总额不低于30亿元的意向性融资支持。加大扶持中小微企业，加大投入“三农”领域的信贷力度，协助区政府实施乡村振兴战略，加大农业产业化龙头企业的信贷支持，加大对文化旅游行业及项目贷款投放力度，加大对城市智慧平台的建设，加大消费信用贷款额度，助力梅江经济发展。4月，参与梅江区财政性资金保值增值存放服务项目资格评选，以总分第一名获得中标。

2022年2月15日，邮行梅州城区支行工作人员帮助行动不便老年客户进网点 （邮行梅州城区支行 供图）

【合规经营】 2022年，邮行梅州城区支行贯彻落实上级部门关于合规经营和案件防控的各项要求及工作部署，推动合规文化建设落地，始终保持高压态势，保障各项业务健康快速发展，实现全年“零案发”和无重大风险事件的工作目标。

【党建引领】 2022年，邮行梅州城区支行发挥基层党组织的战斗堡垒作用和党员的先锋模范作用，提升党支部的凝聚力、组织力、战斗力。坚持把党建工作摆在第一位，强化党建与业务经营管理的融合互动，并贯穿业务发展的始终。以全面学习贯彻中共二十大精神为契机，坚持用习近平新时代中国特色社会主义思想武装头脑，深入领会中共二十大提出的新思想、新论断，在发展中勇于开拓创新，构建新的发展格局。

（古 瑜）

人保财险梅江支公司

【概况】 2022年，中国人民财产保险股份有限公司梅州市梅江支公司（以下简称人保财险梅江支公司）发挥保险保障作用，履行金融央企职责，致力服务梅江经济社会发展，各项工作取得良好的成效。全年公司保费收入 6389 万元，增长 13.3%；累计提供风险保障 3873 亿元，上缴各类税收 356 万元，较好履行国有骨干保险企业的职责，并在服务梅江经济社会高质量发展实现保险业的发展壮大。

【服务实体经济】 2022 年，人保财险梅江支公司为梅江区各类重大项目、重大产业、大型企业和重大活动赛事提供保险保障和服务，为梅江龙头企业、骨干企业等多家企业提供保险保障，为小微出口企业保驾护航，连续 5 年统保全市小微企业出口信用保险，年末，在保小微出口企业 168 家，提供 1.79 亿美元的风险保障，为小微企业远洋开拓海外市场保驾护航。盘活建筑企业资金流，创新运用建筑工程履约保证保险替代建筑行业保证金，为多家企业减轻资金沉淀压力。

【依法合规经营】 2022 年，人保财险梅江支公司充分发挥保险化解矛盾纠纷、维护社会和谐的积极作用，助力提高社会治理社会化、法治化、智能化、专业化水平。统保梅江区自然灾害公众责任险，累计提供风险保障 660 亿元。2022 年，梅江区暴雨灾害导致人员伤亡，支公司第一时间开展现场救援及查勘工作，开通理赔绿色通道赔付损失，快速高效的理赔服务得到群众及政府部门的高度认可。承办食品安全责任保险，在多个行业及企业承保，为食品安全添加“保护伞”。开展安全生产责任险，强化安全事故风险管控，防范事故发生，促进地区安全生产形势稳定好转。推动农民工工资履约保险，致力解决农民工工资拖欠问题，协助政府部门做好风险化解工作。全年统保全区精神障碍患者监护人责任险，为精神障碍患者监护人提供保险保障。

【承保与理赔】 2022 年，人保财险梅江支公司全面落实农业保险扩面、增品、提标工作，取得良好成效。扩面方面：承保能繁母猪 2815 头、生猪 2.4 万头、仔猪 2.65 万头，累计提供风险保障 5012 万元。增品方面：创新开办生猪价格指数保险、生猪期货保险等，得到广大群众的充分认可。提标方面：仔猪、育肥猪、能繁母猪、公益林和商品林保险均落实提标保额政策。做好查勘理赔工作，接到出险报案第一时间，迅速安排人员前往查勘，并自觉维护受损群众的权益，维护社会公众利益，让群众尽快得到相应的经济补偿，切实做到保险案件不惜赔、不滥赔。理赔工作，坚持实事求是，迅速、及时、准确、合理的原则，严格按照赔付规程，双人查勘，双人定损，同时加强对查勘人员的考核、督查力度，有力保障梅江区广大群众的生产生活正常秩序，积极服务地方经济发展。

【惠民险种】 2022 年，人保财险梅江支公司积极参与由政府主导、专属定制、商保参与的梅州医保补充保险“保尚保”，以专业优质的保险服务，全力办好梅州这一“保费低、覆盖广、保障高”的惠民险种，覆盖全区常住户籍居民。大力开展各镇（街道）“保尚保”的宣传工作，确保不落下有需求的群众，多一份保障、多一份安全感和幸福感。积极推进梅州多层次医疗保障体系，提升梅江群众获得感和幸福感的创新型尝试。

（朱莎莎）

城乡建设 · 生态环境

城 乡 建 设

【概况】 2022年，梅江区住房和城乡建设局（以下简称区住建局）内设办公室、党务人事室、财务股、政策法规和行政审批股等15个股（室）机构，行政编制人员17人，行政执法专项编制人员26人，后勤服务人员2人，协管员21人，临聘人员8人。局所属事业单位8个，其中正科级单位有梅州市园林绿化中心、梅州市城市照明养护中心、梅州市市政工程维护中心、梅江区公园管理中心4个；副科级单位为梅江区公有房屋和保障性住房服务中心；股级单位有梅江区建设工程质量安全监督站、梅江区建设工程造价管理站、梅江区数字化城市管理中心3个。至年末，局所属8个事业单位在编在职人员共有241人（其中干部134人、工人100人、占编不纳编7人），临聘人员42人。

2022年，区住建局梅州城区城市建设和资金使用安排计划中，续建、在建、新开工建设项目25项，年度投资2789.46万元。

【建筑工程】 2022年，区住建局新增报建工程项目52项，新增报建面积114.6万平方米；监管在建工程88项，建筑面积362.6万平方米。全年开展安全生产检查和各类专项检查11次，出动检查人员1772人次，检查在建工地410个次，发出整改通知书126份；排查治理各类安全隐患827项，约谈建筑工程质量、安全生产主体责任不到位的项目企业及责任人6起，行政处罚4起，罚款金额10万元。2022年，梅江区有3个工程项目获评"梅州市建设工程安全生产、文明施工优良样板工地"（市双优工地），2个工程项目获评"广东省建设工程安全生产、文明施工优良样板工地"（省双优工地）初评，1个工程项目获评"广东省建设工程结构优质奖"，1个工程项目获评"广东省建设工程结构优质奖"和"广东省建设工程金匠奖"。

2022年4月29日，梅州城区三角中心小学人行天桥通过验收

（区住建局 供图）

【房地产业】 2022年，梅江区商品房销售面积53.94万平方米，比上年下降41.7%；商品房销售额为34.32亿元，比上年减少43%；销售均价每平方米6362.4元，比上年下降2.2%。

【老旧小区改造】 2022年，梅江区从2019年新中苑老旧小区改造试点项目开始，至年末，完成老旧小区改造项目22

个，涉及小区 33 个，施工中项目 9 个，涉及小区 64 个。2022 年，梅州市梅江区江南街道老旧小区改造案例获评“中国基层领导力典型案例征集”优秀案例。

【物业监管】 2022 年，区住建局办理物业服务合同备案申请 2 宗，业主委员会备案 5 宗，新增配备物业管理的小区 150 个。全年成立小区党组织 7 个，组织 225 人次对 90 个物业管理住宅小区（包括 12 个重点场所）进行消防安全检查，发现并督促整改安全隐患 47 处。

【公房和住房保障】 2022 年，梅江区公产房房租租金收入 18.84 万元，收缴率 100%。全年对符合减免条件的 19 户公产房租赁户减免 6 个月租金，合计 4.66 万元。符合住房保障条件的 45 户住房困难家庭列入保障，为 43 户住房困难群众抽签安排 50 套公租房，对 110 户困难家庭准时发放住房租赁补贴 14.47 万元。全年提出申请人才公寓 24 户，办理入住 18 户。

【园林绿化】 2022 年，区住建局对梅州城区梅水路、梅江二路、彬芳南路、团结路等路段补种乔木共 68 株，完成东山大道、富奇路、广梅路、彬芳大道、梅江大道、正兴路、八一大道、学院路、学子大道等道路共计 9800 多株路树进行修剪，完成补种乔灌木 3500 多株，地被（含草地）2.50 万多平方米，城区公共绿地苗木进行 4 次全覆盖施肥，清除杂草、修剪草坪及绿篱 90 多万平方米，乔木涂白约 3 万株。

【城市照明】 2022 年，梅州市城市照明养护中心维护管理的梅州城区城市照明装灯总功率（指城市道路照明和景观照明使用灯具额定功率）4846.31 千瓦，路灯盏数 5.02 万盏，比上年净增 588 盏。照明覆盖路长 572.26 千米，比上年净增 7.6 千米。路灯专用高压变压器 27 台，三遥节能稳压控制箱 278 台。全年累计维修路灯 1.09 万盏次，安全排查及线路故障抢修 790 多起，实现路灯设施完好率 98%以上，亮灯率 99%以上；在城区低洼地段和人群密集的场所安装水位监测仪 11 台、漏电监测保护仪 6 台；解决中心城区壹江南侧路、华建市场、黄塘路周边、虹桥巷道、岗子五路巷道等 24 条道路有路无灯、路灯偏暗等民生实事，覆盖路长约 4.5 千米，更换残旧光源 53 盏，新装太阳能路灯、LED 路灯共 123 盏。

【公园景观建设】 2022 年，区住建局完成清凉山郊野公园总体概念规划修编、泮坑爱晚亭侧公厕提升改造、芹洋湿地新时代文明实践主题公园建设、剑英公园亭廊景观（一期）建设、马鞍山公园观景平台修缮升级等。

【市政工程维护】 2022 年，区住建局升级改造市政设施，完成鸿通路至鸿达路周边市政道路、梅江沿河健走步道、彬芳大道等 6 个道路提升改造项目及中华路生态停车场建设，新建三角中心小学人行天桥，更新 25 座破损公交站亭。全年梅州市市政工程维护中心通过沥青修补、混凝土路面修复、

2022 年 8 月 20 日，剑英公园亭廊景观（一期）建设完成

（区住建局 供图）

灌缝胶灌缝等形式修复道路（含人行道），其中热拌沥青修复路面面积7.12公顷，修复混凝土路面面积0.14公顷，灌缝缝长12.25千米，修复人行道地砖面积0.54公顷，维修路缘石、花池1.4千米，更换人行道阻车柱150条，制安栏杆0.17千米。同时，做好城区34座市政桥涵（含隧道）的日常巡查维护及检测、国道205环城路线6座桥梁等设施的日常巡查维护。

【燃气安全执法】 2022年，区住建局对梅州城区3家瓶装液化石油气经营企业及其供应站，开展燃气安全执法检查437次，出动执法检查人员1669人次，发出整改通知书34份；排查餐饮企业、单位食堂等用气场所318家次，排查人员密集公共场所201个，居民入户安检2310次，发现一般隐患34处，完成整改34处，整改率100%。全年全区用气餐饮场所1791个，至12月，安装可燃气体报警装置用气餐饮场所1771个，安装率98.88%。

【美丽圩镇建设】 2022年，区住建局承接镇级污水处理职责，全区4个污水处理厂共处理生活污水141.51万吨，污水处理率113%。加快美丽圩镇建设，全年全区4个圩镇通过梅州市美丽圩镇建设考核组评价验收，其中，西阳圩镇达到“示范圩镇标准”；三角镇、长沙镇、城北镇圩镇达到“宜居圩镇标准”。

【农房安全整治】 2022年，梅江区鉴定为存在安全隐患的非经营性农村自建房共36栋，其中，C级17栋、D级19栋。至年末，完成整治36栋。全年全区农村削坡建房风险点完成整治111户；完成农村危房改造6户。

【依法行政】 2022年，梅江区共拆除违法建筑面积2126.3平方米，拆除临时建筑4489.5平方米。区住建局依法作出行政处罚13宗，其中，工程安全生产类6宗、“三车”（泥头车、运输车、搅拌车）治理类6宗、燃气类1宗，罚款金额20.83万元。全年受梅州市住建局委托作出行政处罚案件9宗，其中，违建类7宗、城市管理类2宗；罚款金额20.07万元，没收违法收入44.1万元，作出没收违法建筑2358.92平方米。

【数字化管理】 2022年，梅江区数字化城市管理中心通过城市管理信息系统累计受理城市管理问题案件1.70万宗，处置1.52万宗，处置率88.5%；按期处置1.09万宗，按期处置率72.2%；受理市“创文”办督察督办案件25宗。

【信访投诉】 2022年，区住建局共受理各类信访案件1377宗，其中来电55宗，来访128宗、424人次，来信101宗，“12345”热线1029宗，民生（网信）64宗，全部按时办理或第一时间答复。

（叶佳帆）

环境卫生

【概况】 2022年，梅州市环境卫生管理局（以下简称市环卫局）主要负责城区主要道路的清扫保洁，生活垃圾的收集运输，市区余泥渣土日常管理，城乡环卫设施的建设管理，城区“小广告”清理，督查指导乡镇（街道）环境卫生管理工作。市环卫局为副处级参照公务员法管理的事业单位，局机关内设办公室、环卫科、人事教育科、计财科、设施建设科5个副科级机构，局下属有江南所、江北所、清运中心、市区余泥渣土管理中心4个副科级事业单位。全年市环卫局精细化抓好辖区城市范围内491.3万平方米道路日常清扫保洁，负责住户、门店13万多户生活垃圾收运，管理城区20座垃圾中转站、44座公共厕所。全区每天580吨生活垃圾保持日产日清，无害化处理率、有效处理率100%。全年教育整改工地80多宗，督促清理撒漏共300多宗，累计办结数字化城管案件3242宗，“12345”投诉案件231宗，办结率100%。

【党建引领】 2022年，市环卫局通过党支部“三会一课”、宣讲会、主题党日、革命传统教育等，学习贯彻各级全会精神。全年局党组开展学习28次，中心组学习14次，局领导带头讲授党课4次，支部书记上专题党课12次。履行党风廉政建设责任制，执行中央八项规定及其实施细则，开展法纪警示教育，强化日常监督，开展谈心谈话，全年环卫系统全体干部谈心谈话120人次。

2022年3月17日，市环卫局组织干部职工开展“爱心替岗”全民助力清扫落叶志愿服务活动 （市环卫局　供图）

【环卫管理】 2022年，市环卫局利用“数字城管+环卫网格化”，领导干部、管理员、一线工人统一安排巡查网格，提高问题发现和处置效率，及时处置市民群众关注关心的环境卫生问题。采用“联动+分片”的方式，联合城管等相关部门加大对余泥渣土运载车辆带泥上路、无证运输等现象的监管力度，加大夜间对各工地出入口车辆的巡查。聚焦“创文”失分点和薄弱点，加强重要点位、难点地段的巡查作业保障，实行“考核—通报—整改—提升”的良性考核机制。梳理中央生态环境保护督察交办问题清单，开展“回头看”和自纠自查。推进落实“门前三包”责任制，扎实做好市、区重大活动、重要会议的环境卫生保障工作。加密道路洒水清洗作业频次，推进城区大气环境质量持续改善。严格落实日常安全生产检查制度，组织开展环卫职工交通安全法治讲座和涉疫垃圾收集转运培训等。抓好常态化疫情防控各项工作，落实作业防控和预防性消杀。疫情防控期间，启动应急机制，全力调配人力、运力保障城区清扫保洁和垃圾清运工作，落实闭环转运封控区生活垃圾，并协助转运涉疫垃圾和医疗废弃物。

【重点任务】 2022年，市环卫局理顺环境卫生工作体制机制，实现“一把扫帚扫到底”目标，经区委、区政府审议，同意实施环境卫生城乡一体化和市场化改革工作。市环卫局在征求意见、专家论证、征询法律顾问意见、集体决策的基础上，推进各项改革工作，计划引进具备专业资质、先进管理理念的第三方企业实施环卫作业，探索建立面向全国文明城市创建的长效保障机制。通过召开职工代表见面会，掌握一线职工的思想动态，解读相关政策法规，解开职工思想“疙瘩”，畅通合理诉求渠道，维护职工合法权益。全力推动区委、区政府重点工作和“微民

2022年5月，市环卫局建设的如意路生活垃圾中转站新建完工并正式投入使用 （市环卫局　供图）

生”实事的落实，用好、用实、用细城建项目资金，完善环卫设施设备，探索环卫设施从“邻避”到“邻利”的发展路子。至年末，龙丰垃圾填埋场生态修复整治项目完成招投标和施工报建，城市公厕智能化提升改造项目稳步推进。如意路、芹洋2座“园林式”中转站新建完工并投入使用，有效保障三角、芹洋片区的生活垃圾转运工作。采用现有UV（紫外线）光解+喷淋除臭等先进工艺，对西区、金苑2座垃圾中转站进行提升改造，有效解决中转站气味扰民问题。

【垃圾分类】 2022年，市环卫局加强督导、创新机制，城市文明卫生水平显著提升。开展城市生活垃圾分类宣传督导服务项目，通过政府购买社工服务加志愿服务的形式，搭建“社工+志愿者+小区物业+社区干部”联动工作平台，逐步实现常态化开展宣传引导和投放督导的工作机制，提高生活垃圾分类各项工作成效。建立局领导班子挂钩垃圾分类八大产生源区域的示范创建和督促检查工作机制，通过示范引领，总结经验，以点带面加快扩大城市生活垃圾分类覆盖范围，进而推动全区垃圾分类工作进程。科学设置生活垃圾分类投放点，不断完善生活垃圾分类收集设施设备。购置配备4000个垃圾分类桶、2辆压缩式垃圾车和5个分类压缩斗箱，在城区及部分垃圾分类试点村（社区）设置2221个垃圾分类投放点，升级改造248个垃圾分类投放亭，分类投放体系及转运能力进一步提升。

【关心环卫职工】 2022年，市环卫局强化激励、用心关怀，职工工作热情全面激发。不断提升环卫职工凝聚力和幸福指数，为环卫职工办好事、解难事。全年市环卫局工会累计投入和争取上级工会关心约259万元，用于各类慰问、补助、健康体检等，帮助符合条件的职工申请金秋助学73人、金额54.75万元。开展“爱心替岗”“五一”跟岗、羽毛球友谊赛、篮球友谊赛等各类活动，丰富干部职工生活，展现职工风采。规范有序开展公务员和事业单位职级晋升工作，全年完成3名公务员职级晋升、12名事业单位职员等级晋级、4名工勤岗位职工得到技能等级晋升，激发干部队伍活力和工作积极性。广泛动员，对接社会各界力量组织开展爱心捐赠、送温暖、送清凉、口腔检查等公益活动，收到价值60多万元的各类物资。2022年，江南所沿江二路清扫组被评为“省巾帼文明岗”，邱艳红被梅江区委授予三等功勋章，杨清俊当选广东省第十三次党代会代表，张静静、陈珊珊获梅江区党员干部教育培训“星级名师”称号。

（赖芬芳）

环境整治

【概况】 2022年，梅江区以创建全国文明城市为抓手，以乡村振兴为助力，以“绿色经济”为内在发展动力，以绣花功夫提升城市精细化管理服务水平，全面优化提升城乡面貌和人居环境。

【缆线整治】 2022年，梅江区启动缆线整治行动，着重解决城区空中缆线线路杂乱、密如蛛网以及乱拉乱设、飞线充电等问题，实行精细化整治，整治范围贯穿每一条道路、每一个小区。全年共对118条主次干道、290条背街小巷和153个小区进行缆线整治，捆扎更换线缆共40.6万米，拆除废弃线缆25.2万米；整改农村“三线”（供电、通信、有线电视线路）跨路面、交叉跨越、搭挂、缠绕等乱拉挂问题208处，行政村“三线”整治完成率达到75%，实现辖区范围内缆线整治全覆盖，确保空中缆线整齐规范。

【铁皮瓦整治】 2022年，梅江区开展城区临时建筑（铁皮瓦）示范整治工作，主要采取“建、换、铺、拆”措施，即更换原有铁皮瓦建设屋顶光伏发电设施作为顶层防水隔热措施，将铁皮瓦更换为陶瓷瓦、琉璃瓦屋顶板材，铺设隔热砖、涂刷防水涂层作为顶层防水隔热措施，拆除所有铁皮瓦，确保不影响建筑安全、日照、消防、风貌的前提下进行改造，形成统一协调美观的城市界面。全年完成新中路、中心坝、学子大道、八一大道、客天下观光路、东升工业园区内等主次干道铁皮瓦整治共 174 户，面积约 3.78 万平方米。

【扬撒漏整治】 2022 年，梅江区对工地建设加快进度，部分大车路经城区出现“扬撒漏”的现象，加强对渣土运输扬尘污染巡查，并明确处罚规定。全年共出动执法人员 8448 人次，教育整改违规运输车辆 160 宗，教育整改工地 251 宗，作出行政处罚案件 5 宗，处罚金额 1.6 万元。

（丘晓均）

生 态 环 境

【概况】 2022 年，梅州市生态环境局梅江分局（以下简称市生态环境局梅江分局）以习近平新时代中国特色社会主义思想为指导，贯彻落实习近平生态文明思想，以推动高质量发展为主题，以改善区域生态环境质量、解决群众关心的生态环境问题为目标，全区环境保护工作稳步推进。

【环境质量】 2022 年，梅州城区环境空气质量优良率 99.2%，$PM_{2.5}$ 平均浓度 18 微克/立方米，同比下降 10%。全年全区饮用水源地水质达标率和主要河段水质达标率保持在 100%。在防控土壤环境风险、保障农产品质量及人居环境安全方面均达到预定目标。梅江区受污染耕地安全利用类和严格管控类任务完成比例均达到 100%，生态环境整体呈现稳中有进的态势。

【污染防治】 2022 年，市生态环境局梅江分局安全高效推进挥发性有机物综合治理，建立 VOCs 重点企业分级管控机制，加强电子电路、木质家具等重点行业领域 VOCs 减排。深化工业炉窑分级管理，推动燃气锅炉实施低氮燃烧改造。落实《梅江区重污染天气应急预案》，开展城区范围扬尘喷洒治理，有效降低 $PM_{2.5}$、PM_{10}、臭氧等污染物浓度，进一步加大露天焚烧督察监管力度，督促各镇（街道）继续强化露天焚烧宣传巡查管控工作。加强国控和省控水质监测断面治理，强化饮用水水源地保护，开展干才水库“千吨万人”农村饮用水源地保护区划定工作，加强饮用水源地环境问题排查整治，全面加强水污染防治综合治理，全力推进农村生活污水治理工作，完成市下达梅江区 21 个自然村治理攻坚任务。强化受污染耕地安全利用和风险管控，因地制宜制定实施安全利用方案，加快推进土壤污染状况详查。指导 56 家工业企业产废单位进行危险废物动态管理网上申报工作，按规定要求 2021 年度实际危险废物产生总量达 10 吨及以上单位，制订 2022 年度危险废物管理计划，并在固废信息系统备案。对一般性工业固体废物产生和利用处置，实行网上申报种类、数量、流向、贮存，利用处置情况，有 96 家产废单位实行网上申报，对 48 家企业进行危险废物规范化环境管理帮扶指导检查，排查发现问题 112 个，均完成整改，工业危险废物安全处置率 100%，固体废物污染防治取得明显成效。

【环保督察】 2022 年，市生态环境局梅江分局做好第一轮中央生态环境保护督察、中央生态环境保护督察“回头看”及固体废物专项督察反馈意见整改任务销号工作，推进第二轮中央生态环境保护督察各项整改任务。编制梅江区贯彻落实第二轮中央生态环境保护督察报告整改方案，牵头负责农村生活污水处理设施建设整治，如期完成全区 21 个自然村的整治任务。同时，对涉及生态环境部门职责的信访案件逐一开展“回头看”，问题均整改到位，未发现死灰复燃现象。

【环境监管】 2022 年，市生态环境局梅江分局从严查处环境违法行为，群众合法环境权益得到保障。全年共出动执法人员 1329 人次，检查排污企业 621 家次；“双随机”抽查企业 147 家，受理各类环境信访案件 581 宗（其中重复投诉 285 宗），接待群众来访 1 批 2 人次，发出“责令改正违法行为决定书”1 份，立案查处 1 宗，处罚金额 36 万元，申请强制执行案件 3 宗。加强环境安全隐患风险防范，开展各类专项行动对辖区排污企业进行全面检查，重点对东升工业园区 30 多家涉气重点排污企业进行突击检查和废气监测，检测报告显示相关企业废气达标排放。做好生态环境监测，完成水、气、声环境监测任务，共取得有效数据约 2000 个。全年对 27 家重点排污单位进行监督性监测，全部重点污染源污染物排放达标率 100%。

2022 年 5 月 20 日，梅州市生态环境局梅江分局在客都汇广场开展 2022 年国际生物多样性日科普活动

（市生态环境局梅江分局　供图）

【环境优化】　2022 年，市生态环境局梅江分局建立重点项目“绿色通道”审批，将报告书、报告表项目审批时限压缩至法定时限一半以下，受理公示和审批前公示同时挂网公示。审批科捷、鸿泰、鸿宇、盈华项目均实行拿地即完成项目审批、拿地即开工“高速”审批模式。全年共受理审批建设项目 38 个，登记备案 84 个。对 65 家排污单位发放排污许可证，核发技术利用单位核发辐射安全许可证 22 家，危险废物经营单位核发危险废物经营许可证 1 家，完成全年排污许可证质量、执行报告审核“双百”任务。全年梅江区共取得上级专项资金 1.57 亿元，主要用于污染天气应急应对、园区废水处理设施提标改造、农村生活污水治理、生态保护与修复等项目。

【环保宣传】　2022 年，市生态环境局梅江分局争创“绿水青山就是金山银山”实践创新基地，力争 2023 年完成申报工作，并在区政府网站重点领域栏目设置环境保护专栏，及时公开环境保护相关信息，严格要求重点排污单位做好信息公开，保障社会各界对环境质量的监督权、参与权和知情权。组织策划纪念“5·22”国际生物多样性日和“6·5”世界环境日等主题宣传活动，开辟农村生态环境宣教阵地。开展生态环境志愿服务，组建生态环境志愿服务队，向社会公众宣传环保基本国策、法律法规和科学知识，进一步增强生态文明意识。

（骆文婷）

交　　通

交通运输

【概况】　2022年，梅江区交通运输局（以下简称区交通局）内设办公室、人事股、财务股、运输管理和安全技术股、行政审批股、规划基建和交通战备股、工程质量管理股、路政管理股、地方铁路监督管理股共9个行政职能股室，下属梅江区交通运输服务中心为副科级事业单位；在岗在职干部职工42人，其中局机关30人、区交通运输服务中心12人。全年共完成交通基础设施建设投资约1.71亿元，实施建设和改造项目10个，完成建设和改造里程30千米；完成客运量29万人，旅客周转量13697万人千米，完成货物周转量285247万吨千米，公路通车里程1001.90千米。

【重点项目建设】　2022年，总投资金额2.48亿元，总里程2.24千米的罗乐大桥至S333连接线重点工程全面通过验收，9月14日，移交东升工业园区管委会管理养护，实现全线段通车，有效促进广东梅州经济开发区与芹洋半岛产城联动，推进梅州城市扩容提质，服务实体经济建设高速发展。

2022年，梅江区西阳镇县道950线“美丽公路”提升改造工程

（区交通局　供图）

【“四好农村路”建设】　2022年，区交通局以“四好农村路”（建好、管好、护好、运营好农村路）高质量发展为主线，继续推进农村公路建设向基层腹地延伸，完成农村公路道路提升改造工程30千米。扎实推进农村公路安全生命防护建设，重点抓好陡坡、急弯、临崖临河路段等的隐患排查和安全生命防护设施安装，全年完成农村公路安全生命防护工程项目4项、建设里程50千米，以及完成埕石桥、集福桥、嶂下桥、钟屋桥、高南桥5座危桥的加固改建。全年统筹投入交通基础设施固定资产投资8102万元，出行环境安全系数进一步提升，民生福祉进一步改善，推动乡村振兴战略纵深发展，打造更多百姓出行“安全路”“舒心路”“放心路”。

【轨道交通工程】　2022年，区交通局配合市交通局积极推进新建瑞金至梅州铁路（梅江区段）项目前期工作，有序开展项目踏勘、初步设计、征地拆迁协议签订、建设用地用林组卷报批、征地拆迁等工作，完成投资9008万元，实现年度项目开工目标。着力推进铁路沿线安全环境整治，全年完成15处铁路沿线安全隐患整治销号，保障轨道交通行稳致远。

2022 年 9 月 30 日，新建瑞金至梅州铁路（广东段）开工建设动员会召开

（区交通局　供图）

【交通行业管理】　2022 年，区交通局以“创建文明城市”为抓手，全面抓实抓细客货运市场、维修市场、驾培市场的综合治理，规范引导互联网租赁自行车有序落地。全年新增许可普通货运企业 13 家、个体户 351 家，新增危货车辆 108 辆、普货车辆 404 辆、客运车辆 2 辆、网约车 378 辆。着力构建交通行业安全生产稳健发展长效监管机制，运输市场发展稳步向好。

（陈嘉豪）

公路事务

【概况】　梅江公路事务中心为正科级公益一类事业单位，内设办公室、人力资源股、工程管理股、养护管理股、路政服务股、计划财务股、应急管理股等 7 个股室和江南班、城北班、梅子坝班、白宫班等 4 个养护道班；梅江公路事务中心核定事业单位编制 37 名，核定领导职数一正四副。公路事务中心主要负责梅江区范围内省养公路养护、工程管理和路政管理，按照公路应急抢险工作安排承担相关工作任务，管养公路总里程 74.63 千米。

【公路养护】　2022 年，梅江公路事务中心以提升路况水平为导向，加大养护实施力度，充分发挥精细化、精准化、机械化等综合优势养护能力，全面提升公路养护效能，努力打造“畅、安、舒、美、绿”的公路通行环境。2022 年，梅江公路事务中心管养国道优良路率 99.72%，省道优良路率 100%；国道技术状况指标为 91.80，省道技术状况指标为 94。

【工程管理】　2022 年，梅江公路事务中心坚持新发展理念，通过精准实施养护工程建设，路网结构进一步得到完善，路况水平稳步提升。全年投入工程资金 4300 万元，其中投入 4200 万元建设国道 206 线育豪至城北段路面改造工程，完成原混凝土路面病害处置、5.7 千米路面扩宽、全线段新铺沥

2022 年，梅江公路事务中心养护的 G206 线长沙路段方便快捷

（梅江公路事务中心　供图）

青路面，提升通往梅州城区北大门公路的形象和安全；投入100万元进行智慧公路建设，各条路线的关键路段有直观、适时的状况反馈，公路巡查、桥梁隧道观测、路产维护更加方便快捷。

【路政管理】 2022年，梅江公路事务中心加大公路日常巡查力度，及时发现、制止各类涉路违法行为，切实保护路产路权。全年累计清理路障21处，整治违法种植作物532平方米，查处污染公路路面车辆13辆次，现场及时制止违法行为为14宗，完成10宗路损案件立案结案，收回路产赔偿费金额18.78万元。同时，完成市交通运输局委托10宗路政许可审批现场勘验工作。加强部门联动，针对公路散漏比较严重的情况，联合梅江区三车联合执法队到工业园区、各施工场所走访，进行路政宣传，争取属地交警部门支持，并通过《梅州日报》、民生820进行多次现场采访和报道。利用路政宣传月活动，深入公路沿线，加强政策宣传引导，发放“守护公路安全”倡议书200份，增强爱路护路意识，营造良好氛围。加强与养护道班的联系，及时有效协助处理散漏、绿化带种植农作物等现象，营造干净、整洁、卫生的公路环境。

（李春梅）

2022年，梅江公路事务中心养护的S223线路段干净、整洁、卫生

（梅江公路事务中心 供图）

教育 · 文旅体育

教 育

【概况】 2022年，梅江区共有各级各类学校144所,其中幼儿园95所（公办14所）、完全小学28所（公办25所）、教学点3个、初级中学3所、九年一贯制学校7所（公办5所）、完全中学4所、职业高中3所（公办1所）、特殊教育学校1所。在校学生7.86万人（含民办学校学生1.85万人），其中职业学校学生2246人、高中学生6650人、初中学生1.23万人、小学生3.92万人、在园幼儿1.82万人、特殊教育学校学生153人。公办中小学教师3323人、公办性质幼儿园教师67人、特殊教育学校教师22人。

2022年，梅江区教育局内设机构有秘书股、计财股、人事股、综合股、教育股、体育卫生和艺术教育股、德育和安全管理股、招生办、督导室、校外教育培训监管股及教师和学生服务中心、教育和信息装备中心共10个股室和2个中心，至年末，全局在职干部职工37人，其中机关公务员19人、机关工勤人员2人、事业编制14人（干部11人、工人3人）、临聘人员2人。

【教育经费】 2022年，梅江区投入教育经费11.5亿元。其中投入3.54亿元用于学校重点工程建设项目：会文学校完成扩建，9月1日如期开学，新增学位1440个；金山小学迁建工程顺利推进，完成主体工程；梅州中学振兴工程（一期）建设项目，完成可行性研究报告编制、评审及项目立项、勘察及设计招标工作；嘉应学院附属学校,完成勘察设计招投标、签订合同及编制勘察报告；东升学校，完成教育用地调查规划工作。全年新建或改建教学楼、体育馆、运动场等10个，新购计算机628台、电子白板或多媒体电教平台556台（套）、图书14.79万册、学生桌木、凳4627套。

【教育资助】 2022年，梅江区共落实各类教育资助金1100万元，受益学生9732人次。其中学前教育资助180万元,义务教育家庭经济困难学生生活费、普通高中免学费、职业高中免学费、国家助学金、建档立卡户学生生活费等五项补助共620万元。各学校发动捐款180.36万元，资助家庭贫困和

2022年，梅江区会文学校新建校门楼 （区教育局 供图）

品学兼优受助学生3228人次。联合团区委、关工委、妇联等单位开展扶困助学活动6场次，筹集价值7.8万元的学习用品，资助学生673人次。

【安全管理】 2022年，梅江区制定印发《关于开展2022年全区教育系统“安全生产月”和“安全生产梅江行”活动的通知》《梅江区预防学生溺水专项治理工作方案》。区教育局把安全职责落实到岗到人，全区各学校与学生家长签订安全责任书6万份，开展防溺水知识讲座25场次，主题班会300场次，发出安全提醒短信36万余条；在各学校、城区人员密集地张贴防溺水宣传画78张，悬挂防溺水安全标语825条。开展国防和政治安全教育活动，高一新生2300名参加1周的军训，组织初中学生5354名参加少年军校活动。2022年，联合各镇（街道）、各部门对辖区内水域及隐患进行全面摸底排查，排除涉水领域安全隐患65处，易溺水隐患点12处，完善警示标志和防护设施102处。组织56人次对全区各学校（幼儿园）开展燃气、消防、校车、食品等安全摸底排查，消除安全隐患9处。

【师资建设】 2022年，区教育局公开招聘教师98名，引进稀缺人才3名，招聘临聘教师99名。制订印发《梅州市梅江区名教师、名班主任、名校（园）长工作室建设与管理实施方案》，建设区级名教师、名班主任、名校（园）长工作室12个，其中名教师工作室8个、名班主任工作室2个、名校（园）长工作室2个。全年完成13名小学副校长轮岗交流，完成第二轮中小学教师“区管校聘”工作，选派24名教师到农村或薄弱学校支教，派出15名教师到广州市增城区跟岗学习，组织幼儿园教师全员职务培训2677人，中学教师全员职务培训1561人，新任班主任能力培训57人，师德师风建设网络培训3963人。

【教育教学】 2022年，梅江区教育教学质量稳步提升，中考入围东山中学普通分数线373人，入围东山中学指标分数线1639人，入围率26.3%；高考本科入围人数1079人，比上年增加90人，其中体艺类考生入围本科分数线330人。2022年梅江区师生参加各类竞赛，获省级以上奖励613项，市级奖励826项，向省队或省级以上俱乐部输送优秀体育人才3名。全年区委、区政府拨出273.2万元专项奖励金，表彰奖励教育教学取得显著成绩的单位和个人。

【教育大会】 2022年9月8日，梅江区举行庆祝2022年教师节表彰大会。区长钟秀堂出席活动并讲话，区领导王增文、罗裕权、陈启泰参加活动。会上，宣读《关于表彰 2021—2022学年度梅江区教育教学工作成绩突出的单位和个人的决定》，3位教学工作先进代表、校长代表依次作交流发言。钟秀堂指出，教育是对中华民族伟大复兴具有决定性意义的事业，全区上下要牢固树立“抓教育就是抓经济，就是抓发展，就是抓基础，就是抓民生，就是抓

2022 年 9 月 8 日，梅江区庆祝 2022 年教师节表彰大会召开

（区教育局　供图）

未来”的理念，把教育事业摆到优先发展的战略地位，做到经济社会发展规划优先安排教育发展，财政资金优先保障教育投入，公共资源优先满足教育需要，全力推动梅江教育事业高质量发展。要坚持德育为先，全面深化教育综合改革，构建与梅江经济社会发展相适应的“大教育”格局；要充分把握“双减”、中考命题和招生改革等政策机遇，全力抓好提质量、强特色、育新人等工作，全面提升教育质量；要加强师德师风建设，引导广大教师坚守崇高的理想信念，营造比学赶超的干事创业氛围，切实办好人民满意的教育。

【完全中学】 梅州中学 梅江区梅州中学创办于1904年，清末著名外交家、诗人黄遵宪是创办人之一。办学110多年来，培养有开国元勋叶剑英元帅，有黄琪翔、谢晋元等40多位将军，有李国豪、江欢成、张楚汉、廖万清等8位中国科学院、工程院院士，有林风眠、李金发、林文静等600多位教授级专家学者以及曾宪梓、黎次珊等著名企业家。学校以“梅花”为标志，“诚”为校训，提出立足新时代办学理念——“出彩教育成就出彩人生”，以“笃诚、奋发、求是、创新”为校风。梅州中学是首批“广东省一级学校”，2006年率先在梅州市通过国家级示范高中初期督导验收，并于2007年确认为广东省首批“国家级示范高中”和广东省“高中教学水平评估优秀学校”。2022年，梅州中学有83个教学班，学生3612人，教职工293人，校园占地面积15.04万平方米。4月，经梅江区人民政府批准，罗庆松任梅州市梅江区梅州中学校长。

2022 年，梅州中学党团活动室 （梅州中学 供图）

联合中学 梅江区联合中学创办于1952年，历史文化沉淀深厚，培养出院士梁春广，恐龙专家张奕衡、胰岛素专家朱尚权、韶关学院院长刘荣万等一批学术界人才，张榛盛将军、梁清章、陈腾华等军界和政界翘楚，邹锡昌等商业巨子，邓锡权、杨霏荪、张瑞镇、张晶莹等体育健儿，早期有吴永章、曾碧玉、张孟业、黄发荣等学子考入清华、北大等学府。学校以“自强、笃诚”为德育核心，确立“为学生的明天着想，为学生的未来铺垫”的办学理念，明确“质量立校、特色兴校、创新强校”的办学思路，构建“诵读、体艺、品德”校园特色文化。学校“以兴趣引领学生成长，以目标引领学生成才”的教育，形成“和谐、务实、拼搏、创新”的校风，“勤谨、爱生、博学、立德”的教风，“勤学、善思、求真、致用”的学风。校园占地面积5.58万平方米，校舍面积2.19万平方米。2022年，联合中学有教职员工168人，有44个教学班，学生2148人；高考入围本科线80人，中考有26人考上重点中学。7月，经梅江区人民政府批准，李连东任梅州市梅江区联合中学校长。

乐育中学 梅江区乐育中学是梅州市创办最早的中学之一。清光绪二十八年（1902）邑人黄墨村、吴登初与德、瑞、法基督教巴色差会传教士马谟鼎、凌高超合作，在梅城北门岗文祠创办务本中西学堂，后迁城西黄塘新校更名为乐育方言学校，旋又改为乐育中学。历经120年风雨沧桑，为社会各界培养出大批优秀人才，学部委员、院士有张如心、梁伯强、钟世镇、江欢成、刘迪华5位，留学博士有陈安良、罗潜、曾志民等48位，学校素有“博士、名医摇篮”的美誉。学校秉承“乐善崇真、育德务本”的校训精神，形成“以人为本，发展个性特长，培养创新精神”的办学特色，历练出“勤、严、细、实、创”的良好校风。学校占地面积4.15万平方米，建筑面积2.45万平方米。2022年，乐育中学有教职工174人，其中高级、中级职称的专业教师146人；教学班43个，其中初中部18个、高中部25个；全校共有学生2203人。2022年高三年级328人参加高考，74人考上本科线，本科上线率22.56％，其中传媒、书法、音乐、美术、体育类学生共有56人考上本科线。初三年级249人参加中考，考上东山中学普通生线1人、补录线3人、指标生线4人，考上梅州中学普通上线11人、指标生线29人。

嘉应中学　梅江区嘉应中学创办于1985年，2001年升格为完全中学，2005年6月，通过梅州市完全中学一级学校评估。校园占地面积3.03万平方米，校舍面积2.28万平方米，学校建有藏书17万册的图书馆、现代化多功能综合楼、实验楼、体育馆、塑胶篮球场和标准足球场及球类运动区等教学设施，拥有学生公寓楼、食堂，可供大型文艺会演的多功能大礼堂，及集教研休闲于一体的教师驿站、书吧等，充分满足师生开展各类教育教学活动的场所。2022年8月，完成运动场和大礼堂改造，10月建成心理辅导宣泄室1间。2022年，嘉应中学有71个教学班，学生3753人，教职工290人。高考本科上线人数237人，比上年增加29人。其中普通类90人、体艺类147人；本科上线率74.24%，总分500分以上37人。有5名学生中考总分进入梅江区前10名，总分上东山中学入围线考生121人，总分上梅州中学入围线考生263人。

2022 年 8 月，嘉应中学改造后的学校大礼堂　　（嘉应中学　供图）

【城西职业技术学校】　梅州城西职业技术学校（原城西职中）创建于1956年，1980年转制为公办全日制职业高级中学，1996年被国家教委评为首批国家级重点中等职业学校，2007年更名为梅州城西职业技术学校。学校校园面积7.41万平方米，建筑面积3.63万平方米，固定资产总值5975万元。2022年，城西职业技术学校有全日制在校学生1251人，教职工92人，学校开设电梯安装与维修保养、计算机应用、幼儿保育、

2022 年，梅州城西职业技术学校新校门　　（城西职中　供图）

汽车运用与维修、电子商务和会计事务等6个专业。2022年，有60名高三级学生参加全国普通高考（3+证书）考试，12人入围本科线，100%考上大专线。2022年，学校选派优秀学生参加省、市中职学校技能大赛，获省级一等奖1项、三等奖5项，获市级一等奖5项、二等奖8项、三等奖12项。

【梅江开放大学】 梅州梅江开放大学（原梅江区广播电视大学）隶属梅江区教育局管理的公益一类正科级事业单位，下设办公室、教务室（招生和学习中心）、社区和老年教育室等3个科室。梅江开放大学于2021年9月29日，正式挂牌梅江区社区学院、广东老年大学梅江学院，设立三角、嘉应、西郊、白围、墟镇5个教学点，建成以梅江开放大学为总校、镇（街道）分校、村（社区）设教学点的社区（老年）教育三级网络，推动社区教育、老年教育向街道、社区延伸。2022年，梅州梅江开放大学招生828人。先后累计培养本专科毕业生299人、非学历教育培训1182人。

（凌海明）

文　化

【概况】 2022年，梅江区文化广电旅游体育局（以下简称区文广旅体局）坚持以习近平新时代中国特色社会主义思想为指导，乘着苏区振兴的强劲东风，以建设区域性文化旅游中心为目标，发挥梅江文化资源优势，整合资源，突出特色，繁荣群众文艺创作，建立非物质文化遗产研究与保护机构，创建广东省全域旅游示范区，努力打造生态发展及生态文旅产业高地、世界客都文化旅游特色区，扎实推进全民健身运动，发展竞技体育，在文化惠民、旅游富民、体育健民方面彰显梅江特色。

【文化阵地】 2022年，梅江区形成以区文化馆、图书馆和镇（街道）综合文化站及村（社区）综合文化服务中心为主的三级公共文化服务体系，其中图书馆为一级馆、文化馆为二级馆、7个镇（街道）综合文化站均达二级站以上标准。全区81个行政村、42个社区（不含新成立的3个社区）实现综合性文化服务中心全覆盖。全区公共文化场所总面积8.96万平方米，大小文体活动广场共80多处。各镇（街道）文化站设置的功能室有党员教育培训室、道德讲堂、综合文化活动室、阅览室、乐器室、棋牌室、书画室及阅报室等，每周对群众免费开放不少于42小时，为当地群众提供桌球、乒乓球、唱歌、跳舞、阅览等有益于身心健康的活动，充分发挥综合性文化服务中心文化阵地作用，丰富和活跃人民群众精神文化生活。建设客天下云卷云书“粤书吧”，年末，全区共有4个“粤书吧”。建成西阳镇笙竹村基层综合性文化服务中心和旅游咨询中心示范点，年末，全区共有3个“两中心融合”试点。

【文艺创作】 2022年6月，由广东省文化和旅游厅举办的全省群众文艺作品评选，梅江区文化馆选送的歌曲《等你归来》获音乐类一等奖，客家民谣《快乐客家》获音乐类二等奖。8月，由梅州市文化广电旅游局举办的全市群众文艺作品评选，区文广旅体局上送作品获一等奖2件、二等奖6件、三等奖3件，梅江区获组织奖第一名。5—11月，梅江区文化馆制作广场舞系列慕课5场、古筝系列慕课1场。6场慕课视频，5300余人次观看。

2022年，梅江区文化馆组织发动群众文艺创作者和艺术团骨干，围绕防疫主题开展文艺作品创作。11月25日，制作原创五句板弹唱《梅江防疫有八条》MV。11月27日，制作原创抗疫歌曲《梅江防疫急先锋》。

【文艺展演】 2022年，区文广旅体局围绕“喜迎二十大”“我们的节日”“非遗进万家”“强国复兴有我”等主题，举办梅江区“文化和自然遗产日”非遗宣传展示活动暨非遗进万家文艺展演、梅江区非遗进万家暨梅江区戏曲非遗进乡村文化惠民展演走进龙丰村、“礼

2022 年，“礼赞新时代 奋进新征程”喜迎党的二十大 2022 年梅州市梅江区戏曲非遗进乡村文化惠民展演剧照 （区文广旅体局 供图）

赞新时代 奋进新征程”喜迎中共二十大梅江区戏曲非遗进校园展演等主题突出、特色鲜明的专题文艺演出活动 10 多场次。

【艺术培训】 2022 年，梅江区文化馆针对未成年人开办外来务工人员子女舞蹈免费培训班和客家剪纸、对山歌、梅江五句板、美术、硬笔书法、古筝、吉他等公益培训 23 班次，培训未成年人近 2700 人次。7—8 月，举办“青春之声 · 点亮梦想”第一期暑期小小讲解员公益培训。

【文展活动】 2022 年 1 月，梅江区博物馆举行文物捐赠仪式。青春照相馆梁才昌捐赠老梅城记忆老照片 372 张，广东汉剧院原副书记、国家二级编剧张沛芳捐赠百年红色记忆等珍贵图文资料。5 月 18 日，由梅江区文化广电旅游体育局主办、梅江区博物馆承办、青春照相馆协办的“老城印象•触摸梅江旧时光”户外照片巡回展览在金山街道、江南街道、西郊街道、三角镇、西阳镇、长沙镇、城北镇等地巡回展出。展览时间 1 个月，展出照片 100 余张，通过一张张富有时代感的老照片，触摸往昔，与老梅城进行超越时空的精神对话，传承客家文化和红色基因，唤醒人们对千年古邑韵味无穷的城市记忆。

2022 年 1 月，梅州市梅江区博物馆举行文物捐赠仪式 （区文广旅体局 供图）

【演讲比赛】 2022 年 7 月，梅江区举办“喜迎二十大 红色梅江我来讲”革命故事演讲比赛。由梅江区委组织部、区委宣传部、区委党史研究室指导，共青团梅江区委员会、区文化广电旅游体育局、区教育局主办，区博物馆、区青少年文化宫、抗战时期华南教育历史（梅州）展陈馆、中山大学与梅州展陈馆、熊锐生平事迹展陈馆联合承办，旨通过讲好党的故事、革命的故事、英雄的故事，充分发挥革命文物、革命人物、革命故事在党史学习教育、革命传统教育、爱国主义教育等方面的重要作用。

【文化市场整治】 2022 年，区文广旅体局按照上级安全生产工作决策部署，建立机制，科学研究，部署安全生产工作，强化日常监管，与全区 156 家文旅体育经营单位签订安全生产责任书，安全生产宣传进景区、进企业实现全覆盖。深入开展“安全生产月”“安全生产万里行”“龙舟水”安全检查、“岁末年初安全”等专项行动，全年消除各项安全隐患30多处（个），出动检查人员8000多人次。同时，开展文旅体行业疫情防控宣传检查10多次。

2022年1月，梅江区升级改造后的智慧图书馆

（区文广旅体局 供图）

【公共图书馆】 2022年底，梅江区图书馆普通文献馆藏22.88万册，电子文献馆藏12万册，馆藏总量34.88万册。为满足不同类型读者的阅读需求，梅江区图书馆全年免费对外开放。2022年梅江区图书馆总流通24.54万人次（含分馆及服务点），结合重要时间节点，在“我们的节日”、“4·23”世界读书日等开展形式多样的主题活动，举办各类型线上线下活动75场次，吸引5.4万余人参加。创新开展阅读推广活动，如“梅江童谣线上诵读班”、“梅江悦读会”读者阅读沙龙、“行走粤读”线上挑战赛等，线上线下共同推进书香梅江建设。1月，梅江区图书馆升级改造完成，正式对外开放，升级改造后的智慧图书馆实现自助借还和人脸识别等智能运用场景，馆内环境和服务得到提升，为市民提供一个集阅读、交流及学习功能于一体的新型阅读空间。2月，梅江区图书馆完成梅州市公共图书馆“中心馆——总分馆”系统融合，实现与全市公共图书馆通借通还，并启用读者积分系统，增加读者借阅册数及借阅时长。2022年，梅江区图书馆吴佩玲被梅州市剑英图书馆、梅州市图书馆学会授予“梅州市最美少儿阅读推广馆员”称号，梅江区图书馆青少年读者陈文熠被授予“梅州市少儿阅读之星（青少年组）称号”。梅江区图书馆被广东省立中山图书馆、广东图书馆学会评为2022年“行走粤读”线上阅读挑战赛优秀组织奖。梅江区图书馆与梅州客天下国际大酒店有限公司共建的客天下云卷云书粤书吧正式对外开放，成为梅江区图书馆辖区内共建的第4个“粤书吧”。

2022年7月23日，刘复之故居被广东省人民政府公布为第十批广东省文物保护单位

（廖志添 摄）

【文物保护】 2022年，梅江区新增省级文物保护单位2处、市级3处，全区共有各级文物保护单位40处。其中，国家级1处，省级12处，市级20处，县级7处。年末，梅江区有一般不可移动文物85处。7月23

日，刘复之故居及国立中山大学梅县办学旧址被广东省人民政府公布为第十批广东省文物保护单位。

刘复之故居，又名七贤居，原名肃贻庐，坐落于梅州市梅江区三角镇上坪村1组。刘复之故居于民国9年（1920）建成大部分，民国32年（1943）续建附杠，1981年重修，刘氏后人题名“七贤居”，意指屋主刘琳球喜得七位贤子。1986年新建楼房，将附杠配置端方，名曰“七贤居后补缺阁”。该居坐东北向西南，由禾坪、堂屋、横屋、化胎、枕屋等组成，二层走马楼布局，硬山顶，灰瓦面，三合土夯墙，为三堂二横一附杠一后枕方形围屋。为政法战线杰出领导人刘复之故居。2022年7月23日，公布为广东省文物保护单位。

国立中山大学梅县办学旧址，又名大觉寺，原名“祝圣大觉寺”，始建于南北朝梁普通三年（522），梅州地区创建最早的寺庙。坐北向南。元至正十三年（1353）毁于兵火；明洪武二十七年（1394）僧会法庆募款重建殿宇；永乐十四年（1416），僧光庆再募款续建；清康熙九年（1670），程乡知县王仕云捐俸银倡议重建，僧性从法师募款建造祝圣殿和三宝殿；光绪三十年（1904），寺庙改为学校，僧人仍在寺，校寺并存；中华人民共和国成立后，设城西学校（今梅州师范附属小学）于寺内，再无僧人居住。该寺历史悠久，现存中、后殿，用廊相连，整体布局前低后高，宽敞大气，风格古朴，对研究梅州宗教建筑具有重要意义。2022年7月23日，公布为广东省文物保护单位。

【非物质文化遗产传承】 2022年，梅江区做好非物质文化遗产传承保护。5月，中式服装制作技艺（客家服饰制作技艺）、香花祭仪入选广东省第八批省级非物质文化遗产代表性项目名录。12月，植物土法染布、客家剪纸、客家煎炸小食、客家捶丸制作技艺入选梅州市第十批市级非物质文化遗产代表性项目名录。客家剪纸代表性传承人谢秀珠入选2022年广东省“非遗少年学”优秀传承人，传承人杨正、释宝华（池宏庆）、释明平（刘秀平）、释道雅（刘考英）4人入选第八批市级非遗代表性传承人。开设梅江区五句板、客家剪纸等非遗项目未成年人培训班，全年举办“文化和自然遗产日”宣传展示活动、“享传统文化 购非遗好物”梅江区非遗购物节活动等非遗主题活动10余场次。

2022年6月11日，梅江区2022年“文化和自然遗产日”非遗宣传展示活动暨非遗进万家文艺展演举行

（区文广旅体局　供图）

梅江区各级文物保护单位一览表

表 12

序号	文物保护单位名称	公布日期（批次）	级别	详细地点	年代	类别
1	人境庐和荣禄第	2013 年 3 月 全国第七批	国家级	梅江区金山街道小溪唇居委客家公园内	清光绪七年（1881） 清光绪十年（1884）	近现代重要史迹及代表性建筑
2	恩元第	2002 年 广东省第四批	省级	梅江区金山街道小溪唇居委客家公园内	清代	古建筑
3	东山书院	2008 年 广东省第五批	省级	梅江区金山街道龙丰村东山岌下	清乾隆十一年（1746）	古建筑
4	千佛铁塔	1989 年 广东省第三批	省级	梅江区金山街道东山龙丰村东岩莲花山	五代南汉大宝八年（965）	古建筑
5	福禄岌民居群（镇东楼 竹林居 崇本楼 州司马第 本立居 季立居）	2010 年 5 月 广东省第六批	省级	梅江区三角镇泮坑村福禄岌	清代至民国	古建筑
6	林风眠故居	2012 年 广东省第七批	省级	梅江区西阳镇阁公岭村	清代（1900）	近现代重要史迹及代表性建筑
7	棣华居	2002 年 广东省第四批	省级	梅江区西阳镇新联村（仙花村）	民国 7 年（1918）	近现代重要史迹及代表性建筑
8	联芳楼	2002 年 广东省第四批	省级	梅江区西阳镇新联村（仙花村）	民国 20 年（1931）	近现代重要史迹及代表性建筑
9	东江纵队粤东游击队交通站旧址	2019 年 广东省第九批	省级	梅江区三角镇花门路	清（明末开基兴建）	古建筑

续表 12

序号	文物保护单位名称	公布日期（批次）	级 别	详细地点	年 代	类 别
10	联辉楼	2019 年 广东省第九批	省级	梅江区城北镇干光村洋坑 36 号	民国 14 年（1925）	近现代重要史迹及代表性建筑
11	新联大夫第	2019 年 广东省第九批	省级	梅江区西阳镇新联村	清代	古建筑
12	七贤居（刘复故居）	2022 年 7 月 广东省第十批	省级	梅江区三角镇上坪村 1 组	民国 9 年（1920）始建	近现代重要史迹及代表性建筑
13	国立中山大学梅县办学旧址	2022 年 7 月 广东省第十批	省级	梅江区西郊街道月影塘居委大觉寺 1 号梅师附小内	南北朝梁普通三年（522）	古建筑
14	曾　井	2000 年 8 月 梅州市第一批	市级	梅江区西郊街道马石居委城西大道	五代 南汉	古建筑
15	梅州学宫	2000 年 8 月 梅州市第一批	市级	梅江区金山街道凌西居委南门考院前	建于南宋淳祐元年（1241）	古建筑
16	状元桥	2000 年 8 月 梅州市第一批	市级	梅江区金山街道小溪唇居委东山书院前	清乾隆十一年（1746）	古建筑
17	梅江桥	2000 年 8 月 梅州市第一批	市级	梅江区江南街道梅南居委	民国 23 年（1934）	近现代重要史迹及代表性建筑
18	江南天主教堂建筑群旧址	2000 年 8 月 梅州市第一批	市级	梅江区江南街道梅南居委机关路 9 号	民国 27 年（1938）	近现代重要史迹及代表性建筑
19	凌风东西路骑楼式传统商业街建筑群	2000 年 8 月 梅州市第一批	市级	梅江区金山街道凌东凌西居委梅江桥至中山街段	民国 21 年（1932）	近现代重要史迹及代表性建筑

续表 12

序号	文物保护单位名称	公布日期（批次）	级 别	详细地点	年 代	类 别
20	侯安国墓	2014 年 1 月 梅州市第二批	市级	梅江区城北镇塔下村与三村村交界地曾坑尾狐狸径	清乾隆十年 （1745）	古墓葬
21	杨姓始祖墓定光古佛玉甲墓	2014 年 1 月 梅州市第二批	市级	梅江区金山街道东厢月联一村 123 号	北宋乾德二年 （964）	古墓葬
22	罗衣塔	2014 年 1 月 梅州市第二批	市级	梅江区长沙镇下罗村	建于清中期 民国 5 年 （1916 年）重修	古建筑
23	围坪朱屋	2015 年 2 月 梅州市第三批	市级	梅江区城北镇干光村西门桥围坪	清乾隆年间 （1736—1795）	古建筑
24	郁卿黄公祠 （黄任寰故居）	2015 年 2 月 梅州市第三批	市级	梅江区西阳镇甫田村黄屋阁 13 号	民国 15 年 （1926）年落成	近现代重要史迹及代表性建筑
25	碧芬精庐 （卢耕父故居）	2015 年 2 月 梅州市第三批	市级	梅江区西阳镇太平村澄岗岭	民国初期	近现代重要史迹及代表性建筑
26	南门考院前 黄氏祖祠	2016 年 6 月 梅州市第四批	市级	梅江区金山街道南门考院前 13 号	乾隆十二年 （1747）建， 乾隆十五年 （1750）建成	古建筑
27	马鞍山大叶屋	2016 年 6 月 梅州市第四批	市级	梅江区三角镇东升村围屋路 48 号	明万历年间 （1573—1620）	古建筑
28	叶大经公墓	2017 年 3 月 梅州市第五批	市级	梅江区城北镇黄明村燕子窝	元延祐元年 （1314）	古墓筑
29	三角村资政第	2017 年 3 月 梅州市第五批	市级	梅江区三角镇三角村 12 队	清光绪十六年 （1890）	古建筑
30	德赞楼	2017 年 12 月 梅州市第六批	市级	梅江区金山街道小溪唇居委	清代 （约 1810）	古建筑

续表 12

序号	文物保护单位名称	公布日期（批次）	级 别	详细地点	年 代	类 别
31	朱云卿故居	2021 年 梅州市第八批	市级	梅江区西郊街道长巷居委小河唇10 号	清嘉庆年间（1796—1820）	古建筑
32	小溪唇禄善堂	2021 年 梅州市第八批	市保	梅江区金山街道小溪唇居委小溪唇 19 号	清中前期（约 1755—1765）	古建筑
33	邓恩铭祖居	2021 年 梅州市第八批	市级	梅江区三角镇上坪村	明末清初	古建筑
34	大东岩摩崖石刻	1987 年 梅县市第二批	县级	梅江区金山街道东山龙丰村大东岩寺内	宋代	石窟寺及石刻
35	八角亭	1980 年 梅县市第一批	县级	梅江区金山街道凌西居委南门	清乾隆年间（1736—1795）建1983 年重建	近现代重要史迹及代表性建筑
36	洁养堂	2011 年 12 月 梅江区第二批	县级	梅江区三角镇三角村寮背岭官塘头下岭下路	清光绪年间（1875—1908）	近现代重要史迹及代表性建筑
37	留馀堂	2011 年 12 月 梅江区第二批	县级	梅江区金山街道东街嘉应大学亮湖楼后	清道光七年（1827）	古建筑
38	岗子上八角井	2011 年 12 月 梅江区第二批	县级	梅江区金山街道东郊村岗子上梅县高级中学后校门南面	明代至清代	古建筑
39	侯过故居	2019 年 梅江区第四批	县保	梅江区城北镇上村村二组洞坑 7号	清	古建筑
40	邓军凯故居	2019 年 梅江区第四批	县保	梅江区三角镇上坪村十二组步岗岌 61 号	清	古建筑

统计时间：2022 年 12 月

梅江区一般不可移动文物一览表

表 13

序号	名称	年代	类别	保护级别	地址	备注
1	中村大夫第	清光绪二十六年（1900）	古建筑	一般不可移动文物	梅江区城北镇中村	
2	西门桥驿道遗址	清代	古遗址	一般不可移动文物	梅江区城北镇干光村	
3	承裕楼	清光绪三十一年（1905）	古建筑	一般不可移动文物	梅江区城北镇干才村	
4	崇善堂	清光绪三十三年（1907）	古建筑	一般不可移动文物	梅江区城北镇玉水村	
5	龙上口驿道遗址	明代	古遗址	一般不可移动文物	梅江区城北镇玉水村	
6	竹园堂	清代	古建筑	一般不可移动文物	梅江区城北镇玉水村	
7	明阳寨杨家井	北宋皇祐年间（1049—1054）	古建筑	一般不可移动文物	梅江区城北镇明阳村	
8	全凤楼	民国初期	近现代重要史迹及代表性建筑	一般不可移动文物	梅江区城北镇干光村洋坑	
9	民生楼	民国 21 年（1932）	近现代重要史迹及代表性建筑	一般不可移动文物	梅江区城北镇干光村	
10	新庆楼	民国 23 年（1934）	近现代重要史迹及代表性建筑	一般不可移动文物	梅江区城北镇扎上村	
11	让贤楼	民国 24 年（1935）	近现代重要史迹及代表性建筑	一般不可移动文物	梅江区城北镇干才村	
12	深塘黄屋	清康熙初期	古建筑	一般不可移动文物	梅江区西郊街道长巷居委	

续表 13

序号	名 称	年 代	类 别	保护级别	地 址	备注
13	铸屋巷节孝牌坊	清乾隆七年（1742）	古建筑	一般不可移动文物	梅江区西郊街道程江居委	
14	伯公巷南炮楼	民国 21 年（1932）	近现代重要史迹及代表性建筑	一般不可移动文物	梅江区西郊街道程江居委	
15	西来庵炮楼	民国 21 年（1932）	近现代重要史迹及代表性建筑	一般不可移动文物	梅江区西郊街道西区村	
16	梁伯聪故居	民国	近现代重要史迹及代表性建筑	一般不可移动文物	梅江区西郊街道黄泥墩居委	
17	黄塘桥	清代	古建筑	一般不可移动文物	梅江区西郊街道黄塘村	
18	圣约瑟修道院旧址	民国 16 年（1927）	近现代重要史迹及代表性建筑	一般不可移动文物	梅江区西郊街道黄塘村	
19	乌廖沙庐江堂	清代	古建筑	一般不可移动文物	梅江区西郊街道西郊村	
20	乾坤一草庐	清康熙四十七年（1708）	古建筑	一般不可移动文物	梅江区西郊街道寨中村	
21	西区村西来庵	清顺治八年（1651）	古建筑	一般不可移动文物	梅江区西郊街道西区村	
22	普安楼	民国 10 年（1921）	近现代重要史迹及代表性建筑	一般不可移动文物	梅江区西郊街道寨中村	
23	十甲尾西河堂	清乾隆四十七年（1782）	古建筑	一般不可移动文物	梅江区西郊街道西郊村	
24	听泉草庐	清光绪年间（1875—1909）	古建筑	一般不可移动文物	梅江区西郊街道黄塘村	
25	谷诒堂	清光绪十六年（1890）	古建筑	一般不可移动文物	梅江区西郊街道马石居委	
26	伯公巷北炮楼	民国 21 年（1932）	近现代重要史迹及代表性建筑	一般不可移动文物	梅江区西郊街道程江居委	

续表 13

序号	名称	年代	类别	保护级别	地址	备注
27	梁伯强故居	民国	近现代重要史迹及代表性建筑	一般不可移动文物	梅江区西郊街道黄泥墩居委	
28	黄泥墩太平天国康王旧址	清道光二十四年（1844）	古建筑	一般不可移动文物	西郊街道办事处西区村短街口 88 号	
29	乐育中学教学楼	清光绪二十八年（1902）	古建筑	一般不可移动文物	梅江区西郊街道更楼居委	
30	栢荫堂	清光绪十二年（1886）	古建筑	一般不可移动文物	梅江区江南街道榕树塘居委	
31	绍先堂	清道光十年（1830）	古建筑	一般不可移动文物	梅江区江南街道白马居委	
32	彬荫堂	民国 13 年（1924）	近现代重要史迹及代表性建筑	一般不可移动文物	梅江区江南街道大圆居委	
33	白马巷德馨堂	清末	古建筑	一般不可移动文物	梅江区江南街道白马居委	
34	祥云禅寺	清代	古建筑	一般不可移动文物	梅江区金山街道金丰村	
35	竹林寺	清光绪六年（1880）	古建筑	一般不可移动文物	梅江区金山街道黄坑村	
36	高涧观音宫	清道光年间（1821—1850）	古建筑	一般不可移动文物	梅江区金山街道黄坑村	
37	盘龙桥	清代	古建筑	一般不可移动文物	梅江区金山街道龙丰村	
38	李载熙墓碑	清代	近现代重要史迹及代表性建筑	一般不可移动文物	梅江区金山街道龙丰村	
39	杨雪如故居	民国	近现代重要史迹及代表性建筑	一般不可移动文物	梅江区金山街道小溪唇居委	
40	饶公桥	清康熙六十一年（1722）	古建筑	一般不可移动文物	梅江区金山街道周溪村	

续表 13

序号	名 称	年 代	类 别	保护级别	地 址	备注
41	镇龟塔	清乾隆年间（1736—1795）	古建筑	一般不可移动文物	梅江区金山街道东厢村	
42	梅城城墙遗址	清代	古遗址	一般不可移动文物	梅江区金山街道金山居委	
43	凌西京兆堂	明末	古建筑	一般不可移动文物	梅江区金山街道凌西居委	
44	下市新世德堂	清嘉庆年间（1796—1820）	古建筑	一般不可移动文物	梅江区金山街道小溪唇居委	
45	椿荫堂	清光绪年间（1875—1908）	古建筑	一般不可移动文物	梅江区金山街道小溪唇居委	
46	肩一祖堂	明崇祯年间（1628—1644）	古建筑	一般不可移动文物	梅江区金山街道东郊村	
47	周溪老谢屋	清代	古建筑	一般不可移动文物	梅江区金山街道周溪村	
48	周溪古氏祖堂	清代	古建筑	一般不可移动文物	梅江区金山街道周溪村	
49	花萼居	清光绪二十三年（1897）	古建筑	一般不可移动文物	梅江区金山街道东街村	
50	水巷城隍庙	清代	古建筑	一般不可移动文物	梅江区金山街道水巷居委	
51	达夫楼	民国 24 年（1935）	近现代重要史迹及代表性建筑	一般不可移动文物	梅江区金山街道龙丰村	
52	南门商场旧址	民国 21 年（1932）	近现代重要史迹及代表性建筑	一般不可移动文物	梅江区金山街道凌西居委	
53	梅山亭	民国 12 年（1923）	近现代重要史迹及代表性建筑	一般不可移动文物	梅江区金山街道金山居委	
54	静福庵	清代	古建筑	一般不可移动文物	梅江区金山街道虹桥居委	
55	嘉应桥	始建于宋代	古建筑	一般不可移动文物	梅江区金山街道凌东居委	

续表 13

序号	名称	年代	类别	保护级别	地址	备注
56	崇庆堂	清光绪三十三年（1907）	古建筑	一般不可移动文物	梅江区金山街道龙丰村	
57	城内官井	清代	古建筑	一般不可移动文物	梅江区金山街道金山居委	
58	云祖李公祠	明代中期	古建筑	一般不可移动文物	梅江区长沙镇小密村	
59	长沙革命烈士纪念碑	1951 年	近现代重要史迹及代表性建筑	一般不可移动文物	梅江区长沙镇长沙村	
60	火混棚梅南区游击队活动旧址	民国 37 年	近现代重要史迹及代表性建筑	一般不可移动文物	梅江区长沙镇大密村	
61	文彜公祠	清末	古建筑	一般不可移动文物	梅江区长沙镇长沙村	
62	何源美夫妇合葬墓	明洪武二十八年（1395）	古墓葬	一般不可移动文物	梅江区长沙镇下罗村	
63	笃诒庐	民国 24 年（1935）	近现代重要史迹及代表性建筑	一般不可移动文物	梅江区三角镇龙上村	
64	塔下叶屋	清乾隆年间（1736—1795）	古建筑	一般不可移动文物	梅江区三角镇宫前村	
65	树南庐	民国 8 年（1919）	近现代重要史迹及代表性建筑	一般不可移动文物	梅江区三角镇上坪村	
66	桂芳楼	清末	古建筑	一般不可移动文物	梅江区三角镇龙上村	
67	瑜庐	清嘉庆年间（1796—1820）	古建筑	一般不可移动文物	梅江区三角镇湾下村	
68	梁氏义孚堂	明嘉靖四十四年（1565）	古建筑	一般不可移动文物	梅江区三角镇龙上村	
69	泮坑公王庙	明代	古建筑	一般不可移动文物	梅江区三角镇泮坑村	
70	公王岌摩崖石刻	清代	石窟寺及石刻	一般不可移动文物	梅江区三角镇泮坑村	

续表 13

序号	名 称	年 代	类 别	保护级别	地 址	备注
71	乐善公祠	清代	古建筑	一般不可移动文物	梅江区三角镇三乡村	
72	大路背叶屋	民国元年（1912）	近现代重要史迹及代表性建筑	一般不可移动文物	梅江区三角镇上坪村	
73	约亭顶刘叶祖祠	清康熙年间（1662—1722）	古建筑	一般不可移动文物	梅江区三角镇上坪村	
74	试植农圃	民国 16 年（1927）	近现代重要史迹及代表性建筑	一般不可移动文物	梅江区三角镇东升村	
75	继善堂	清同治十二年（1873）	古建筑	一般不可移动文物	梅江区三角镇三角村	
76	泮坑村熊氏楼	1957 年	近现代重要史迹及代表性建筑	一般不可移动文物	梅江区三角镇泮坑村	
77	养吾学校	民国 13 年（1924）	近现代重要史迹及代表性建筑	一般不可移动文物	梅江区西阳镇申渡村	
78	西阳圩镇文祠	清光绪十八年（1892）	古建筑	一般不可移动文物	梅江区西阳镇墟镇居委	
79	喜庐	民国 15 年（1926）	近现代重要史迹及代表性建筑	一般不可移动文物	梅江区西阳镇阁公岭村	
80	缵成楼	清光绪二十一年（1895）	古建筑	一般不可移动文物	梅江区西阳镇龙岗村	
81	棣华楼	民国 12 年（1923）	近现代重要史迹及代表性建筑	一般不可移动文物	梅江区西阳镇龙岗村	
82	田心大屋	明末清初	古建筑	一般不可移动文物	梅江区西阳镇四平村	
83	余庆堂	民国 22 年（1933）	近现代重要史迹及代表性建筑	一般不可移动文物	梅江区西阳镇四平村	

续表 13

序号	名 称	年 代	类 别	保护级别	地 址	备注
84	顺芳楼	清末	古建筑	一般不可移动文物	梅江区西阳镇鲤溪村	
85	贡元伍屋	清光绪三年（1877）	古建筑	一般不可移动文物	梅江区西阳镇鲤溪村	
统计时间：2022 年 12 月						

（黄 婷）

文 联

【概况】 2022 年，梅江区文学艺术界联合会（以下简称区文联）坚持以习近平新时代中国特色社会主义思想为指导，深入贯彻习近平总书记在中国文联十一大、中国作协十大开幕式上的重要讲话精神，团结引领全区广大文艺工作者，深入生活，扎根人民，服务大局，守正创新，锐意进取，积极推动梅江区文艺事业繁荣发展，展示梅江文艺新形象。

【协会主题活动】 2022 年，区文联在中共二十大召开前夕，组织作协、书协、民协举办多场不同形式的文艺活动，为中共二十大召开营造浓厚氛围，激发梅江区广大干部职工爱党、爱国、爱家乡的热情。

2022 年 1 月 2 日，由区文明办、区文联指导，区民间文艺家协会主办的新时代文明实践活动、“我们的中国梦”文化进万家、“庆祝元旦，喜迎新春”暨 2021 年“年终团拜会”文艺活动，在金山街道凌西社区举行。参加活动的有区民协会员、社区居民共 50 多人。

2022 年 6 月 28 日，区书法家协会开展“喜迎党的二十大——挥毫泼墨写新篇”为主题的苏区梅江书法作品展征稿活动，共收到作品 68 件，经评委专家评选出优秀作品 10 件，入展作品 25 件，入选作品 7 件。并举办“喜迎党的二十大——挥毫泼墨写新篇”苏区梅江书画作品展，将征稿入选作品 42 件和特邀作品 8 件一并展出，为迎接中共二十大胜利召开营造喜庆祥和的氛围，为推进苏区梅江全力建设高质量发展示范区提供文化力量。

2022 年 7 月 13 日，区民间文艺家协会在三角镇墟镇社区举行 2022 年梅州市梅江区新时代文明实践活动进社区——“礼赞新时代 奋进新征程”喜迎党的二十大文艺

2022 年 7 月 13 日，梅江民间文艺家协会到三角镇墟镇社区举行“礼赞新时代　奋进新征程”喜迎党的二十大文艺展演　（区文联　供图）

展演活动，广大文艺家用充沛的激情、优美的舞姿诠释对党的忠诚，讴歌中共十八大以后梅江区所发生的巨大变化，用生动鲜活的题材讲述梅江故事，展现文艺工作者热爱生活、积极向上的精神状态和担当作为、奋发有为的时代风貌。

2022 年 8 月 20 日至 9 月 20 日，区作家协会开展“强国复兴有我——红色梅江绿色发展”主题征文比赛，共收到散文、诗歌、小说等各类参赛作品 100 多篇（首），经征文评委公平公正公开评审，评选出一、二、三等奖以及优秀奖共计 19 名。

2022 年 6 月 17 日至 8 月 17 日，区作家协会联合区纪委开展“廉洁文化建设小小说”征文大赛，共征集 300 多篇作品，评选出具有思想深度、文学价值、美好情操、崇廉倡廉的优秀作品 20 篇，并将获奖作品及精选参赛作品和省小小说名家作品载入“梅江区廉洁文化建设小小说征文大赛作品集”《梅江廉韵》，倡导廉洁自律、积极向上的人生观、价值观、金钱观。

2022 年 12 月 13 日，区文联与区作协联合举行学习贯彻中共二十大精神宣讲报告会暨“强国复兴有我——红色梅江绿色发展”主题征文大赛颁奖典礼活动，活动在梅城金山老街创意金山产业园举行，区委宣传部四级调研员、区社科联主席杨学彛作专题宣讲报告，区文联党组书记曹浩波、区文联主席李绮琼、区作协会长朱红娜出席会议，文联干部、作协会员近 40 人参加活动。通过学习贯彻，文联干部、作协会员对中共二十大的重要意义有更加深刻的认识，责任感、使命感进一步增强。

【主要会议】 2022 年 1 月 23 日，区文联召开 2021 年工作交流及各协会述职会议，区委宣传部副部长欧阳雨燕参加。会上，区文联党组成员、副主席田玉丹传达学习习近平总书记在中国文联十一大、中国作协十大开幕式的重要讲话精神。区作协文艺家协会和部门负责人汇报交流 2021 年工作情况以及 2022 年各协会工作计划，区文联党组书记曹浩波、主席李绮琼分别讲话，对各部门、各协会的工作给予充分肯定，并对近期工作进行安排，提出工作要求。

2022 年 8 月 30 日，梅州市文联第八次代表大会在梅城召开，区文联主席李绮琼和区文艺工作者共 10 人参加会议，聆听省文联和市委、市政府领导对文联工作的指示。会后，召开区各协会座谈会，传达贯彻会议精神。

2022 年 1 月 9 日和 10 月 23 日，区作家协会、区诗词学会圆满召开换届会议，选举产生理事会及会长、副会长，并进行分工，明确今后的目标任务。通过换届，协会显现出“年龄结构更趋合理、规章制度更趋完善、活动开展更趋积极、工作作风更趋高效”的良好局面。

【人才培养】 2022 年 6 月 24 日，由市文联、区文联主办，市文艺志愿者协会、区书法家协会承办的墨香万家•新时代文明实践文艺志愿培训梅江书法班在梅城开班，历时半年先后举办培训班 10 期，共有 48 位来自梅江区学校少年宫教师、乡镇新时代文明实践所书法骨干、书法文艺志愿者参与学习培训。培训班由彭胜华、杨剑平授课，邀请廖炳训为学员点评作品，3 位老师结合工作实践经验，给出选帖建议，帮助学员找到书法学习方法和方向。教学以现场指导为主，理论指导为辅的方式，通过评点、示范、交流的方法因材施教，达到培训的预期目的。同时结合新时代文明实践活动与群众的需求，培养一批基层书法带头人，助力梅江区新时代文明实践中心建设。

2022 年 8 月 8 日至 9 月 8 日，区文联组织全体干部参加全国文联系统学习贯彻中共十九届六中全会精神和习近平总书记在中国文联十一大、中国作协十大开幕式的重要讲话精神网络专题培训班，深入学习贯彻习近平新时代中国特色社会主义思想，发挥文联系统组织优势和专业优势，提升基层文艺队伍政治素养、创作能力、职业道德和专业水平，在全区文艺界掀起学习热潮。

2022年，区文联新增市级以上协会会员56人，其中国家级2人、省级8人、市级46人。至年末，梅江区各协会会员485人，其中国家级8人、省级55人、市级241人、其他181人。2022年，梅江区文联获评市“文艺双精奖”26人，获得梅州市“美术工艺大师奖”9人。

【文艺惠民】 2022年，区文联健全完善文艺志愿者服务队伍，组织文艺志愿者深入农村、社区，走进校园开展志愿服务活动。全年共开展志愿服务活动17场次，受众2000余人。

2022年元旦、春节期间，区文联先后组织区书法家协会会员深入三角镇、西阳镇、城北镇等乡镇、村、社区开展“我们的节日•春节”文化进万家主题活动5场，为基层群众书写“福”字、春联，春节增添满满的喜庆氛围。

2022年6月16日、17日，区文联分别组织文艺志愿者走进乐育中学、西阳镇白宫学校等中小学开展书法、戏曲进校园活动。在乡村、在校园营造浓厚的书法、戏曲文化氛围，弘扬中华传统文化，大力推动书法、戏曲艺术的传承与发展，满足群众精神文化需求。

2022年，区文联开展元宵、清明、“五一”国际劳动节、端午节、“七一”建党节、七夕、中秋节、国庆节等节庆系列活动，先后举行元宵文艺展示活动、“诗韵书香”清明朗诵诗会、“五一”梅州市文艺“双精”获奖者创作经验分享会、“五一”“致敬劳动者•争做追梦人”诗歌诵读活动、“浓浓端午意•香囊寄真情”端午节活动、“岁月无声•真爱永恒”七夕主题文化活动、“弘扬家庭文明新风•传承好家风好家训”七夕诗会、“传承文明颂中秋•经典诵读赏诗文”中秋诗会、“庆国庆•颂党恩”文艺展演活动走进西阳镇移民新村、“文艺进万家健康你我他”“乡村振兴•文艺同行”民间文艺志愿服务活动等主题活动10场次。

2022年，区文联组织送书进基层活动，4月19日、21日、8月12日，分别到西阳镇、长沙中学、长沙镇小密村、金山街道凌东社区开展“携手同行•书送希望”送书进基层活动和关爱未成年人送书进社区活动。

【文艺创作】 2022年，区文联坚持把推优评选、德艺双馨的典型示范作为各项文艺工作的宗旨，大力倡导广大文艺工作者在各自文学艺术领域勇攀高峰，积极拓宽宣传、展示自己的平台，拓宽文艺为人民服务的渠道。全年全区各类文艺作品在区级、市级、省级、国家级等传统媒体刊载1097篇，作协公众号发表369篇。全年作协会员创作小小说65篇，散文331篇，诗歌38首；民协会员创作山歌15首，快板4篇，小戏4篇，歌谣（童谣）3首；诗词学会会员创作诗词400余首；摄影会员拍摄梅江风貌宣传图片96幅；书协会员创作书法作品展示展览宣传120幅；美协会员创作美术作品展示展览宣传37幅。2022年，编印《红色梅江•绿色发展》梅江摄影作品集，将梅江区100处革命旧址、遗址、纪念设施的拍摄图片及2019—2021年“美丽梅江•美好家园”梅江摄影比赛获奖图片收录编印成册；编印《弘扬模范精神•传递道德力量》梅江民间文艺作品集，围绕梅江区先进模范人物创作的诗词歌赋、书法作品等收录整理编印成册；编印《强国复兴有我•挥毫泼墨写新篇》苏区梅江书法作品集。

【文艺家协会】 2022年，区文联各文艺家协（学）会坚持以人民为中心，以文艺活动为载体，以精品创作为抓手，团结带领全区广大文艺工作者和文艺爱好者，围绕中心、服务大局，开展形式多样、内容丰富的主题文艺活动，创作一批贴近人民、贴近生活的精品力作。

作家协会 2022年，区作协举办“德润天行”杯第二届“春之歌”文学大赛、梅江区廉洁文化建设小小说征文大赛和“强国复兴有我——红色梅江绿色”发展主题征文大赛。组织“走进春天里”、“阴那山之春”、“桃源笙竹”采风暨小小说创作交流会、“走进美丽大埔，感受厚重人文历史”、“夏日鲤溪行”、“喜迎党的二十大•走进梅江看发展”、“走进明山革命老区”等文学采风创作活动。全年组织会员不定期和各市县区开展文学交流和辅导 10 次，新增会员 8 人，加入市作协 9 人，加入省作协 4 人，加入中国作协 1 人。2022 年，梅江区作协在国家级发表作品 5 篇，省级发表作品 68 篇，市级发表作品 410 篇；获得各类奖项 78 项；出版《廉韵梅江》小小说结集。

书法家协会　2022 年，区书协举行“习近平总书记文艺金句书法作品展”，承办“喜迎党的二十大——挥毫泼墨写新篇”苏区梅江书法作品展征稿、墨香万家•新时代文明实践文艺志愿培训梅江书法班 10 期，组织“文化进万家”挥春送福活动 5 场，创作交流活动 11 场。2022 年，区书协 6 件作品在国家级大赛获奖、入展，4 人 8 件作品在省级大赛获奖、入展，34 人 39 件作品在市级大赛获奖、入展。

美术家协会　2022 年，区美协组织会员写生采风活动 10 场，组织多场观展、听讲座、学习交流及创作活动。发动会员积极创作投稿参展各级学术展览，如梅州市共庆中共二十大线上作品展、广东省第十届版画展、岭南新意象、美术书法摄影作品展等。2022 年，区美协会员创作作品入选、获奖国家级展览 2 件、省级展览 16 件、市级展览 6 件。

摄影家协会　2022 年，区摄协组织会员到基层采风 6 次，参加各县区的摄影技术交流活动多场。联合广东省摄影家协会举行“美丽西阳”摄影创作活动，助力梅江区乡村振兴。

民间文艺家协会　2022 年，区民间协会围绕中共二十大召开、“我们的节日”等主题活动，开展民间文艺进社区、进农村活动 6 场。在民间工艺传承、民间文学收集与创作、民间文化人才等方面取得发展，组织会员申报“非遗”，成功列入梅江区非遗名录；录制历史典故抖音视频讲座 20 多集，发表民间文学作品 30 多篇。选送会员作品积极参加各类民间文艺赛事，蒋向华、徐璆芳、谢孟军、郭原生、侯爱娜分别创作一批雕刻等工艺美术作品参加“梅开盛世•围龙天下”梅州市民间工艺创意展。

诗词学会　2022 年，诗词学会围绕抗疫、中国共产党成立 101 周年、国庆 73 周年，中共二十大和梅江区城乡新风貌开展诗歌创作，创作各类作品 500 多首，多首作品在《梅江日报》《梅江周末》上发表刊载。全年诗词学会组织采风 2 次，编印《梅江诗韵》（第十一期）。

【党建引领】　2022 年，区文联始终把学习贯彻习近平新时代中国特色社会主义思想作为首要政治任务，坚持把学习习近平总书记重要讲话精神和习近平总书记关于文艺工作的重要论述作为“第一议题”贯穿于党组、理论学习中心组、党支部及文联工作会议，丰富

2022 年 9 月 9 日，梅江区文艺家协会到长沙镇小密村开展“喜迎中共二十大苏区寻美行”“访老区看发展——走进小密村”文艺采风活动

（区文联　供图）

学习形式，提高学习教育质量和效果。集中学习《习近平谈治国理政》第四卷、《中国共产党宣传工作简史》，不断推动习近平新时代中国特色社会主义思想在梅江区文艺界落地生根，种好文艺领域意识形态工作“责任田”。3月14日，市文联党组书记、主席陈锐锋、党组成员、秘书长谢映到区文联进行调研，考察区文联文艺家之家，与区文联领导班子进行座谈，听取工作汇报，并提出指导意见。陈锐锋充分肯定梅江区文联在精品创作、人才培养、志愿服务、阵地建设等方面所取得的成绩，同时对区文联今后的工作提出要求。区人大常委会主任曾小喜、区委常委、宣传部部长姚文顺、区委宣传部副部长欧阳雨燕、区文联党组书记曹浩波参加调研活动。结合“创文”工作，为挂点金山街道凌东社区群众办实事，完成修复破烂路面、修补开裂墙面、整治网格线路、增设路灯照明等项目，得到群众纷纷点赞，“创文”取得良好的社会效果。

（冯秀梅）

旅游业

【概况】 2022年，梅江区旅游产业拥有国家AAAA级旅游景区1家，国家AAA级旅游景区2家，省级旅游度假区1家，五星级饭店2家，五星级民宿1家，四星级民宿2家，星级农家乐5家（不含暂停营业的辣木馆和鸣秀谷），星级民宿4家（不含注销的本真书屋•民宿），旅行社31家，各级游客服务点19处。全区有省级休闲农业与乡村旅游示范镇1个，省休闲农业与乡村旅游示范点5个，省乡村民宿示范点2个，省乡村旅游精品线路1条，市乡村旅游精品线路3条。

【旅游经济】 2022年，梅江区旅游总人数131.94万人次，旅游总收入10.31亿元。国家AAA级旅游景区全年接待游客38.31万人次，旅游收入5087.93万元，其中客天下景区全年接待游客21.92万人次，旅游收入4020.72万元；爱丽丝庄园接待游客7.88万人次，旅游收入189.94万元；中国客家博物馆接待游客8.51万人次，旅游收入877.31万元。

【特色旅游】 2022年，区文广旅体局积极引导西阳镇笙竹村培育特色民宿、休闲旅游新业态，笙竹村被认定为“广东省文化和旅游特色村”，获评“广东省乡村民宿示范点”。完成S333线至笙竹村道路旅游指示牌、笙竹村旅游全景图、导览图、介绍牌等的安装，并投入使用。2022年，本真•山村书屋民宿、里斯的家自然教育民宿、又见山村酒馆民宿获评四星级民宿。同时，协助笙竹村选址建设游客服务中心和西阳镇政府完成《西阳镇笙竹村乡村旅游规划》编制工作。

【基础建设】 2022年，区文广旅体局完成星级酒店复核，鼓励有发展潜力的酒店评星。完成金沙湾国际大酒店五星级旅游饭店评定性复核，对接指导印象田园酒店四星升级工作，将评定标准发放企业参照实施。组织评选“梅江八景”，完成在微信公众号等新媒体平台开展网络投票活动，组织召开视频拍摄初稿研讨会、媒体发布会。开通“梅江文旅”抖音官方号，加大文化旅游推广力度。同时，抓好华南教育历史研学基地建设，抗战时期华南教育历史梅州展陈馆、中山大学与梅州展陈馆、熊锐生平事迹展陈馆竣工，6月，举行开馆仪式。9月，城北镇觉堂工地扎实推进工程建设，研学文化体育公园正式开工建设，2022年新建旅游厕所3座。

（黄 婷）

体 育

【概况】 2022年，梅江区有体育场馆2个、足球场108块，其中教育系统足球场57块、社会足球场51块；对公众开放社会足球场37块，游泳馆（池）33家，健身房16个，健身步道372.7千米，体育彩票经营门店60家。全年体育彩票销售总金额595.76万元（公益金分成217.87万元）。2022年梅江区有非营利性协会和俱乐部共22家，体育产业相关服务业189家，社区体育公园15个，健身小广场192个。

【设施建设】 2022年，梅江区投入250万元，新建城北镇觉塘片区研学文化社区体育公园；投入50万元，新建完善13个村（社区）健身小广场。

【群众体育】 2022年，区文广旅体局组织各类群众体育赛事活动36场次。举办全民健身宣传周系列活动，组织区体育协会、俱乐部开展群众性比赛，举办全民健身日骑行宣传活动，首届“客天下杯”羽毛球团体邀请赛，全民健身活动月举办太极拳、剑、扇展示活动，醉美梅江人文旅体健身气功等展演系列活动，梅江区第三十一届老年人体育运动会，同时完成三级社会体育指导员培训工作。2022年，由梅江区组队代表梅州市参加省十六届运动会群众组健身气功比赛，获二等奖1个、三等奖4个，区文化广电旅游体育局魏洪涛获得“广东省优秀体育工作者”称号。全年全区有单项体育协会17个，俱乐部5个，社会体育指导员1929名，晨晚练点140多个。全年各单项体育协会及俱乐部开展各类健身活动20场，参与5000多人。2022年，完成国民体质检测人员1200多人，完成省市下达任务。

【竞技训练】 2022年，梅江区羽毛球队代表梅州市参加广东省羽毛球U系列赛（广东赛区），获得冠军2个、季军1个。梅江区羽毛球队代表梅州市参加广东省第十三届中学生运动会羽毛球比赛，获得季军1个。梅江区青少年体校3支代表队参加梅州市青少年女足U9、U10、U11选拔赛，获得3个年龄组冠军。梅江区“市队县办”足球（男子丁组）代表梅州市参加广东省第十六届运动会竞技体育组足球比赛，获得亚军。梅江区青少年体校3支代表队参加梅州市青少年男足梯队精英选拔赛，获U9、U10年龄组第三名。梅江区羽毛球队参加梅州市青少年羽毛球锦标赛，获得冠军5个、亚军3个、季军4个。

2022年，梅江区运动员参加各级各项目比赛，共取得省级冠军2个、亚军1个、季军2个，市级冠军8个、亚军2个、季军5个。全年各项目运动员注册200多人，各项目输送市体校180多人、省体校集训队5人，向职业足球俱乐部梯队12人。

（黄 婷）

2022年10月4日，梅江区文广旅体局组织开展我们的节日•重阳——“尊老敬老 厚德仁爱”全民健身活动 （区文广旅体局 供图）

党史•地方志

【概况】 中共梅州市梅江区委党史研究室（梅州市梅江区人民政府地方志办公室）为区委、区政府直属事业单位，正科级，参照公务员法管理；实行一套人员、两块牌子、两室合一的体制，内设机构有综合股1个股室，定编5人。2022年，区委党史研究室（区地方志办公室）贯彻落实区委、区政府的决策部署，夯实基础，锐意进取，扎实推动党史和地方志工作迈上新台阶。

【党史资料整理】 2022年，区委党史研究室开展《抗击新冠肺炎疫情大事记》收集整理工作，整理编辑形成2020年1月至2022年12月梅江区抗疫大事记，为今后处理类似公共卫生事件提供史料借鉴。做好梅江辖区军工遗产普查登记工作，向上级党史部门报送长沙镇陈公坪上村吴屋兵工厂、西阳镇新田村瞭望台和城区遗存的5座炮楼等遗址普查资料。

【党史资料审核】 2022年，区委党史研究室做好梅江区“一城两翼”（“一城”指嘉应古城，“两翼”指长沙镇、西阳镇）红色资源保护项目《红四军出击东江历史陈列展》《长沙镇红色革命遗址保护利用项目红色革命事迹大纲》等相关史料审核把关，协助区老促会撰写审核西阳和长沙革命根据地老区苏区材料，完成《游学红色梅州》《广东省红色革命遗址大博览》梅江区部分的史料审核把关工作。

【党史教育基地】 2022年，区委党史研究室制定印发《梅江区中共党史教育基地评定办法（试行）》，经过单位申报、所在镇（街道）、主管部门审核、组织专家评审并经党史研究室审定，评选出长沙革命烈士纪念园、红军名将朱云卿革命事迹陈列室、朝锡第—熊锐烈士故居、梅州学宫—红四军攻占梅城军部驻地和朱德军长演讲地旧址、梅埔丰根据地（明山嶂）红色革命教育基地、北联村红色革命教育基地、八角亭—梅县第一个中共支部（中共梅县支部）成立活动旧址、进士楼—叶浩秀烈士故居、廖柏鸿烈士故居、唐运元烈士故居第一批梅江区中共党史教育基地等10个，并在梅江区博物馆举行授牌仪式。

2022年12月13日，梅江区在梅州学宫举行党史教育基地授牌仪式

（区党史办 供图）

【志鉴编修】 2022年，区地方志办公室认真做好《梅江年鉴（2022）》文稿的征集、修改、编辑、出版工作，将修改文稿反馈给供稿单位核稿时增加“三审三校”（由单位撰稿人负责，确保发布的稿件内容不出现政治性导向性偏差，确保不影响区委、区政府形象；由单位指定部门负责人负责审核，严把意识形态安全关，确保不会出现政治导向错误；由单位分管负责人负责审核签发后才能发布）流程，各单位更加重视，文稿质量有所提升。2022年，委托广东省地图院重新制作最新版《梅江区行政区划图》《梅江区中心城区图》。《梅江年鉴（2022）》首次采用全彩色印刷，按要求做到“一年一鉴、公开出版”；完成《广东年鉴》《梅州年鉴》梅江部分的组稿报送任务。收集整理地方志年报资料，为下一轮修志积累资料。《梅江年鉴（2021）》获评梅州市优秀年鉴、广东省二等年鉴。对梅江区成立后全区各级各部门编写的各类志书、年鉴、文史资料等情况进行摸查统计，配合区政府办公室制定印发《关于加强镇（街道）志、部门志、村（社区）志编纂工作的通知》，进一步加大力度推进镇（街道）志、部门、村（社区）志编纂工作。根据

出版社和省、市方志办审核反馈意见，组织力量对《全粤村情•梅州市梅江区卷》文稿内容进行反复核对修改完善。

【数字化建设】 2022年，区地方志办公室做好梅江区人民政府网站“走进梅江”“现代梅江”“特色梅江”等栏目有关内容的更新，完成《梅江年鉴》（2002—2003卷、2004卷、2005卷、2006卷、2007卷、2008卷）6部年鉴书籍数字化工作。

【宣传宣讲】 2022年，区委党史研究室（区地方志办公室）组织参加“学党史 讲党史”—梅州党史部门喜迎中共二十大宣讲比赛，联合团区委开展梅江区“喜迎二十大 红色梅江我来讲”革命故事演讲比赛。开展赠送红色书籍活动，先后在梅州剑英图书馆、梅江区图书馆、嘉应学院图书馆、各村（社区）赠书20多场次，赠送《广东中央苏区梅江革命简史》《梅江红色印记》《梅江区志》《梅江年鉴》1500多册。制定《梅江区“传承红色基因 弘扬红色文化”——红色文化进校园系列活动实施方案》，联合区教育局开展红色文化进校园系列活动，在全区8个中小学校开展为期2个月的红色文化资源巡回展览，共1.8万多名师生参观展览。单位主要领导为学习宣传中共二十大精神区委宣讲团成员，到各级各单位开展宣传宣讲活动。

【主题教育实践活动】 2022年，区地方志办公室制定《梅江区地方志办公室2022年“多彩乡村 弘扬岭南文化”主题教育实践活动工作计划》，开展红色文化、红色书籍进村（社区）活动。发动镇（街道）及相关单位人员通过微视频、调研报告、摄影作品等记录乡村历史、文化传承、精神风貌，并向省、市方志部门选送作品2件。收集编写并上送省方志办《广东乡村集萃系列丛书》之《广东乡村经典菜肴》7篇，入选1篇。

2022年6月24日，梅江区地方志办公室到金山街道福长村开展红色文化进社区活动，赠送《梅江区志》《梅江年鉴》《红色明山嶂》等书籍

（区方志办 供图）

【基础建设】 2022年，区委党史研究室（区地方志办公室）想办法、多渠道筹措资金，利用原有的办公场地，通过微改造并定制书柜、会议桌凳等办公设备，提升工作环境，建设并完善党史地方志文献资料室和会议室。在全区范围内公开征集地方志、年鉴、地方党史资料、历史文献、地情资料等文献资料，共征集各类书籍资料300多册。整理党史资料和地方志资料，把文献资料分类上架，方便查阅，提升党史、方志研究的条件和水平。按期完成支部换届选举。争取区委、区政府和上级部门的重视和支持，将党史工作经费纳入财政预算，党史和地方志工作条件和基础进一步夯实。

【巡察整改】 2022年，按照区委巡察工作统一部署，3月22日至5月23日，九届区委第一轮巡察第三组对区委党史研究室（区地方志办公室）开展巡察，并于8月3日反馈巡察意见。区委党史研究室（区地方志办公室）切实抓好巡察反馈意见的整改落实，制定《区委党史研究室（区地方志办公室）关于落实九届区委第一轮巡察第三组反馈意见的整改方案》，梳理细化分解具体整改问题21个。至11月3日，召开班子扩大会议12次、理论学习中心组学习会议9次、支部会议14次、巡察整改专题会议5次、巡察整改专题组织生活会1次，研究部署和推进整改落实工作，建立、健全、完善工作制度、规定、计划、方案等22项，全面完成21个问题整改。

（李继贤）

2022年7月，梅江区档案馆工作人员验收文书档案

（区档案局　供图）

档案管理

【概况】　2022年，梅江区档案馆做好全区档案资料征集、管理和利用，开发档案信息资源，向社会提供档案利用服务。年末，馆藏90个全宗档案，共2.32万卷又10.16万件，比上年增长2%，其中，文书档案1.49万卷又10.06万件、专门档案8303卷又987件；照片档案5024张，光盘43张，收集各种汇编26种和报刊资料7833册，实物档案11件，著录文件级电子目录32.22万条，比上年增长1%。

【档案服务】　2022年，区档案馆接收档案1277卷又1.57万件，包括原区工商局、区二轻联社、区新冠疫情防控指挥部、西郊街道、三角镇、区财政局、区委组织部等11个单位的各门类档案，其中专业档案444卷，涉及单位有区委组织部死亡干部档案，区二轻联社会计档案等。全年共接待社会各界人士利用咨询查阅档案884人次，提供档案借阅利用351卷又524件。

【档案数字化】　2022年，区档案馆馆藏档案目录数字化比例100%，馆藏档案数字化加工扫描共约231万页与总量的82.1%，其中2022年档案数字化加工扫描20.49万页，比上年增长0.4%。数字化成果质量满足《纸质档案数字化规范》，并能正常提供借阅利用。

（李秀梅）

医 疗 卫 生

医 疗 保 障

【概况】 梅江区医疗保障局（以下简称区医保局）成立于2019年3月，内设人秘股、医疗保障管理股、医药服务管理股、基金监管和规划财务股4个股室，下属事业单位有梅江区医疗保障事业管理中心，内设综合信息部、待遇审核部、基金财务部、公共服务部、稽核内审部5个部门。

【医保征缴】 2022年，梅江区基本医保参保人数27.14万人，其中职工基本医疗保险（含生育保险）参保人数6.35万人，城乡居民医保参保人数20.79万人。全年职工基本医疗保险基金收入3.09亿元，城乡居民基本医疗保险基金收入1.81亿元。2022年，城乡居民基本医疗保险人均财政补助标准增加30元，每人达到610元。12月19日，梅江区正式开通梅州市职工医保个人账户可用于缴交家庭成员的城乡居民医保个人缴费业务，实现医保缴费家庭共济。2022年完成2023年度城乡居民医保参保20.25万人，完成市下达计划的97.49%。

【医疗救助】 2022年，梅江区做好医疗救助兜底保障，全面落实困难群众应保尽保、应救尽救。全年资助全区困难人群参加城乡居民医保4508人，合计金额144.26万元。全年累计1.2万人次享受医疗救助待遇，救助金额合计770万元。2022年，医疗救助财政专户收入1100万元，医疗救助财政专户支出900万元，年终结余200万元。

【基金监管】 2022年，区医保局加强医保基金安全监管，构建以常态化宣传教育、日常网格监管、重点专项行动为一体的工作机制，形成综合监管合力。4月，开展以“织密基金监管网，共筑医保防护线”为主题的医保基金监管集中宣传月活动，发放各类宣传资料共4000份，在政府网站推送宣传小视频8集，通过线上线下相结合，营造“不能骗、不敢骗、不想骗”的良好氛围。开展基本医疗保险基金支付范围的所有医药服务行为和医药费用违规行为的监督检查，尤其对康复治疗和血液透析等专科民营医疗机构的医保基金使用情况进行专项整治。全年共核查定点医药机构239家，处理定点医药机构20家，暂停医保协议20家，核减以及追回违规资金41.90万元，罚款6700元，曝光医保领域违法违规行为1宗。

【医药采购】 2022年，梅江区12家公立医疗机构全部开通深圳全药网、广州药品集团采购平台和广东省药品交易平台等平台线上支付功能，医疗机构药品和医用耗材采购行为进一步规范。全年区医保局组织10批次药品和8批次耗材带量采购，至年末，全区12家公立医疗机构药品采购总额8541.27万元，其中线上采购8515.31万元，线上采购率99.70%；医用耗材采购总额5322.42万元，其中线上采购5214.85万元，线上采购率97.98%，比上年提升10.95%。通过持续实施药品和高值医用耗材集中带量采购，显著降低医药价格。

【“放管服”改革】 2022年，区医保局深化“放管服”改革，采取“互联网+医保经办”模式，推广使用国家医保APP、“粤省事”、“粤医保”等微信小程序，城乡居民参保登记、异地就医备案、生育保险待遇支付等32项医疗保障经办政务服务事项，实现网上办理和“跨省通办、省内通办”；10项高频事项实现“全市通办”，17项通过“粤省事”“粤医保”等小程序实现“掌上办”。4月，生育住院医疗费用和产前检查费用实现省内异地直接结算，进一步提升异地生育参保人员享受医保待遇的便捷度。深入开展医保系统行风建设，在经办窗口推行一张笑脸、一杯热茶、一颗爱心、一片诚信、“一站式”服务“五个一”服务，得到广大参保企业和参保人的好评。

【支付方式改革】 2022年，区医保局落实按病种分值付费为主的多元复合式医保支付方式，按病种分值付费基层病种范围扩大至500种，落实基层病种“同病同分同价”，有效引导轻症患者在基层医疗机构就医。9月起，执行梅州市医疗保障局《关于医疗保险慢性病长期住院实施按床日费用结算的通知》，以点带面在区内4家定点医疗机构开展医疗保险慢性病长期住院实施按床日费用结算政策，有效解决慢性病长期住院患者频繁转院、出入院的医保环节问题，减轻群众医疗经济负担。

【门诊共济保障】 2022年11月，区医保局施行《梅州市职工基本医疗保险门诊共济保障实施细则》，在门诊共济保障待遇方面，职工医保普通门诊统筹不设起付标准，在职职工发生的政策范围内医疗费用，一级及以下定点医疗机构支付比例为60%，二级定点医疗机构支付比例为55%，三级定点医疗机构支付比例为50%；退休人员支付比例相应提高5个百分点，并设年度和季度最高支付限额。拓宽个人账户使用范围，个人账户可用于支付参保人员本人及其配偶、父母、子女在定点医疗机构就医发生的由个人负担的医疗费用；在定点零售药店购买药品、医疗器械、医用耗材发生的由个人负担的费用；配偶、父母、子女参加城乡居民医保等的个人缴费；参保人员本人退休时未达到职工医保最低缴费年限的缴费费用；在定点医疗机构发生的由个人负担的符合规定的中医“治未病”费用；以及其他符合国家、省规定的费用。2022年梅江区共4.52万名职工医保参保人完成定点普通门诊机构的选点，区内定点医疗机构职工普通门诊就医共3.1万人次，医保基金支出80.20万元。

2022年12月11日，梅江区医疗保障局在三角镇陶然居小区开展“党建引领惠民生，医保服务暖民心”医保政策宣传咨询活动

（区医保局 供图）

【疫情防控医保】 2022年，区医保局严格执行新冠疫情防控期间医保政策，取消基本医保起付标准，不设年度最高支付限额，统一按一级医疗机构住院报销比例支付。对异地就医参保患者先救治后结算，不降低异地报销比例。组织集中采购常用耗材，全年4次下调新冠病毒核酸检测服务项目价格，单检从每人份40元降至最

高不超过 13.5 元，混检从每人份 8 元降至 2.8 元。实施阶段性缓缴政策，对中小微企业 7—9 月职工医保单位缴费部分实施缓缴，免收滞纳金，不影响参保人员享受待遇。

（赖女苗）

卫生健康

【概况】 2022 年，梅江区有卫生机构 111 个，其中，医院类机构 2 个、基层医疗机构 104 个、专业公共卫生机构 4 个、其他卫生机构 1 个；有床位 783 张，妇幼保健院 30 张、其中医院类机构床位 545 张、基层医疗机构床位 208 张；全区每千常住人口床位数 13.75 张；医疗卫生机构在岗职工 2058 人，其中医生技术人员 1597 人，含执业（助理）医师 564 人、注册护士 630 人，全区每千常住人口执业（助理）医师数、注册护士数分别为 5.87 人、8.12 人。全区诊疗量 109.98 万人次，出院量 1.52 万人次。全区出生人数 2483 人，出生人口性别比 111.14（以女性为 100），出生率 6.4%。

【新冠疫情防控】 2022 年，梅江区卫生健康局（以下简称区卫健局）在区委、区政府的统筹指挥下，克服区公共卫生体系存在的短板弱项，最大限度减少疫情对经济社会发展的影响。因时因势优化调整防控政策措施，盯紧重点场所疫情防控工作。选派 1294 名医务人员驰援广州、深圳、丰顺、梅县区等地。面对疫情防控政策不断调整，及时将工作重心从“防感染”转移到“保健康、防重症”。切实做好新冠病毒感染者分级分类就诊转诊工作，确保满足救治需要。在市第二中医医院新转换 25 张 ICU（重症加强护理病房）病床，进一步加强重症救治能力。做好药品储备，加强 65 岁及以上老年人和有基础性疾病患者等重点人群管理，全力做好医疗救治工作。

【医疗项目建设】 2022 年，梅江区疾控中心综合大楼、芹洋半岛社区卫生服务中心大楼、市第二中医医院综合大楼 3 个在建市区医疗卫生重大项目完成投资 5100 万元。区卫健局积极谋划市第二中医医院康复中心大楼建设、市第二中医医院胸痛中心建设、江南新城社区卫生服务中心新建等 10 个医疗卫生项目。

【公共卫生服务】 2022 年，区卫健局积极组织医疗卫生机构为全区适龄儿童免疫规划疫苗基础免疫接种率 95%以上，梅江区连续多年未发生重大传染病暴发疫情，未发生登革热本地病例，消除碘缺乏病、疟疾成果持续巩固，结核病报告发病率逐年下降，艾滋病保持低流行，重点传染病、慢病防治效果明显。有效对接乡村振兴，基层医疗机构 100%开展孕产妇、0~6 岁儿童、老年人、慢性病患者、肺结核患者、精神障碍患者健康管理等 29 个基本公共卫生服务项目。全年新生儿访视人数 3232 人，新生儿访视率 99.6%；0~3 岁儿童 1.15 万人，0~3 岁儿童系统管理 93.68%；0～6 岁儿童 2.84 万人，儿童健康管理 2.77 万人，健康管理率 97.44%；0～6 岁儿童眼保健和视力检查覆盖率 97.44%，均达到目标值。城乡社区老年人规范健康管理服务率 61.17%，各基层医疗机构均达标。全年全区老年人中医药健康管理率 70.66%、0～36 个月儿童中医药健康管理服务率 86.41%，达到相应规定的要求。区慢病站和区属各基层医疗卫生单位建立并正常使用国家严重精神障碍患者信息管理系统，建立区慢病站、镇卫生院（社区卫生服务中心）、村卫生站三级精神卫生服务体系，并实行信息共享机制。全年全区基本实现建档立卡的贫困人口、最低生活保障对象等特殊群体家庭医生履约全覆盖。

【医疗体制改革】 2021 年，梅江区医改工作考核成绩排名全市第一。区卫健局组织区属公立医疗机构在深圳全药网、广州 GPO（药品集中组织采购）和省药品交易平台开展采购工作。全年公立医疗机构药品采购总额线上占比 99.76%，线下占比 0.24%，实现应采尽采。

一级、二级医疗机构价格按三级公立医院价格标准分别下浮16.2%和8.2%，基层医疗机构基本医疗服务价格按三级公立医院下浮16.2%（诊查费、注射费除外）标准执行。以梅州市第二中医医院为龙头，构建基层首诊、双向转诊、急慢分治、上下联动的分级诊疗模式，以“医联体”为抓手，推动优质医疗资源下沉，实现技术辐射和带动。积极推进医保支付方式改革，推行以按病种付费为主的多元复合式医保支付方式，逐步减少医保基金按项目付费的比例。实行季度限额，报销比例向基层医疗机构倾斜，引导群众基层首诊。

【中医药事业发展】 2022年，梅州市第二中医医院“治未病科”通过广东省中医药局“中医治未病服务等级”评审。落实广东省中医师承“薪火工程”，落实梅州市嘉应岐黄人才培养工程，3名医生被纳入梅州市“十四五”中医药重点学科带头人培养对象，全年使用嘉应岐黄人才培养工程专项资金项目4个。扎实推进3个省名中医传承工作室、8个市名中医传承工作室建设，加强名老中医药专家学术经验总结、传承、研究与推广。全年在江南社区卫生服务中心、金山社区卫生服务中心、城北镇卫生院建成3家五星级中医馆。同时，按照全区村卫生站数量30%的比例任务，完成建设25个中医阁。

【民生实事项目】 2022年，区卫健局完成全区1770名进入初中一年级、14周岁以下未接种过HPV疫苗的女生免费接种工作，及定向培养医学生招收等2项民生实事，共接种2800余人，招录定向培养本科、专科医学生各8名，完成“微民生”实事1项。

【健康服务管理】 2022年，梅江区实现全区户籍60周岁以上的（7.59万名）老人意外伤害综合保险政府统保全覆盖。全区100%的医疗机构建立为老年人提供挂号、就医等便利服务的绿色通道，设立“老年人爱心岗”，同时开展打击整治养老诈骗专项行动。区卫健局稳妥有序做好三孩生育政策配套实施衔接宣传贯彻，落实人口监测预警机制，扎实推进3岁以下婴幼儿照护服务。牵头实施“南粤家政”工程母婴服务、医疗护理服务培训项目。推进妇幼健康服务，全年全区孕妇进行地中海贫血筛查完成率100%，唐氏综合征筛查完成率100%，严重致死致残结构畸形筛查完成率90%，全区新生儿遗传代谢性筛查完成率99.24%，新生儿听力筛查完成率99.1%，婚检率80.1%、免费孕前优生检查率82.37%、0～6岁儿童健康管理率97.72%。2022年，完成城乡妇女“两癌”筛查任务数，完成率100%。举行第34个爱国卫生月活动，全区共出动病媒防制专业人员1200人次，出动病媒防制专业器械750余台次。至年末，开展环境卫生整治约50次，清理垃圾2600余吨，清除卫生黑点900余处，清洁消毒农贸市场600余个次。开展病媒生物消杀防制行动，杜绝登革热疫情发生。2022年，指导梅州供电局通过全市健康企业评估。

（黄　维）

疾病防控

【概况】 梅江区疾病预防控制中心（以下简称区疾病防控中心），为梅江区卫健局所属副科级公益一类事业单位，承担辖区疾病预防控制、监测检验、健康教育和健康促进、公共卫生从业人员体检和培训、卫生学评价等工作，承担传染病流行、中毒和污染等公共卫生突发事件和救灾防病等问题的调查处理；组织指导社区卫生服务和医院防保，组织开展疾病预防控制工作。2022年，区疾病防控中心在岗在编20人，卫生专业技术人员18人。其中，高级职称5人，中级职称5人，初级职称8人。

【新冠疫情防控】 2022年，区疾病防控中心开展新冠疫苗接种、消杀等工作。至年末，完成相关疫点终末消杀，其中物表面积3.20万平方米，空气体积4.54万立方米。

【免疫考核】 2022年3月10日、4月1日，区疾病防控中心举办两期预防接种暨新冠疫苗接种知识培训，共有458名预防接种人员参加培训。2022年免疫规划工作质量评估调查，对全区接种单位进行调查率考核，主要考核0岁组、1岁组、3岁组、7岁组适龄儿童免疫规划疫苗接种情况，其中1岁组乙肝疫苗第1剂接种率99.97%，麻腮风疫苗第1剂接种率93.17%；1岁组卡介苗、乙肝疫苗第3剂、脊灰疫苗第3剂、百白破第3剂和麻腮风第1剂接种率分别为99.87%、98.98%、99.40%、99.21%和95.89%；3岁组脊灰灭活疫苗第2剂、百白破疫苗第4剂、含麻成分疫苗第2剂、A群流脑疫苗第2剂和甲肝疫苗接种率分别为99.98%、99.04%、99.53%、100%和98.05%；7岁组脊灰疫苗第4剂、含麻成分疫苗第2剂、AC流脑疫苗第2剂、乙脑疫苗和白破疫苗接种率分别为98.27%、95.57%、99.48%、94.84%和99.34%。

【传染病报告】 2022年，区疾病防控中心报告梅江区甲、乙、丙类传染病共5380例，总发病率1235.03/10万；报告1例艾滋病死亡病例。报告4起突发公共卫生事件。“传染病自动预警信息系统”全区共发出预警信号1367起。报告HIV/AIDS 11例，比上年同期（14例）下降21.4%；死亡1例，比上年同期（2例）下降50.0%。

【各类监测】死因监测：2022年，区疾病防控中心对梅江内医疗卫生机构上报3019张死亡卡完成审核，其中梅江区户籍人口死亡病例2716例。肿瘤随访登记：2022年全区医疗机构共报告1250例肿瘤数据，其中梅江区户籍人口肿瘤发病985例，梅江区户籍人口死亡489例肿瘤患者。生活饮用水监测：采城区水样99份、乡镇75份，共174份，完成率131.8%，合格率83.9%。其中城区饮用水水样99份（12份出厂水、63份末梢水、24份二次供水），合格率97.0%；农村水水样75份，合格率66.7%。地方病监测：调查地方性碘缺乏病，选择5个乡镇（街道）作为监测点，每个镇、街道抽取孕期孕妇20人，进行食用碘盐和尿碘监测，同时选择5所学校每个学校抽取8~10周岁非寄宿学生40名学生检测。经市疾控中心检测，梅江区孕妇的尿碘含量中位数175毫克/升，儿童尿碘含量中位数200毫克/升，均达到国家要求。对梅江区的氟中毒病区村长沙镇山下丘和西郊街道桃西村进行水氟监测，监测结果分别为0.049毫克/升和0.042毫克/升，监测结果达标。同时对病区村当地出生并居住的8~12周岁儿童共50人进行氟斑牙检查，经体检儿童氟斑牙患病率为0，病区村氟中毒情况得到控制。学校卫生监测：抽取幼儿园、中小学、职校共9所学校开展监测工作，抽检符合要求的学生2706人，近视率57.6%，脊柱侧弯率0%，营养不良率6.23%，超重率14.28%、肥胖率9.6%、血压偏高率9.37%、乳牙患龋率25.29%、恒牙患龋率35.4%。医疗机构消毒效果监测：共监测各类医疗机构9间次（其中市级7间次、镇级卫生院2间次），监测总样品数268份，合格265份，合格率98.89%。病媒生物监测：设置5个监测点对伊蚊密度进行监测，共布放诱蚊灯总数360盏，捕获成蚊9309只，平均密度25.86只/盏；设4个监测点，对蝇密度及消长情况进行监测，共布放诱蝇笼96个，诱捕苍蝇30只，平均密度0.31只/笼；设12个监测点，采用黏蟑盒对蟑螂密度及消长情况进行监测，布放粘蟑盒720张，回收714张，共捕获蟑螂78只，平均密度0.11只/张；在梅江区居民区、重点行业和农村自然村各选一个点，采用夹夜法，对鼠密度及消长情况进行监测，每个点布放鼠夹200个，2022年共布夹3600个，有效夹3600个，捕鼠0只，平均鼠密度0。食源性疾病及食品污染物监测：2022年，通过食源性疾病监测系统上报病例共88例，其中准确率100%（88/88），及时率95.45%（84/88），通过食源性疾病监测系统共甄别10起疑似食源性疾病聚集病例（发病人数2人以上），均及时进行核查，核查率100%。2022年梅江区食品污染物监测采样任务共48份（不含食药物质专项），其中化学污染物样品22份，微生物污染物26份。

（熊晓茹）

中医医院

【概况】 2022年，梅州市第二中医医院（以下简称中医院）秉承“院兴我荣、院衰我耻、精诚团结、继承创新”的院训，坚持“以人为本、以病人为中心”的办院方针，坚持“心中有爱、服务有情”的服务理念，努力拼搏，执着追求，开拓创新，发展成为集“医疗、教学、科研、预防、保健、康复”六位一体的三甲中医医院。中医院占地面积4.8万平方米，建筑面积7万平方米；编制病床620张，开放床位495张，现有职工1031人，其中高级职称83人，中级职称236人，师级职称322人，博士1人，研究生53人，本科毕业生324人。年末，有省级中医名科1个（骨伤科），省级重点专科2个（骨伤科、针灸科），省级重点专科建设单位4个（儿科、妇产科、肿瘤科、心血管科），市级重点专科（专病）9个（骨伤科、针灸科、推拿科、儿科、妇科、肿瘤科、心血管科、内分泌科、肛肠科）；全国老中医药专家学术经验继承工作指导老师4人，省级名中医2人，市级名中医8人，区级名中医32人。中医院是广州中医药大学教学医院、中山大学孙逸仙纪念医院（中山二院）医疗技术协作医院、广东省中医医院协作医院、广州中医药大学第一附属医院城市对口帮扶医院、广州市中医医院智力帮扶医院、广东省博士工作站建设单位、梅江区人才（中医）驿站。

【中医传承发展】 2022年，中医院有全国基层名老中医药专家传承工作室1个（丘元强），广东省名中医传承工作室3个（侯舒成、温乃元、曾胜）；中医院骨伤科丘元强获评第六批全国老中医药专家学术经验继承工作指导老师，针灸科温乃元、骨伤科练伟东、大内科曾胜获评第七批全国老中医药专家学术经验继承工作指导老师，内科侯舒成、针灸科温乃元为广东省名中医师承项目指导老师。年末，医院设立的培训基地和工作站有：国家级非遗项目岭南陈氏针法梅州工作站，广州中医药大学岭南林氏推拿研究所岭南林氏正骨手法梅州培训基地，广州中医药大学第一附属医院骨伤中心、肿瘤科、妇科梅州工作站，冼绍祥、林丽珠、邓高丕广东省名中医传承工作室梅州工作站，广州中医药大学附属南海妇产儿童医院刘振寰教授儿童康复名医工作室，基地和工作站的设立，大大提升了医院整体医疗水平。同时医院自主研发的湿滞片、益气灵、固肾壮骨片等制剂药，深受群众欢迎，中医治未病成效显著。

【医疗设备】 2022年，中医院拥有1.5T核磁共振、64排CT、62排CT、16排CT、乳腺机、DRX（数字化X线检查）

2022年，梅州市第二中医医院在建中的住院综合大楼

（区中医院 供图）

光机、进口彩色多普勒超声诊断仪、奥林巴斯腹腔镜及宫腔镜、进口椎间孔镜、日本全自动生化分析仪、激光/脉冲光工作站、进口高清胃肠镜等现代化先进医疗设备。

【医疗业务】 2022年，中医院固定资产净值1.49亿元，实现业务总收入2.35亿元，其中业务收入2.18亿元。全年门急诊人次39万人次，出院人数1.11万人，出院诊断符合率大于95%。

【医共体建设】 2022年，中医院向上联络省级医院，与广州中医药大学第一附属医院结为区域医共体，与大埔县中医医院进行“组团式”紧密型帮扶签约，向下联络三角、城北、西阳、长沙4家卫生院，东郊、金山、江南、西郊4家社区卫生服务中心，达生堂及颐诚医养结合医院，共同组成医共体，医疗服务签约率100%，实现医疗服务签约全覆盖。医共体之间技术、信息、人才培养等资源共享，协同发展。与全区3个乡镇的3个卫生院和1个社区卫生服务中心签约健康扶贫医疗服务，医疗服务签约率100%，实现医疗服务签约全覆盖，并对贫困家庭进行药费减免。

【新建综合大楼】 2022年，中医院为进一步改善医院就医环境，满足广大群众需要的基本医疗保障服务，医院用地面积2500平方米，总建筑面积约3万平方米，总投资1.8亿元的“住院综合大楼”建设项目，年末，基本完成主楼的建设任务。

【中医药专家】 2022年5月9日，国家中医药管理局公布第七批全国老中医药专家学术经验继承工作指导老师及继承人名单，中医院温乃元、练伟东、曾胜3名中医药专家入选全国老中医药专家学术经验继承工作指导老师。打造中医药特色人才梯队，建立可持续人才培养机制，发挥老中医药专家学术经验继承的重要作用，推动名老中医专家学术经验向临床转化，提升医院中医药服务能力，进一步为广大患者提供优质高效的中医药服务。

【创新工作室】 2022年，广东省总工会女职工委员会按照女职工创新工作室“五有”（有女劳模或女职工专业人才、有创新工作团队、有工作平台、有实施项目和工作制度、有创新成果）条件，对全省工会女职工组织逐级推荐，中医院邹燕珠女职工创新工作室榜上有名，为梅州市2022年唯一获此称号的工作室。邹燕珠创新工作室主要为产妇提供产后健康检查、咨询与评估，利用中医辨证论治的治病理论结合中医特色外治法、现代产后康复技术和设备，对妇女产后身体和生殖器官出现的变化进行主动性的康复治疗，促进妇女产后内分泌调节、产后子宫复旧、产后阴道弹性恢复、乳腺疏通、产后性生活和谐以及产后形体恢复等，提高产妇的健康保健水平和生活质量。

（钟　钧）

妇幼保健

【概况】 2022年，梅江区妇幼保健院（以下简称区妇保院）是一家非营利性医疗机构，开展孕前优生健康检查和出生缺陷综合防治服务，承担辖区妇幼保健业务管理、培训和技术支持工作。全年在岗人员144人，其中在编人员40人、聘用人员104人；卫生专业技术人员103人，其中高级职称8人、中级职称35人、初级职称60人。

【公共卫生服务】 2022年，区妇保院基本公共卫生服务项目：全区婚检人数3339人，婚检率82.73%；免费孕前优生检查完成3517人，完成率85.07%；城乡妇女“两癌”免费检查4258人，完成率100%，对有异常者均进行相应的治疗及跟踪随访；增补叶酸预防神经管缺陷3826人，完成率127.5%；辖区发放避孕药具4.63万人次，本院实施免费避孕手术265例。重大公共卫生服务项目：实施预防艾滋病、梅毒和乙肝母婴传播检测，全年全区免费检查孕妇3194名，查出孕产妇艾滋

2022 年 5 月 8 日，梅江区妇幼保健计划生育服务中心到社区开展世界地贫日与庆祝母亲节义诊活动 （区妇保院 供图）

病病毒感染 1 例、梅毒感染孕妇 6 例，进行指导治疗，定期随访；查出乙肝阳性孕产妇 192 人，对新生儿及时接种乙肝免疫球蛋白。出生缺陷防控项目：地贫筛查 3668 人，完成率 145.8%；筛查 2489 人，完成率 98.93%；严重致死致残结构畸形筛查 2234 人，完成率 88.79%；新生儿遗传代谢性疾病筛查 3117 人，完成率 99.11%；新生儿听力筛查 3112 人，完成率 98.95%。全年全区 7 岁以下儿童 2.84 万人，接受随访管理人数 2.77 万人，儿童保健管理率 97.44%。梅州城区幼儿园儿童体格检查 1.69 万人，对检出疾病的进行随访指导治疗。全年全区 5 岁以下儿童死亡 12 例，死亡率 3.7‰，低于标准 4‰以下；婴儿死亡 9 例，死亡率 2.77‰，低于标准 3‰以下；新生儿死亡 6 例，死亡率 1.85‰，低于标准 2‰。

【医疗卫生监管】 2022 年，区妇保院完善医疗质量考核制度，考勤管理制度，规范制度管理，对各科的院内感染控制工作进行督导、检查、监测，收集、统计相关数据。完善消毒供应及医疗垃圾回收，认真做好传染病防控，制定应急预案，维护人民群众身体健康提供保障。抓好临床各科室消毒隔离、感染监控，管好一次性用品，保证病员的医疗安全及防止社会污染。加强病区环境卫生及医疗废物监督管理，完成上级部门下达的其他指令性任务，保证医疗安全。严格执行《传染病报告制度》，及时进行传染病报告，全年报告 77 例。改善环境，优化服务，充分利用媒体、公众号、移动视频彩铃、院内宣传栏、海报、液晶显示屏等渠道向广大群众进行卫生健康宣教，完善数字化医院信息系统，加强网络信息安全，逐步实现以病人为中心、以电子病历为核心的数字化医院。全力抓好医院“创文”“巩卫”工作，按照规范标准推进落实，改善院容院貌。

（张明蓉）

2022 年 9 月 28 日，梅江区妇幼保健院到联合中学举行“青春与关爱同行”为主题的青春期生理健康教育讲座 （区妇保院 供图）

深梅眼科

【概况】 梅江区深梅眼科医院开办于1992年，前身为梅江区西郊卫生院（梅江区深梅眼科中心），院址位于梅州市广梅路中高峰112号。医院占地面积2860平方米，建筑面积5600平方米。2022年，医院有职工107人。其中，卫生技术人员73人，占比68%；高中级及以上医技人员占22%。全年门诊5.5万人次，年出院4000人次。

【医疗设备】 2022年，深梅眼科医院主要设备有德国蔡司高端眼科手术显微镜、新加坡徕卡眼科手术显微镜、德国海德堡Spectralis OCT激光眼科诊断仪、法国光太眼科双波长激光治疗仪、德国卡尔蔡司生物测量仪、光脉冲干眼症治疗仪，爱尔康超乳玻切一体机、德国罗兰眼电生理诊断系统、德国眼表综合分析仪、德国海德堡共焦激光造影系统、TOPCON角膜内皮细胞计、德国OCULUS眼前节测量评估系统、法国光太眼科A/B超、法国依视路磨边机等，为患者提供精准的诊断及治疗。

【专科建设】 2022年，深梅眼科医院开展白内障超声乳化手术+人工晶体植入术，青光眼手术、眼眶肿瘤摘除术、上睑下垂矫正手术、斜视矫正术、视网膜修复术、玻璃体切割术、近视激光治疗等手术。白内障患者可根据患者需求量身定制手术方案，行多焦晶体植入术；对病理性超高度近视患者，进行ICL（有晶体眼后房型人工晶体）植入手术。开展眼底病筛查防治工作，加强眼底病知识的健康教育，提倡“眼底一张照，眼病早知道”，提高人群对眼底病的正确认知，避免错过最佳治疗时机，避免视力受到不可挽回的损失，甚至失明，全年共筛查眼底病1.9万例。与学校联动进校园进行近视防控知识讲座和视力初筛，为学生建立视力健康档案，引导学生到专科医院进一步检查，提供更完善的治疗和防控方案。全年共为9所学校2827名在校学生进行视力初筛、建立视力健康档案。

【便民服务】 2022年，深梅眼科医院着重于患者的全流程服务，持续推进“口碑”工程。坚持以人民健康为中心，坚持为人民群众多办实事好事，深入推进健康中国行动。全年开展义诊活动2次，出动医务人员20人次，为群众义诊280人次，发放健康宣教资料约2000份。

【公益活动】 2022年6月7—9日高考期间，深梅眼科医院助力第九届“红丝带护考活动”，发挥公益志愿精神，形成全社会共同关爱考生、制胜高考的氛围，为高考保驾护航。为高考学子开通绿色通道，优先诊疗；协助主办方在各个考点设立服务点，免费提供眼药水、应急诊疗、备用文具等，为考生提供全方位的服务。

（杨秋芳）

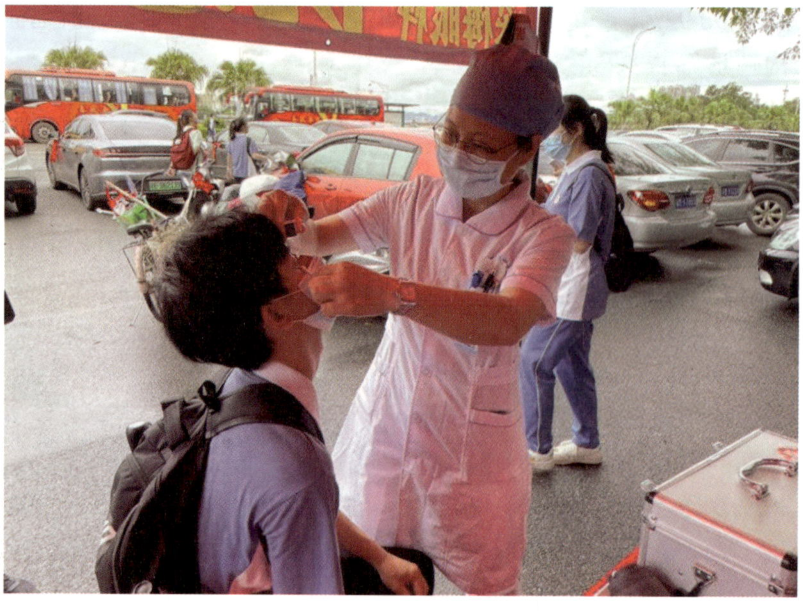

2022年6月7日，梅江区深梅眼科医院医务人员在东山中学服务点为考生服务

（区深梅眼科医院 供图）

社 会 生 活

民 政

【概况】 2022年，梅江区民政局坚持以习近平新时代中国特色社会主义思想为指导，坚决落实“疫情要防住、经济要稳住、发展要安全”的要求，紧密结合民政“十四五”规划目标，用担当诠释为民初心，用实干践行爱民使命，以实际行动奋力谱写民政事业发展新篇章。

【社会救助】 低保标准 2022年1月起，梅江区继续实行城乡一体化发放，提高城乡低保标准（补差水平），城市低保每人每月从800元提高至828元（人均月补差从632元提高至653元），农村低保每人每月从800元提高至828元（人均月补差从395元提高至400元）。至年末全区城乡低保1444户2748人，全年累计支出低保金2246.9万元。

特困供养 2022年1月起，梅江区特困人员基本生活供养标准按不低于当地最低生活保障标准的1.6倍，从每月1280元提高至1325元。至年末全区城乡特困人员共767人（其中集中供养对象201人、分散供养对象566人），累计支出特困人员供养资金1932.41万元。

护理补贴 2022年，梅江区每月发放特困人员供养对象照料护理补贴，按“有生活自理能力、部分丧失生活自理能力、完全丧失生活自理能力”三类标准，对集中供养对象分别给予800元、1000元、1944元护理补贴，分散供养对象分别给予33元、486元、972元护理补贴，全年累计支出护理补贴718.64万元。

临时救助 2022年，梅江区及时对因病、因残、因灾等各种特殊原因造成基本生活出现暂时困难的家庭，给予非定期、非定量的临时救助，着力缓解城乡困难群众突发性、临时性生活困难。全年累计对853人次实施临时救济，发放救济金52.58万元。

脱贫人口 2022年，梅江区发挥民政兜底保障职能作用，对符合条件的脱贫人员按政策纳入农村低保、特困人员救助供养或残疾人两项补贴范围，全年全区建档立卡脱贫人口纳入低保244户465人，纳入特困供养263户266人，享受残疾人“两项补贴”323人，累计发放低保金421.87万元、特困供养金425.42万元、残疾人两项补贴87.62万元。

【社会福利】 市福利院 梅州市福利院占地面积5.8公顷，是一间集儿童福利、特困人员供养、流浪乞讨人员安置、未成年人救助保护等兜底保障服务于一体的综合性公办福利机构，被评为“广东省二级福利机构”、医养结合试点型的“广东省四星级养老机构”。2022年，市福利院工作人员76人，其中编制内干部职工26人、聘用人员50人；服务对象189人，其中困境儿童14人、特困供养人员120人（含各镇、街道抚养）、流浪乞讨人员18人、社会托养老人37人。福利院配套长者床位230张，儿童床位100张。

养老管理 2022年，梅江区共有养老服务机构45间，其中公办养老机构5间（长沙敬老院在建中）、民办养老机构12间、区级居家养老服务中心2间、镇级居家养老服务中心7间、村级居家养老服务站19间。2022年区民政局通过床位建设补助、运营补贴等形式，鼓励社会力量积极兴办养老服务机构，全区配套养老床位1789张，护理床位942张。引导16间养老机构与就近基层医疗机构签订医养合作协议，医疗机构每月安排医务人员定期巡诊，为入住老人开通预约就诊绿色通道，建立健康管理档案。推进4间公办养老机构护理型床位建设。区民政局积极推进落实金山街道群福社区、江南街道鸿都社区、三角镇万象江山小区、客天下社区、城镇社区、龙东社区6处新建小区配套养老服务设施建设。3月，依托保利发展梅州公司无偿移交的保利公园壹号、江南苑三期共计3518平方米社区用房，打造“一站式”整合式社区居家养老服务试点。

适老化改造 2022年，区民政局印发《梅江区关于加快推进“十四五”特殊困难老年人家庭适老化改造工程的实施方案》，对符合条件的居家适老化改造对象及家庭进行全面摸查，结合老年人意愿及实际需求，采取政府补贴等方式为120户特殊困难老年人家庭进行适老化改造，累计投入资金50万元。

技能培训 2022年，区民政局联合区人力资源和社会保障局实施“南粤家政”养老服务技能培训项目，委托梅江区嘉禧社会工作服务中心开展全区养老护理员岗位培训。充分利用梅江区养老服务实训基地，通过线上线下相结合、理论实操相结合的培训模式，开设养老护理、政策解读、疫情防控等技能培训课程，全年累计组织养老领域从业人员290人次参训。加强梅江区养老服务队伍建设，提升从业人员专业化水平。

惠民政策 2022年，梅江区民政局认真落实梅江区高龄老人补（津）贴和百岁老人长寿保健金两项惠民政策，做好资格认证审核和社会化发放，进一步提升高龄老人保障水平。全年全区共有80~99岁的高龄老人1.5万人，百岁老人37人，累计发放高龄津贴345.48万元、长寿保健金15.21万元。

【社会事务】 孤儿保障 2022年1月起，梅江区调整孤儿基本生活最低养育标准，集中供养孤儿从每人每月1883元提高到1949元，分散供养孤儿、事实无人抚养儿童从每人每月1227元提高到1313元。全年全区孤儿共21人（其中集中供养孤儿12人、分散供养孤儿9人），累计发放供养孤儿资金45.17万元；全区事实无人抚养儿童59人，累计发放抚养儿童资金97.07万元。区民政局根据《中华人民共和国民法典》，为群众解答儿童收养登记咨询，全年办理收养登记1宗，出具不符合收养证明7份。

残疾人补贴 2022年1月起，梅江区调整残疾人“两项补贴”发放标准，困难残疾人生活补贴从每人每月181元提高至188元，重度残疾人护理补贴从每人每月243元提高至252元。做好服务对象的资格认定和信息录入，全年全区享受残疾人两项补贴共4842人，其中困难残疾人1179人、重度残疾人3663人；累计发放补贴金额共1371.79万元。

市殡仪馆 梅州市殡仪馆为广东省一级殡仪馆，主要承担遗体接运、火化处理任务，提供遗体告别、整容、骨灰寄存等殡仪服务工作。2022年，梅州市殡仪馆被授予“梅州市最佳志愿服务组织”称号。市殡仪馆有工作人员79人，其中编制内干部职工28人，聘用人员51人；全年火化遗体7687具，上缴行政事业性收费55.85万元，经营服务性总收入2991.99万元。市殡仪馆免除户籍人口10项殡葬基本服务费用基础上，增加梅江区户籍困难群众4项殡葬基本服务项目，全年共减免辖区居民殡葬基本服务费2453宗277.39万元，减免城乡困难群众殡葬费用500宗30万元，减免无人认领遗体费用7宗42.97万元。

殡葬管理 2022年，梅江区政府与各镇（街道）签订殡葬管理目标年度责任书，强化属地监管。做好清明期间祭祀用火巡查和文明祭扫宣传，确保辖区内殡葬场所祭扫安全。梅州市殡仪馆对殡葬选择性服务收费及殡葬用品价格实行市场调节价管理，4月起，鲜花伴灵项目价格下调20%~30%，骨灰盒等丧葬用品执行最高不超30%的差率作价销售。区民政局会同相关部门指导各镇（街道）推进巩固和深化“活人墓”等突出问题整治规范工作。

婚姻登记 2022年，区民政局婚姻登记处挂牌设立梅江区政务服务大厅婚姻登记服务分厅，做好婚姻登记“跨省通办”“全城通办”。完成婚姻登记历史数据补充和完善及档案电子化工作，促进婚姻信息共享。实行网上预约登记，科学预判节日、特殊数字日期婚姻登记形势，适当增加结婚预约量，周末和法定节假日提供便民服务。提供免费颁证和婚姻家庭辅导服务，全年共办理婚姻登记业务4525宗（含跨区域登记806宗），其中结婚登记2184对、离婚登记申请913对、离婚登记651对、补领婚姻登记证325宗、查阅婚姻档案452宗，登记合格率100%；引导群众进行免费婚检，婚检率80%。

移风易俗 2022年，梅江区借助梅州市殡仪馆以殡葬改革宣传月为契机，积极开展文明祭扫、殡葬惠民政策、节地生态安葬等宣传，组织“文明新风进村（社区）移风易俗殡改宣传”活动，引导群众树立文明健康的殡葬祭祀新风。推广完善现代殡仪与客家丧葬传统礼俗相结合的“一站式”殡葬上门治丧服务试点工作，完成4宗现代殡葬礼仪下乡活动。区民政局连续6年开展“鲜花换纸钱”活动，清明节举行骨灰楼公益代祭仪式，结合疫情防控工作提供“云祭扫”，为68户丧属提供免费代祭扫服务。区民政局婚姻登记处，通过政府购买，委托梅江区初心社会组织服务中心，派员驻点提供婚姻家庭辅导服务，全年开展咨询、个案辅导服务共189起。推进婚俗改革，全年组织开展婚事新办简办主题活动、婚姻家庭辅导服务进社区活动共6场，引导广大群众树立正确的婚姻家庭观和文明婚俗，弘扬“重登记、强责任、崇节俭”的社会风尚。

2022年7月26日，梅江区民政局婚姻登记处挂牌设立梅江区政务服务大厅婚姻登记服务分厅 （区民政局 供图）

【政权地名】 政权建设 2022年，区民政局指导全区129个村（社区）100%成立下属公共卫生委员会、环境和物业管理委员会，形成共同治理、有序运行的村（社区）管理新格局。推动全区村（居）议事协商创新实验，修订和完善具有依法保障、自我约束、务实管用的村规民约和居民公约。2022年，梅江区西阳镇北联村村规民约入选《广东百篇优秀村规民约汇编》，梅江区江南街道中心坝社区获“全国先进基层群众性自治组织”称号。加强村（社区）“两委”班子建设，全年全区村委委员325人，社区居委委员278人，村（社区）书记、主任“一肩挑”比例100%，“两委”班子成员交叉任职率98.77%。促进村务公开工作规范化，加强村务监督委员会建设，健全村级民主管理制度，落实村监委成员待遇和经费保障，及时发放村监委成员补贴，补贴标准每人每月平均825元。有序开展正常离任村（社区）干部信息采集，按照规定标准对符合条件的1240名干部发放生活补助，每月常态化、制度化进行资格复审。

区划地名 2022年，区民政局推进《地名管理条例》学习宣传活动，贯彻落实地名公共服务，会同区住房和城乡建设局，做好重要地理方位的住宅楼宇命名更名审批业务转移工作。全面开展国家地名信息库数据质量建设行动，全年审核完善5118条地名信息数据。依托红色地名资源，传承弘扬红色文化，统筹推进部分镇级行政区域界线调整和第二次全国地名普查后续工作，筹划第五轮县级界线联合检查。

【社会组织】 2022年，梅江区共有社会组织208家，其中社会团体65家、民办非企业单位143家；从业人员2900人。全年区民政局办理成立登记社会组织12家，注销登记5家，变更登记21家。推进社会组织党建“双同步”工作，建立社会组织党组织22个，其中行业党委1个、社会组织党支部21个（其中单独组建20个，联合组建1个）；涵盖社会组织27家，社会组织党员负责人147人，选派党建指导员120人，党组织单建率100%，党组织覆盖率83.33%。落实社区社会组织分类管理，完成6家学科类校外培训机构登记管理，培育发展社区社会组织，建立社会组织孵化基地、社区社会组织示范点，引导社会组织参与助力乡村振兴和新时代文明单位创建。加强社会组织综合监管，常态化开展打击非法社会组织专项整治，将社会团体分支（代表）机构整治、社会服务机构非营利专项监管、“僵尸型”社会组织整治等专项工作与“双随机、一公开”抽查、年度工作报告审查有效结合，全年查处非法社会组织1宗，整治“僵尸型”社会组织1家。推进社会组织行业自律体系和信用体系建设，开展行业协会商会领域乱收费乱摊派专项整治“回头看”，加强社会组织异常活动名录和严重失信名单有效归集依法公开。

【慈善公益】 爱心捐赠 2022年，梅江区慈善会积极呼吁社会各界参与“6•30”广东扶贫济困日等慈善捐赠活动，接收爱心捐款782.65万元，其中扶贫济困捐款280.93万元。规范慈善捐款捐物的接收、登记及公示，制定《定向捐赠四方协议》《关于接受定向捐赠资金的承诺书》，做好慈善会年报财务审查、公益性捐赠税前扣除资格确认等工作。围绕“携手做慈善，传播真善美”这一主题，做好第7个“中华慈善日”宣传，联合梅州市慈善会开展“大爱救心”梅州慈善义诊活动，并对中华慈善总会委托国药控股接收和发放慈善项目援助药品的监督检查。区民政局、区慈善会联合发出《抗疫募捐倡议书》，引导社会力量参与梅江区“一老一小”民政服务机构疫情防控爱心捐赠活动。捐赠活动后，有效纾解疫情防控期间养老服务、儿童福利机构的运营压力。

福彩销售 2022年，梅江区加强彩票发行销售管理，促进彩票市场安全运行，全区共有销售网点122个，全年销售福利彩票8159万元，筹集福彩公益金326万元，足额完成上级下达的销售任务。全年梅江区福利彩票发行中心累计出动巡查人员60批次，确保辖区福利彩票销售投注站消防安全和疫情防控安全防范。

社工服务 2022年，区民政局挂牌设立镇（街道）社会工作服务站7间和30间村（社区）社会工作服务点，配套基层社会工作者143人，实现全区镇（街道）社会工作服务站（点）100%覆盖、困难群众和特殊群体社会工作服务100%覆盖。完成梅江区2022年度公开招聘“广东兜底民生服务社会工作双百工程”、镇（街道）社会工作服务站社工工作，组织社会工作专业和实务专题培训，充实民政领域社会工作服务力量，做好为民服务“最后一公里”。

志愿服务 2022年，梅江区推进“社会工作者+志愿者”协作机制，将社会工作专业理念和专业方法引入志愿服务活动中，全面提升志愿服务专业水平。全年全区实名注册志愿者6.54万人，其中持证志愿者4.53万人，注册志愿者持证比例69.34%，注册志愿服务组织及团体233个，累计开展志愿者活动2.11万次，平均每天开展志愿活动29.97次。区民政局围绕“创文”“巩卫”、垃圾分类、疫情防控、安全生产、普法宣传、关爱慰问、环境保洁、植绿护绿等主题，累计组织党员干部50批次1200人次，深入挂点村（社区）开展多样化志愿服务活动。立足社区实际和居民需求，开发一批灵活多样、便民利民、居民认同度高的志愿服务项目，打造梅江特色志愿品牌，成立民政扶贫志愿服务队，提供“菜单式”志愿服务。

【民政经费】 2022年，区民政局加强项目预算编制，争取上级资金支持，在发展中保障和改善民生，做好福利养老、社会救助、基层政权等资金保障工作。全年投入民政事业支出7977.05万元，其中一般公共服务支出47.45万元、社会保障和就业支出7367.06万元、卫生健康支出2.23万元、农林水支出192.46万元、住房保障支出32.22万元、其他支出335.63万元。民政经费主要用于困难群众救助补助、残疾人两项补贴、养老服务体系建设项目和社会福利等项目支出。

【专项整治】 2022年，区民政局制定《2022年度民政领域八项专项整治行动工作方案》，成立领导小组，坚持底线思维，按照“属地管理、分级负责”的原则，协同相关职能部门加强对民政领域的督促指导和跟踪问效，有效防范化解各类风险隐患，健全长效管理机制。开展规范兜底保障动态管理专项行动，规范社会救助对象动态管理，做好纳保、退保、认定工作，有序清退不符合条件的建档立卡脱贫人口。开展养老服务领域防范化解诈骗与非法集资风险专项行动，督促养老服务机构打击整治养老诈骗行动，做好“点对点”风险提示和预警信息，深入养老服务机构宣传养老诈骗犯罪典型案例，揭露养老诈骗“套路”手法，增强服务对象法治意识和识骗防骗能力，最大限度挤压“行骗空间”。开展儿童福利和未成年人保护工作全面集中整治专项行动，督促儿童福利机构规范建立翔实完备的儿童信息档案，在各镇（街道）“双百工程”〔提出用两年时间实现乡镇（街道）社会工作服务站100%覆盖、困难群众和特殊群体社会工作服务100%覆盖〕社工站加挂成立未成年人保护工作站，坚决兜住以孤弃儿童为重点的困境儿童保障和未成年人保护工作底线，健全政策保障和管理机制。开展规范慈善财产投资活动专项行动，全面排查梅江区慈善组织保值增值投资活动，完善慈善财产投资制度和自律机制。开展规范社会团体分支（代表）机构专项行动，通过自查自纠、年度报告、抽查审计、“双随机、一公开”等方式开展专项检查，规范完善社会组织法人内部治理。开展民政数据治理专项行动，对惠民补贴发放信息数据比对、核查和整改，每月校正资金发放账户，确保三账合一，健全完善民政数据动态监管常态化机制。开展深化社区“万能章”治理专项行动，排查梳理居民群众需要基层群众性自治组织开具证明的情形，统筹制定县区职能部门、乡镇（街道）在村（社区）治理方面的权责清单。开展深化规范殡葬业价格秩序、安葬（放）设施建设经营专项行动，针对仙鹤山庄排查发现的价格公示栏、骨灰格位租（售）和用地方面等历史遗留问题，发出《监督意见书》要求立行立改，积极配合市、区自然资源部门加大用地手续完善工作力度。开展困难家庭特殊群体排查救助专项行动，协调区卫健、公安、残联等部门对排查发现的18名“六类人员”（无户籍人员、非国籍人员、疑似精神障碍患者、疑似残疾人、疑似被拐被骗人员和疑似被拘禁虐待人员）进行“一人一档”登记，分类提供解决方案，按要求全面完成专项救助工作。

【项目建设】 2022年，区民政局按时保质完成重点项目建设，着力提升梅江民生服务质量，加快基础设施升级改造。梅江区居家养老服务中心建设项目基本完工，推进梅江区长者康养中心建设及配套设施提升工程勘察、初步设计等工作。实施社区长者助餐配餐服务，建设客天下社区长者饭堂项目，运营维护“互联网+明厨亮灶”视频监控平台和长者饭堂信息化服务平台。推进梅州市殡仪馆改建扩建工程项目建设，依法依规做好首期改建工程项目施工招标，同步推进二期扩建工程项目勘察规划设计等工作。加快西阳镇级、双黄村级公益性生态公墓建设和区域性公益性骨灰存放设施选址，与梅州市福乐墓园管理有限公司梅江区分公司签订梅江区经营性公墓项目投资履约协议，做好公墓报批报建动工等工作。

【党建引领】 2022年，区民政局围绕增强基层党组织政治功能和组织功能推进“一带一联”，成立挂点工作领导小组，加强与西郊街道三角塘社区、西郊村和西阳镇塘青村的结对共建，每季度召开1次联席会议，落实“一月一议事”和“三会一课”制度，组织开展党日系列活动。巩固拓展脱贫攻坚成果同乡村振兴有效衔接，统筹城乡协调发展，派出驻镇干部助力西郊街道乡村振兴工作，投入工作经费20万元，支持挂点村（社区）开展“创文”活动及乡村振兴工作。推进党史学习教育常态化长效化，推动“我为群众办实事”实践活动走深走实，组织党员干部开展志愿者文明交通、垃圾分类、“创文”宣传、生态环保、疫情防控和疫苗接种等“双到”宣传工作，与挂点村（社区）协同志愿参与率100%。开展“平安出行”寒假安全教育系列活动、“知爱感恩•共寄遥念”暨清明祭扫志愿服务行动、“七夕‘爱在七夕，幸福有你’”主题活动和“创文、巩卫”暨周末卫生日等志愿活动，深入开展关爱特殊群体、走访慰问困难帮扶对象等公益活动，创建有利青少年健康成长的社会文化环境，有力推进全国文明城市创建活动。

【安全生产】 2022年，区民政局负责民政领域安全生产监管责任，联合区应急管理局、区市场监督管理局及各镇（街道）每月定期或不定期和重要时间节点开展安全生产隐患大排查，进行消防安全治理专项检查，全年累计出动检查人员101人次，排查整改安全生产风险隐患118处。同时依托“互联网+明厨亮灶”视频监控平台抓好养老服务机构疫情防控和食品安全，实现远程监管与实地巡查相结合。同时，抓好防汛救灾、监测预警和应急避险工作。开展“寒冬送温暖”专项行动，为受强冷空气影响需临时救助的困难群众送去御寒暖包289份，开展助力“一老一小”民政服务机构疫情防控捐赠物资社会服务活动，为受疫情影响需临时救助的困难群众发放爱心健康药包496份。协调区住房和城乡建设局推进解决金山街道敬老院、西阳镇敬老院等6家养老机构消防审查验收备案问题，深入养老机构做好消防安全、森林防火、疫情防控、食品安全等方面的知识宣传，联动组织应急演练培训，牢牢守住“民政服务机构不发生安全事故”工作底线。

（曾晓玲）

人力资源和社会保障

【概况】 2022年，梅江区人力资源和社会保障局（以下简称区人社局）坚持以习近平新时代中国特色社会主义思想为指导，贯彻落实区委九届二次全会精神，全面完成人社事业发展年度目标和区政府民生实事任务。

【社会保险】 2022年，区人社局完成企业职工基本养老保险参保5.97万人、城乡居民基本养老保险参保5.73万人，失业保险参保4.65万人，工伤保险参保6.41万人。基金征缴收入企业职工基本养老保险5.44亿元，失业保险855万元，工伤保险520万元。阶段性实施缓缴社会保险费政策，缓缴金额1340.6万元。实施阶段性降低工伤保险费率政策和执行失业保险浮动费率政策，落实特定人员参加工伤保险办法，实现工伤保险制度和人群全覆盖，落实企业职工养老保险单位缴费比例调整过渡工作。发放失业补助金7242人次395.46万元，发放一次性留工培训补助6026家、企业1745.46万元。开展社会保险基金管理提升年行动，扎实推进社会保险风险防控“清数”和“筑墙”专项行动。抓好企业职工养老保险基金全国统筹，工伤保险、失业保险基金省级统筹，城乡居民养老保险市级管理、机关事业单位养老改革等重点工作。

【就业服务】 2022年，区人社局在全市率先开展“直播带岗”和暖企稳岗送政策、送资金、送服务“三送”活动。举办“百日千万”网络招聘、“春暖梅江”等各类就业招聘活动27场次，提供就业岗位1.45万个，达成就业意向2997多人次。落实各类稳岗、促就业、扶创业、带就业政策补贴，强化就业困难群体政策补贴支持倾斜，开展失业风险防控监测工作，针对重点企业开展纾困稳岗服务活动。发放各类就业创业补贴、技能培训补贴和担保贷款贴息960多万元。受理申领就业困难人员灵活就业社保补贴352人次，补贴金额共118万余元。全年实现城镇新增就业2304人，失业人员实现再就业1208人，就业困难人员再就业155人，城镇登记失业率2.5%，区十件民生实事相关就业方面目标任务全面完成。

【技能培训】 2022年，区人社局推进“三项工程”高质量发展，构建政府主导、行业主抓、企业参与、全民普惠的劳动职业技能培训提升体系。完成“粤菜师傅”培训120人次，“南粤家政”技能培训754人次，“广东技工”各类职业技能提升培训2273人次，超额完成年度“三项工程”民生实事目标任务。推进2022年区委、区政府重点工作“客都美食街区”及梅江区公共实训基地建设项目。“客都美食街区”项目完成立项，施工许可已获批。实训基地完成立项，完成基地大楼建设用地（3229平方米）不动产权登记过户。

2022年10月14日，梅州市梅江区举办“粤菜师傅”工程中式烹调师技能大赛 （区人社局 供图）

【人事人才】 2022年，区人社局开展广东省事业单位集中公开招聘高校毕业生、梅州市梅江区公开招聘教师、梅州市梅江区事业单位公开招聘工作人员工作，共发布岗位58个，拟招聘人数131人，实际招聘111人。全区办理调动手续共73人次，其中区外调入13人，调出区外11人，区内调动49人，办理抽（借）调96人次。出台《事业单位管理岗位职员等级晋升工作流程》，完成职员等级晋升61人。全区事业单位专技人员共计5208人，其中高级职称971人、中级职称2468人、初级职称1769人。完成区、镇两级乡村振兴人才驿站建设任务并投入运营，全年开展人才培训交流和“青梅计划”宣传活动12场次，推进乡村振兴乡土人才库建库工作。

【劳动保障】 2022年，梅江区政府出台《梅江区根治拖欠农民工工资应急处置工作方案》，区人社局建立“每周一排查、半月一研判、每月一督导”机制。聚焦重大建筑施工和在建政府工程、房地产大型项目，加强专项检查。2022 年市对区农民工工资支付考核工作获得优秀 A 等级。稳妥处置劳动关系群体性事件，完善劳动关系协调、风险防范预警等制度机制。规范落实农民工工资保证金、农民工工资应急周转金、工程项目农民工实名制管理制度、工程项目农民工工资专用账户制度、工程项目按月足额支付农民工工资制度。劳动仲裁院建立快立快调机制，为农民工开设绿色通道，并创新开展巡回仲裁庭工作，把仲裁调解工作搬到一线。

（李立智）

残疾人保障

【概况】 2022 年，梅江区残疾人联合会（以下简称区残联）业务联系指导镇（街道）残联 7 个、残疾人协会 5 个、社区康园中心 7 个。全年梅江区有 5812 人持残疾人证。区残联以残疾人需求为导向，一切以关心残疾人的利益为出发点，着力做好残疾人的基本救助、社会福利、康复服务、教育就业等各项工作，为残疾人办好事、做实事，解决残疾人“急难愁盼”问题。

【社会保障】 2022 年，区残联将残疾人“两项补贴”落实到位。全年全区共有 1179 名贫困残疾人享受生活津贴每人每月 188 元，有 3662 名重度残疾人享受重度残疾人护理补贴每人每月 252 元，172 名残疾人享受梅江区贫困残疾人生活补助每人每月 150 元。2022 年，为 1938 名残疾人代缴城乡居民基本医疗保险每人 350 元，将 1852 名符合条件的残疾人缴纳基本养老保险每人 120 元，为 37 名 60 周岁以上残疾人趸交基本养老保险，在册登记 43 辆残疾人机电动轮椅车，发放燃油补助每辆 260 元，合计 1.12 万元。

【康复服务】 2022 年，区残联认真实施残疾人精准康复服务，不断提高有康复需求的残疾人基本康复服务覆盖率，优先保障户籍人口 0~6 岁残疾儿童抢救性康复服务，优化辅助器具推广和适配服务。全年有 85 名 0~6 岁残疾儿童获得康复补助，459 人获得康复服务，20 人获得居家康复服务，康复服务率 85%；获得辅助器具适配服务 165 人次，辅助器具适配率 97%；为白内障患者提供免费手术 160 例。

【教育扶助】 2022 年，区残联会同区教育部门全面贯彻落实《残疾人教育条例》，实施“南粤扶残助学工程”和中央专项彩票公益金助学项目，为考取全日制中专（高中）和本、专科院校的 36 名困难残疾学生和贫困残疾人家庭子女一次性发放扶助残学金 9 万元。全面核实未入学适龄残疾儿童少年数据，保障残疾儿童少年接受义务教育权益。开展形式多样残疾未成年人主题道德教育实践活动，关爱未成年残疾人教育水平和资助力度稳步提高。

【就业帮扶】 2022 年，区残联通过举办线上线下的残疾人招聘会，推进残疾人就业创业，全区有 292 家单位安排 664 名残疾人就业，并为 62 名残疾人举办农村实用技术蔬菜种植培训。通过开展培训，给残疾人提供更好的就业平台，鼓励残疾人自主创业、自谋职业，树立自立自强意识，形成全社会关心、关爱、支持残疾人就业创业氛围。

【扶残助残】 2022 年，区残联开展各类残疾人文体活动 20 场次。开展残疾人培养，残疾运动员魏国平通过政府的培养和自身努力，被北京体育大学录取，是梅江区近年第二位考取“双一流”大学的残疾人。发挥报刊、融媒体、网络等宣传平台，全年发表稿件 40 篇。大力宣传党和政府以及全社会对残疾人的关心、帮助，树立残疾人自强不息的先进典型，积极反映残疾人生活和残疾人事业发展状况，激发全社会扶残助残热情，倡导扶残助残良好风尚。

【关爱服务】 2022 年，区残联围绕残疾人所需所想所盼，举办各类主题服务活动，重大节日期间，组织志愿者，邀请爱心企业、爱心人士对困难残

2022 年 5 月第三十二次全国助残日期间，梅江区残疾人联合会联合西阳镇政府举办“送温暖、讲政策、稳就业”系列主题活动

（区残联　供图）

疾人、残疾儿童开展慰问活动，惠及 1000 多人次。5 月，举办主题为“促进残疾人就业•保障残疾人权益”的梅江区第三十二次全国法定助残日活动，给残疾人送上电子血压计、食用油、大米、电饭锅等物资。联合西阳镇政府举办“送温暖、讲政策、稳就业”主题活动，给残疾人送上慰问金和食物价值合计 1.5 万元。全年开展志愿活动 22 场次，参与活动志愿者 600 人次，筹集爱心善款、物资折合 9.38 万元。

【区残联第七次代表大会】 2022 年 12 月 15 日，梅州市梅江区残疾人联合会第七次代表大会在梅江区政府礼堂召开。会议主题是以习近平新时代中国特色社会主义思想为指导，落实习近平总书记关于残疾人工作的重要指示批示精神，坚持和加强党的全面领导，发挥残联组织代表、服务、管理作用，推进残疾人组织治理体系和治理能力现代化，激发广大残疾人自强不息精神。会议总结梅江区残疾人事业发展的成就和经验，谋划部署下一个五年残疾人事业发展战略、工作方针和主要任务。

（陈维院）

关心下一代工作

【概况】 2022 年，梅江区关心下一代工作委员会（以下简称区关工委）组织全区关工委工作者和广大“五老”（老干部、老战士、老专家、老教授、老模范）深入学习习近平总书记对关心下一代工作的重要指示，贯彻落实全国、省、市关工委各项工作部署，推动关心下一代工作创新发展，加强青少年的思想道德建设。

【青少年引导】 2022 年，区关工委联合区教育局在全区中小学组织宣传和学习党的百年历史，在青少年中营造一个知党、爱党、敬党、颂党的浓厚氛围，唱响时代主旋律。认真组织学习贯彻习近平总书记的重要讲话精神，引导青少年从小听党话，感党恩，跟党走，培养担当民族复兴大任的时代新人。开展丰富多彩的“童心向党”实践活动，联合区教育局开展“弘扬苏区精神，劳动创造幸福”主题征文活动，共收到征文 601 篇，评选出优秀作品 34 篇。

【助力乡村振兴】 2022 年，区关工委深入贯彻落实乡村振兴战略，大力培育讲政治、有理想、懂技术、会经营的农村致富带头青年人才，进一步搭建农村青年党员带头创业、发挥先锋模范作用和带领群众共同致富的平台。会同区委组织部、区农业农村局，授予梅州市乐得鲜农业开发有限公司等 6 家企业为梅江区首批农村创业青年党员示范基地，并举行授牌仪式。联合区农业农村局等多家单位和部门在梅州市强惠农业发展有限公司举办“别样吃苦，一道甘甜”梅江白宫苦瓜网络直播活动。同时，委托梅州市强惠农业发展有限公司承办梅江区乡村振兴实用人才培训专题班 3 期。

【“三百”活动】 2022 年，由梅州市关工委、梅江区关工委主办，江南街道党工委、红光社区党委协办，以“快乐过暑假，安全不‘放假’”为主

2022 年 8 月 2 日，梅江区关工委在江南街道开展“快乐过暑假，安全不‘放假’”暑期“三百”活动　　（区关工委　供图）

题的暑期“三百”（百小尊百老、百老带百少、百业助百校）系列活动，设科普微课堂、书法课堂、交通安全记心间、安全用电伴我行、反诈防骗课堂等主题活动。结合“创文”中心工作任务清单，联合基层社区和各学校开展“大手牵小手 一起学雷锋”亲子公益环保志愿服务、“邀约春天里，我们在悦读”全民阅读、“送法进万家 家教伴成长”家庭教育宣传等主题活动。

【关爱困境儿童】　2022 年，区关工委组织“五老”及志愿者，协助各镇（街道）妇联、共青团组织在全区城乡开展送家风故事、送家教服务、送法治安全、送社会关爱“四送”及把爱带回家活动，让广大少年儿童及其家长充分感受到党和政府的关怀和温暖。“六一”国际儿童节，联合区委组织部、区妇联等单位，在梅州师范附小开展“情暖童心 欢度六一”慰问困境儿童活动。

（刘锦岳）

精神文明建设

【概况】　2022 年，梅江区精神文明建设工作以习近平新时代中国特色社会主义思想为指导，全面学习宣传贯彻中共二十大精神，以广泛践行社会主义核心价值观为主线，以推进创建全国文明城市为抓手，持续深化文明培育、文明实践、文明创建，着力提高人民文明素养和全社会文明程度，为梅江加快打造高质量发展示范区提供坚强思想保证和强大精神力量。

【创建全国文明城市】　2022 年，梅江区高度重视创建全国文明城市工作，在区委常委会、区政府常务会多次研究，7 月 4 日，召开 2022 年梅江区文明委全体会议暨创建全国文明城市工作推进会，会议强调，加强责任落实，将任务分解到岗、把责任落实到人。压紧压实网格和实地考察点位责任，综合区领导挂点督办、绩效考核挂钩等措施，凝聚创建工作合力。要求各挂点单位结合实际情况，多方筹集、调动社会力量和单

2022 年 7 月 4 日，梅江区在区委礼堂召开 2022 年梅州市梅江区文明委全体会议暨创建全国文明城市工作推进会　　（区文明办　供图）

位、项目化等对社区（村）创建工作投入资金。印发《2022年梅州市梅江区创建全国文明城市测评体系任务分解表》《2022年梅州市梅江区未成年人思想道德建设工作测评体系任务分解表》，以及每月《重点工作提醒函》，及时部署网上申报材料、实地考察、问卷调查等各项工作任务，明确各项指标工作要求和牵头单位、责任单位。印发《2022年梅州市梅江区创建全国文明城市和未成年人思想道德建设网上申报材料工作指引》，指导各责任单位规范制定印发规范性文件、起草说明报告、拍摄活动图片、提交申报材料。全年市、区“创文办”进行3轮材料收集、会审工作，并及时将会审情况反馈至各责任单位，要求对标对表，迅速查漏补缺。定于12月20日至2023年1月10日，完成2022年度网上材料测评工作。

2022年5月15日，梅江区新时代文明实践志愿服务总队、区文明办、区妇联在梅江区新时代文明实践中心联合开展“强国复兴有我”群众性主题宣传教育活动 （区文明办 供图）

【城市管理】 2022年，梅江区明确各级各单位的职责分工，实施清单式管理，彻底整改问题短板。通过挂点领导带头深入到各镇（街道）、社区（村），各级各部门共同参与，全面抓好公益广告、环境改造、交通秩序、市场环境等重点工作。开展“门前三包”、背街小巷整治、缆线整治、老旧小区改造等专项行动。2022年完成200多个单位及私人房屋铁皮瓦整治，修补坑洼道路90多条，修复沥青路面和推进老旧小区改造等市政建设项目。同时，开展梅州城区主次干道、背街小巷和小区的缆线整治，城市管理成效明显，管理水平进一步提升。

【文明培育】 2022年，梅江区加强《新时代公民道德实施纲要》《新时代爱国主义教育实施纲要》《梅州市文明行为促进条例》的学习宣传，引导市民在实践中感知领悟和自觉践行。积极创作诗词、散文、小品等文艺精品，以文艺创作形式弘扬社会主义核心价值观，引领文明向善风尚。持续深入推动文明镇村达标创建工作，组织开展梅江区“文明家庭”“星级文明户”等评选活动。举办“传承弘扬好家风，迎接党的二十大”2022年梅州市梅江区家庭教育宣传周活动，文明家庭、最美家庭授荣仪式等。同时推进各镇（街道）打造本级家教家风基地示范点，抓好家风家教建设，逐步形成传承好家风好家训，助推乡村振兴发展。大力开展道德模范、身边好人、学雷锋志愿服务“四个100”、最美系列人物评选，发挥典型力量，“以榜样评选”为主题教育引导群众。2022年，梅江区获评“广东好人”1人、“梅州好人”5人，共评选出文明户1.90万户和星级文明户4190户。

【文明实践】 2022年，梅江区整合资源在民主路15号建设梅江区新时代文明实践中心，抓实3所新时代文明实践示范所和26所新时代文明实践示范站建设，在全区全面铺开，探索建立行之有效的工作机制和运行模式，打造文明实践“第一方阵”。要求全区各新时代文明实践中心（所、站）按照有固定场地、有统一标识、有组织架构、有管理制度、有活动规划、有专人管理、有活动台账、有宣传窗口、有群众需求征集途径“九有”标准规范新时代文明实践中心（所、站）阵地建设。做活志愿服务，进一步完善“群众点单、中心（所、站）派单、志愿服务队接单、群众评单”相贯通模式，实现供需精准对接。统筹教育、卫生、文化、科技、法律、体育等资源，打造理论宣讲、教育服务、文化服务、科技服务、体育服务等“五大平台”，从送春联、迎新春社区演出到端午包粽子、从践行文明祭扫到绿色清明、从身边好人到文明家庭、从移风易俗到树新风改陋习，从印发《关于发挥新时代文明实践中心所站作用积极参与疫情防控工作的倡议书》《致奋战在全区疫情防控一线的广大志愿服务组织、志愿者的一封感谢信》到录制《五句板｜梅江防疫有八条》宣传片、举行“学习贯彻党的二十大精神•红色梅江故事我来讲”小小红色讲解员走进梅江区新时代文明实践中心主题活动，各新时代文明实践中心（所、站）持续开展丰富多彩的文明实践活动，有效打通宣传群众、教育群众、关心群众、服务群众“最后一公里”。各级各单位加强新时代文明实践志愿服务队伍活动开展，结合创建全国文明城市“双到”（党员干部、志愿者）进社区、进小区参与志愿服务。文明交通、低碳环保、法律援助、扶贫济困等志愿服务项目持续开展。至年末，全区共注册志愿者 6.65 万名，志愿服务组织及团体 235 个，开展各类文明实践活动 2.23 万场，累计志愿服务时长 190.8 万小时。

【未成年人思想道德建设】 2022 年，梅江区落实区领导挂点联系中小学校思想政治教育及意识形态工作，加强对学校思政工作的指导。9 月 29 日，召开梅州市梅江区未成年人思想道德建设工作会议，总结部署梅江区未成年人思想道德建设工作。宣传推广梅江区鸿都小学全国文明校园创建成功经验和做法，扩大文明校园创建覆盖面，让文明校园创建工作成为精神文明建设的响亮品牌。加强区级校外青少年心理健康辅导中心建设，开展“阳光成长”心理健康教育讲座，积极构建家庭、学校、社会“三位一体”德育体系。组织“扣好人生第一粒扣子”“强国复兴有我”系列活动展演，举行“学习贯彻党的二十大精神•红色梅江故事我来讲”小小红色讲解员走进梅江区新时代文明实践中心主题活动，培育和践行社会主义核心价值观，引导未成年人以实际行动积极参与新时代文明实践中心建设。组织开展“新时代好少年”先进事迹学习宣传活动，充分发挥示范带动作用，引导未成年人崇德向善、见贤思齐。2022 年，梅江区李锦荣获评广东“新时代好少年”，黄梓涵等 6 名同学获评梅州“新时代好少年”，元城小学等 5 所学校获评第六届“梅州市文明校园”。

（宋　珊）

2022 年 9 月 29 日，梅江区在元城小学召开梅州市梅江区未成年人思想道德建设工作会议　（区文明办　供图）

镇·街道

长 沙 镇

【概况】 梅江区长沙镇位于梅江区南部，镇域面积94.77平方千米，山地面积7.47万公顷，耕地面积292.78公顷，森林覆盖率80.2%，空气质量优良率99%。2022年梅江区长沙镇下辖小密村、长沙村、大密村、上罗村、下罗村、澄滩村6个村民委员会和1个墟镇居民委员会，镇党委下设党总支7个，党支部25个，中共党员512人；辖区有长沙革命烈士纪念园、陈公坪苏维埃政府旧址群等16处红色文化资源，年末，全镇总户数3885户，总人口13139人。其中，男性6476人，女性6663人。2022年，长沙镇立足城产融合发展区定位，抢抓加快推动梅州建设赣闽粤原中央苏区对接融入粤港澳大湾区振兴发展先行区机遇，狠抓发展第一要务，全面激发内生动力，坚定不移推动高质量发展。

【党建引领】 2022年，梅江区长沙镇始终把党的建设摆在首位，全面深入实施新一轮加强党的基层组织建设三年行动计划，通过抓支部、抓书记、抓党员，不断强化基层组织建设。强化理论学习，始终把贯彻落实习近平总书记重要讲话、重要指示批示精神和党中央决策部署作为党委会议的第一议题和理论学习中心组学习的必修课程、常设议题，全年共传达学习习近平总书记重要讲话、重要指示批示精神30项，《习近平谈治国理政》宣讲12次。严格落实党委理论学习中心组学习制度、例会学习制度和“三会一课”制度，引领干部职工忠诚拥护“两个确立”，增强“四个意识”、坚定“四个自信”、做到“两个维护”。压实主体责任，严格落实党建工作责任制，制定完善责任清单，压实党政领导班子和各级书记职责，真正做到书记抓、抓书记，抓实“头雁”作用。持续抓好基层党组织书记党务知识、乡村振兴、巩固脱贫等专题学习培训11次，并举办“村级党组织书记擂台班”，“头雁”引领能力不断提高。规范支部建设，抓好党支部工作条例、农村基层组织工作条例等贯彻落实，全面落实“四议两公开”（村党组织提议、村“两委”会议商议、党员大会审议、村民会议或者村民代表会议决议，决议公开、实施结果公开），规范“三会一课”，推进镇机关党支部升格党总支，“两新”党组织规范化建设。探索“强村带弱村”结对帮扶新模式，全面加强辖区村级党组织建设。凝聚党员力量，建立“党代表联系党员+党员联系户+网格化治理”的联系服务群众制度，实现党代表联络联动网格化管理。组建农村党员先锋队，广泛动员党员干部投入乡村振兴、疫情防控、基层治理等工作，营造“党员示范、干部带头、群众参与”的良好氛围。抓住“青梅计划”等政策机遇，全面统筹推进乡村振兴人才队伍建设，加强村级后备干部储备的培养，全年引进人才40多人，为村（居）提供人才支撑。

【经济建设】 2022年，梅江区长沙镇基本完成总投资700多万元的红色遗址改造项目，加快建设长沙圩镇段水环境整治工程，总投资2800多万元。全域自然村集中供水工程全面完成，累计铺设管网30千米，总投资1100多万元。总投资400万元的海滨园老旧小区改造项目全面开工，计划投资5000万元的梅州市宝长建筑工程有限公司年产铝合金门窗生产线建设项目，以及计划投资 2300 万元的大密田园科普体验综合体项目顺利落户。

【乡村振兴】 2022 年，梅江区长沙镇大力开展农村人居环境整治“百日攻坚”行动，累计整改农村问题厕所 40 座、拆除破危泥砖房 3600 平方米，修复危旧老屋 15 座 1.5 万平方米，清理农村房前屋后生活垃圾 4000 处。实施“光伏+外立面”改造和“五小园”建设，全年完成 100 户改造任务、建成“五小园”2 个。澄滩段碧道樱花、梅花种植项目有序推进，城乡面貌显著改善。驻镇帮镇扶村工作队帮扶机制深入推进，谋划建设光伏发电项目、梅州客家非遗文化传承保护基地项目，为乡村振兴聚力赋能。乡村振兴示范带加快建设，积极探索小密村、大密村、澄滩村“国防教育+非遗文化+特色种养”等业态融合发展，以点带面夯实乡村产业基础。在小密村投入 200 万元，建成民兵整训基地，实现集体增收 17 万元。大力推广强泰丝苗米种植“合作社+农户+基地”模式，全年实现产值 145 万元。2022 年，全镇行政村如期实现集体经济收入 10 万元以上。

【环境优化】 2022 年，梅江区长沙镇坚定践行“绿水青山就是金山银山”理念，不折不扣贯彻落实绿美梅江生态建设工作部署。以创建全国文明城市为抓手，持续巩固提升“创卫”工作成果。依托新时代文明实践所（站），开展丰富多样的志愿服务活动，进一步提高干部群众“创文”“巩卫”主人翁意识和责任感。全力打赢生态环境保卫战，做好环保督察问题整改“后半篇文章”，实现生态环境常态长效管理。大力开展生态环境专项整治和农村乱占耕地建房问题整治，落实违法用地整治和耕地流出问题图斑整改。巩固绿色发展生态屏障，全面落实河（湖）长制、林长制，加强古树名木挂牌和日常管护，建设生物防火林带 43 千米，常态化开展巡林检查，完成森林松材线虫防治 1600 公顷；扎实开展河道日常巡查，促进“河长制”工作常态化，全力做好森林防火工作，全年发生无森林火灾。

2022 年，梅江区长沙镇小密村民兵整训基地训练器材

（梅江区长沙镇 供图）

【民生实事】 2022 年，梅江区长沙镇始终把保障和改善民生抓紧抓实，努力为群众办实事、解难事、做好事。推进乡村振兴驻镇帮镇扶村工作，推动巩固拓展脱贫攻坚成果同乡村振兴有效衔接。坚持分类施策，全面落实“一户一策、一人一档”措施。实现全镇精准扶贫户 79 户 139 人稳定脱贫不返贫。开展“我为群众办实事”实践活动，十件民生实事顺利推进，完成澄滩村 1.5 千米碧道太阳能路灯安装，完成 6.5 千米山区道路和 2.28 千米村内道路建成通车，解决群众急难愁盼的问题。发挥“双百”（广东兜底民生服务社会工作双百工程）社工兜底民生服务作用，全力做好重点人群关爱服务工作。全面完成全镇低保家庭 103 户、特困人员 86 名、低收入家庭 6 户的全面复核工作。完成年度城乡居民基本医保征缴，征缴率 100%。加强自然资源管理，

落实辖区土地动态巡查，加强地质灾害防治，加大削坡建房户的巡查监管力度，落实耕地保护，对违法用地进行强制拆除。全年发现违法用地22宗，发出责令停止自然资源违法行为通知书22份，违法用地查处率100%。

【平安建设】 2022年，梅江区长沙镇坚持以人民为中心理念，以科技应用推进社会治理现代化，切实履行保障大局稳定职责。落实矛盾纠纷领导包案制度，扎实推进扫黑除恶常态化和“平安梅江”“法治梅江”建设。大力开展治理电信网络新型违法犯罪活动，全年累计处理各类矛盾纠纷123宗，成功调处118宗，调处成功率96%。保持对各种违法犯罪活动的高压态势，全年立刑事案件23宗，侦破本地案件9宗。开展普法送法下乡、智慧安防布控、综治网格化巡查和扫黑除恶等活动，及时调解民间纠纷，加大对农村黑恶势力打击力度，坚决整治群众身边腐败和作风问题，保持社会和谐稳定。2022年，长沙镇信访工作获评全省先进。全面落实“双主任制”“一岗双责”“党政同责”制度，牢固树立安全发展观念，加强重点行业和领域安全专项整治和隐患排查治理，组织开展排查交通道路、渡口渡船、企业安全、校园安全、消防安全等共53家，整治隐患34处，发出整改通知书6份。全年通过宣传展板、发放安全知识宣传图册500多份，排查居民自建住宅1629家，发现隐患146处，落实整改143处，整改合格1626家；开展消防安全“扫雷”行动，排查“三合一”（集生产、生活、仓库于一体的小工厂小作坊）场所33家，违规住人17家；对违规住人场所实行挂红牌警示，强化“三合一”场所消防安全管理，确保社会和谐稳定。

【监督执纪】 2022年，梅江区长沙镇强化党内监督，夯实管党治党责任。加强对党的路线方针政策和省、市、区、镇决策部署落实情况的监督检查，坚决纠正有令不行、有禁不止行为。坚持挺纪在前，“零容忍”惩治腐败，坚决减存量、重点遏增量，形成反腐败斗争压倒性态势。全年处置问题线索11件，立案5件5人，党纪政务处分3人。建立健全谈话提醒工作制度，推动全面从严治党主体责任向基层延伸，全年全镇开展日常谈话27人次，提醒谈话4人次。

（吴文斌）

三 角 镇

【概况】 梅江区三角镇位于梅州市南郊城乡接合部，镇域面积37.99平方千米。2022年，梅江区三角镇下辖13个村、6个社区，共193个村民小组、26个居民小组；党（总支）支部76个，中共党员1992人。年末，全镇总户数17724户，户籍人口55726人。其中，男性26315人，女性29411人。

【经济发展】 2022年，梅江区三角镇有规模以上工业企业35家，累计实现总产值50.92亿元，比上年同期累计总产值54.40亿元下降18.52%。全年固定资产投资总额47.03亿元，比上年同期下降15.1%；限额以上批发零售企业18家，累计实现销售总额100.9亿元，比上年同期累计销售总额94.8亿元增长6.43%；限额以上餐饮和住宿业企业共8家，累计实现营业收入6924万元，比上年同期累计营业收入9974万元下降30.6%。持续深化“放管服”改革，全年新增市场主体3045户。全镇13个村集体经济年收入均超过30万元，生产性纯收入总额977.72万元，比上年下降25%。全年粮食总产量871吨，比上年同期产量1113吨下降21.74%；其中水稻总产量523吨，比上年同期产量902吨下降42.02%；蔬菜总产量8021吨，比上年同期产量7591吨增长5.66%；水果总产量601吨，比上年同期产量643吨下降6.53%；出栏肉猪527头，比上年同期552头下降4.53%；出售和自宰的家禽4.84万羽，比上年同期5.34万羽下降9.36%；花卉面积384公顷，与上年同期持平。

【重点项目】 2022年，梅江区三角镇列入区重点建设项目2项，分别是投资60亿元的梅州客天下旅游产业园项目，投资1523万元的金龙花园等4个老旧小区周边巷道提升改造项目；新开工项目2项，分别是投资1767.12万元的客都新村片区老旧小区建筑主体改造项目，投资4137.37万元的梅园新村片区老旧小区建筑主体改造项目；新立项项目2项，分别是投资1.7亿元的三角镇城乡融合产业振兴示范带建设项目，投资5278.34万元的三角镇小城镇品质提升项目；招商引资项目2项，分别是投资1.3亿元的梅州柚优势产区现代农业产业园核心区项目，投资1亿元的紫来宴会艺术中心项目。加快推进项目纳统入库工作，全年新增入库项23个。

【乡村振兴】 2022年，梅江区三角镇巩固拓展脱贫攻坚成果同乡村振兴有效衔接，脱贫持续稳定。建成启用龙上村、大坜村“党群议事厅”，新建和升级改造5个党群服务中心，积极创建抓党建促乡村振兴示范镇。采取“集约土地+企业助力”的方式对撂荒土地进行复耕复种和盘活利用，省卫片连片1公顷以上撂荒地、市卫片撂荒地复耕率100%。着力培养村的主导产业，三龙村机场安置区屋顶光伏项目一期产生效益，新塘村、龙上村委会大楼楼顶光伏项目启动建设，三乡村“开心农场”、综合大楼建成启用。梅塘产业园道路大幅拓宽，泮坑风景区桥下停车场至龙上长岌下农村道路建设工程完成道路设计和土地征收。全面完成“九大攻坚”任务，全年建成干净整洁村9个、美丽乡村示范村4个。投资3000万元的三角镇乡村振兴示范带项目开工，完成梅塘村安国路建设、东升村道路黑化和观光路人居环境提升。全镇13个村农村集体经济收入达15万元以上，提前完成省定“清零”目标任务。镇级乡村振兴人才驿站启用，全年组织开展新时代文明实践、普法行动等活动共780场，参与1.17万人次。各项志愿防疫活动300余次，组织志愿者约6500人次。2022年，龙上村址侧小公园、墟镇社区湾下隧道侧小公园、墟镇社区保利公园、人大主题长廊公园，东升村5个“五小园”建设完成，东升村圣人寨道路黑化、龙上村长岌岗道路黑化完成；城市生活垃圾分类实现全覆盖，三乡社区、墟镇社区成功创建绿色社区；全面铺开城区缆线整治，捆扎线缆9.55万米，拆除废弃线缆5.76万米，拆除线杆10条，主次干道、市场周边私接乱拉现象基本消除。全年完成客家民居“光伏+外立面改造”150户，整改削坡建房户3户，新（改、扩）建公厕12座。农村人居环境质量持续提升，全年累计“三清理”4875处438.33吨，“三拆除”36座1743平方米，“三整治”76处37.6千米。有序推进S333线东升段和客天下观光路沿线铁皮瓦和周边人居环境整治，拆除铁皮瓦885平方米。

【社会治理】 2022年，梅江区三角镇受理调处各类消费投诉487宗，举报17宗，挽回经济损失30.92万元。全年处理网上信访案件122宗，政务热线2874宗。全年调处各类纠纷案件411宗，调解协议涉及金额191.05万元。打击治理电信网络新型违法犯罪，电信网络诈骗发案数、涉案金额实现“双下降”，按期完成挂牌整治任务。2022年，坜明村成功创建省“民主法治示范村”。全年常态化整治1400场次，办理行政处罚案件63宗，罚没收入24.27万元，城乡秩序明显好转。深入开展安全生产和消防安全专项大检查，推广安装1761个无线智能烟感器，445家餐饮经营单位安装可燃气体报警装置。扎实推进常态化扫黑除恶斗争和“平安梅江”“法治梅江”建设，统筹抓好防御强降雨、森林防灭火、食品安全、道路交通等工作，全镇安全形势持续稳定。

【民生保障】 2022年，梅江区三角镇镇十件民生实事稳步推进，对金龙花园等4个老旧小区周边巷道进行提升改造，

2022年，梅江区三角镇墟镇社区星光老年之家建成启用

（梅江区三角镇 供图）

开展客都新村片区老旧小区和梅园新村片区老旧小区建筑主体改造，不断改善居住环境。2022年，三角墟镇被评为美丽宜居墟镇，康园中心被评为“三星级康园中心”。新成立的三角镇利园社区居民委员会，服务辐射大坜村和坜明村之间的侨乡路片区约1.5万名群众。建成墟镇社区、龙东社区星光老年之家和客天下长者饭堂，坜明村星光老年之家、美景社区星光老年之家项目有序推进，居家社区养老服务不断完善，实现“粤智助”镇、村（社区）全覆盖。加快实施道路亮化工程，客天下碧桂园天誉小区门口路段、东升村圣人寨高水高排道路安装路灯117盏。深入实施无物业管理小区清零五年行动计划，新增物业管理小区25个，提前完成年度目标任务。

【理论学习】 2022年，梅江区三角镇始终把理论学习作为推动三角发展的前提和保障，坚持把学习贯彻习近平新时代中国特色社会主义思想、中共十九届六中全会精神和中共二十大精神作为会议第一议题，组织召开镇党委会议14次、理论学习中心组学习12次、宣讲报告会3次。制定《三角镇学习宣传贯彻中共二十大精神工作方案》，组织班子成员参加学习贯彻中共二十大精神系列活动，深刻把握精神实质和实践要求，撰写心得体会近20篇。制定镇党校培训班方案，镇党校围绕乡村振兴、财务管理等主题，开展专题培训10余场次，培训学员超过1000人次。

【党建引领】 2022年，梅江区三角镇坚持把党建工作摆在首位，新建龙上村、湾下村党群服务中心，升级改造大坜村、三乡村、坜明村、龙东社区、美景社区党群服务中心。抗战时期华南教育历史梅州展陈馆暨熊锐故居落成开馆，熊锐烈士故居（朝锡第）、叶浩秀烈士故居（进士楼）被评定为第一批梅江区中共党史教育基地。创新议事协商机制，建成全市首个党群议事厅龙上村党群议

2022年，梅江区三角镇龙上村党群议事厅建成启用

（梅江区三角镇 供图）

事厅，同时以公园绿地、农村祖祠、“梅江智邻”小程序等为依托，先后建成19个党群议事平台，推动解决民生实事60件。新成立“两新”党组织7家，实施“村带企、企助村”党组织体系优化行动，将镇属26个“两新”党组织按照属地划分归入14个村（社区）管理，实现资源共享、互利互惠。依托各村（社区）建立19支党群志愿服务队伍，发展表现突出的志愿者为党员，服务队伍更加稳定、服务工作更可延续。

（伍彦静）

城　北　镇

【概　况】 梅江区城北镇位于梅州城区北部，镇域总面积117.78平方千米，镇辖20个村、5个社区。2022年，城北镇认真落实市委“狠抓发展第一要务”和区委“1+1+7”工作部署，抓好实体经济和乡村振兴两条主线，为梅江区在赣闽粤原中央苏区对接融入粤港澳大湾区振兴发展先行区建设走在全市前列争当表率、争做示范，为加快打造高质量发展示范区贡献城北力量。全年全镇规模以上工业企业5家，销售总额2.43亿元，比上年下降6.4%；限额以上批发零售企业10家，销售总额6.30亿元，比上年下降6.6%。年末，全镇有总户数17680户，总人口53389人。其中，男26410人，女26979人。

【党建引领】 2022年，梅江区城北镇始终把学深悟透习近平新时代中国特色社会主义思想和中共二十大精神作为最重要的政治任务，城北镇党校开展各类培训活动18期，覆盖党员群众5863人。2022年唐运元烈士故居被评为“梅江区中共党史教育基地”，上村村党校分教点获评“梅江区星级镇（街道）党校分教点”。认真开展“扛责任转作风抓落实”组织生活会，焕发城北党员干部干事创业精气神。深化党建品牌，通过“一核四驱五服务”（“一核”：北部商圈党委；“四驱”：商贸、农贸、工贸、汽贸；“五服务”：服务企业助发展、服务商户添活动、服务党员聚合力、服务群众暖民心、服务社会促和谐）党建引领商圈发展新模式，努力打造一支部一党建品牌，深入落实“一带一联”（强村带弱村、机关联基层）工作，以党组织之间的互学互帮形成资源产业间的互联互促，有力推进基层精细治理。严格落实中央八项规定及其实施细则精神，问题早发现、早整改，扎实推进全面从严治党。

【重点项目】 2022年，梅江区城北镇完成中小学生综合教育基地投资6100万元，海吉新城农副产品商贸物流园投资5000万元，区重点项目城北镇白围社区老旧小区改造项目（二期）动工。积极谋划预备项目总投资1.7亿元，紧密对接增城对口帮扶项目，有序推进人居环境整治、河道整治、老旧小区改造等多项民生工程。夯实发展基础，投资2000万元，引进埃安汽车销售服务有限公司，投入运营。

【乡村振兴】 2022年，梅江区城北镇积极发动沿线民居、店铺改造外立面的住户500多户，新建客家特色美丽乡村示范带覆盖15个村，完成樱花大道、桐花谷、榕树公公观景台等美丽景点建设。玉水、扎上、扎下、干才4个村污水处理设施工程竣工，实现示范带内户厕无害化改造和农村供水“三同五化”（同标准、同质量、同服务，规模化发展、标准化建设、一体化管理、专业化运作、智慧化服务）改造提升。扎实推进撂荒地复耕工作，省图斑复耕复种和市图斑复耕复种完成率均达100%。组织村民开展试种新型番茄、玉米种苗，打造集种植、收购、冷链、加工包装、物流于一体的多元经销模式。配合驻镇帮镇扶村工作队，进一步激活城北绿色发展内生动力，全年全镇村集体经济收入551.16万元；比上年增长55.56%；20个村集体经济收入超10万元。

【产业发展】 2022年，梅江区城北镇立足资源禀赋，不断深化群益枇杷种植历史悠久、色泽金黄、鲜嫩多汁的特点，利用群益枇杷村的区位优势，

2022 年，城北镇群益村千亩枇杷基地喜获丰收

（梅江区城北镇 供图）

借力群益枇杷在广东的品牌效应，扩大群益枇杷种植面积。依托电商平台拓宽省外销售渠道，打造群益枇杷、玉水李子、扎田花卉、塔下金柚、上村番茄、中村玉米、杨文蔬菜等特色品牌，做大做强种养、加工、渔业等“农字头”产业，带动农民增收致富。依托海吉新城商贸物流园、“梅农优选”电商平台、面不二食品公司及乐得鲜、绿道实业、兆华种业、裕丰食品等龙头企业，推动各农产品驶入融湾入海“快车道”。年末，群益枇杷申报地理标志保护产品，进一步擦亮城北品牌。

【民生实事】 2022 年，梅江区城北镇积极落实“放管服”改革，通过穿针引线，推动企业实现资源共享、平台共建、链条互补，规模以上企业经济总量总体看好。在“龙舟水”强降雨期间，转移内涝户、山体滑坡户 62 户 203 人，抢通因山体滑坡造成堵塞的村道 45 条，整治削坡建房和地质灾害点 20 户，北门河古洲段出现河堤崩塌，立即进行抢险加固，全面清除被堵塞圳道，以实际行动守护群众生命财产安全。坚持“党委主责、支部担当、党员示范”的三级联动模式，落实“33110”为民服务工作法。多渠道受理群众各类信访及转办信访，全天候开通“12345”政务服务便民热线，答复群众诉求，案件办结率及诉求答复率 100%。扎实推进“全民反诈”工作，电诈案件减少 40%。开展证照不全专项整治，保健市场虚假违法广告乱象整治工作，立案查处违法案件 5 宗，接待消费者咨询 36 人次，受理消费者申（投）诉、举报 85 件，为消费者挽回经济损失 5.8 万元。

【安全生产】 2022 年，梅江区城北镇严格按照网格化要求，全域守好进山路口，做好野外火源管控，压实森林防火责任。全年检查企业安全生产和消防安全 252 家，整改一般隐患 84 处，重点隐患 12 处，安装智慧烟感 858 个，牢牢守住安全生产底线。严肃查处违法违规用地，合法合规处置 42 宗，处置率 100%。做好矿政管理，对辖区内关闭的 46 个煤矿井口和岭上露天采石场开展不定期巡查，坚决杜绝违法开采。

【环境优化】 2022 年，梅江区城北镇落实河长制责任，共计清理河道长 18 千米，清理水域面积 6.1 平方千米，水面漂浮物 69 吨，指导整改 5 家禽养殖完善养殖污水处理，关闭 5 家不符合环保条件的养殖场，下大力气筑牢绿色发展生态屏障。加强中央生态环境保护督察案件“回头看”，确保整改工作真正落实到位。继续落实厕所无害化改造、“三清三拆三整治”、城乡“六乱”（乱停放、乱摆卖、乱搭建、乱张贴、乱涂画、乱拉挂）整治、污水处理、禁止露天秸秆焚烧等工作，守好绿色家底，建设绿美城北打下坚实基础。

（侯可茹）

西 阳 镇

【概况】 西阳镇位于梅江区东南部，东与梅县区雁洋镇和大埔县银江镇为邻，西连梅州市东升工业园区，东北与梅县区丙村镇接壤，东南与丰顺县交界，全镇总面积 272.68 平方千米。2022 年，梅江区西阳镇全面落实中央、省、市、区各项决策部署，立足新发展阶段，贯彻新发展理念，构建新发展格局，科学统筹疫情防控和经济社会发展，全年全镇经济和社会各项事业稳步发展，西阳高质量发展迈出坚实步伐。2022 年西阳镇下辖 27 个行政村，3 个社区居民委员会，全镇共有 39 个党组织、1570 名中共党员。年末，全镇总户数 10935 户，总人口 36139 人，其中男 17716 人、女 18423 人。

【经济建设】 2022 年，梅江区西阳镇规模以上工业企业总数 24 家，完成总产值 45.33 亿元；限额以上批发零售商品销售额完成 2.66 亿元。扎实开展“暖企”行动，全面落实班子成员挂钩服务企业职责，定期组织企业家座谈会，密切跟踪辖区企业运行指标，帮助企业解决用工用地、物资供应、交通出行、项目建设等困难。紧紧围绕市委、市政府打造“中国铜箔之都”目标要求，全力服务支持盈华、威华、博敏、威利邦等企业铜箔产业发展。坚持“项目为王”，全面推进西阳镇产业强镇、英帅“茶•梅花峰（银顶山）健康生态园”、梅州市工业废物管理服务项目（一期）等重大项目建设。聚焦产业招商，全面践行绿色发展理念，广东华电梅州西阳镇分散式风电项目落地工作取得实质性进展，双方签订合作意向书。

【宜居建设】 2022 年，梅江区西阳镇大力推进“四好农村路”建设，实施 3 个路面硬化、路道扩宽和道路改造提升工程，总里程 13.39 千米，总投资 1110 多万元。全力推动西氮福利小区周边配套设施改造、白宫农贸市场升级改造及墟镇供水管网设施改造提升工程，做好瑞梅铁路建设等一批项目用地征地拆迁工作。优化群众居住环境，全年完成危房改造任务 3 户，整治削坡建房 28 户。推进“四线”（电力线、通信线、有线电视线和宽带光纤）整治，高效完成 S333 线西阳墟镇段道路两侧约 1.28 千米，并对西阳、白宫、移民新村 3 个社区缆线进行整治提升。强化城乡环境整治，对西阳市场、白宫市场、主干道、背街小巷等场所开展占道经营、出店经营等“六乱”行为进行常态化管理，创建全国文明城市工作取得较好成效。

【乡村振兴】 2022 年，梅江区西阳镇不断巩固拓展脱贫攻坚成果，选派 162 名干部对 27 个村 391 户脱贫户和低收入人群进行“网格化”挂点监测，坚持结对联动、产业助农，成功申请认证“嶂明乡”商标，将西阳农产品通过网购节和消费产品展示馆等方式展销，全

2022 年 9 月 28 日，梅州市广梅建设有限公司签约暨梅江区西阳镇乡村振兴服务中心、梅州市西阳山水文旅有限公司揭牌仪式

（梅江区西阳镇　供图）

年消费帮扶 117.7 万元。开展深入调研，西阳镇乡村振兴调研报告在全省百份优秀乡村振兴调研报告和百份优秀镇域乡村振兴规划评选活动获得省级优秀奖。做精做实规划，《梅江区西阳镇镇域乡村振兴规划（2021—2035 年）》，修改完善，至年末，进入第四轮修订。

【产业发展】 2022 年，梅江区西阳镇积极抢抓驻镇帮镇扶村工作机遇，聚焦“强服务、建平台、引资源”，不断壮大村集体经济，全力推动“富民兴村”，成立全市首个镇级乡村振兴服务中心——西阳镇乡村振兴服务中心，全市首个镇村“抱团”合办公司——梅州市西阳山水文旅有限公司。该公司由西阳镇经济联合总社和 26 个村股份经济合作联合社共同合办，梅江区西阳镇人民政府监督管理，是梅江区首家“镇村合办”公司，于 7 月 6 日注册，注册资本 800 万元。在市、区各单位及广州帮扶集团支持下，公司高标准打造“西阳等路”品牌，与广州市第三市政工程有限公司、梅江控股集团共同出资组建成立全省首个镇级企业与世界 500 强企业成立合作公司——广梅建设有限公司，并推动各村同步成立村级股份公司，形成“西阳山水+村级公司+农户”的利益联结机制。带动镇村共同参与农产品销售，装配式构件生产，光伏、文旅项目投资，生态公墓运营等，进一步推动强镇、兴村、富民。2022 年西阳山水文旅公司营业额突破 100 万元，27 个村村集体经济收入均突破 10 万元以上。全力做精文旅产业，扎实推动笙竹村提升改造工程，2022 年笙竹村入选第三批广东省文化和旅游特色村。抢抓梅江区南粤古驿道活化利用项目建设机遇，创新发展户外运动产业，促进文旅体融合发展，打造老鹰窝大峡谷徒步路线、海拔 700~1000 米的“云端”古驿道。

【特色农业】 2022 年，梅江区西阳镇牢牢端稳“饭盘子”，“一村一策、精准推进”，完成撂荒地复耕复种面积 133.85 公顷。依托西阳山水文旅公司，进一步做好“土特产”文章，整合辖区茶叶、雪莲果、大米、蜂蜜等特色农产品资源，建立“西阳山水+村级股份合作公司+农户”的农产品供货链条，开拓直播带货、单位工会团购等销售渠道，创新打造“西阳等路”农产品品牌。注重抓好农业龙头企业和新型经营主体培育，2022 年西阳镇新增省重点农业龙头企业 3 家、培育省家庭农场 1 家，建成 6 个田头小型仓储保鲜冷链设施，辖区 5 家茶叶企业获得梅州市首批授权使用“梅州硒茶”品牌专用标志企业名单，“柏宫源绿茶”“苏记祥绿茶”获 2022 年梅州“客家炒绿”茶王称号。

【美丽乡村】 2022 年，梅江区西阳镇持续开展农村人居环境“三清三拆三整治”行动，累计“三清理”（清理村巷道及生产工具、建筑材料乱堆乱放，清理房前屋后和村巷道杂草杂物、积存垃圾，清理沟渠

2022 年，梅江区西阳镇直坑村“十里樱花长廊”，采用结对帮扶、植树节捐种、财政配套三种方式种植樱花 1000 多株，形成网红打卡点

（梅江区西阳镇 供图）

池塘溪河淤泥、漂浮物和障碍物）1256处1086.28吨，清理水塘3口；“三拆除”（拆除旧房危房、废弃猪牛栏及露天厕所，拆除乱搭乱建、违章建筑，拆除非法违规广告、招牌等）276处4464.62平方米；“三整治”（整治“四线”、生活污水及水体污染）47.66千米；全镇自然村保洁覆盖率、生活垃圾有效处理率、无害化处理率均100%。深化农村厕所革命，完成27个行政村8590户户厕、65座公厕摸排整改工作。大力推动客家民居外立面改造、光伏建设等系列政策落实，全年完成农房外立面升级改造89户，户装光伏58户，村级电站5个。推进乡村振兴示范带建设，配合打造“风眠故里•百里画廊”乡村振兴示范带，建成风眠绿道公共停车场、明山村主题公园等一批亮点民生工程。12月10日，省委书记黄坤明率队到西阳镇直坑村实地调研考察，对西阳美丽乡村建设成效给予肯定。

【社会保障】 2022年，梅江区西阳镇优先保障和改善民生，资助701户1466人参加2023年度城乡居民医疗保险，为全镇60周岁以上老年人7800多人做好购买“老年人意外伤害综合保险”工作。推进城乡居民医疗保险和城乡居民养老保险扩面征缴，全年全镇城乡居民医保缴费2.53万人，完成率98.15%。关注妇女健康，为低收入行政村1800名适龄妇女购买“两癌”保险。促进城乡劳动者技能培训和就业，联合梅江区科发职业培训学校为90名劳动者举办3期农电商项目培训班。

【文化事业】 2022年，梅江区西阳镇举办教育发展基金会奖教奖学活动，为22名优秀师生发放奖教奖学金，助推教育事业发展。依托新时代文明实践所（站），以“党建引领+志愿服务”为模式，全年先后组织43批共800余人次镇、村党员干部，深入群众，常态化开展卫生环保、扶幼济困、义诊普查、文明交通引导等志愿服务活动。开展文明户、星级文明户、文明家庭、“孝老敬亲好媳妇”等评比评选活动，以中国传统节日和重要时间节点为契机，以农家书屋、学校为依托，全年累计开展71场新时代文明实践活动，营造精神文明建设浓厚氛围。开展红色革命遗址保护利用，完成梅江区西阳镇“一城两翼”红色资源保护修缮项目，庆云楼、卢氏祠堂、西阳区苏维埃政府成立旧址、梅三区苏维埃政府旧址等一批红色遗址焕发全新生命力。4月14日，广东省委原书记李希，省委副书记、省长王伟中到西阳镇阁公岭村林风眠纪念馆考察走访，充分肯定西阳在名人故居保护利用工作上取得的成绩，并指出梅州有光荣的革命传统和深厚的文化底蕴，要创新方式方法保护利用好珍贵红色资源和文化资源，弘扬老区苏区精神、赓续红色血脉，满怀信心奋进新征程，踔厉奋发建功新时代。6月20日，中央政治局原委员、中央政法委员会原书记郭声琨实地调研阁公岭村林风眠故居和纪念馆。

【社会治理】 2022年，梅江区西阳镇常态化推进扫黑除恶斗争，净化社会环境。坚持重大矛盾纠纷领导包案制，强化综合执法，通过巡查防控、整治整改、执法执罚“三大抓手”，全年共开展行政执法400多次，立案查处案件122宗。推动“文明西阳、法治西阳”建设，北联村上榜2022年广东省“民主法治示范村（社区）”创建单位名单。开展安全生产大检查、消防安全扫雷行动等专项检查，全年共检查“三小”场所631家，检查消防重点场所36家，检查出（群）租房45家次；排查小区11家，发现并整改安全隐患823处；清理电动自行车违规充电、停放130多辆，清理消防安全疏散通道42条，搬离违规住人15人。全年西阳镇专职消防队接警15宗，其中火警12宗（含支援）、排险救援3宗。做好辖区内餐饮行业可燃气体报警装置安装工作，全年完成安装112家，安装率100%，辖区内安全形势持续稳定。

（许芷涵）

金山街道

【概况】 梅江区金山街道办事处位于梅州城区东北部，境域总面积35.20平方千米，辖区内有10个村民委员会、12个社区居民委员会。2022年，金山街道规模以上工业总产值2.28亿元，限额以上批发和零售商品销售总额9.53亿元，限额以上住宿和餐饮营业总额593万元。年末，街道共有20988户，67268人。其中，男性33700人，女性33568人。基层党组织38个，中共党员2607名。

【项目建设】 2022年，梅江区金山街道东山文旅康养小镇建设用地项目基本完成一期征收任务，项目总投资90亿元，至年末项目进展顺利。全年梅江区水产产业园项目首期征收任务完成，核心区工程在东街村开工建设；梅江区碧桂路南侧学校用地及城镇建设用地项目房屋全部签约；金山教育及配套用地项目完成征收总任务的99%；学子大道至梅松路道路建设项目完成征收总任务的95%；瑞梅铁路土地征收工作按计划和要求稳步推进，约完成总征收任务的90%。

【城乡建设】 2022年，梅江区金山街道以乡村振兴重点村周溪村“十里梅花长廊”为核心，串联攀桂坊周边东郊村、东街村、月梅村，打造“四村联动”人居环境整治；推进月梅村、周溪村、东郊村和东街村的基础设施、人居环境和乡村风貌提升项目示范片，链接辖区中国客家博物馆、东山书院、濂溪书院、李国豪故居、廖柏鸿故居等红色文化资源和人文资源，打造红色精品路线。抓好“一城两坊”历史文化名城保护传承和活化利用，对嘉应古城“5街20巷”（“5街”：中山油罗街、凌风路、仲元路、泰康路、金利来大街；“20巷”：树湖坪、李屋巷、吴屋巷、陈屋巷、陈家祠巷、洪屋巷、林屋巷、戴屋巷、罗屋巷、南门短巷、黎屋巷、考院前、民主路、凌西后巷、西箭角巷、珠条街、和平路、石牌巷、梁屋巷、水巷）进行改造提升，打造凌风东路步行街，激活沿街店铺，盘活背街房屋。全年金山街道重点推进农村道路建设、农房外立面改造、城中村管线整治，补齐基础设施短板，投入50多万元建设村内道路1000米，推进50户农房外立面升级改造，建成“五小园”5个；投入近200万元对攀桂坊范围2.1千米道路进行管线整治，城市面貌有效提升。

2022年，梅江区金山街道“四村联动”人居环境整治提升

（梅江区金山街道　供图）

【脱贫巩固】 2022年，梅江区金山街道扎实推进防止返贫动态监测和帮扶工作，因户施策对42户监测对象开展精准帮扶，促进稳定脱贫，落实动态管理，认真做好低保核查工作，实现规范化、精准化救助。全年金山街道共有低保户214户433人，发放低保金共307万余元；特困供养金32.9万元，为24户24人次重病人员及临时困难家庭提供医疗救助及临时救助，为6户6人次重病人员及临时困难家庭提供医疗救助。

【特色农业】 2022年，梅江区金山街道支持引导向丽食品有限公司作为梅江区水产产业园牵头实施企业申报省级现代农业产业园，梅江区水产产业园核心区工程在东街村开工建设，通过产业融合联农带农辐射带动周边乡村发展水产业。发展特色农产品项目，鼓励农户扩大狗爪豆种植面积，发展养蜂产业，推广扶贫产品，拓宽线上线下销售渠道。全年金丰村狗爪豆种植面积约 6.5 公顷，蜂蜜销售近 3000 公斤。

【民生服务】 2022 年，梅江区金山街道完成在册社会救助家庭的核查审定工作，加强社保扩面征缴，开展企业（特别是建筑行业、劳动密集型企业）欠薪隐患排查，调处劳资纠纷 5 宗。深入推进全区“银龄安康行动”（省、市卫生健康、民政部门部署开展，旨在推进老年人参保意外伤害险的一项老年民生工程），为 80 周岁以上老人统保 2439 人次，60~79 周岁（困难）老人统保 386 人次，60~79 周岁（非困难）老人统保 1.39 万人次。

【政务服务】 2022 年，梅江区金山街道全方位推进政务服务标准化建设，深层次完善政务服务工作机制，方便群众就近办、自助办，一次就办成（包含公安、人社、医保、民政等 21 个部门的 156 个服务事项），办理业务共 3.69 万笔，服务群众 7289 人次。全年接到“12345”政务服务便民热线派发电子工单 1291 件，办结率 100%。

【平安建设】 2022 年，梅江区金山街道坚持重大矛盾纠纷“一月一排查一报告”制度和重大矛盾纠纷挂点领导落实办理制度。至年末，街道 98 个网格共上报网格事件 2957 宗，全部办结完成；受理登记上级转送、交办和自办的信访案件 102 宗，均按时答复办结。狠抓安全风险隐患排查治理，全年共排查企业 72 家，存在安全隐患的企业 22 家，排查发现隐患 50 处，发出限期整改指令书 22 份，确保重点行业领域安全生产形势稳定。不断深化综合行政执法，进一步加大行政执法工作力度，全年查处各类违法案件 38 宗，罚没入库金额 6.7 万元，有效保障辖区群众合法权益。

【基层治理】 2022 年，梅江区金山街道积极构建“党建+基层治理”新模式，综合提升“六位一体”（指芹洋半岛区域党委、村社区党组织、行业企业、业委会、物业公司、社区生活组织）芹洋半岛区域党建、碧桂园社区“大党委”（由社区党组织牵头与辖区机关、企事业单位在平等基础上建立起区域化党建组织实体）等基层治理模式，打造“金山云•掌上通•智慧社区”品牌，推进芹洋半岛区域党委与群福社区党支部“双融”发展。全年成立 4 个“两新”（新经济组织和新社会组织）党组织，培育组建金山村民互助小组和火焰蓝消防志愿服务队。

（郑嘉亮　古翠琳）

西郊街道

【概况】 梅江区西郊街道办事处位于梅州城区西部，街道境域面积 6.55 平方千米。2022 年，西郊街道坚持以习近平新时代中国特色社会主义思想为指导，立足新发展阶段、贯彻新发展理念、构建新发展格局，坚持“疫情要防住、经济要稳住、发展要安全”，全力推动街道经济社会各项事业稳步发展。2022 年，西郊街道主要经济指标：粮食总产量 33 吨，比上年增长 61.8%；水稻总产量 1 吨，比上年增长 100%；蔬菜总产量 6295 吨，比上年增长 12.4%；水果总产量 80 吨，比上年增长 12.7%；出售和自宰的家禽 3846 羽，比上年增长 45%；水产总产量 78.57 吨，比上年下降 19.2%；规模以上工业总产值 1.99 亿元，比上年下降 27.2%；限额以上批发零售商品销售额 10.53 亿元，比上年增长 7%。年末，街道有总户数 10970 户，总人口 33055 人。其中，男性 16621 人，女性 16434 人。

【党建引领】 2022 年，梅江区西郊街道坚持党建引领，高举中国特色社会主义伟大旗帜，始终把学习贯彻习近平新时代中国特色社会主义思想作为首要政治任务，不断增强党性教育。全年街道党工委开展中心组理论学习12次，意识形态研判4次，中共二十大精神集中学习2场次，省第十三次党代会专题学习研讨班4场次，班子成员和各党组织书记带头上党课68场次，线上培训街道干部职工2200人次；专题召开4场“两新”党组织书记座谈会，夯实党建基础，以高质量党建助推企业经济高质量发展。推进以各村（社区）基层党组织为核心和驻点单位以及共建单位党组织、志愿者队伍、党员群众共同参与的大党建格局，聚焦百姓关心的热点难点，有针对性开展便民利民惠民服务。抓好八届市委第一轮县级交叉巡察整改工作，规范软弱涣散党组织建设，完成马石社区党群服务中心装修搬迁工作，推进成立瑞兴社区及党群服务中心建设工作。投入90多万元，建成一专多能的党工委党校、新时代文明实践所、国防教育训练室，完成适龄青年兵役登记和大学毕业生征集任务。积极落实人才振兴政策，西郊街道率先获评梅州市就业见习基地，设立见习岗位33个，招收大学毕业见习生13人，为基层发展注入新活力、新动能。

【项目建设】 2022年，梅江区西郊街道树立“项目为王”理念，全力提升望杏坊保护活化利用水平，尘封多年的“鹤和楼”“司马第”“醉经楼”等历史建筑均修缮完成并对外开放。月影塘社区县委宿舍老旧小区改造及周边历史建筑修缮项目全面完工，居家养老服务中心基本完工，梅兴路片区老旧小区建筑主体改造项目、金苑小区C区老旧小区周边道路和配套基础设施提升改造项目顺利推进，城市更新和人民生活环境水平稳步提高。同时，投资1000万元的梅江区红色革命遗址修复保护及陈列布展项目启动，朱云卿、黄芸、杨广存等革命烈士故居进行修缮布展，整合辖区历史人文资源串珠成链，推动“特色地标”变成“思政课堂”，引领向上向善的时代风尚，打造传承优良传统、弘扬家风家教综合阵地，为粤港澳大湾区的文旅需求、红色文化党性教育提供平台阵地。

2022年，梅江区西郊街道桃西村玉米大丰收

（梅江区西郊街道 供图）

【乡村振兴】 2022年，梅江区西郊街道完成巩固农村厕所革命行动，推动客家民居风貌带建设、光伏屋顶改造和“五小园”建设，先后完成44户客家民居风貌升级改造和16处停车场、小菜园等“五小园”建设，打造“城市里的农村”。发挥驻镇帮镇扶村工作队推动产业振兴，助力桃西村种植、销售玉米1500多公斤、大米3000多公斤，切实提升农民收入水平。推进撂荒地复耕复种工作，提前完成7.32公顷撂荒地复耕复种。全年完成违法用地和耕地流出图斑异地平衡整改1.17公顷，为乡村振兴提供坚实的土地要素保障。

【民生实事】 2022年，梅江区西郊街道坚持人民至上，6月，“龙舟水”防汛救灾期间，西郊街道共派出12个工作组816人次排查安全隐患280处，发放明白卡417份，转移安置群众366人次。先后投入30万元对黄塘河、黄寨河进行清淤疏通工作，降低汛情风险。持续开展各村（社区）道路硬底化、路面拓宽、管线整治等民生实事工程，提升改造沙子墩彭屋段、黄塘12组至新峰路、黄塘8组祖屋至老铁路等10条便民路段，净化黄泥墩社区南北塘水质，基本完成城区"创文"范围内缆线提升整治工作。投资54万元在11个村（社区）布置238个垃圾投放点，基本完成西郊街道生活垃圾分类示范区建设。妥善解决被征地农民养老保障金历史遗留问题，8月，把595.8万元全部足额分配到662人，涉及群众切身利益的堵心事、揪心事得到有效解决。

【智慧服务】 2022年，梅江区西郊街道创新发展、逐步推行"一网统管、一网直达、一网服务"的黄泥墩社区基层治理模式，该模式成功入选2022年梅州市第二届党建工作创新大赛决赛，因地制宜、推广覆盖西郊全域。同时以创建市级综治中心示范点为契机，升级改造"社会治理智慧服务平台"，探索"党建引领+综治中心+多元共治组织"的"1+1+N"（党建引领+综治中心+多元共建多组织）工作架构，搭建街道大综治工作格局新模式。整合街道派出所、司法、应急、综合执法、民政、妇联等部门，建立西郊全科网格和智慧服务管理平台，打造"一屏观城乡、一网管全域"的智慧综治中心。全年通过平台管理，整治辖区市容"六乱"行为1.84万宗，处理群众来访投诉114宗，完成自建房安全隐患排查8455座。

【平安建设】 2022年，梅江区西郊街道加强信访工作，全年共受理信访案件74宗，办结71宗。加强安全生产、消防安全隐患排查治理，大力推进火灾高风险区域摘牌工作，积极争取各方支持，在西郊街道中华街建立专职消防站，打造中华街"消防安全示范街"，落实安全生产、消防安全责任。落实党政主要领导带队检查责任制，全年出动执法及消防检查人员1280多人次，排查各类场所3130户次，发现安全隐患3650多处，整改隐患3300多处；安装可燃气体报警装置278个，并与辖区150家重点监管单位签订《安全生产责任书》，与2387家"三小"场所签订《消防安全责任书》。

【营商环境】 2022年，梅江区西郊街道深化"放管服"改革和政务服务工作，提升街道办事窗口高效化、办证程序便捷化、执法工作精细化、监管工作现代化水平。全年完成线上线下业务办理1万多单，引导无证无照经营办照632家，办证198家；清理长期未经营企业33家；积极开展2021年度市场主体年度报告公示工作，公示企业864户、个体户2055户；开展2022年度市场主体"双随机、一公开"专项检查行动，检查企业39户、移送异常经营名录18户。加强食品安全监管，做好农产品快速检测，不合格产品处置、"湿米粉"统一常态化监管和食品销售风险分级工作，全年完成37家校园及周边餐饮单位、3家单位食堂食品安全专项检查行动，保障群众"舌尖上的安全"。坚持普法宣传与依法行政相结合，积极调解消费双方矛盾，切实维护消费者权益，全年共处理消费投诉190余宗。

（温晓佳）

江南街道

【概况】 梅江区江南街道办事处位于梅州城区南部嘉应东路秀兰大桥侧，总面积5.66平方千米，辖区内有省、市、县、区单位100多个。2022年，江南街道下辖14个社区居民委员会，年末，街道有总户数37589户，总人口102709人，其中男50920人、女51789人。2022年，江南街道武装部获评"梅江区征兵工作先进单位"，梅南社区获"广东省老年人心理关爱示范点""梅州市绿色社区"称号，鸿都社区获评"国家级充分就业社区""广东省最美志愿服务社区""梅州市绿色社区"称号，中心坝社区获"全国先进基层群众性自治组织"称号。

【经济建设】 2022年，梅江区江南街道规模以上工业总产值1.48亿元，比上年增长0.6%；规模以上批发零售业完成5.12

亿元，比上年增长 18.43%；规模以上住餐业完成 4504 万元，比上年下降 20.37%。暖企助企服务持续，按照《梅江区开展重点企业服务活动实施方案》要求，全年街道领导成员共走访辖区企业 57 家，围绕企业保生存、促发展、有市场目标，切实解企业之所难。

【文明城市创建】 2022 年，梅江区江南街道实施“三四五”（“三个熟悉”指熟悉网格范围及相关责任人、熟悉网格内实际考察点位、熟悉网格内实地考察点位规范标准；“四个负责”指负责联络组织协调、负责组织开展巡查、负责落实问题整改、负责开展志愿服务；“五个重点”指网格内环境卫生问题、网格内经营秩序问题、网格内交通秩序问题、网格内公益广告问题、网格内公共设施问题）网格化工作方法创建文明城市，完成省市测评工作任务。全年设立文化墙 46 处 989 平方米，安装公益广告牌、宣传栏 1488 块，向市民发放宣传资料 7.62 万份。联合市、区挂点单位开展“创文”活动，参与 9500 人次。开展文明实践活动 700 多场次，参与 1.45 万人次，全年在省、市、区各类新闻媒体发表新闻报道近 140 篇。2022 年完成法院宿舍、团结路一号文明小区和市防疫站小区提升改造项目及法院宿舍、梅南大院等 6 个老旧小区周边的 19 条巷道提升改造。

【平安建设】 2022 年，梅江区江南街道综治中心持续开展反诈专项行动，案件数比上年明显下降；联合市公安局在帝景湾小区打造反诈宣传阵地，联合区国安办在客都汇举行反诈专场宣传活动。积极开展普法宣传教育，全年组织开展集中宣传咨询活动 5 次。依法开展城市管理，全年办理食品经营许可证、药品许可证、营业执照等各类登记业务约 4000 次，处理各类消费投诉 700 多宗，为消费者挽回经济损失约 240 万元。推动夜间经济，在剑英体育馆划定夜间集市临时摆卖区域，通过疏堵结合的治理方式规范临时摊贩经营，打造多业态融合、元素凸显的夜间经济新业态。

【民生实事】 2022 年，梅江区江南街道完成街道联络站提升改造，首次实现全国、省、市、区四级代表进站。人大代表团投入 18 万元完成江南小学侧破损墙体提升改造，投入 20 多万元完成微民生实事 20 件，走访慰问困难党员、困难群众、特殊群体和困境儿童共 1518 户。全年城乡居民医保任务基本完成，城乡低保、残疾人“两项补贴”、城乡居民养老保险、就业困难人员帮扶、退休原民办代课教师困难补助等工作顺利进行。

【基层党建】 2022 年，梅江区江南街道坚持把理论学习作为党建工作的重要任务，将习近平新时代中国特色社会主义思想作为第一议题列入领导班子理论学习中心组和“三会一课”内容，扎实开展《习近平谈治国理政》第四卷和中共二十大精神学习活动。全年召集中心组学习 15 次，开展交流研讨活动 74 次，党政领导班子带头上专题党课 99 场次，开展《习近平谈治国理政》第四卷学习分享会 10 余场次。

（周 滢）

附 录

国民经济和社会经济统计资料

2018—2022 年梅州市梅江区国民经济和社会发展主要指标统计表

表 14

指 标	单位	2022 年	2021 年	2020 年	2019 年	2018 年
一、人口与就业						
年末总人口	万人	36.14	35.95	35.83	35.75	35.66
乡村人口	万人	5.51	5.51	5.48	5.42	5.37
城镇人口	万人	30.63	30.44	30.34	30.33	30.29
男性人口	万人	17.82	17.75	17.74	17.75	17.76
女性人口	万人	18.33	18.2	18.09	18	17.91
年末从业人员数	万人	21.85	21.18	21.1	21.05	15.58
#在岗职工人数	万人				3.28	3.08
二、国民经济核算						
地区生产总值（当年价）	万元	2877327	1124669	1076928	1064916	1007852
第一产业	万元	93680	87039	82102	92436	97433
第二产业	万元	1235772	362850	347696	313633	314714
第三产业	万元	1547875	674780	647130	658847	595705
人均 GDP（含市直）	元	65775	65733	62504	62664	60964
三、固定资产投资						
完成固定资产投资总额	万元	- 8.6%	0.60%	- 22.10%	- 14.00%	10.70%
#国有经济	万元	26.8%	-13.90%	38.70%	67.30%	- 59.50%
集体经济	万元					
其他经济	万元	- 28.5%	- 5.00%	- 29.90%	- 3.70%	22.60%
四、财政						
一般公共预算收入	万元	59280	72767	61570	72733	72033
一般公共预算支出	万元	274513	263063	293840	228229	247548
五、物价总指数						
（上年=100）						
居民消费价格总指数	%	101.8	100.1	102.1	103	101.7

续表 14

指　标	单位	2022 年	2021 年	2020 年	2019 年	2018 年
六、农业						
耕地面积	公顷	1785.09	1817.52	1814.16	1817.5	4013.04
农业总产值（当年价）	万元	142427	128891	135611	159983	161873
主要农产品产量						
粮　食	吨	23034	22739	21675	19470	18890
花　生	吨	1053	1041	1205	1142	553
水果	吨	41915	43898	39913	46441	34983
茶叶	吨	2718	2634	2641	870	810
蔬菜	吨	122149	114513	110208	105639	102685
肉类	吨	4804	5033	4145	15366	18040
水产品	吨	7898	7400	7472	6870.5	6859
七、工业						
全部工业总产值（现行价）	万元	2944190	1231373	1079081	1114916	1068446
规模以上工业总产值	万元	2796790	1136873	944681	902816	867146
#轻工业	万元	1026208	51551	49121	63838	55452
重工业	万元	1770582	1085322	89556	838978	811694
主要工业产品产量						
卷烟	万支	1985650				
熟肉制品	吨	186.21	154.89	409.62	765.26	145.07
中成药	吨	1282.5	1294.81	1143	1128	1719
电路板	万平方米	1150.46	1433.96	1343.5	1205.2	1025.8
规模以上工业企业财务指标						
固定资产原值	万元	2279985	610948	613728	566532	540062
固定资产净额	万元	1008103	314594	306284	294355	293543
利润和税金总额	万元	809372	93418	79626	63176	69418
八、建筑业						
计算建筑业劳动生产率平均人数	人	17007	13729	13991	15631	16661
建筑业总产值（当年价）	万元	625400	375113	433374	458893	410372
施工房屋面积	万平方米	695	675	704	746	607
竣工房屋面积	万平方米	57	838	93	79	90

续表 14

指　标	单位	2022 年	2021 年	2020 年	2019 年	2018 年
九、交通运输邮电						
货运量	万吨		1422	976	2081	1944
客运量	万人	29	66	103	277	276
十、商业						
社会消费品零售总额	万元	1464667	1068696	1049563	1141594	1092039
#批发零售贸易业	万元	1381612	980704	962121	1074066	1011228
住宿餐饮业	万元	83055	87993	87442	67528	80811
十一、对外经济贸易						
实际利用外资	万美元	61.16	61.48	31.96	9.98	507
十二、金融保险						
银行存款余额	万元	8682930	2318543	2262315	2171031	1962251
银行贷款余额	万元	7580488	1361510	1226646	1149664	876908
十三、人民生活						
在岗职工工资总额	万元				214246	185618
在岗职工年平均工资	元				65509	60387
全体常住居民人均可支配收入	元	41414	39502	37609	36515	33822
城镇常住居民人均可支配收入	元	42620	40902	38298	37473	34989
农村常住居民人均可支配收入	元	25209	24170	22421	21517	19886
十四、教育、文化、卫生						
在校学生数	人	58091	57598	56109	54817	52065
普通中学	人	18935	18648	17706	17103	16328
小学	人	39156	38950	38403	37714	35737
卫生机构数	个	13	13	12	12	12
医院床位数	张	783	793	803	803	803
卫生技术人员	人	1597	1444	1498	1434	1341
#医生	人	564	464	521	509	405

说明：按国家省市统计局规定，2018 年开始固定资产投资只公布增速；2022 年地区生产总值为快报数

1988—2022 年梅州市梅江区生产总值指数统计表

表 15　　上年=100

年份	生产总值	第一产业	第二产业	其中		第三产业
				工业	建筑业	
1988	100	100	100			100
1989	102.4	93.6	101.8			116.6
1990	101.3	105.7	89.5			114.8
1991	111.2	102.0	110.4			122.4
1992	114.8	122.0	142.2			77.4
1993	134.1	112.7	156.7	160.4	128.2	119.3
1994	108.5	106.5	106.6	103.3	138.6	116.3
1995	110.2	105.1	106.9	105.2	118.6	124.8
1996	99.7	109.42	93.4	95.6	79.6	102.88
1997	105.1	102.6	104.8	106.6	91.5	108.2
1998	107.4	108.2	103.0	102.6	106.2	114.6
1999	103.0	107.3	93.2	93.9	87.0	115.0
2000	107.0	101.9	105.7	105.7	105.5	113.5
2001	110.4	102.5	106.8	100.9	144.2	117.5
2002	113.0	103.0	106.9	106.3	109.6	122.1
2003	112.6	102.0	109.2	109.3	108.8	119.1
2004	110.6	103.8	105.2	105.5	103.8	115.8
2005	108.5	104.3	113.7	118.3	93.37	107.4
2006	111.0	104.3	120.4	119.8	122.8	108.3
2007	112.1	105	110.9	106.9	128.0	115.4
2008	110.5	107.2	109.5	110.0	107.7	112.1
2009	110.6	105.6	107.9	104.4	121.6	113.6
2010	115.6	106.3	129.4	121.0	157.8	111.4
2011	115.9	103.5	122.7	121.6	125.9	116.0
2012	111.6	105.9	117.9	112.1	134.3	109.6
2013	111.0	102.5	112.9	112.5	114.8	111.9
2014	107.7	101.2	117.9	117.7	118.6	101.3
2015	108.1	102.4	105.7	105.0	108.6	111.8
2016	107.5	101.6	107.7	108.0	105.7	108.6
2017	107.5	102.3	105.1	108.5	85.3	110.2
2018	101.0	100.6	101.2	101.6	97.7	100.9
2019	103.6	102.1	98.4	98.6	96.3	107.4
2020	100.5	87.6	105.4	107.2	91.3	99.6
2021	106.4	106.1	108.8	115.3	80.9	105.1
2022	100.2	106.9	99.0	99.4	97.0	100.7

说明：表中 1992—2004 为调整数，2006 年为调整数；2008—2018 年为全国第四次经济普查调整数；2022 年为快报数

2022 年梅州市梅江区各行业增加值统计表

表 16

单位：万元、%

行业	当年价		按可比价计算（即按 2021 年价格计算）		
	2022 年	2021 年	2022 年	2021 年	增长速度
地区生产总值	2877327	1124669	2848863	2844253	0.2
农林牧渔业	94794	88031	93703	87675	6.9
工业	993284	305359	1014551	1020926	- 0.6
建筑业	243006	57916	195047	201060	- 3.0
批发和零售业	193846	84778	190484	177689	7.2
交通运输、仓储和邮政业	57130	11443	50788	51904	- 2.1
住宿和餐饮业	43231	43509	42518	44613	- 4.7
金融业	309534	37918	289647	273201	6.0
房地产业	219678	292568	239260	294819	- 18.8
其他服务行业	722824	203147	732864	692366	5.8
第一产业增加值	93680	87039	92608	86636	6.9
第二产业增加值	1235772	362850	1209045	1221523	- 1.0
第三产业增加值	1547875	674780	1547210	1536093	0.7

说明：2014 年开始三次产业划分按最新划分标准（一产中农林牧渔业服务业、二产工业中开采辅助活动及金属制品、机械和设备修理业划分到三产业）；2022 数据为快报数

1988—2022 年梅州市梅江区人均生产总值和指数统计表

表 17

年份	人均生产总值（元）	人均生产总值指数（上年=100）
1988	1849	
1989	2196	
1990	2848	
1991	3100	106.7
1992	3638	107.8
1993	4065	91.3
1994	4487	111.7
1995	5338	104.7
1996	5246	104.7
1997	5353	104.5
1998	5426	104.7
1999	6217	117.1
2000	6711	101.5
2001	7405	108.1
2002	8926	127.1
2003	12976	130.9
2004	17596	133.1
2005	19579	107.1
2006	22120	108.9
2007	28707	121.7
2008	29606	108
2009	30423	104.3
2010	32376	104
2011	36563	110.1
2012	39149	106.8
2013	44662	109.3
2014	48938	108.6
2015	52885	108.4
2016	55996	106
2017	60313	106.6
2018	60964	101.2
2019	62664	103.2
2020	62504	99
2021	65733	104.1
2022	65775	100

说明：人均生产总值和指数包含市直。2008—2018 年为全国第四次经济普查调整数，2011—2020 年人均 GDP 根据第七次人口普查数据平滑调整。2022 年人均 GDP 为快报数

2022 年梅州市梅江区农林牧渔业产值及构成统计表

表 18

项 目	按当年计算		按可比价计算		发展速度（%）
	产 值（万元）	构成（%）	产 值（万元）	构成（%）	
农林牧渔业总产值	142427	100	136649	100	106.0
一、农业产值	106300	74.63	98880	72.36	104.6
其中：谷物	7006	4.92	6392	4.68	103.2
蔬菜	54745	38.44	50991	37.31	106.3
水果	21018	14.76	15788	11.55	95.7
二、林业产值	7056	4.95	6829	4.99	121.0
三、牧业产值	16685	11.71	17610	12.89	108.9
其中：生猪	12147	8.53	14093	10.31	122.0
家禽	3974	2.79	3002	2.19	75.9
四、渔业产值	9443	6.63	10449	7.65	106.6
五、农林牧渔专业及辅助性活动产值	2944	2.07	2881	2.11	106.7

2022 年梅州市梅江区主要农作物面积、产量统计表

表 19

项 目	播种面积（公顷）	产 量（吨）
农作物总播种面积	10872.8	
一、粮食作物合计	3833.6	23034
其中：1.水稻	2640	17914
2.玉米	503.5	2699
3.豆类	3643	888
4.薯类	380.5	7665
二、经济作物	7039.2	
其中：1.花生	353.3	1053
2.木薯	77	2310
3.蔬菜	4994.8	122149

2022年梅州市梅江区工业总产值统计表

表20　　　　单位：万元

项　目	当年价
全部工业总产值	2944190
一、规模以上工业总产值	2796790
按企业规模分：	
1.大型企业	1153820
2.中型企业	1321055
3.小型企业	321915
按轻重工业分：	
1.轻工业	1026208
2.重工业	1770582
按登记注册类型分：	
1.内资企业	2468217
2.港澳台商投资企业	232997
3.外商投资企业	95576
二、规模以下工业总产值	147400

说明：1.规模以上工业指年主营业务收入2000万元及以上的工业法人企业；
2.2011年起工业总产值按新规定计算

2022 年梅州市梅江区规模以上工业企业主要经济指标统计表

表 21　　　　单位：万元

指标名称	总　计	其　中		
		内资企业	港澳台商投资企业	外商投资企业
1.企业个数（个）	74	64	8	2
其中：亏损企业（个）	15	13	1	1
2.固定资产原价	2279985	2134048	78707	6723
3.累计折旧	1269718	1192831	39474	37413
4.本年折旧	124108	117638	4156	2314
5.固定资产净额	1008103	939753	38533	29817
6.流动资产合计	1729033	1434418	233948	60667
7.主营业务收入	2843067	2503107	245830	94130
8.营业成本	1965021	1688497	195009	81515
9.税金及附加	530671	528390	1513	768
10.利润总额	145818	125164	14266	6388
11.亏损企业亏损额	11102	10877	4	221
12.应交增值税	132883	126836	5881	166
13.资产总计	3677379	3154921	416159	106299
14.负债合计	1649096	1371908	231297	45891
15.管理费用	128252	111069	12164	5019
16.财务费用	13831	13030	1952	-1151

2000—2022年梅州市梅江区工业主要指标统计表

表22

年份	全部工业总产值（当年价、万元）	工业总产值指数（%）	规模以上工业总产值（万元）	规模以上工业总产值指数（%）	规模以上工业增加值（万元）	规模以上工业增加值指数（%）	工业品出厂价格指数（%）
2000	72906	111.8	35294	115.6	8472	114.1	
2005	107931	120	62931	110.6	15367	105.6	101.89
2006	126944	116.9	77944	122.1	20104	129.7	101.4
2007	136995	106.2	81995	103.8	20852	101.9	101.3
2008	154860	109.7	94360	111.6	24552	114.7	103.09
2009	155578	108.1	100078	110.7	27741	117.4	95.82
2010	220998	136.8	142698	137.3	39306	128.8	103.83
2011	324159	135.6	218659	145.9	48452	131.5	103.66
2012	312875	106.5	190375	121.7	45290	115.2	99.5
2013	557663	114.5	431363	114.5	121524	112.8	98.78
2014	555566	101.0	418866	103.3	131640	106.5	98.95
2015	586152	109.0	442552	102.7	134770	101.5	96.8
2016	934391	101.4	725391	99.6	196080	100.3	99.41
2017	1055871	105.1	849671	104.9	231706	109.1	103.29
2018	1068446	98.9	867146	97.9	223223	98	101.78
2019	1114916	101.5	902816	100.7	234384	99.1	100.19
2020	1079081	106.4	944681	105.5	246227	106.1	99.01
2021	1231373	111.6	1136873	111.6	291486	111.8	103.41
2022	2944190	95.29	2796790	94.7	1246087	98.5	102.97

说明：1.2004年工业品出厂价格指数：103.87%；
2.2010—2019年与市局核对重新整理；
3.2022年实行在地统计，数据为辖区数

2000—2022 年梅州市梅江区社会消费品零售总额统计表

表 23 单位：万元

年　份	社会消费品零售总额	按行业分	
		批发零售业	住宿和餐饮业
2000	71500	64350	7150
2005	139832	125849	13983
2010	382010	348087	33922
2011	440752	402098	38654
2012	506900	461532	45368
2013	584227	535268	48958
2014	687010	631911	55098
2015	810226	751404	58822
2016	908768	845154	63614
2017	1009378	937712	71666
2018	1092039	1011228	80811
2019	1141594	1074066	67528
2020	1049563	962121	87442
2021	1068696	980704	87993
2022	1464667	1381612	83055

说明：1.2008—2018 年为全国第四次经济普查调整数；
2.2022 年实行在地统计，数据为辖区数

2022 年梅州市梅江区一般公共预算收入情况统计表

表 24

预算科目	单　位	2022 年
财政总收入	万元	345670
一般公共预算收入	万元	59280
（一）增值税	万元	2340
（二）企业所得税	万元	7389
（三）个人所得税	万元	4629
（四）资源税	万元	135
（五）城市维护建设税	万元	8618
（六）房产税	万元	2658
（七）印花税	万元	1023
（八）城镇土地使用税	万元	255
（九）土地增值税	万元	6879
（十）车船税	万元	1393
（十一）耕地占用税	万元	0
（十二）契税	万元	980
（十三）环境保护税	万元	20
（十四）其他税收收入	万元	6
（十五）非税收入	万元	22955
说明：此表数据为区属数，由区财政局提供		

2022 年梅州市梅江区一般公共预算支出情况统计表

表 25

预 算 科 目	单 位	2022 年
一般公共预算支出	万元	274513
（一）一般公共服务支出	万元	33201
（二）外交支出	万元	0
（三）国防支出	万元	97
（四）公共安全支出	万元	1954
（五）教育支出	万元	71376
（六）科学技术支出	万元	3908
（七）文化旅游体育与传媒支出	万元	3254
（八）社会保障和就业支出	万元	60974
（九）卫生健康支出	万元	34012
（十）节能环保支出	万元	634
（十一）城乡社区支出	万元	21059
（十二）农林水支出	万元	18001
（十三）交通运输支出	万元	1647
（十四）资源勘探工业信息等支出	万元	401
（十五）商业服务业等支出	万元	182
（十六）金融支出	万元	39
（十七）援助其他地区支出	万元	0
（十八）自然资源海洋气象等支出	万元	6033
（十九）住房保障支出	万元	13176
（二十）粮油物资储备支出	万元	0
（二十一）灾害防治及应急管理支出	万元	1583
（二十二）债务付息支出	万元	2975
（二十三）债务发行费用支出	万元	7

说明：此表数据为区属数，由区财政局提供

2022 年梅州市梅江区城乡居民收支结构统计表

表 26

指标名称	全体常住居民	收入占比（%）	城镇常住居民	收入占比（%）	农村常住居民	收入占比（%）
一、人均可支配收入（元）	41414		42620		25209	
人均可支配收入增长速度（%）	4.8		4.2		4.3	
1.工资性收入	27020	65.2	27798	65.2	16570	65.8
2.经营净收入	4178	10.1	4194	9.8	3964	15.7
3.财产净收入	3688	8.9	3952	9.3	137	0.5
4.转移净收入	6528	15.8	6676	15.7	4538	18.0
二、人均生活消费支出（元）	25182		25696		18277	
（一）食品烟酒	9284		9454		6996	
（二）衣着	834		850		624	
（三）居住	6319		6423		4910	
（四）生活用品及服务	1050		1062		897	
（五）交通通信	2886		2955		1970	
（六）教育文化娱乐	2257		2358		906	
（七）医疗保健	2150		2189		1615	
（八）其他用品和服务	402		405		359	
三、生活消费支出占收入比重（%）	60.8		60.3		72.5	
四、恩格尔系数（%）	36.9		36.8		38.3	
五、文娱支出占生活消费支出比重(%)	9.0		9.2		5.0	

说明：根据城乡一体化住户调查方式制度的改革，从 2014 年开始，正式对外发布居民人均可支配收入以及分城乡的城镇常住居民人均可支配收入和农村常住居民人均可支配收入，新指标在统计范围和统计口径上与原有城镇居民人均可支配收入和农村居民纯收入有较大差异

文件选录

2022 年梅州市梅江区委、区委办文件选录一览表

表 27

序号	文件名称	发文文号
1	中共梅州市梅江区委办公室 梅州市梅江区人民政府办公室关于印发 2022 年梅江区“全民反诈”实施方案（试行）的通知	梅区明电〔2022〕8 号
2	中共梅州市梅江区委办公室 梅州市梅江区人民政府办公室关于印发《关于深化改革加强食品安全工作的实施方案》的通知	梅区明电〔2022〕9 号
3	中共梅州市梅江区委办公室 梅州市梅江区人民政府办公室关于做好《梅江年鉴》（2022）供稿及地方志资料年报工作的通知	梅区明电〔2022〕12 号
4	中共梅州市梅江区委 梅州市梅江区人民政府关于印发《梅江区贯彻落实〈梅州市青年发展规划（2021—2025 年）〉的实施方案》的通知	梅区明电〔2022〕13 号
5	中共梅州市梅江区委办公室 梅州市梅江区人民政府办公室关于贯彻落实《中共广东省委办公厅 广东省人民政府办公厅关于减轻中小学教师负担进一步营造教育教学良好环境的实施方案》的通知	梅区明电〔2022〕16 号
6	中共梅州市梅江区委办公室 梅州市梅江区人民政府办公室关于印发《梅江区“十四五”农村生活污水治理攻坚行动方案》的通知	梅区明电〔2022〕17 号
7	中共梅州市梅江区委办公室 梅州市梅江区人民政府办公室关于开展 2022 年区委区政府重点工作、区十件民生实事和区十件“微民生”实事督查工作的通知	梅区明电〔2022〕18 号
8	中共梅州市梅江区委办公室 梅州市梅江区人民政府办公室关于梅江区 2021 年度生态环境保护责任暨污染防治攻坚战考核结果的通报	梅区明电〔2022〕19 号
9	中共梅州市梅江区委办公室 梅州市梅江区人民政府办公室关于印发《加强“区镇联动”提升市场监管能力三年行动方案（2022—2024 年）》的通知	梅区明电〔2022〕23 号
10	中共梅州市梅江区委办公室 梅州市梅江区人民政府办公室关于印发《梅江区客家民居外立面改造奖补方案》的通知	梅区明电〔2022〕26 号

续表 27

序号	文件名称	发文文号
11	中共梅州市梅江区委办公室 梅州市梅江区人民政府办公室关于印发《梅江区农村“五小园”小生态板块建设方案》的通知	梅区明电〔2022〕27 号
12	中共梅州市梅江区委关于印发《区委常委会 2022 年度基层党建重点项目研判安排》的通知	梅区明电〔2022〕28 号
13	中共梅州市梅江区委办公室 梅州市梅江区人民政府办公室关于印发《中国侨商投资（广东）大会梅江区筹备工作方案》的通知	梅区明电〔2022〕29 号
14	中共梅州市梅江区委办公室 梅州市梅江区人民政府办公室关于印发梅江区 2022 年度农村村内道路建设奖补方案的通知	梅区明电〔2022〕32 号
15	中共梅州市梅江区委办公室 梅州市梅江区人民政府办公室关于印发梅江区加快推进撂荒耕地复耕复种攻坚工作方案的通知	梅区明电〔2022〕33 号
16	中共梅州市梅江区委关于认真学习宣传贯彻省第十三次党代会精神的通知	梅区明电〔2022〕34 号
17	中共梅州市梅江区委办公室 梅州市梅江区人民政府办公室关于印发 2022 年梅江区“全民反诈”工作集中攻坚行动考评方案的通知	梅区明电〔2022〕35 号
18	中共梅州市梅江区委办公室 梅州市梅江区人民政府办公室关于印发梅江区 2022 年重点项目工作目标责任制实施方案的通知	梅区明电〔2022〕37 号
19	中共梅州市梅江区委办公室 梅州市梅江区人民政府办公室关于印发梅江区根治拖欠农民工工资应急处置工作方案（暂行）的通知	梅区明电〔2022〕38 号
20	中共梅州市梅江区委 梅州市梅江区人民政府关于印发梅江区招商引资工作实施方案（2022—2025 年）的通知	梅区明电〔2022〕39 号
21	中共梅州市梅江区委办公室 梅州市梅江区人民政府办公室关于印发梅江区城市生活垃圾分类工作实施方案(2022—2025 年）的通知	梅区明电〔2022〕41 号
22	中共梅州市梅江区委办公室关于加强新形势下党委督促检查工作的通知	梅区明电〔2022〕43 号
23	中共梅州市梅江区委办公室关于印发《梅江区贯彻落实〈关于加强新时代廉洁文化建设的意见〉的分工方案》的通知	梅区明电〔2022〕48 号

续表 27

序号	文件名称	发文文号
24	中共梅州市梅江区委关于认真学习宣传贯彻《习近平谈治国理政》第四卷的通知	梅区明电〔2022〕51 号
25	中共梅州市梅江区委办公室关于印发《梅州市梅江区关于拓展新时代文明实践中心建设的工作方案》的通知	梅区明电〔2022〕53 号
26	中共梅州市梅江区委办公室 梅州市梅江区人民政府办公室关于印发梅江区法治政府建设实施纲要的通知	梅区明电〔2022〕54 号
27	中共梅州市梅江区委办公室关于印发《梅江区法治社会建设实施纲要（2021—2025 年）》的通知	梅区明电〔2022〕55 号
28	中共梅州市梅江区委关于印发《法治梅江建设规划（2021—2025 年）》的通知	梅区明电〔2022〕56 号
29	中共梅州市梅江区委办公室 梅州市梅江区人民政府办公室关于印发梅江区开展重点企业服务活动实施方案的通知	梅区明电〔2022〕58 号
30	中共梅州市梅江区委办公室印发《关于推动党史学习教育常态化长效化的实施方案》的通知	梅区明电〔2022〕59 号
31	中共梅州市梅江区委办公室 梅州市梅江区人民政府办公室关于印发梅江区全面深化土地管理工作行动方案的通知	梅区明电〔2022〕62 号
32	中共梅州市梅江区委办公室 梅州市梅江区人民政府办公室关于印发《市政府主要领导来梅江区调研重点工作任务落实清单》的通知	梅区明电〔2022〕66 号
33	中共梅州市梅江区委办公室 梅州市梅江区人民政府办公室关于 2021 年梅江区食品安全工作评议考核结果的通报	梅区明电〔2022〕67 号
34	中共梅州市梅江区委办公室 梅州市梅江区人民政府办公室关于 2021 年度全区安全生产责任制考核情况的通报	梅区明电〔2022〕70 号
35	中共梅州市梅江区委办公室 梅州市梅江区人民政府办公室关于梅江区 2021 年度消防安全责任制考核检查情况的通报	梅区明电〔2022〕71 号
36	中共梅州市梅江区委办公室 梅州市梅江区人民政府办公室关于开展 2022 年梅江区“三八红旗手（集体）”“巾帼文明岗”评比达标表彰工作的通知	梅区明电〔2022〕72 号
37	中共梅州市梅江区委办公室于印发《关于开展“学习贯彻党的二十大精神 探索全面建设社会主义现代化的梅江实践”专题调研的工作方案》的通知	梅区明电〔2022〕75 号

续表 27

序号	文件名称	发文文号
38	中共梅州市梅江区委办公室关于做好学习贯彻党的二十大精神宣讲工作的通知	梅区明电〔2022〕78 号
39	中共梅州市梅江区委办公室 梅州市梅江区人民政府办公室关于加强镇街市场监管能力建设的实施方案	梅区明电〔2022〕79 号
40	中共梅州市梅江区委办公室关于印发《关于在全区党员干部中深入开展党的二十大精神专题学习培训实施方案》的通知	梅区明电〔2022〕81 号
41	中共梅州市梅江区委办公室 梅州市梅江区人民政府办公室关于印发《梅江区深化应急管理综合行政执法改革实施方案》的通知	梅区明电〔2022〕82 号
42	中共梅州市梅江区委 梅州市梅江区人民政府关于表彰在梅州市第九届运动会中成绩突出的单位和个人的决定	梅区明电〔2022〕85 号
43	中共梅州市梅江区委办公室 梅州市梅江区人民政府办公室关于印发《广东梅州经济开发区（东升工业园）2023—2025 年促进低效工业用地再利用专项行动方案（试行）》的通知	梅区明电〔2022〕86 号
44	中共梅州市梅江区委 梅州市梅江区人民政府转发《区委宣传部、区司法局关于开展法治宣传教育的第八个五年规划（2021—2025 年）》的通知	梅区发〔2022〕1 号
45	中共梅州市梅江区委关于认真学习宣传贯彻党的二十大精神的通知	梅区发〔2022〕4 号

2022 年梅州市梅江区政府、区府办文件选录一览表

表 28

序号	文件名称	发文文号
1	梅州市梅江区人民政府关于印发梅江区加强瓶装液化石油气安全管理工作实施方案的通知	梅区府〔2022〕1 号
2	梅州市梅江区人民政府关于印发梅江区数字政府改革建设“十四五”规划的通知	梅区府〔2022〕2 号
3	梅州市梅江区人民政府关于印发梅江区国有土地上房屋征收与补偿实施办法的通知	梅区府〔2022〕4 号
4	梅州市梅江区人民政府关于下达梅州市梅江区 2022 年国民经济和社会发展计划的通知	梅区府〔2022〕5 号
5	梅州市梅江区人民政府关于转发广东省人民政府转发国务院关于开展第三次全国土壤普查的通知	梅区府〔2022〕8 号
6	梅州市梅江区人民政府关于印发梅江区促进经济稳增长若干政策措施的通知	梅区府〔2022〕9 号
7	梅州市梅江区人民政府关于印发梅江区妇女发展规划（2021—2030 年）和梅江区儿童发展规划（2021—2030 年）的通知	梅区府〔2022〕10 号
8	梅州市梅江区人民政府森林高火险期禁火令	梅区府〔2022〕12 号
9	梅州市梅江区人民政府关于批准并公布梅江区第七批县级非物质文化遗产代表性项目的通知	梅区府〔2022〕14 号
10	梅州市梅江区人民政府关于公布梅江区行政许可事项清单（2022 年版）的通知	梅区府〔2022〕15 号
11	梅州市梅江区人民政府关于印发梅江区山水林田湖草沙一体化保护和修复工程项目工作方案的通知	梅区府明电〔2022〕1 号
12	梅州市梅江区人民政府办公室关于印发 2022 年梅江区涉环保项目“邻避”问题专项治理工作实施方案的通知	梅区府办明电〔2022〕3 号
13	梅州市梅江区人民政府办公室关于印发梅江区重大项目并联审批工作专班工作机制（试行）的通知	梅区府办明电〔2022〕4 号
14	梅州市梅江区人民政府办公室关于印发梅江区自建房安全专项整治工作实施方案的通知	梅区府办明电〔2022〕6 号
15	梅州市梅江区人民政府办公室关于印发梅江区开展“美丽梅州•美好家园”三年行动计划 2022 年工作方案的通知	梅区府办明电〔2022〕8 号
16	梅州市梅江区人民政府办公室关于印发梅江区开展清理无证无照经营监管常态化工作方案的通知	梅区府办明电〔2022〕13 号

续表 28

序号	文件名称	发文文号
17	梅州市梅江区人民政府办公室关于印发梅江区区级政务服务分厅设立工作方案的通知	梅区府办明电〔2022〕14 号
18	梅州市梅江区人民政府办公室关于印发梅江区 2022 年“四好农村路”建设项目库的通知	梅区府办明电〔2022〕15 号
20	梅州市梅江区人民政府办公室关于印发梅江区 2022 年卫片执法工作方案的通知	梅区府办明电〔2022〕19 号
21	梅州市梅江区人民政府办公室关于加强镇（街道）志、部门志、村（社区）志编纂工作的通知	梅区府办明电〔2022〕21 号
22	梅州市梅江区人民政府办公室关于印发梅江区创建国家屋顶分布式光伏开发示范县工作方案的通知	梅区府办明电〔2022〕24 号
23	梅州市梅江区人民政府办公室关于印发梅江区江北老城区房屋安全排查整治实施方案的通知	梅区府办明电〔2022〕25 号
24	梅州市梅江区人民政府办公室关于建立梅江区水上交通安全工作联席会议制度的通知	梅区府办明电〔2022〕27 号
25	梅州市梅江区人民政府办公室关于建立梅江区农村义务教育学生营养改善计划联席会议制度的通知	梅区府办明电〔2022〕28 号
26	梅州市梅江区人民政府办公室关于印发梅江区东升工业园区工程砂石土余渣有偿处置工作方案的通知	梅区府办明电〔2022〕31 号
27	梅州市梅江区人民政府办公室关于印发梅江区农村供水“三同五化”改造提升工程实施方案的通知	梅区府办明电〔2022〕32 号

2022年梅州市梅江区组织机构负责人名录

区委领导成员及工作机构负责人

区委领导成员：

书　记： 陈金銮
副书记： 钟秀堂（女）
　　徐　甦（任至2月）
　　王增文（4月任）
常　委： 王增文（任至4月）
　　李　俊
　　张峥奇
　　王爱峰（挂职）
　　钟建兵
　　梁　飞（挂职，任至6月）
　　江元泉
　　林勇军
　　姚文顺
　　林　松
　　廖文玉（女，8月任）

工作机构负责人：

区纪律检查委员会

书　记： 江元泉
副书记： 谢文梅
　　王　导
常　委： 叶锦科
　　陈强华
　　吴雪葱（女）
　　赖志宏（任至7月）
　　李　峰（7月任）

区监察委员会

主　任： 江元泉
副主任： 谢文梅
　　王　导（1月任）
委　员： 陈强华
　　赖志宏（任至8月）
　　李　峰
　　杨国强
　　丘书贤（8月任）
办公室主任： 曾环定（1月任）
组织宣传室主任： 肖惠媚（女）
信访室主任： 丘　馨（女）
案件监督管理室主任： 丘书贤（任至7月）
　　黄晓明（7月任）
案件审理室主任： 叶柳廷（女）
党风政风监督室主任： 杨滨峰（任至4月）
　　石　健（7月任）
第一纪检监察室主任：
　　石　健（1月任，任至7月）
　　赖兴平（7月任）
第二纪检监察室主任： 黄　师
第三纪检监察室主任： 廖　瑛（女）
第四纪检监察室主任： 周嘉锋
第五纪检监察室主任： 肖　斌
第六纪检监察室主任： 杨国强（任至1月）
　　曾　睿（1月任）
第七纪检监察室主任： 陈俊思
驻区委办公室纪检监察组组长： 魏丽华（女）
驻区卫生健康局纪检监察组组长：
　　石　健（任至1月）
　　凌　乐（1月任）
驻区农业农村局纪检监察组组长： 徐细映
驻区教育局纪检监察组组长： 罗奕锋
驻区住房和城乡建设局纪检监察组组长： 陈雁春
驻区财政局纪检监察组组长： 吴　聪

区委办公室

主　任： 王增文（任至5月）
　　林　松（5月任）
常务副主任： 钟文思

副主任：邹文导
蓝其钜（1月任）
区党群政府系统党委书记：曾秋好（女）
区党群政府系统党委副书记：杨志辉（女）
区委保密委员会专职副主任：沈 舒

区委区政府接待服务中心

主 任：钟 瑜（女）
副主任：叶俊祥
梁 芳（女）
蒙健炽

区委组织部

部 长：张峥奇
常务副部长：廖乾金（任至8月）
副部长：夏淡华（女，任至3月）
吴 震
危永新（任至8月）
陈勇文（任至1月）
梁 旅（3月任）
陈高洲（3月任）
区老干部服务中心主任：邓 立

区委宣传部

部 长：姚文顺（任至5月）
廖文玉（女，8月任）
常务副部长：徐友德
副部长：李尚凌
欧阳雨燕（女）
文明办专职副主任：李新苑（女）

区委统战部

部 长：林 松（任至5月）
姚文顺（5月任）
常务副部长：黄 媛（女）
副部长：张剑平
黄文辉
梁 波

区委政法委

书 记：徐 甦（任至3月）
王增文（5月任）
常务副书记：张 聪
副书记：梁文辉
宋鹏鸿（女）
政法系统党委书记：古炜霖（女）
政法系统党委副书记：刘琼（女）

区委编办

主 任：危永新（任至8月）
副主任：何政英（女，任至4月）
钟永营
曾文璞
罗芳媚（女，7月任）

区委政研室

主 任：曾仕谦
副主任：陈高洲（任至3月）
蓝其钜（任至1月）
卓饶燮（女，7月任）
张 波（1月任）

区委巡察办

主 任：叶锦科
副主任：包秀琴（女）
李文达
巡察组组长：李政玉
丘瑞强
周柳曦（女）
黄学全（任至7月）
赖志宏（7月任）
巡察组副组长：廖振邦
曾 焕
林健强
范科登

区人大常委会领导成员及工作机构负责人

区人大常委会领导成员：

主 任：曾小喜
副主任：管文杰
曾江林
叶怀忠
陈战苏
王丙俊
叶秋玲（女）

工作机构负责人：

办公室

主　任：陈　雄（任至 1 月）
　　　　杨滨峰（4 月任）
副主任：范惠兰（女，任至 7 月）
　　　　李子健（1 月任）

社会建设工委

主　任：肖　丹（女）
副主任：钟　敏（女）

监察司法工委

主　任：谢爱青（女）
副主任：黄达勇

文化卫生工委

主　任：黄琼琼（女）

选举联络工委

主　任：钟　文（任至 4 月）
　　　　李常青（4 月任）
副主任：古雨亭（女）

建设环境工委

主　任：李常青（任至 4 月）
　　　　谢德颂（4 月任，任至 5 月）
　　　　丘惠玲（女，9 月任）
副主任：廖新传

财政经济工委

主　任：凌发展

农村农业工委

主　任：李国浩
副主任：罗　辑（女）

区政府领导成员及工作机构负责人

区政府领导成员：

区　长：钟秀堂（女）
副区长：钟建兵
　　　　王爱峰（挂职）
　　　　梁　飞（挂职，任至 6 月）
　　　　林勇军
　　　　罗裕权
　　　　丘颂霞（女）
　　　　郑荣丰
　　　　张瑜祥
　　　　钟永彩

职能机构负责人：

区政府办公室

主　任：林　峰（任至 5 月）
副主任：杨祥军
　　　　饶　锐（任至 4 月）
　　　　姚伟宏（4 月任）
　　　　邹增峰
区机关事务服务中心主任：黄晓芬（女）
区信访接待中心主任：李剑锋

市环境卫生管理局

局　长：陈勇文
副局长：刘东红（女）
　　　　黄兴国（任至 12 月）
　　　　吴　文
　　　　侯晓君（女）
环卫系统党委书记：林人为（任至 1 月）
　　　　张国梁（3 月任）
环卫系统党委副书记：邓志耀
办公室主任：梁　辉
设施建设科科长：潘志华
计财科科长：林屏东（任至 7 月）
　　　　李恒贤（7 月任）
环卫科科长：侯　庆
人事教育科科长：李恒贤（任至 7 月）
　　　　邱艳红（女，7 月任）
江南环卫所所长：陈智毅
江北环卫所所长：温振超
清运中心主任：张煜钧
余泥渣土管理中心主任：朱　波
车队队长：李建文（任至 3 月）

区发展和改革局

局　长：周煊戈
副局长：李桂军（任至 8 月）
　　　　杨铁锋
　　　　黄庆锋

区财政局

局　长：梁　旅（任至1月）

　　　　邓慧东（1月任）

副局长：叶　俊

　　　　李奋达

　　　　余　柯

总会计师：黎志鹏

财税系统党委书记：翁学勤

财税系统党委副书记：柯　明

区世行办主任：何怡珊（女，7月任）

区教育局

局　长：陈启泰

副局长：刘智强

　　　　饶　嫣（女）

　　　　范惠兰（女，7月任）

教育系统党委书记：彭文峰（4月任）

教育系统党委副书记：刘　星

区教师发展中心

主　任：丘广辉

副主任：吴丽红（女）

　　　　李瑞连

　　　　刘志忠

梅州梅江开放大学

校　长：蔡梓航

副校长：李思思（女）

　　　　丘秋健

梅州城西职业技术学校

校　长：邹国良

副校长：陈志浩（任至9月）

　　　　黄伟旋

梅江区梅州中学

校　长：钟声辉（任至2月）

　　　　罗庆松（4月任）

副校长：黄海生

　　　　邱浪兴

　　　　李联俊

　　　　黄治超

　　　　曾中文

梅江区乐育中学

校　长：梁立新

副校长：梁习文

　　　　谢富昌

　　　　钟蔚玲（女）

梅江区联合中学

校　长：罗庆松（任至4月）

　　　　李连东（7月任）

副校长：叶国峰

　　　　刘锦颂

　　　　丘　恺

梅江区嘉应中学

校　长：温俊伟

副校长：李晓云（女）

　　　　钟宴文

　　　　李连东（任至7月）

　　　　钟金凤（女）

区住房和城乡建设局

党组书记：谢德颂（任至3月）

　　　　　危永新（8月任）

局　长：黄振宁

副局长：吴　鹏（任至3月）

　　　　温永强

　　　　叶苑华（女）

　　　　郑　就（4月任）

建设系统党委书记：谢锡明

建设系统党委副书记：王思惠（女）

市园林绿化中心

主　任：陈红东

副主任：林　新

　　　　谢志平

　　　　王志山

　　　　邓春明

市市政工程维护中心

主　任：刘　春（任至9月）

副主任：黄　欢

　　　　凌珍青

　　　　陈　飚

市城市照明养护中心
主　任：凌达伟
副主任：罗慎勇
　　　　黄伟均（任至 1 月）
　　　　张国钗
　　　　张国涛
区公园管理中心
副主任：彭海坚（任至 1 月）
　　　　熊晓勇
　　　　陈石勇
　　　　吴县清（女，任至 3 月）
　　　　侯传志（任至 7 月）
　　　　曾祥熙
区公有房屋和住房保障中心
主　任：田亿玲（女，7 月任）
区市场监管局
局　长：侯永权
副局长：杨　沁（任至 4 月）
　　　　叶剑锋
　　　　林燕华（女，任至 4 月）
　　　　林　辉
　　　　李清乐
总工程师：肖文英
区审计局
局　长：陈战苏（任至 1 月）
　　　　黄学全（7 月任）
副局长：谢国标
　　　　管世坤
　　　　邓振基
区统计局
局　长：李育新（任至 9 月）
　　　　叶志明（9 月任）
副局长：钟满芳（女）
　　　　张利梅（女）
　　　　张文勇
区统计普查中心主任：陈　莹
区农业农村局
局　长：杨艳红（女）
副局长：邱　梅（女，任至 4 月）
　　　　麦远志
　　　　邓广军
　　　　李　练
农业系统党委书记：温进军
农业系统党委副书记：李　烽
区清凉山市级自然保护区管理所
所　长：李　慎
副所长：罗寅生
　　　　魏雪辉
区水务局
局　长：李振强
副局长：李贵元
　　　　叶柳樱（女）
　　　　何　政
区科工商务局
局　长：邓伟民
副局长：熊绮燕（女）
　　　　黄庆威
　　　　李辉标
经贸系统党委书记：杨秀斐（女）
经贸系统党委副书记：黄　琦（女）
区司法局
局　长：李军明（任至 1 月）
　　　　陈　雄（1 月任）
党组副书记：温永红
副局长：钟静君（任至 4 月）
　　　　沈利梅（女）
　　　　夏思华（女）
　　　　杨志昌（7 月任）
政工办主任：杨志昌（任至 7 月）
　　　　　　范文梅（女，7 月任）
区交通运输局
局　长：钟信文
副局长：张建文
　　　　郑　就（任至 4 月）
　　　　吴　鹏（3 月任）
　　　　林燕华（女，4 月任）
区交通运输服务中心主任：谢曦民

区文化广电旅游体育局

局　长：魏洪涛
副局长：李文杰（任至4月）
　　　　丘春辉
　　　　巫宗呈
　　　　黄凤明（任至7月）
　　　　钟梅君（女，7月任）

区政务服务数据管理局

局　长：林人为（1月任）
副局长：陈　璋
　　　　余伟雄
　　　　康桂丽（女）
区综合政务服务中心主任：戴智宏
区政务服务数据管理中心主任：江怡明

区应急管理局

局　长：邓慧东（任至1月）
　　　　李军明（1月任）
副局长：黎文星（任至4月）
　　　　罗新秀
　　　　曾繁卫
　　　　邓育强

区退役军人事务局

局　长：邓煜钧
副局长：王敬辉
　　　　罗永权
　　　　江　斌

区民政局

局　长：饶彩婷（女）
副局长：杨　锋
　　　　吴伟贤（女，任至4月）
　　　　练尚思
　　　　何政英（女，4月任）

区人力资源和社会保障局

局　长：陈勇文（任至1月）
　　　　梁　旅（1月任）
副局长：罗秋娟（女）
　　　　刘映红（女）
　　　　廖承锦
计划系统党委书记：丘庆平
区社会保险基金管理局局长：黄文庆
区人才服务中心主任：陈莉冬（女，1月任）
区就业服务中心主任：邓光明

区卫生健康局

局　长：王丙俊（任至1月）
　　　　丘惠玲（1月任，任至9月）
　　　　廖乾金（9月任）
副局长：陈筱玲（女）
　　　　李保兴
　　　　刘林鑫（4月任）
卫健系统党委书记：彭文峰（任至4月）
　　　　　　　　　余坤朋（4月任）
卫健系统党委副书记：曾锦红（女）
区卫生健康综合服务中心主任：刘　娟
区疾病预防控制中心主任：廖荣魏

市第二中医医院

院　长：曾江林
副院长：温乃元
　　　　古宇环
　　　　练伟东

区医疗保障局

党组书记：钟小明（1月任）
局　长：谢　芳（女）
副局长：余坤朋（任至4月）
　　　　黄　杰
　　　　叶道青（女）

区东升工业园区管委会

主　任：钟建兵
常务副主任：张国梁（任至3月）
　　　　　　肖　威（7月任）
管委会副主任：李荣辉
　　　　　　　肖　威（3月任，任至7月）
专职副书记：周维林
区园区服务中心主任：李　征

区政协领导成员及其工作机构负责人

区政协领导成员：

主　席：赖经烈

副主席：杜延生
刘伟球
孙伟华
徐　莉（女）
陈启泰
卢小敬
秘书长：刘明方

工作机构负责人：

办公室
主　任：余裕辉（任至 3 月）
徐伟权（4 月任）
副主任：沈冬梅（女）
卓饶燮（女，任至 7 月）

提案委员会
主　任：李志雄

经济委员会
主　任：梁卫中

港澳台侨外事委员会
主　任：姚海欢

社会和法制委员会
主　任：刘伟金
副主任：池进华（女）

文化和卫生委员会
主　任：张浩源
副主任：张达达　（女）

农业和农村委员会
主　任：陈孙鹏

人民检察院、法院领导成员及部门负责人

区检察院
检察长：黄国锐
副检察长：唐伟中
陈湘萍（女）
黄定山（12 月任）
政治部主任：刘彦媚（女）
检委会专职委员：何永兴
办公室（司法警察大队）主任：施梅妹（女）
法警大队大队长：张思远
第一检察部主任：林翠婷（女，任至 5 月）
黄定山（5 月任，任至 9 月）
第二检察部主任：林翠婷（女，5 月任）
黄定山（任至 5 月）
第三检察部主任：徐苑芬（女）
派驻江南检察室主任：李丽玲（女，9 月任）
潘俊英（任至 9 月）
派驻三角检察室主任：梁志权（9 月任）
黄敬元（任至 9 月）

区法院
院　长：刘鹏飞
副院长：章文烈（任至 9 月）
朱　晟（任至 9 月）
陈学军
黄永松（9 月任）
政治部（督察室）主任：叶富才
综合审判庭庭长：黄永松（任至 9 月）
民事审判庭庭长：郭亮生
刑事审判庭庭长：黄卫红
立案庭（诉讼服务中心）庭长：范广文
执行局局长：涂军荣
审判管理办公室（研究室）主任：翁远明
综合办公室（司法警察大队）主任：刘亚平
司法警察大队大队长：李影雄
司法警察大队教导员：黄维佳

区委直属事业单位负责人

区委党校（行政学校）
校　长：张峥奇
常务副校长：温君才
副校长：陈丽丽（女，任至 3 月）
陈　鹏
陈　璐（女，3 月任）
教育长：李　坚

区委党史研究室（区地方志办公室）
主　任：江文秀（任至 3 月）
余裕辉（3 月任）
副主任：李继贤

区档案馆
馆　长：卢美玲（女）

副馆长：张俊辉
　　　　陈　璐（女，任至3月）

区政府直属事业单位、企业单位负责人

区供销联社
党组书记：曾干雄
副主任：陈　湘（女）
副主任：周文新

区招商和企业服务中心
党组书记：叶庆英
主　任：曾思敏（女）
副主任：何　宇（女）
　　　　李文烽
　　　　黄伟敬
　　　　王尚东（挂职）

区政府投资建设项目管理中心
主　任：陈锦峰
副主任：古懿涛
　　　　魏秀霞（女）

区土地房屋征收安置中心
主　任：王冰霞（女）
副主任：李玉兰（女）
　　　　陈天和
　　　　曾郁林

梅州梅江台湾农民创业园管委会
党组书记：刘文锦
主　任：刘文锦（任至7月）
　　　　杨丽君（女，7月任）
副主任：朱双琴（女）
　　　　刘　星

区国防教育训练基地
主　任：谢　鑫

市市场物业总站
副站长：梁　锋
　　　　潘　力

梅江控股集团有限公司
董事长：廖志雄
总经理：邓俊烽
专职副书记：梁德兴
董　事：吴友维

群众团体工作机构负责人

区总工会
主　席：曾江林
常务副主席：李龙庆
副主席：陈　锐

团区委
书　记：温宇杰
副书记：黄怡斐（女）
　　　　陈　沐

区妇联
主　席：丘惠玲（女，任至1月）
　　　　陈　曙（女，1月任）
副主席：李真珍（女）
　　　　陈　曙（女，任至1月）
　　　　陈丽丽（女，3月任）
　　　　古雨亭（女，挂职，任至12月）

区科协
主　席：魏胜洪
副主席：刘春熙
　　　　曾　勇

区侨联
主　席：廖翠娟（女）
副主席：侯新春（女）
　　　　温家柳（女）

区工商联
主　席：黄　敏
党组书记、常务副主席：梁　波
副主席：古家富
　　　　蔡俊发
　　　　廖勇祥
　　　　朱新建
　　　　刘松生
　　　　李成钢
　　　　左辉棠
　　　　蔡雪峰

饶国清
陈　彬
郑锦祥
何德英
钟菲菲（女）
朱伟贤
杨庆雄
古海涛
杨益奎
罗晓燕（女）
陈纪擎
林伟志
范志勇
杨　正
温俊声

区文联

党组书记：曹浩波
主　席：李绮琼（女，任至 12 月）
副主席：田玉丹（女）
　　　　李昌友

区残联

理事长：叶志明（任至 8 月）
　　　　李育新（8 月任）
副理事长：张忠权
　　　　　陈庆宗

梅江区各民主党派负责人

民革梅江区总支

主　委：李绮琼（女）
副主委：钟蔚玲（女）
　　　　钟梅君（女）

民盟梅江区总支

主　委：徐　莉（女）
副主委：张珍妮（女）
　　　　林　丹（女）
　　　　张　宏

民建梅江区总支

主　委：曾思敏（女）
副主委：涂军荣
　　　　谢送平（女）

民进梅江区总支

主　委：谢　芳（女）
副主委：黄李忠
　　　　张达达（女）

农工党梅江区总支

主　委：练伟东
副主委：谢子龙
　　　　钟素娟（女）

致公党梅江区总支

主　委：邱　梅（女）
副主委：梁佳楣（女）
　　　　梁　杰

九三学社梅江区总支

主　委：江冬梅（女）
副主委：刘俊方

驻区机构单位负责人

梅州市公安局梅江分局

局　长：郑荣丰
政　委：肖健媚（女，任至4月）
　　　　叶　聪（10 月任）
常务副局长：李文君（1 月任）
副局长：黄逢浩
　　　　陈迪斌
　　　　杜　欢
直属机关党委书记：罗　权
政工室主任：叶永胜（7 月任）
监督室主任：李春涛
监督室教导员：廖军池
法制大队大队长：李　睿（1 月任）
法制大队教导员：叶佑春
警务保障室主任：孙　德
警务保障室教导员：刘剑辉（1 月任）
指挥中心主任：林锦松

指挥中心教导员：曾国韬（1月任）
国内安全保卫大队大队长：邓立新（任至1月）
刑事侦查大队大队长：钟　宇
刑事侦查大队教导员：姜晓宇
巡逻警察大队大队长：李　斌
巡逻警察大队教导员：钟育辉
治安管理大队大队长：吴世昌
治安管理大队教导员：张海宏
经济犯罪侦查大队大队长：赖宇立
经济犯罪侦查大队教导员：刘卫东（1月任）
出入境管理大队大队长：徐庆梅
出入境管理大队教导员：张福生
户政管理大队大队长：孙文君
户政管理大队教导员：杨冬玉（女）
网络警察大队大队长：钟金明
网络警察大队教导员：廖高峰
森林警察大队教导员：黄勇文
江南派出所所长：邹文辉（1月任）
江南派出所教导员：李　岸
新中派出所所长：蓝张帆
新中派出所教导员：周伟林
东山派出所所长：熊伟基（1月任）
金山派出所所长：吴定杭
金山派出所教导员：李　处
城西派出所所长：刘凯江
城西派出所教导员：杨文创
东郊派出所所长：钟镜辉
东郊派出所教导员：张伟新 （1月任）
三角派出所所长：潘峥锋（1月任）
三角派出所教导员：杨一凡（7月任）
西郊派出所所长：刘柏峰
西郊派出所教导员：叶晓东（1月任）
长沙派出所所长：李晨辉（1月任）
长沙派出所教导员：丘德明（1月任）
月梅派出所所长：徐勤辉
月梅派出所教导员：杜春强
五洲派出所所长：温慧强（1月任）
五洲派出所教导员：钟国强
水上派出所所长：陈亮水
水上派出所教导员：黄松达
城北派出所所长：张志平（6月任）
城北派出所教导员：杨　懿（1月任）
东升派出所所长：陈奎林
东升派出所教导员：张志峰（1月任）
西阳派出所所长：曾小青
看守所所长：钟炎枢（任至5月）
看守所教导员：刘晓华（任至5月）
拘留所所长：杨志雄（任至5月）
拘留所教导员：黄政忠（任至5月）

梅州市自然资源局梅江分局

局　长：吴嘉明
副局长：江海地
　　　　张维中
　　　　蔡广雄
　　　　丘晓文（女，任至7月）
　　　　陈少文（女，10月任）

梅州市生态环境局梅江分局

局　长：曾炜剑
副局长：黄素平（女）
　　　　徐碧辉
　　　　郑　冬

区税务局

局　长：罗志坚
副局长：罗明锋（任至7月）
　　　　胡国荣（3月任）
　　　　陈远槐（任至3月）
　　　　黄立权（7月任）
　　　　杨展立
　　　　李　浩
纪检组组长：胡国荣（任至3月）
　　　　　　何　峰（3月任）
区税务局第一税务分局局长：陈洁慧（女）
区税务局第二税务分局局长：卓海龙
区税务局江南税务分局局长：王庆海（1月任）

区消防救援大队

大队长：熊　超
政治教导员：时　莹
副大队长：杨源峰

梅江公路事务中心

主　任：刘应诏
副主任：张爱斐（女）
邓昆龙
李华烽（1月任）
钟华强（7月任）

农业银行梅州城区支行

行　长：黄军梁（任至11月）
谢家裕（11月任）
副行长：黄华坚
赖桂香（女，1月任）
黄　萍（女）
武志强（任至12月）
凌俊雄（任至1月）
陈鸿韬（12月任）
党委副书记、纪委书记：邓淑君

中国银行梅江支行

行　长：李大戈（9月任）
副行长：钟柳媚（女，任至11月）
邹思梅（女，11月任）
刘广峰（5月任）
李生茂（12月任）

工商银行梅江支行

行　长：邓卫军
副行长：范文生
池增文（任至6月）
熊远明（6月任）
徐腾斌（6月起）

邮储银行梅州城区支行

行　长：张向川
副行长：林清梅（女，12月任）
杨小娟（女，7月任）

人民财产保险梅州市梅江支公司

经　理：陈志汉（任至10月）
罗　博（11月起任）

乡镇、街道领导名录

长沙镇

党委书记：张天然
党委副书记：李　滔
胡谢伟（任至7月）
郑文强
黄敬元（挂职）
冯尔康（7月任）
党委委员：黎棋祥
谢志伟
余镇楠
余春鸣
钟　英（女）
人大主席：叶如欢（女）
人大副主席：吴焕雄
镇　长：李　滔
副镇长：黎棋祥
李志东
谢　苑（女）
黄文韬
吴志明
纪委书记：余镇楠
综合行政执法办主任：林海卫

三角镇

党委书记：胡俊坛
副书记：练洁云（女）
田景春
罗慧丹（女）
张　伟（挂职）
党委委员：叶怀仁
刘雨锋
钟　伟
冯尔康（任至7月）
程豪贤
谢国伟（9月任）
人大主席：古继旋
人大副主席：黄梅晖（女）
镇　长：练洁云（女）
副镇长：叶怀仁
谢睿锐
张展晖
丘维鑫

李新强
李巧红（女）
纪委书记：钟　伟
综合行政执法办主任：叶炜城（1 月任）

城北镇

党委书记：陈振江
党委副书记：熊栢兴
侯志玉（女）
温惠婷（女）
龚　兵（挂职，任至 12 月）
喻　杰（挂职，12 月任）
党委委员：张文波
曾令煌
刘冠宇
邝文辉
许佳凤（女）
人大主席：黄钢宏
人大副主席：李国怀
镇　长：熊栢兴
副镇长：张文波
林雁强
刘国华
杨剑青
谢国伟（任至 8 月）
梁宇新
曾小媚（女，8 月任）
纪委书记：邝文辉
综合行政执法办主任：吴恒兴

西阳镇

党委副书记：钟绍方
潘远森
余苑梅（女）
刘大志（挂职）
党委委员：李立方
古伟汕
李科旺
陈雅娟（女）
余荣华
人大主席：戴牧东
人大副主席：赵立勤
镇　长：钟绍方
副镇长：李立方
李永杰
刘清耀
许万福
饶国焱
朱利华（女）
杨铭嘉
纪委书记：李科旺
综合行政执法办主任：江泳坚

金山街道

党工委书记：陈利春
党工委副书记：黄钧豪
古焕青
郭永欣
黄建民（挂职）
党工委委员：杨立祥
梁　军
侯曾伟
朱永腾
凌　锴
梁　旦（女）
欧阳佳（女）
郭梓洪
黄　磊
人大工委主任：蔡影秋（女）
人大工委副主任：刘伟军
办事处主任：黄钧豪
办事处副主任：杨立祥
张　新
谢昱新（女）
王　洪
纪工委书记：侯曾伟
综合行政执法办主任：罗雪中

西郊街道

党工委书记：李广兴
党工委副书记：林醒玉（女）
肖　威（任至 3 月）

温志文
胡谢伟（7 月任）
谢　健（挂职）
党工委委员：余怀林
李春霞（女）
朱淦文
余　敏（女）
何小霞（女）
杨海璐（女）
叶　咏
人大工委主任：丘志新
人大工委副主任：曾　科
办事处主任：林醒玉（女）
办事处副主任：余怀林
李　政
陈国清（1 月任）
纪工委书记：叶　咏
综合行政执法办主任：黄　海

江南街道

党工委书记：卢小敬（任至 4 月）
林　峰（4 月任）
党工委副书记：谢文斌
朱惠媛（女）
袁　涛
党工委委员：李　柯（女）
侯春红（女）
杨　舒（女，任至 4 月）
简烨宗
何春永
张琼华（女）
谢彬胜
黄　堃（女）
陈　欢（女）
人大主任：徐小波（女）
人大副主任：钟　玲（女，任至 4 月）
丘　妍（女，4 月任）
办事处主任：谢文斌
办事处副主任：李　柯（女）
丘　妍（女，任至 4 月）
翁智华
朱金发
纪工委书记：黄　堃（女）
综合行政执法办主任：陈　锐

2022 年梅州市梅江区先进单位

2022 年梅州市梅江区国家级先进单位一览表

表 29

单　　位	授予单位	荣誉名称
梅州市环境卫生管理局江北所	中华人民共和国人力资源和社会保障部、中华人民共和国住房和城乡建设部	全国住房和城乡建设系统先进集体
江南街道中心坝社区	中华人民共和国民政部	全国先进基层群众性自治组织

2022 年梅州市梅江区省级先进单位一览表

表 30

单　　位	授予单位	荣誉名称
梅州市第二中医医院	广东省总工会	2022 年广东省五一劳动奖状
梅江区金山消防救援站	广东省消防救援总队	执勤训练先进消防救援站
梅江区江南消防救援站	广东省消防救援总队	基层建设先进消防救援站

2022 年梅州市梅江区市级先进单位一览表

表 31

单　　位	授予单位	荣誉名称
梅江区人民法院	梅州市中级人民法院	全市法院“五项重点工作”先进集体
长沙镇人民政府	梅州军分区	先进基层武装部

2022 年梅州市梅江区先进个人

2022 年梅州市梅江区国家级先进个人一览表

表 32

姓　名	单　位	授予单位	荣誉名称
叶力强	城北派出所	中华人民共和国公安部政治部	全国公安机关成绩突出个人
黄振宁	梅江区住房和城乡建设局	中华人民共和国人力资源和社会保障部、中华人民共和国住房和城乡建设部	全国住房和城乡建设系统先进工作者
帅国琴	梅江区住房和城乡建设局	中华人民共和国司法部	全国行政执法先进个人
杨学粦	梅江区委宣传部	全国大中城市社科工作会议主席团	全国社科工作先进个人

2022 年梅州市梅江区省级先进个人一览表

表 33

姓　名	单　位	授予单位	荣誉名称
吴媛婷	共青团梅江区委员会	共青团广东省委员会	广东省优秀共青团干部
谢裕田	梅州市威利邦电子科技有限公司	广东省总工会	广东省五一劳动奖章
杨睿婷	国家税务总局梅州市梅江区税务局	共青团广东省委员会	广东省优秀共青团干部
吴先基	梅江区农业农村局	广东省林业局	广东省林草生态综合监测评价工作中贡献突出个人
姜晓宇	梅州市公安局梅江分局刑事侦查大队	广东省公安厅	个人二等功
曾英豪	梅州市公安局梅江分局治安管理大队	广东省公安厅	个人二等功
刘克熙	梅江区司法局	广东省司法厅	个人三等功
刘彦媚	梅江区人民检察院	广东省人民检察院	个人三等功
林翠婷	梅江区人民检察院	广东省人力资源和社会保障厅、广东省人民检察院	先进个人

续表 33

姓　名	单　位	授予单位	荣誉名称
李丽玲	梅江区人民检察院	广东省委平安办、广东省人力资源和社会保障厅	平安广东建设先进个人
张　慧	梅江区人民检察院	广东省人民检察院	公益诉讼检察业务能手
彭权锋	梅江区市场监督管理局	广东省人力资源社会保障厅、广东省市场监督管理局、广东省药品监督管理局	广东省市场监管（知识产权）系统先进工作者
熊　超	梅江区消防救援大队	广东省消防救援总队	支队级单位优秀干部
杨沐青	梅江区消防救援大队	广东省消防救援总队	支队级单位优秀干部
饶　勇	梅州市福利院	广东省民政厅	岭南最美养老院院长
罗雪芬	梅江区委宣传部	中共广东省委宣传部	基层理论宣讲先进个人
魏洪涛	梅江区文化广电旅游体育局	广东省体育局	广东省“十三五”时期群众体育工作先进个人
张玉兰	城北镇人民政府	共青团广东省委员会	广东省优秀共青团员

2022 年梅州市梅江区市级先进个人一览表

表 34

姓　名	单　位	授予单位	荣誉名称
何仕珠	梅江区人民法院	梅州市中级人民法院	全市法院“五项重点工作”先进个人
肖俊峰	梅江区人民法院	梅州市中级人民法院	全市法院办案标兵
余梅芬	梅江区人民法院	梅州市中级人民法院	全市法院调解能手
彭思云	梅江区人民检察院	梅州市人民检察院	优秀公诉人
肖思媚	梅江区人民检察院	梅州市人民检察院	优秀公诉人
李广兴	西郊街道办事处	梅州市人民政府征兵办公室	征兵工作先进个人
刘兴玲	江南街道梅南社区	共青团梅州市委员会	梅州市优秀共青团干部
廖　丹	江南街道梅南社区	中共梅州市委	梅州市优秀共产党员
肖俊珊	元城小学	梅州市妇女联合会	梅州市“三八红旗手”

索　引

说　明

一、本索引采用主题分析方法，款目按汉语拼音字母（同声字按声调）顺序排列。

二、文中的类目题、分目题用黑体字标明，条目采用宋体字。

三、主题索引款目后的数字表示内容所在的页码，数字后面的拉丁字母（a、b、c）表示栏别（即版面的左、中、右栏）。

四、同一主题的内容在文中多次出现的，在其款目后用不同数字标明。

五、本索引对“特载”“专文”“大事记”“附录”类目不作内容主题分析。

D

F

G

H

J

K

L

M

N

P

Q

R

S

W

X

Y

Z